Low-Code AI

로우코드 AI

| 표지 설명 |

표지 동물은 초록황소개구리green frog(학명: *Lithobates clamitans*)입니다. 녹색과 녹갈색에서 황록색, 드물게는 파란색에 이르기까지 다양한 색상을 띠는데, 일부 개구리는 청동색으로 보이기도 해서 '청동 청개구리'라 불리기도 합니다. 몸통의 앞부분은 보통 더 밝은 녹색을 띠며 배는 흰색입니다. 또한 작고 검은 반점과 다리 띠가 있는 경향이 있습니다. 수컷의 목은 밝은 노란색입니다. 황소개구리bullfrog와 비슷해 보이지만, 몸통의 양쪽에 있는 뚜렷한 피부 주름으로 구별할 수 있습니다. 북미가 원산지이며 늪, 초원, 숲, 호수, 연못, 강, 개울, 습지 등 다양한 서식지에서 발견됩니다. 겨울에는 수역 바닥의 진흙 안에서 동면합니다. 육지와 물에서 먹이를 사냥할 수 있는 포식자로서 거미, 파리, 애벌레, 달팽이, 나방, 작은 뱀과 개구리 등 다양한 먹이를 먹습니다. 개체 수가 풍부하며 널리 퍼져 있습니다. 수질 오염의 영향으로 이상 현상이 일부 발생하고는 있지만, 아직까지 세계자연보전연맹(IUCN)에는 그 보전 상태가 '최소 관심사Least Concern'로 등재되어 있습니다. 사육 중인 상태에서는 최대 10년까지 살 수 있습니다.

오라일리 표지의 동물들은 대부분 멸종 위기 종입니다. 이 동물들은 모두 우리에게 중요합니다. 이 책의 표지 그림은 출처가 불분명한 낡은 선판화를 기반으로 캐런 몽고메리Karen Montgomery가 그렸습니다.

로우코드 AI

문제 해결 중심의 ML 학습 방법: 노코드부터 로우코드, 커스텀 트레이닝까지

초판 1쇄 발행 2024년 12월 20일

지은이 궨덜린 스트리플링, 마이클 아벨 / **옮긴이** 박찬성 / **펴낸이** 전태호
펴낸곳 한빛미디어(주) / **주소** 서울시 서대문구 연희로2길 62 한빛미디어(주) IT출판2부
전화 02-325-5544 / **팩스** 02-336-7124
등록 1999년 6월 24일 제25100-2017-000058호 / **ISBN** 979-11-6921-330-1 93000

총괄 송경석 / **책임편집** 박지영 / **기획** 서현 / **편집** 박지영 / **교정** 김가영
디자인 표지 윤혜원 내지 최연희 / **전산편집** 백지선
영업 김형진, 장경환, 조유미 / **마케팅** 박상용, 한종진, 이행은, 김선아, 고광일, 성화정, 김한솔 / **제작** 박성우, 김정우

이 책에 대한 의견이나 오탈자 및 잘못된 내용은 출판사 홈페이지나 아래 이메일로 알려주십시오.
파본은 구매처에서 교환하실 수 있습니다. 책값은 뒤표지에 표시되어 있습니다.
한빛미디어 홈페이지 www.hanbit.co.kr / **이메일** ask@hanbit.co.kr

지금 하지 않으면 할 수 없는 일이 있습니다.
책으로 펴내고 싶은 아이디어나 원고를 메일(writer@hanbit.co.kr)로 보내주세요.
한빛미디어(주)는 여러분의 소중한 경험과 지식을 기다리고 있습니다.

Low-Code AI

로우코드 AI

O'REILLY® 한빛미디어 Hanbit Media, Inc.

지은이 · 옮긴이 소개

지은이 **궨덜린 스트리플링** Gwendolyn Stripling

구글 클라우드에서 인공지능 및 머신러닝 콘텐츠 개발자로 일하며, 여러 사람이 생성형 AI 및 AI/ML 여정을 탐색할 수 있도록 돕고 있습니다. 유튜브에서 큰 인기를 얻은 '생성형 AI 소개 Introduction to Generative AI'라는 영상을 제작했고, 링크드인 러닝에서 '신경망 소개 Introduction to Neural Networks'라는 강의도 담당했습니다. 골든 게이트 대학교의 겸임 교수이며, 경영 분석 석사 과정 자문 위원회의 일원으로 활동합니다. 이전에는 데이터 분석 회사인 클릭 Qlik에서 데이터 분석 엔지니어, 클라우드 설계자, 기술 트레이너로 근무했습니다. 또한, 캘리포니아 도미니칸 대학교 Dominican University of California 바로우스키 Barowsky 경영 분석 학교, 골든 게이트 대학교 Golden Gate University의 아게노 Ageno 경영 분석 학교, 구글 클라우드 NEXT, 구글의 벤처 캐피털리스트 및 스타트업 프로그램 등에서 발표하는 등 AI/ML 분야의 연사로도 활동 중입니다.

지은이 **마이클 아벨** Michael Abel

구글 클라우드의 전문 교육 프로그램 기술 책임자로, 차별화되고 비표준적인 학습 경험을 통해 고객의 클라우드 역량을 빠르게 향상시키는 데 힘쓰고 있습니다. 이전에는 구글 클라우드에서 데이터 및 머신러닝 기술 트레이너로 활동하며 '구글 클라우드에서의 머신러닝', '구글 클라우드 머신러닝 집중 훈련 프로그램', '구글 클라우드에서의 데이터 공학' 등 구글 클라우드 교육 과정을 담당했습니다. 구글에 합류하기 전에는 듀크 대학교 Duke University 수학과 방문 조교수로 재직하며 수학을 연구하고 수학과 학부생을 가르쳤습니다.

옮긴이 **박찬성** deep.diver.csp@gmail.com

한국전자통신 연구원에서 네트워크 제어/관리/지능화 시스템을 구축하는 일을 하며, 컴퓨터에서 일어나는 전반적인 일에 관심이 많습니다. 특히 최근 몇 년간은 머신러닝 모델의 라이프사이클을 관리하고 머신러닝 시스템을 운영하는 MLOps와 더불어, 생성형 AI 모델을 튜닝하고 모델링하는 방법과 이를 운영하는 LLMOps 분야에도 많은 관심을 가지고 허깅 페이스 펠로 Hugging Face Fellow, 구글 디벨로퍼스 엑스퍼트 Google Developers Expert 등 다양한 커뮤니티 활동을 병행하고 있습니다.

옮긴이의 말

『로우코드 AI』는 기업의 의사 결정 과정에서 머신러닝을 효과적으로 활용하기 위한 실용적인 지침서입니다. 이 책은 복잡한 코딩 없이도 AutoML, 빅쿼리BigQuery ML, 버텍스 AIVertex AI와 같은 로우코드low-code 도구를 이용하여 데이터 분석, 모델 학습, 배포, 관리를 수행하는 방법을 단계별로 제시합니다. 특히 소매, 의료, 에너지, 금융 등 다양한 산업 분야의 실제 데이터셋을 기반으로 한 예제들은 독자들이 머신러닝의 개념을 쉽게 이해하고 실무에 적용할 수 있도록 돕습니다.

이 책을 번역하면서 로우코드 AI 도구들이 머신러닝의 진입 장벽을 낮추고, 비전문가도 AI 기술을 활용할 수 있도록 지원한다는 점에 큰 감명을 받았습니다. 특히 코딩 경험이 없거나 매우 적은 사람이라도 다양한 로우코드 AI 도구를 활용해 높은 성능의 모델을 구축할 수 있다는 사실은 매우 인상적이었습니다. 독자 여러분도 이 책에서 로우코드 AI 도구의 강력한 기능을 경험하고, 데이터 기반 의사 결정을 통해 비즈니스 가치를 창출할 수 있기를 기대합니다.

번역 과정에서 머신러닝 관련 용어와 최신 기술 트렌드를 정확하게 이해하고 전달하는 데 어려움을 겪기도 했지만, 관련 기술 문서를 참고하여 원문의 내용을 충실하게 반영하고자 노력했습니다. 부족한 부분이 있더라도 너그러이 이해해 주시기 바랍니다.

마지막으로 이 책의 번역을 격려하고 도와주신 박지영 편집자님께 감사의 말씀을 전합니다. 편집자님의 꼼꼼한 검토와 피드백, 그리고 끝없는 인내심이 없었다면 이 책을 완성하지 못했을 것입니다. 앞으로도 인공지능 분야의 유익한 책들을 번역하여 국내 독자들에게 소개할 수 있도록 최선을 다하겠습니다.

박찬성

감사의 말

이 책은 많은 분의 아낌없는 지원이 있었기에 세상에 나올 수 있었습니다. 이 책을 자세히 검토해 주신 구글 동료인 엔리카 필리피[Enrica Filippi], 모나 모나[Mona Mona], 브누아 데랭[Benoit Dherin], 마이클 먼[Michael Munn]에게 감사의 말씀을 전합니다. 이들의 전문성은 설명의 질과 기술적 세부 사항에 큰 도움이 되었습니다. 또한 리치 로즈[Rich Rose], 패트릭 벤틀리[Patrick Bentley], 요안나 롱[Yoanna Long], 에스라 두이군[Esra Duygun], 콘셉시온 디아즈[Concepcion Diaz] 등 동료들의 지원과 피드백에도 감사의 인사를 전합니다. 마지막으로, 이러한 노력에 변함없는 지원을 아끼지 않은 켈리 톰슨[Kelly Thompson], 에릭 필로트[Eric Pilotte], 스리 우파디야율라[Sree Upadhyayula] 매니저에게 감사드립니다.

처음으로 책을 집필하는 두 필자를 인내심을 가지고 기다리며 협력을 아끼지 않은 오라일리 팀에 큰 감사를 표합니다. 우리의 프로젝트와 비전을 처음부터 믿어준 니콜 버터필드[Nicole Butterfield]와 이 책의 출간을 준비해 준 클레어 레이록[Clare Laylock]에게 감사의 마음을 전합니다. 전체 과정에서 편집 전문성을 발휘해 준 코빈 콜린스[Corbin Collins]의 노고에도 감사드립니다.

마이클은 이 책을 집필하는 전 과정에서 놀라운 지지와 인내심을 보여준 아내 재키[Jackie]와 항상 적절한 타이밍에 찾아와 일을 잠시 멈추고 미소 짓게 해준 딸 미아[Mia], 어릴 때부터 수학과 컴퓨터에 대한 사랑을 키워준 부모님 벤[Ben]과 리타[Rita]에게 감사의 마음을 전합니다.

궨덜린은 이 놀라운 여정 동안 변함없는 지지를 보내준 인생의 동반자 나다 벨리미로비치[Nada Velimirović]와 딸 사스키아[Saskia]에게 감사의 말을 전합니다. 그리고 항상 애정을 표현하고 웃음을 안겨주는 반려동물 진저[Ginger]와 원통[Wonton]에게도 고맙습니다. 그 밖의 가족들에게도 감사의 인사를 전합니다. 궨덜린의 아버지와 어머니(DNA를 주셔서 감사합니다), 여동생 벨린다[Belinda](나를 만나줘서 고마워), 또 다른 여동생 글로리아 테일러 윌리엄스[Gloria Taylor Williams]와 남편 찰스 윌리엄스[Charles Williams], 그녀의 형제 모리스 콥[Maurice Cobb]과 카를로스 S. 암스트롱[Carlos S. Armstrong], 삼촌 토니 홀[Tony Hall]에게 감사드립니다. 이 여정 동안 놀라운 지원을 아끼지 않은 조카 카트리나 마리 버라지[Katrina Marie Burage]와 조카 카를로스 S. 암스트롱 주니어[Carlos S. Armstrong Jr.]도 정말 고맙습니다. 또한 항상 믿고 지지해 준 소중한 친구 크리스티나 라미레즈[Christina Ramirez]에게도 감사의 말을 전하고 싶습니다!

인공지능artificial intelligence(AI)은 컴퓨터가 지능을 발휘하는 광범위한 연구 분야로 정의할 수 있습니다. '지능을 발휘하는'이라는 표현은 다소 모호한데, 이는 컴퓨터가 살아 있는 존재처럼 결정을 내리는 것으로 해석할 수 있습니다. 사실, AI의 개념은 고대 신화에서도 찾아볼 수 있습니다. 예를 들어, 유로파를 납치하려는 침략자들로부터 유로파를 보호하려고 만들어진 청동 로봇인 탈로스가 등장하는 그리스 신화가 있습니다. 시간이 흐르면서 기본적인 형태의 AI는 신화 속 이야기에서 현실로 다가왔습니다.

현대에 이르러서는 사람의 능력을 높이고, 의사 결정과 같이 시간이 많이 드는 작업을 자동화하는 데 AI를 사용합니다. 1970년대에 처음 개발된 전문가 시스템이 그 예입니다. 전문가 시스템은 지식 기반, 사실과 규칙의 모음, 그리고 추론 시스템을 사용하여 새로운 지식을 만들어 냅니다. 하지만 전문가 시스템의 큰 단점은 지식 창고를 만들려면 도메인 전문가가 많은 시간과 노력을 들여야 한다는 점입니다.

최근 수십 년 동안 또 다른 형태의 AI가 더욱 보편화되었습니다. 그것은 바로 머신러닝machine learning(ML)입니다. 머신러닝은 프로그래머가 직접 알고리즘을 제공하지 않고, 컴퓨터가 주어진 데이터로부터 스스로 알고리즘을 학습하는 방법입니다. 전문가 시스템은 도메인 전문가가 직접 규칙을 작성해야 하지만, 머신러닝은 데이터를 사용하여 그 규칙을 찾아내는 방식이라고 할 수 있습니다.

오늘날 ML은 거의 모든 산업에 영향을 미칩니다. 소매업에서는 ML을 사용해 제품이나 서비스의 예상 판매량을 몇 달 전에 예측합니다. 여행 업계에서는 고객의 과거 여행 기록과 같은 정보를 기반으로 여행 지역과 관광 명소를 추천해 줍니다. 의료 분야에서는 ML로 엑스레이 이미지를 분석해 건강한 폐인지 병든 폐인지 판단할 수 있으며, 의료 전문가가 더 자세히 살펴볼 특정 영역을 정확히 찾아낼 수도 있습니다. ML의 다양한 사용 사례는 그 자체로 책 한 권을 가득 채울 수 있습니다. 이 책에서는 광고 미디어 채널 판매, 에너지 생산, 고객 이탈 등 몇 가지 구체적인 ML 사용 사례에 초점을 맞춰 시작할 것입니다.

업계에서 ML을 다양하게 활용하는 만큼, 그 다양한 가능성을 탐색하는 것은 매우 흥미로운 일입니다. 많은 사람이 ML은 전문가들만의 연구 분야라고 생각합니다. 즉, 컴퓨터 과학, 수학, 통계 등 다양한 분야의 깊은 배경지식이 없으면 ML을 사용할 수 없다고 생각합니다. 하지만 사실은 그렇지 않습니다.

최근 몇 년 동안 '**시민 데이터 과학자**citizen data scientist'라는 개념이 훨씬 더 보편화되었습니다. 시민 데이터 과학자는 데이터 과학이나 관련 분야에서 정식 교육을 받거나 역할을 수행한 적이 없지만, 자신이 보유한 다른 분야의 전문 지식과 함께 일부 데이터 과학 작업을 수행할 수 있는 사람을 말합니다. 이러한 사람들이 쉽게 사용할 수 있는 ML 도구가 많이 개발되었습니다. 이 책의 목표는 더 많은 사람이 시민 데이터 과학자가 되도록 지원하고 장려하는 것입니다.

이 책의 대상 독자

이 책의 목표는 독자들에게 정형(표 형식) 데이터에 대한 ML 문제를 구성하고, ML 워크플로에 맞춰 데이터를 준비하며, 다양한 노코드no-code, 로우코드 및 기본 사용자 정의 코드 솔루션을 사용하여 ML 모델을 구축하고 사용하는 방법을 특정 비즈니스 문제의 틀 안에서 단계별로 안내하는 것입니다. 이 책의 주요 대상 독자는 자동화된 머신러닝(AutoML), 빅쿼리 ML(SQL 사용), 파이썬을 직접 활용한 맞춤형 ML 학습을 통해 ML을 업무에 빠르게 적용하려는 비즈니스 분석가, 데이터 분석가, 학생, 시민 데이터 과학자 지망생입니다. 데이터 분석에 관한 기본 지식이 있다고 가정하지만, 전문가가 아니어도 이 책에서 많은 것을 배울 수 있습니다.

데이터 과학이나 ML 공학 분야로 진로를 고려하는 사람에게 이 책은 목표를 향한 훌륭한 첫걸음이 될 수 있습니다. ML 실무자는 이 책의 내용이 너무 기초적이라고 생각할 수도 있지만, 익숙하지 않은 도구에 관한 설명이 도움이 될 수 있습니다.

ML이나 특정 프로그래밍 언어에 관한 사전 지식은 없어도 되지만, 기본적인 프로그래밍의 개념과 파이썬 및 SQL 지식이 있다면 책을 좀 더 쉽게 읽을 수 있습니다. 책 전체에 걸쳐 문맥 내에서 추가적인 기초 자료를 참조할 수 있도록 했습니다. ML 개념과 사용 사례 기반 예제 외에도 주피터 노트북Jupyter Notebook과 같은 다양한 도구와 리눅스 터미널의 기본 사용법도 살펴볼 수 있습니다.

이 책에서 다루는 내용

이 책은 ML 실무자가 되려는 사람들을 돕고자 만들어졌으며, ML 전문가로 거듭나게 해주지는 않습니다. 성공적인 데이터 과학자가 되는 데 필요한 통계와 수학의 모든 주제를 다루지는 않으며, ML 이론을 자세히 다루지도 않습니다. 이 책에서는 ML 프로젝트에 쉽게 접근할 수 있도록 프로젝트에 필요한 이론을 다루지만, 그 이상의 내용을 다루지는 않습니다. 그러나 더 깊이 알아보고 싶은 독자가 참고할 수 있는 자료를 함께 제공합니다.

2장과 3장에서는 ML 문제에 사용할 수 있는 다양한 유형의 데이터와 실무에서 사용할 수 있는 다양한 도구를 설명합니다. 하지만 한 권의 책에서 모든 상황을 모든 도구로 다룰 수는 없습니다. 2장과 9장에서는 정형 데이터의 사용 사례에 초점을 맞추고, 비정형 데이터에 대한 ML은 가볍게만 논의합니다. 비정형 데이터를 사용하는 흥미로운 애플리케이션(예: AI 기반 챗봇 및 이미지 생성)도 있지만, 실제로 비즈니스 및 산업에서 ML을 사용하는 애플리케이션은 대부분 정형 데이터와 관련된 문제에 초점을 맞춥니다.

도구 측면에서는 비즈니스 사용 사례에 집중할 수 있도록 좁은 범위의 도구에 집중합니다. 넘파이Numpy, 시본Seaborn, 판다스Pandas, 사이킷런scikit-learn, 텐서플로scikit-learn와 같은 파이썬 패키지는 모든 산업 분야에서 널리 사용하며, 이 책에서는 이러한 패키지를 여러 사용 사례와 함께 다룹니다. 주피터 노트북은 노트북 환경에서 파이썬 코드를 대화형으로 실행하는 데 사용하는 업계 표준이기도 합니다.

이 책에서는 노트북을 운영할 때 무료 주피터 노트북 서비스인 구글 코랩을 사용합니다. 또한 노코드 ML 모델 학습에는 버텍스 AI AutoML을, SQL 데이터 분석 및 SQL을 사용한 ML 모델 학습에는 빅쿼리를 사용하는 등 다른 구글 클라우드의 도구도 사용합니다. 마이크로소프트 애저[Azure]와 아마존 웹 서비스[Amazon Web Services](AWS)와 같은 다른 주요 클라우드 제공업체에서도 주피터 노트북, AutoML 실행, SQL로 데이터 분석, SQL을 사용한 ML 모델 학습을 위한 유사한 서비스를 제공합니다. 여기에서 언급했지만 사용하지 않는 다른 도구도 살펴볼 것을 적극 권장합니다. 자세한 정보 및 문서 링크는 책 전체에 걸쳐 나옵니다.

코드 예제

보충 자료(코드 예제, 연습 문제 등)는 깃허브 저장소(*https://github.com/books-by-chansung/low-code-ai*)에서 다운로드할 수 있습니다.

이 책의 코드는 2.12 버전의 텐서플로에 기반하여 작성했으므로, 다음 명령어로 텐서플로 버전을 2.12로 맞춘 뒤에 예제를 실행해보기 바랍니다.

```
pip install tensorflow==2.12
```

이 책의 설명대로 코드 예제를 실행했을 때의 출력 결과 화면은 개인별로 조금씩 다르게 나타날 수 있습니다.

목차

5장 AutoML로 사기 거래 탐지하기

7장 파이썬으로 사용자 정의 ML 모델 학습시키기

8장 사용자 정의 모델의 성능 개선하기

9장 AI 여정의 다음 단계

CHAPTER 1

머신러닝에서 데이터로 의사 결정을 내리는 방법

이 장에서는 기업에서 데이터가 어떤 역할을 하고 비즈니스 의사 결정에 어떤 영향을 미치는지 살펴봅니다. 또한 ML 워크플로의 구성 요소도 알아봅니다. 많은 책, 기사, 동영상, 블로그에서는 ML 워크플로가 데이터 수집으로 시작된다고 말합니다. 하지만 데이터를 수집하기 전에 수집할 데이터의 유형을 이해하는 것이 중요합니다. 그리고 이러한 **데이터 이해**는 해결해야 할 문제나 의사 결정이 무엇이냐에 따라 달라지기 마련입니다.

그런 다음, 비즈니스 사례/문제 정의와 데이터 이해를 바탕으로 노코드no-code나 로우코드low-code ML 전략을 수립할 수 있습니다. ML 프로젝트에 노코드나 로우코드의 전략적 접근법을 사용하면 다음과 같은 이점이 있습니다. 노코드 AutoML 접근법을 사용하면 코딩 경험이 없는 사람도 쉽게 ML 모델을 개발할 수 있습니다. 따라서 전문 분야의 도메인 지식만 있으면, 코드를 한 줄도 작성하지 않고도 빠르게 모델을 만들 수 있습니다. ML 애플리케이션을 빠르고 효율적으로 개발하는 방법이죠. 로우코드 접근법은 기본 코드를 자동으로 생성하고, 그 위에 사용자만의 코드를 추가할 수 있으므로 코딩 경험이 적은 사용자도 빠르게 ML 애플리케이션을 개발할 수 있습니다. 하지만 모든 ML 프로젝트는 목표나 사용 사례, 문제 정의에서부터 시작해야 합니다.

1.1 목표 및 사용 사례 파악하기

기업, 교육 기관, 정부 기관 그리고 실무자들은 ML의 실제 사례를 반영한 다음과 같은 의사 결정에 직면하게 됩니다.

- 당뇨병 웹 애플리케이션의 환자 참여도를 높이려면 어떻게 해야 할까요?
- 학생들의 수업 평가 설문 조사 참여도를 높이려면 어떻게 해야 할까요?
- 회사 네트워크에 대한 공격을 더 빠르게 탐지하려면 어떻게 해야 할까요?
- 이메일 서버에 유입되는 스팸 수를 줄일 수 있을까요?
- 제조 생산 라인의 가동 중지 시간을 줄이려면 어떻게 해야 할까요?
- 고객 유지율을 높이려면 어떻게 해야 할까요?
- 고객 이탈률을 줄이려면 어떻게 해야 할까요?

이러한 각 사례에서 문제를 해결하거나 의사 결정을 지원하려면 다양한 출처의 데이터를 검토해야 합니다. 예를 들어, 고객 이탈률이나 손실률을 줄이는 사용 사례를 살펴보겠습니다. **이탈 예측**은 서비스나 제품을 더는 사용하지 않을 가능성이 높은 고객을 찾는 것입니다. 이 문제는 '이탈한 고객'과 '이탈하지 않은 고객'이라는 두 범주로 나누어지는 분류 문제로, 지도 학습에 속합니다.

데이터 출처의 관점에서 고객 프로필 정보(이름, 주소, 나이, 직책, 고용 상태), 구매 정보(구매 및 결제 내역), 상호작용 정보(디지털 및 물리적 방식으로 제품과 상호작용을 하는 고객 경험), 고객 서비스 팀 또는 디지털 지원 서비스의 검토가 필요할 수도 있습니다. 고객 정보는 고객 관계 관리 시스템, 전자 상거래 분석 서비스, 고객 피드백과 같은 출처에서 얻을 수 있습니다. 본질적으로 고객이 '접촉'하는 모든 것은 데이터 출처로서 추적되고 저장되어야 합니다.

결정 사안의 성격은 그 결정을 내리기 위해 수집될 데이터, 즉 문제 진술로 공식화해야 하는 데이터와 직접적으로 연관됩니다. 우산을 만드는 회사의 마케팅 담당 부서의 **비즈니스 목표**가 매출 증대라고 가정해 보겠습니다. 기존 우산 가격을 낮추면 얼마나 많은 우산이 판매될지 예측할 수 있을까요? [그림 1-1]은 이 상황에서 고려해야 할 데이터 요소를 보여줍니다.

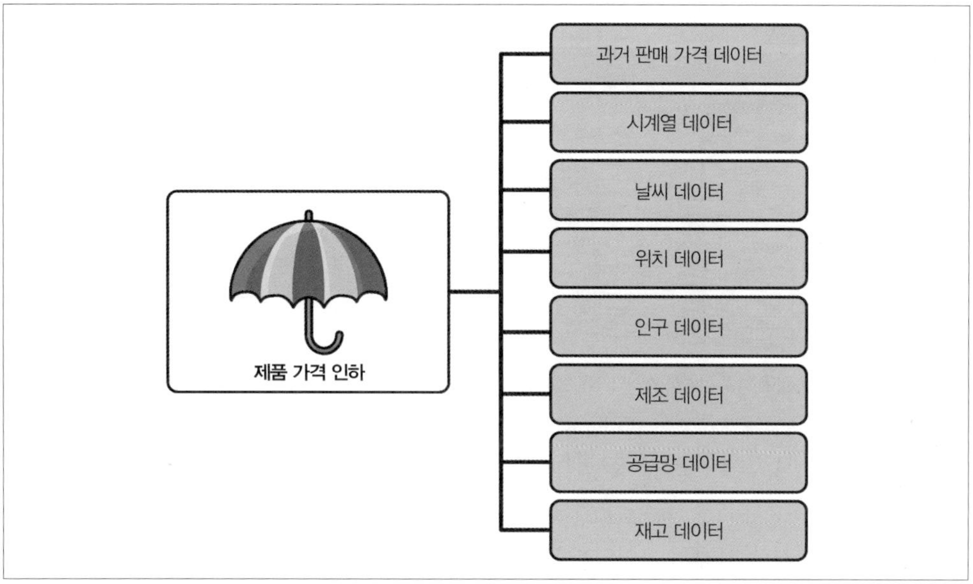

그림 1-1 매출 증대를 위한 가격 인하 전략에 영향을 미치는 데이터 요소들

이 데이터 기반 비즈니스 예시에서 볼 수 있듯이, 비즈니스 목표(매출 증대)는 생각보다 꽤 복잡합니다. 제품의 가격을 인하했을 때 어떤 일이 일어날지를 이해하려면, 판매 가격 외에도 고려해야 할 데이터가 많습니다. 가령 특정 지역의 우기나 인구 밀도와 함께 가격 인하에 따른 수요 증가를 충족할 재고가 있는지를 파악해야 합니다. 또한 과거 데이터와 실시간으로 수집할 수 있는 데이터의 비교도 필요합니다. 과거 데이터는 일반적으로 **배치 데이터**batch data라고 하며, 실시간으로 수집하는 데이터는 **스트리밍 데이터**streaming data라고 합니다. 이렇게 새로운 유형의 데이터가 추가될수록 비즈니스 목표는 매우 복잡한 문제로 이어집니다. 그리고 원본 데이터는 하나이더라도 이를 복사하여 여러 개의 복사본이 만들어지기도 하는데, 이럴 때는 데이터 사이의 관계를 이해하는 데 특정 기술이 필요할 수 있습니다(그림 1-2).

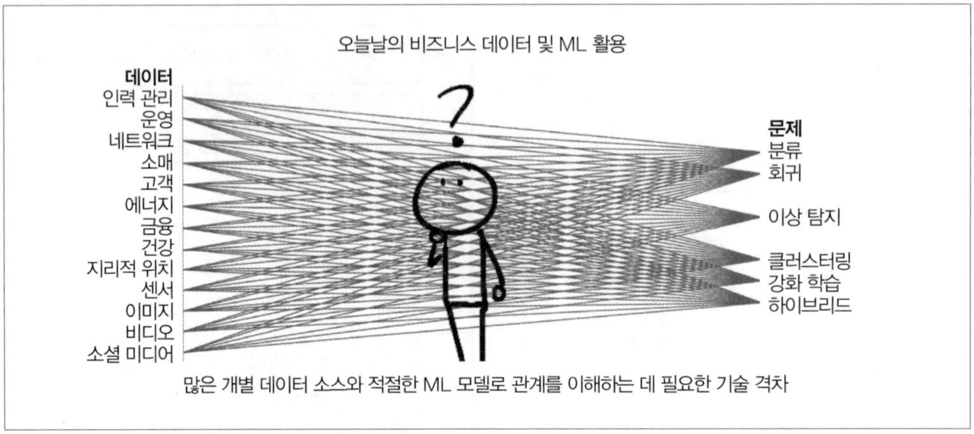

그림 1-2 오늘날의 일반적인 비즈니스 데이터 및 ML 환경

그렇다면 여기서 사용 사례는 무엇일까요? 이는 상황에 따라 달라집니다. 비즈니스 의사 결정 과정에는 질문을 하고, 데이터를 수집하며, 여러 대안을 평가한 후 최적의 선택을 내리는 것이 포함됩니다. 사용 사례나 비즈니스 목표를 정한 후, 같은 데이터를 사용해 AutoML이나 로우코드 AI로 고객 패턴을 분석하고, 경향을 파악하며, 결과를 예측하도록 머신러닝을 적용할 수 있습니다. [그림 1-3]은 데이터 원본을 결정하고, ML 프레임워크를 사용하며, 예측을 도출하는 과정을 보여주는 우산 비즈니스의 사용 사례입니다.

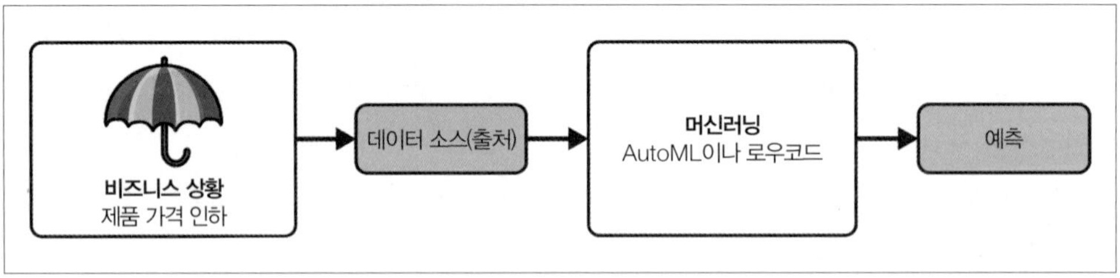

그림 1-3 ML 프레임워크로 예측하는 비즈니스 사례

1.2 엔터프라이즈 ML 워크플로

의사 결정 과정은 문제나 사용 사례를 식별하는 데 유용하지만, 문제의 해결책을 구현하는 데 도움을 주는 것은 ML 워크플로입니다. 이 절에서는 일반적인 ML 워크플로를 소개합니다. 앞

에서 살펴본 우산 예시에서는 AutoML 서비스를 사용하여 비지도 ML 클러스터링을 코드 없이 실행할 수 있습니다. 이를 통해 데이터를 사용해 ML 모델을 학습시키고, 그 결과로 도출된 패턴을 확인할 수 있습니다. 또는 특정 데이터 입력을 기반으로 특정 결과를 예측하고자 과거 데이터에 집중할 수도 있습니다. 여러분의 회사에서 ML 워크플로는 어떤 모습일까요? 당연히 데이터 기반일 것이며, 그에 따른 의사 결정이 필요합니다.

ML 워크플로는 일련의 단계로 나눌 수 있으며, 이를 다시 4개의 범주로 분류할 수 있습니다. [그림 1-4]는 10가지 단계를 간략히 간략하게 설명합니다. 이후 장들에서는 각 단계에 관한 자세한 예시를 제공합니다.

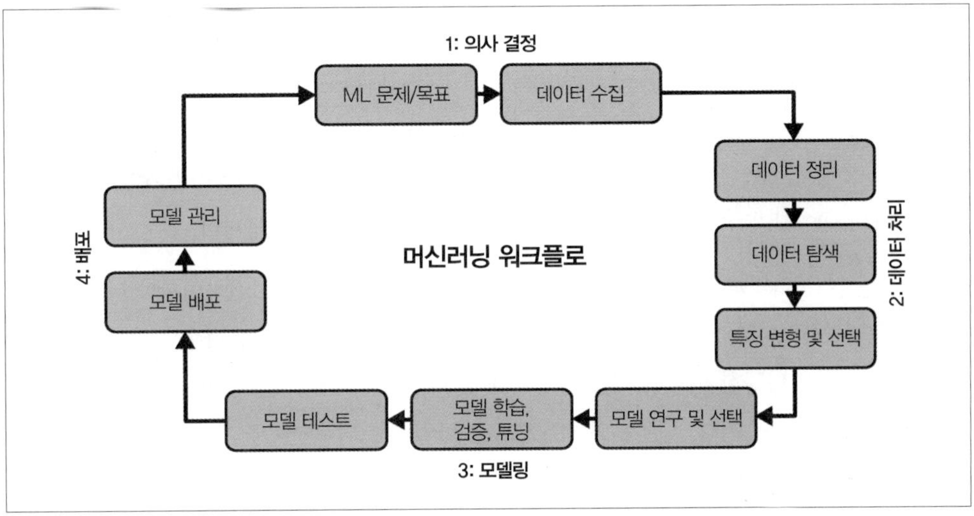

그림 1-4 10단계 ML 워크플로

1.2.1 비즈니스 목표나 문제 정의하기

ML 워크플로는 특정 질문이나 문제를 정의하는 것으로 시작됩니다. 이 단계에서는 문제의 범위와 실현 가능성을 결정합니다. 올바른 질문으로 필요한 데이터를 식별하고, 데이터를 준비하는 방법을 파악해야 합니다. 데이터를 분석할 때 발생할 수 있는 모든 질문은 [표 1-1]처럼 5가지 범주로 그룹화할 수 있습니다. 지금까지 다뤄온 우산 비즈니스 예시를 계속 이어가 보겠습니다.

표 1-1 데이터 분석에 대해 그룹화된 질문 유형

알고리즘/모델	문제 또는 질문
회귀 문제	이번 달/시즌에 얼마나 많은 우산의 판매가 예상되나요?
분류 문제	고객이 장우산(A)을 구매했나요, 아니면 접이식 우산(B)을 구매했나요?
클러스터링 문제	월별/지역별 장우산의 판매량은 어느 정도인가요?
이상 징후 탐지 문제	시애틀보다 모하비 사막에서 우산을 더 많이 팔았나요?
강화 학습	미결제 잔액이 $500 이하인 고객에게만 배송하라는 회사 정책이 있습니다. 이 정책에 따라 제조 로봇이 우산 제조, 포장, 적재, 배송을 하도록 학습시킬 수 있을까요?

1.2.2 데이터 수집

21세기 초에는 기업, 대학, 연구자들이 일반적으로 로컬 서버나 하드 드라이브, 데이터 센터에 의존하여 데이터베이스 애플리케이션을 호스팅하고 데이터를 저장했습니다. 온프레미스[1] 데이터 센터에 의존하거나 데이터 센터의 서버 공간을 임대하려면 서버 인프라 유지 관리, 소프트웨어 버전의 갱신, 보안 패치의 설치, 물리적 하드웨어 교체 등에 큰 비용이 발생했습니다. 때로는 대량의 데이터가 여러 머신 클러스터에 분산되어 저장되기도 했습니다.

오늘날에는 많은 기업과 교육 기관이 비용 절감을 위해 클라우드로 이전하여 데이터베이스 애플리케이션을 호스팅하고 데이터를 저장합니다. 클라우드 스토리지는 클라우드 공급업체가 제공하는 서비스로, 다양한 파일 형식을 업로드하거나 다른 출처의 데이터 파일을 자동으로 수집하도록 설정할 수 있습니다. 대부분의 ML 모델은 파일 데이터로 학습되므로, 데이터를 클라우드 스토리지 버킷bucket에 저장하면 데이터 수집을 쉽게 할 수 있습니다. 또한 클라우드 스토리지 버킷은 정형 및 비정형 데이터를 모두 지원합니다.

데이터 수집을 위해 데이터 파일을 저장하는 또 다른 방법은 코딩 프로젝트의 공동 작업을 위해 설계된 깃허브[2] 서비스를 활용하는 것입니다. 하지만 개인 용도로 데이터를 저장하고(무료), 변경 사항을 추적하고, 복제를 위한 방식으로도 활용할 수 있습니다. 일반적으로 한 번에 업로드하는 파일 용량을 100MB로 제한하지만, 대용량 파일의 버전을 관리할 때는 깃 LFS(대용량 파일 저장소) 확장도 사용할 수 있습니다. 깃 LFS는 데이터셋, 오디오 샘플, 그래픽, 동영상과 같은 대용량 파일을 깃 내부의 텍스트 포인터로 대체하는 동시에 파일 내용을 깃허브나

1 옮긴이_ 온프레미스는 기업이 자체적으로 보유한 전산실 서버에 직접 시스템을 설치하고 운영하는 방식을 말합니다.

2 https://github.com

깃허브 엔터프라이즈[3]와 같은 원격 서버에 저장합니다.

데이터 수집의 어려움은 대규모 조직에서 더욱 복잡해집니다. 전사적 자원 관리enterprise resource planning(ERP), 고객 관계 관리, 생산 시스템 등 다양한 유형의 운영 관리 소프트웨어가 존재하고 서로 다른 데이터베이스가 혼재하기 때문입니다. 또한 배송 트럭에 설치된 사물 인터넷(IoT) 센서 장치와 같은 외부 소스의 데이터를 실시간으로 가져와야 할 수도 있습니다. 따라서 정형뿐만 아니라 비정형 및 반정형 데이터도 배치 또는 실시간(스트리밍)으로 수집해야 하는 어려움이 존재합니다. [그림 1-5]는 정형, 비정형, 반정형 데이터 수집을 지원하는 다양한 요소를 보여줍니다.

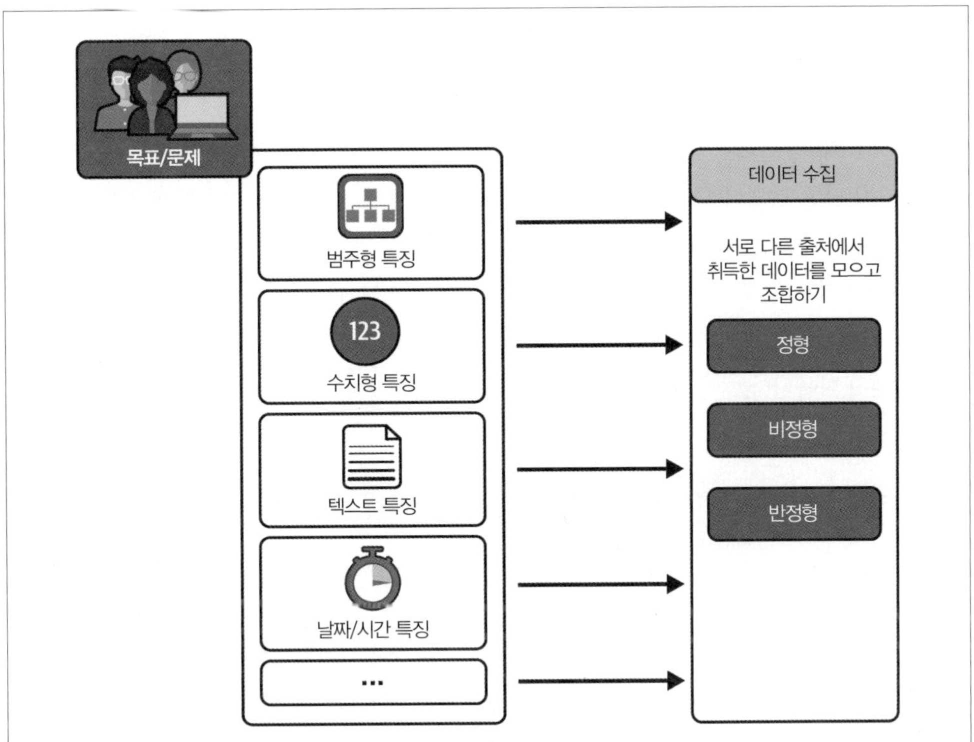

그림 1-5 목표/문제에서 데이터 수집으로의 흐름

---

3 https://github.com/enterprise

> **NOTE** 정형 데이터도 스트리밍할 수 있습니다. 정형 데이터와 비정형 데이터는 데이터 유형의 속성에 따라 나뉩니다. 반면 스트리밍과 배치 처리는 지연 시간에 관한 속성이죠. 데이터 유형과 속성에 관한 자세한 내용은 2장에서 다룹니다.

1.2.3 데이터 전처리

데이터 정리를 수행하려면 누락된 값, 중복, 이상치, 서식 문제와 사람의 실수로 발생한 일관성 없는 데이터를 처리해야 합니다. 실제 데이터는 다듬어지지 않고 복잡하며, 다양한 가정이 섞여 있습니다. 가령 데이터가 정규 분포를 따른다고 가정할 수 있습니다. 정규 분포란 데이터가 왜곡 없이 대칭적으로 분포하고 대부분의 값이 중앙에 모여 있으며, 중앙(평균)에서 멀어질수록 값의 빈도가 감소한다는 의미입니다.

캘리포니아 사막의 도시 팜스프링스Palm Springs에서 8월에 처음으로 우산 판매량이 증가했다는 보고가 있었다고 가정해 보겠습니다. 데이터가 정상 분포를 따른다고 봐야 할까요? 아니면 이상치로 간주해야 할까요? 8월의 우산 판매량 예측 결과가 왜곡될 수 있을까요? 만약 데이터가 정규 분포를 따르지 않는다면, 모든 레코드를 [0,1]이나 [−1,1] 범위로 그룹화하여 정규화해야 합니다. 데이터를 정규화하면 ML 모델을 더 쉽고 빠르게 학습시킬 수 있습니다. 정규화는 7장에서 자세히 다룹니다.

> **NOTE** 이 최소-최대 정규화 예시는 이상치가 있는 경우 해로운 영향을 미칠 수 있습니다. 가령 값의 크기 범위를 [0,1]로 변경하면 이상치는 1로, 다른 모든 값은 0으로 매핑되어 버리기 때문입니다.

데이터 전처리에는 데이터 크기 조정(**스케일링**scaling)이 포함됩니다. 데이터 스케일링은 데이터의 범위를 조정하는 것을 의미하며, 정규화와 표준화가 대표적인 방법입니다. 정규화는 데이터 값을 특정 범위(일반적으로 0과 1 사이)로 변환하는 것이고, 표준화는 데이터의 평균을 0, 표준 편차를 1로 변환하는 것입니다. 파이썬Python에서는 정규화와 표준화를 단 몇 줄의 코드[4]로 쉽게 수행할 수 있습니다. [그림 1-6]은 정규화와 표준화 전후 데이터가 어떻게 변하는지를 보여줍니다.

---

4 *https://oreil.ly/50v98*

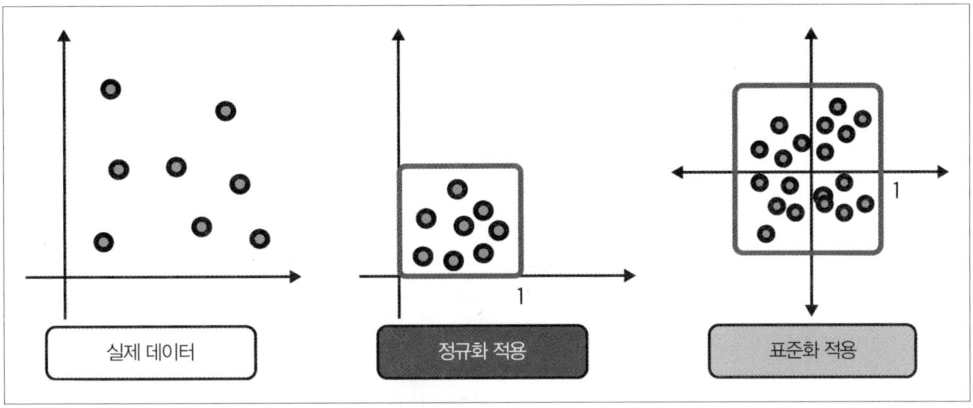

그림 1-6 실제 데이터와 정규화 및 표준화 후 데이터

> **NOTE** 단일 출처에서 데이터를 수집하는 일은 비교적 간단합니다. 그러나 여러 출처에서 모은 데이터를 하나의 파일로 집계한다면, 데이터 유형의 일치, 시계열 데이터(또는 ML 모델이 요구하는 타임스탬프 및 날짜 범위 등)와 관련된 모든 가정의 유효성 등을 확인해야만 합니다. 흔히들 데이터의 통계적 속성(평균, 분산 등)이 시간이 지나도 변하지 않고 고정된다는 가정을 세웁니다.

1.2.4 데이터 분석

탐색적 데이터 분석explanatory data analysis(EDA)은 데이터의 구조를 탐색하고 분석하는 데 사용하는 과정입니다. 추세, 패턴, 특징들 사이의 관련성 및 상관관계(예: 한 변수(특징)가 다른 변수와 어떤 관계를 띄는지)를 발견하려는 노력이 들어갑니다. 해결하려는 문제 유형에 따라 ML 모델을 학습시키기에 적합한 특징을 선별해야 합니다. ML에 잠재적으로 활용할 수 있는 입력 변수(특징)의 목록이 이 단계로 도출되는 결과입니다. 6장에서는 EDA를 활용하여 실습을 진행합니다.

[그림 1-7]과 [그림 1-8]은 EDA 과정의 결과를 데이터 시각화 라이브러리인 시본Seaborn으로 그렸습니다.[5] [그림 1-7]에서는 x와 y의 관계가 반비례라는 점을 알 수 있습니다. 그리고 [그림 1-8]의 히트맵(또는 상관행렬correlation matrix)은 낮은 온도에서 더 많은 에너지가 생성된다는 것을 보여줍니다.

5 데이터셋에 관한 자세한 내용은 6장을 참조하세요.

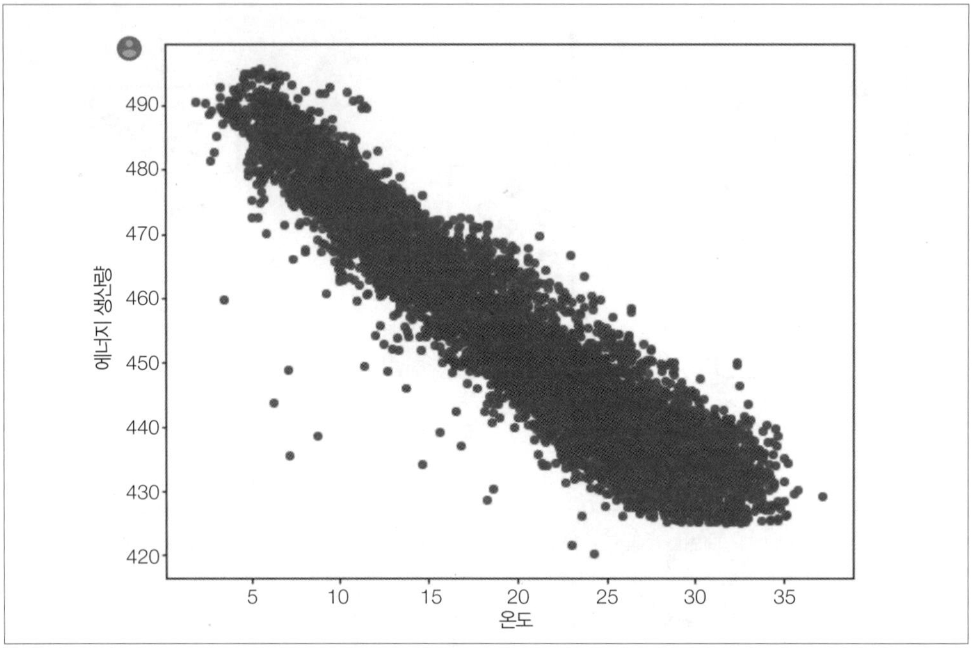

그림 1-7 시본의 `regplot`은 낮은 온도에서 더 많은 에너지가 생산된다는 것을 보여줍니다.

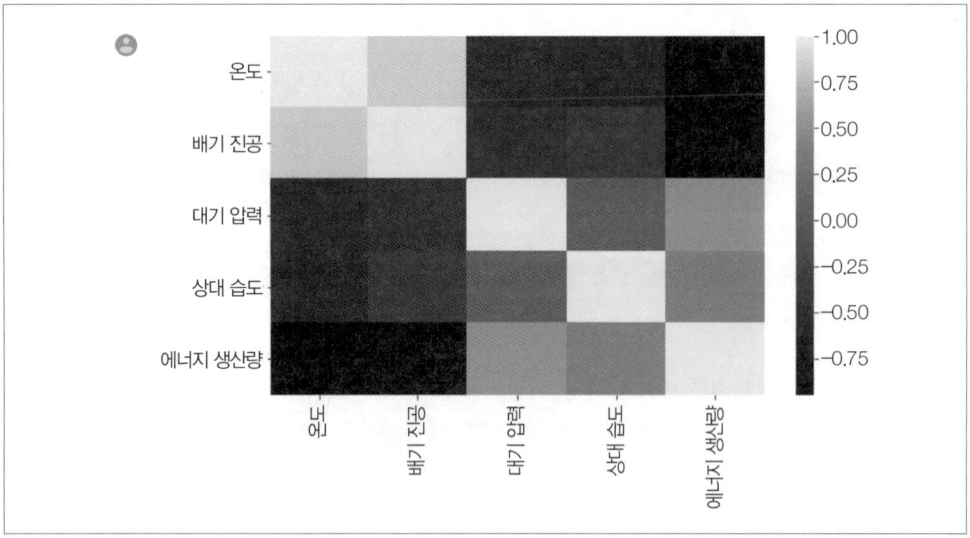

그림 1-8 시본 상관행렬(히트맵)은 온도와 에너지 생산량 사이의 강한 역관계(−0.75)를 보여줍니다.

1.2.5 데이터 변환 및 특징 선별

데이터를 정리하고 분석하면 ML 문제를 해결하는 데 필요한 특징 목록을 얻을 수 있습니다. 하지만 얻은 목록에 포함되지 못한 다른 특징도 유의미할 수 있지 않을까요? 특징 공학feature engineering은 원래 데이터셋에 없던 새로운 특징을 만들어냅니다. 가령 데이터셋이 월, 일, 연도를 별도의 열로 저장한다면, 이들을 결합해 '월-일-년'이라는 새로운 시간적 특징을 만들 수 있겠죠. 특징 공학은 특징 선별 전에 수행하는 마지막 단계입니다.

실제로 특징 선택은 EDA 이후와 데이터 변환 이후의 두 단계로 이루어집니다. 예를 들어, EDA 후에는 시간과 요일을 결합하여 하루 중 한 시간을 얻는 등 새로운 특징을 만들 후보가 될 잠재적인 특징 목록이 있어야 합니다. 특징 공학을 수행한 후에는 선택할 수 있는 최종 특징 목록을 얻게 됩니다. [그림 1-9]는 워크플로에서 데이터 변환과 특징 선택이 언제 이루어지는지를 보여줍니다.

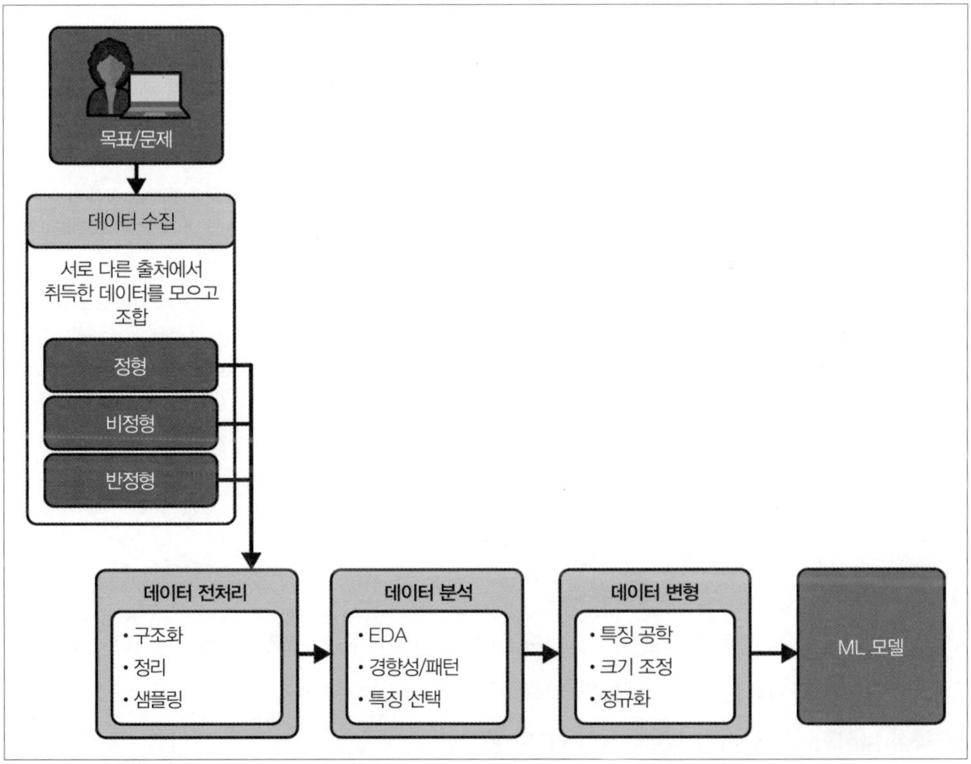

그림 1-9 ML 워크플로상 데이터 변환과 특징 선택이 일어나는 위치

1.2.6 AutoML(노코드 솔루션)로 모델 선택 연구하기

이 단계에서는 문제에 맞는 데이터 유형에 가장 적합한 모델을 조사하거나 데이터셋에 기반해 적절한 모델을 선택하고, 학습시키고, 검증하고, 평가 지표를 생성하는 AutoML이라는 노코드 솔루션을 사용할 수 있습니다. 기본적으로 AutoML은 모델의 선택, 학습, 튜닝, 평가 지표 생성 등의 무거운 작업을 자동으로 수행합니다. 3장에서는 AutoML을 소개하고, 4장에서는 AutoML 실습을 시작합니다. 한편, 로우코드 솔루션을 사용한다면 어떤 모델을 선택할지 알아야만 합니다.

ML 문제의 약 80%는 AutoML로 해결할 수 있지만, 맞춤형 솔루션을 구축해야 할 때도 있습니다. 이럴 때는 ML 알고리즘이 해결할 수 있는 문제 유형을 전반적으로 파악해 두어야 합니다. 문제 유형에 따라 알고리즘을 선택해야 하기 때문이죠. [표 1-2]는 문제 유형별 설명을 보여줍니다.

표 1-2 모델 유형 설명

문제 또는 질문	문제	설명
얼마나 많은 우산이 필요할까요?	회귀 문제	회귀 알고리즘은 연속적인 숫자 출력 문제를 처리하는 데 사용합니다. 보통 얼마 또는 몇 개와 같은 질문을 다루는 문제에 사용합니다.
고객이 장우산(A)을 구매했나요, 아니면 접이식 우산(B)을 구매했나요?	분류 문제	예/아니오나 참/거짓처럼 정해진 범주 중 하나만 출력하는 문제를 분류 문제라고 합니다. 출력 범주의 개수에 따라 이진이나 다중 범주 분류 문제로 나뉩니다.
회사 정책상 미결제 잔액이 $500 이하인 고객에게만 배송해야 합니다. 이 정책에 따라 제조 로봇이 장우산을 추출, 포장, 적재해서 고객에게 배송하도록 학습시킬 수 있을까요?	강화 학습	강화 알고리즘은 학습 경험을 바탕으로 결정을 내려야 할 때 사용합니다. 에이전트는 지속해서 변화하는 환경과 상호작용을 하며, 시행착오를 거쳐 학습합니다. 이에 따라 작업 수행 방법을 지정하지 않고도 보상과 벌점 개념을 사용해 에이전트를 프로그래밍할 수 있습니다. 게임과 온도 조절이 강화 학습을 사용할 때 흔히 등장하는 예시입니다.

1.2.7 모델의 학습, 평가, 튜닝

ML 모델을 상용 환경에 배포[deployment]하려면 먼저 학습, 평가, 검증을 거쳐야 합니다. ML 모델 학습은 저장된 데이터를 ML 모델(알고리즘)에 공급(입력)하는 과정입니다. 저장된 모든 데이터 특성(다양한 유형, 가격, 판매 지역 등)의 패턴은 수많은 변수를 통해 파악할 수 있습니다. 학습 알고리즘은 학습 데이터에 기반해 ML 모델을 학습시키지만, 학습 데이터에서 보지 못한 데이터까지도 예측을 일반화하도록 해 줍니다.

또한 모든 ML 모델은 평가되어야 합니다. 따라서 검증 데이터 샘플(검증 데이터셋)을 별도로 보유해야 합니다. **검증 데이터셋**은 모델이 학습할 때 보지 못한 새로운 데이터까지 얼마나 일반화가 잘 되었는지를 측정하는 데 사용합니다. 학습 오차는 학습된 데이터에 따라 모델이 데이터에 얼마나 잘 맞는지 판단하는 데 사용합니다.

모델 평가 지표는 문제나 비즈니스 목표를 잘 표현하도록 정의해야 합니다. 모델 튜닝은 평가 지표로 측정된 모델의 성능을 한층 더 끌어올립니다. 가령 12월의 우산 판매량 예측은 얼마나 정확했을까요? 일반화할 수 있는 결과였을까요? 만족스러운 성과는 비즈니스 요구사항에 따라 결정되어야 하며, 실제 ML 작업을 시작하기 전에 모든 이해관계자 간의 합의가 이루어져야만 합니다.

NOTE 검증 데이터셋은 모델의 과대적합 여부를 확인할 때도 사용합니다. 과대적합은 8장에서 다룹니다.

1.2.8 모델 테스트

모델을 테스트하지 않고는 일반화의 가능성을 알 수 없습니다. 학습 데이터셋으로 모델을 데이터에 적합시키고, 검증 데이터셋으로 모델의 정확도를 개선한 다음, 학습 때는 보지 못한 데이터로 모델을 테스트해 봐야 합니다. 테스트 데이터는 모델의 성능을 평가하는 데 사용합니다.

우산 이미지에 기반해 우산의 색상이나 패턴을 인식하는 애플리케이션을 만든다고 가정해 보죠. 특정 색상 및 패턴과 그에 매핑된 태그로 모델을 학습시킵니다. 모바일 애플리케이션에서 해당 모델을 사용하여 우산의 색상이나 패턴을 인식할 수 있습니다. 테스트 시에는 모델이 우산 색상과 패턴을 얼마나 잘 구분하는지 확인합니다.

[그림 1-10]은 학습, 검증, 테스트 데이터셋 사이의 관계를 보여줍니다.

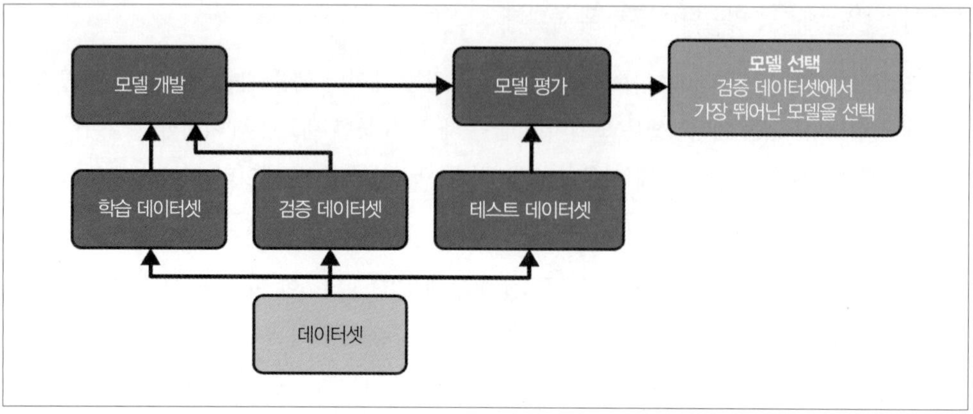

그림 1-10 모델의 배포 및 평가를 위한 학습, 검증, 테스트 데이터셋 사이의 관계도

[그림 1-11]은 학습, 검증, 테스트 데이터셋 사이의 이러한 관계를 5가지 과정으로 보여줍니다. 이 그림에는 다섯 번째 단계에서 첫 번째 단계로 돌아가는 화살표가 없는데, 모델이 배포된 이후에 데이터가 수집된다면 신규 데이터가 파이프라인에 들어오면서 원래 모델의 결과를 왜곡할 수 있기 때문입니다(이는 머신러닝의 운용을 다루는 ML 운영[ML operations](MLOps)이라는 영역에 해당하며, 이 책에서는 자세히 살펴보지 않습니다).

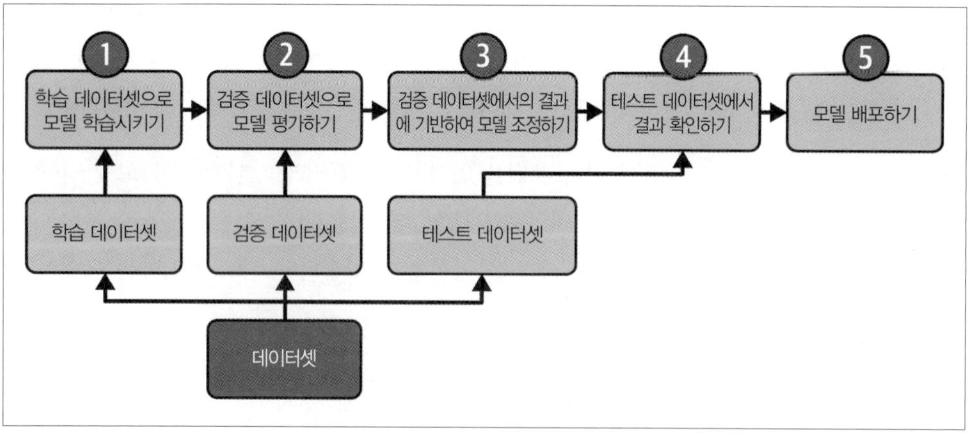

그림 1-11 ML 워크플로의 5가지 과정

1.2.9 모델 배포(서빙)

ML 모델의 학습, 평가, 테스트가 끝나면 실제 상용 환경에 배포할 수 있습니다. 또한, 이 단계에 도달했다는 것은 API를 통해 프로덕션 시스템과 통신하는 웹 앱 프런트엔드(브라우저 사용)도 준비되었음을 의미합니다. 데이터를 실시간으로 수집하여 MLOps 파이프라인으로 스트리밍하거나, 데이터를 배치로 수집하여 파이프라인에 저장할 수 있습니다. 이 두 방법을 모두 사용할 수도 있습니다.

1.2.10 모델 유지 관리

모델 예측이 원래 비즈니스 목표나 사용 사례의 지표와 일치하지 않는다면, 모델의 성능이 저하될 수 있습니다. 세상이 변하거나 비즈니스 요구 사항이 변경되면 성능 저하가 발생할 수 있다는 것이죠. 따라서 배포했다고 끝나는 것이 아니라, 예상대로 작동하는지를 지속적으로 모니터링해야만 합니다. 정기적인 재학습으로 모델과 데이터의 변화, 즉 **드리프트**drift를 완화할 만반의 준비가 필요합니다. 여기서 데이터 드리프트란, 학습에 사용된 데이터와 현재 웹 앱에서 수집되는 데이터 사이의 차이를 만들어내는 변화를 의미합니다. 데이터 드리프트의 예시를 하나 살펴보겠습니다.

우산 비즈니스의 예시에서, 한때 비가 많이 오던 지역이 지금은 가뭄을 겪거나, 한때 가뭄이 심했던 지역에 지금은 비가 많이 온다고 가정해 보죠. 날씨와 기후 예측이 변화하면, 우산의 필요성과 고객이 선호하는 우산 종류도 영향을 받습니다. 이 경우 신규 데이터로 모델을 재학습시키고, 다시 테스트해야만 합니다.

1.3 요약

기업, 교육 및 정부 기관, 실무자는 고객 참여율 증가부터 고객 이탈률 감소에 이르기까지 실제 ML이 적용되는 의사 결정에 직면합니다. 데이터(수집, 분석, 사용)는 실제 문제를 해결할 최적의 ML 전략을 결정하는 데 중요한 역할을 합니다.

의사 결정 과정은 문제나 사용 사례를 식별하는 데 유용하며, 문제의 해결책을 구현하는 데는

ML 워크플로가 유용합니다. 엔터프라이즈 ML 워크플로는 데이터 기반이며, 그 과정에서 다양한 의사 결정이 필요합니다. ML 워크플로는 10단계로 나눌 수 있으며, 이를 4단계로 묶어 설명할 수 있습니다.

1. 의사 결정
2. 데이터 처리
3. 모델링
4. 배포

ML 워크플로의 각 단계는 AutoML이나 로우코드 AI를 사용해 구현할 수 있습니다. AutoML은 모든 작업을 자동으로 처리합니다. AutoML은 모델을 학습시키고, 조정하고, 테스트하며, 평가 지표를 제시합니다. 여러분의 역할은 그 지표를 평가하고, 비즈니스 목표에 부합하는지 또는 문제를 해결하는지를 판단하는 것입니다. 빠른 실험과 프로토타입 제작에는 AutoML이 권장되며, 상용 환경에서도 사용할 수 있습니다. 로우코드 접근법을 사용하면 코딩 경험이 있는 사용자가 ML 워크플로의 모든 단계에서 자동 생성된 코드 위에 사용자의 맞춤형 코드를 추가할 수 있습니다.

이 장에서는 ML 워크플로의 일부인 데이터 수집과 분석을 배웠습니다. 2장에서는 이 책에서 사용한 데이터셋의 개요, 출처, 파일 유형을 찾을 수 있는 위치와 배치, 스트리밍, 정형, 반정형, 비정형 데이터의 차이점 등을 다룹니다. 또한 EDA를 수행하고 지저분한 문제를 정리하는 기본적인 파이썬 코드를 살펴보며 실습 경험을 쌓게 됩니다.

CHAPTER 2

데이터의 중요성

이 장에서는 이 책에서 다룰 사용 사례와 데이터셋을 소개하고, 실습과 추가 연구를 위해 해당 데이터를 다운로드할 수 있는 위치 정보를 제공합니다. 또한 데이터 유형, 배치 및 스트리밍 데이터의 차이도 알아봅니다. 구글이 제공하는 무료 주피터 노트북(구글 코랩)으로 데이터 전처리 실습을 진행하고, 프로젝트용 깃허브 저장소를 만드는 내용으로 마무리할 예정입니다.

2.1 사용 사례 및 데이터셋 개요

이 책에서는 수학이나 알고리즘 중심이 아닌 프로젝트 기반으로 ML을 다룹니다. 여기서 선정한 사용 사례는 의료, 소매, 에너지, 통신, 금융 분야 등 다양한 분야에 걸쳐 있습니다. 예를 들어, 고객 이탈에 관한 사용 사례는 모든 분야에 적용할 수 있습니다. 어느 정도 데이터 전처리 경험이 있다면, 각 사용 사례 프로젝트를 독립적으로 진행할 수 있습니다. 필요한 부분만 선택해 학습하면서 숙련도를 높일 수도 있습니다. [표 2-1]은 관련 절, 사용 사례, 분야, 노코드나 로우코드 여부를 보여줍니다.

표 2-1 산업 분야 및 코딩 유형별 사용 사례 목록

관련 절	사용 사례	분야	유형
2.1.1	제품 가격	소매	N/A
2.1.2	심장 질환 예방 캠페인	헬스케어	로우코드 데이터 전처리

관련 절	사용 사례	분야	유형
2.1.3	공익 캠페인	에너지	코드 없음(AutoML)
2.1.4	광고 미디어 채널 매출 예측	보험	코드 없음(AutoML)
2.1.5	사기 탐지	금융	코드 없음(AutoML)
2.1.6	전력 생산량 예측	에너지	로우코드(빅쿼리BigQuery ML)
2.1.7	고객 이탈 예측	통신	로우코드(사이킷런scikit-learn 및 케라스Keras)
2.1.8	사용자 정의 모델 성능 향상	자동차	사용자 정의 코드(사이킷런, 케라스, 빅쿼리 ML)

2.1.1 소매: 제품 가격

여기서는 우산 제작 회사의 마케팅 담당자가 매출 증대라는 **비즈니스 목표**를 설정했다는 사용 사례를 통해 의사 결정에서의 데이터 역할을 설명합니다. 기존 우산의 가격을 낮췄을 때 얼마나 많은 우산이 판매될지 예측할 수 있을까요? [그림 2-1]에는 매출 증대를 위한 가격 인하 전략에 영향을 미치는 데이터 요소가 있습니다.

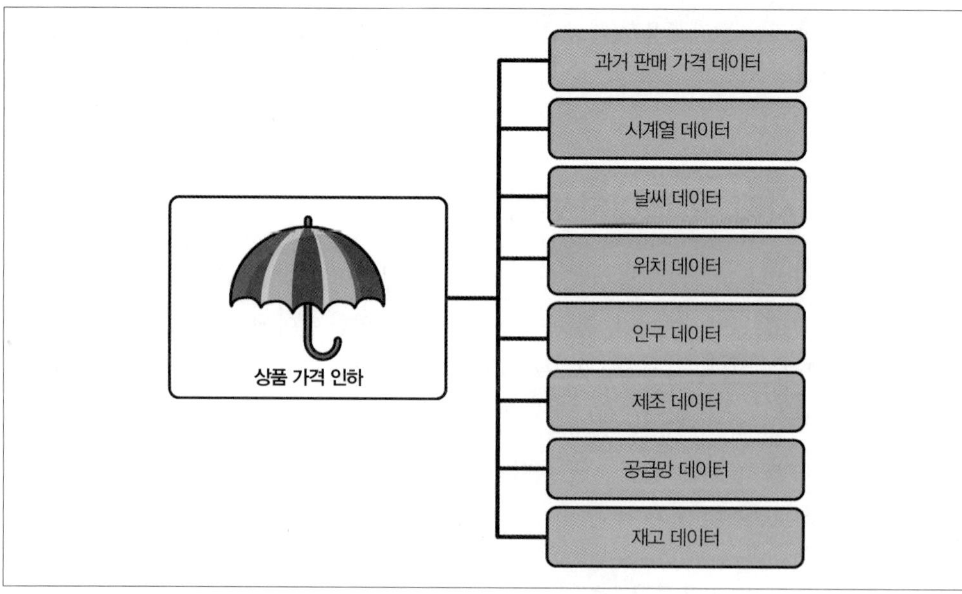

그림 2-1 매출 증대를 위한 가격 인하 전략에 영향을 미치는 데이터 요소 목록

2.1.2 헬스케어: 심장 질환 예방 캠페인

여기서는 여러분이 의료 컨설턴트라고 가정한 채 미국의 35세 이상 인구의 심장 질환에 따른 사망률에 관한 데이터를 제공합니다. 우리의 목표는 해당 데이터를 분석하여 심장 질환 예방 캠페인에서 활용할 수 있는 사례를 제시하는 것입니다. 가령 시간에 따른 사망률 추세를 추적하거나, 사망률 예측 모델을 개발하고 검증하는 것이 될 수 있겠죠. 이 데이터셋은 지저분합니다. 일부 필드에 누락된 값이 있으며, 어떤 필드는 통째로 누락되었습니다. 데이터를 가져오고, 분석하고, 잘못된 점을 수정하는 방법을 주피터 노트북을 사용하며 배웁니다. 이 분석에 연관된 데이터 요소는 [그림 2-2]에 있습니다.

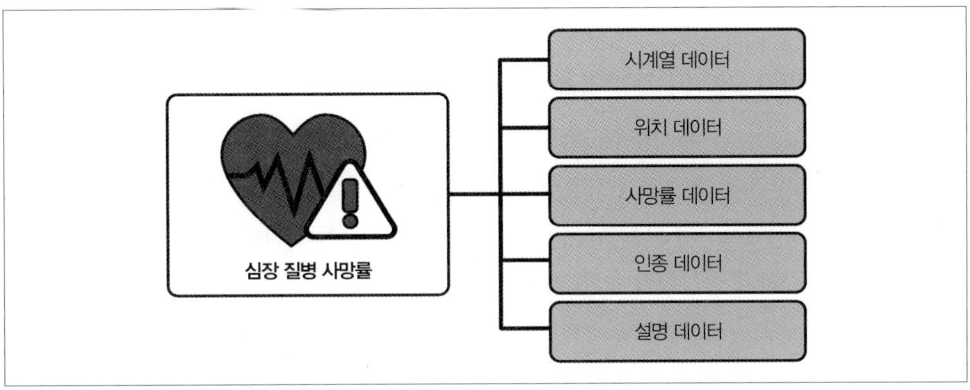

그림 2-2 심장 질환에 따른 사망률 관련 데이터 요소들

2.1.3 에너지: 공익 캠페인

이번에 여러분의 역할은 공익 회사의 비즈니스 분석가입니다. 전기 에너지를 많이 소비하는 지역사회를 대상으로 마케팅 및 홍보 프로그램을 개발하는 임무를 맡습니다. 데이터는 이미 전처리되었지만, 여러분은 ML에 관한 배경지식이 없고, 프로그래밍할 줄 모릅니다. 따라서 AutoML을 사용하기로 합니다. [그림 2-3]은 모델에 기여하는 데이터 요소를 보여줍니다.

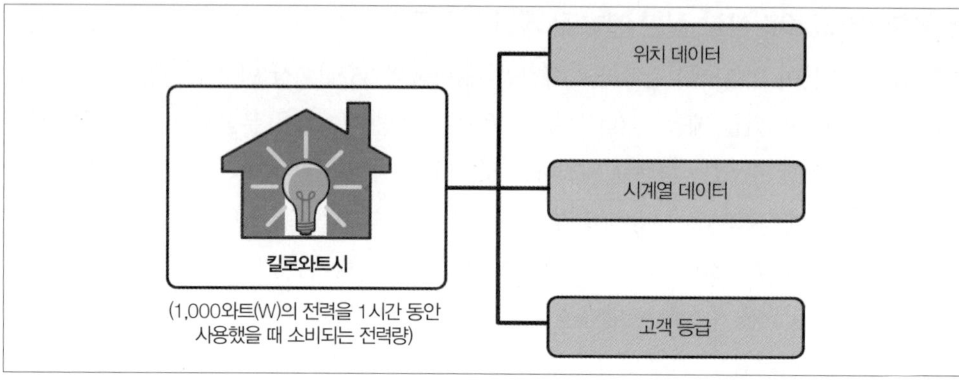

그림 2-3 공익 에너지 캠페인에 기여하는 데이터 요소들

2.1.4 보험: 광고 미디어 채널의 매출 예측

여기서 여러분은 보험 회사의 미디어 전략 개발을 담당하는 팀의 팀원입니다. 이 팀의 목표는 다양한 미디어 채널의 광고 지출에 기반해 매출을 예측하는 ML 모델을 개발하는 것입니다. 여러분은 탐색적 데이터 분석(EDA)을 수행하고, 모델을 구축하고, 학습시켜야 합니다. 하지만 여러분은 ML에 관한 배경지식이 없고, 프로그래밍할 줄 모릅니다. 따라서 AutoML을 사용하기로 합니다. [그림 2-4]는 모델에 기여하는 데이터 요소를 보여줍니다.

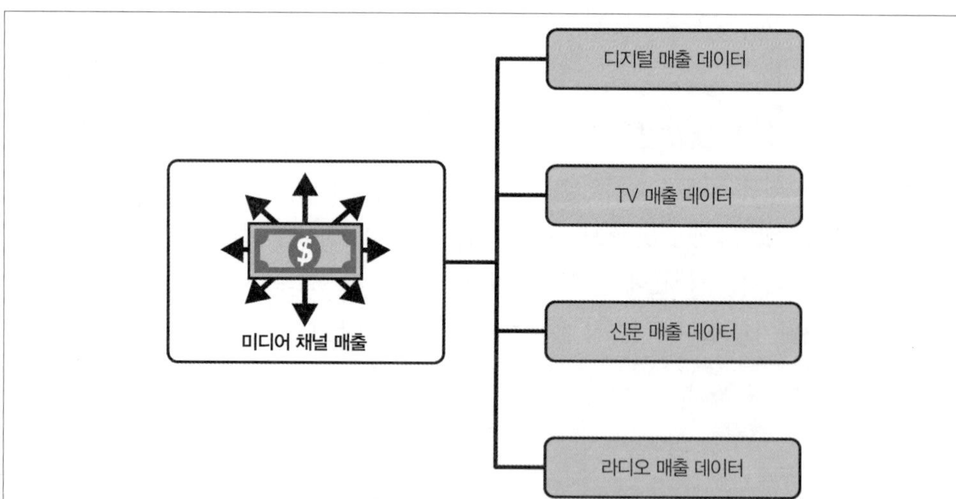

그림 2-4 미디어 채널 매출에 기여하는 데이터 요소들

2.1.5 금융: 사기 탐지

이 프로젝트의 목표는 금융 거래의 사기 여부를 예측하는 모델을 구축하는 것입니다. 여러분이 속한 회사는 수십만 명의 사용자가 사용하는 모바일 결제 서비스를 제공합니다. 사기 거래는 매우 드물게 발생하며, 발생하더라도 보통 다른 안전장치에서 적발합니다. 그러나 안타깝게도 일부는 보안을 뚫고 빠져나가 사용자에게 부정적인 영향을 미칩니다. 여기서 사용하는 데이터셋은 사용자 행동과 사기 거래를 재현할 목적으로 시뮬레이션된 거래 데이터로 구성됩니다. 하지만 여러분은 ML에 관한 배경지식이 없고, 프로그래밍할 줄 모릅니다. 따라서 AutoML을 사용하기로 합니다. [그림 2-5]는 모델에 기여하는 데이터 요소를 보여줍니다.

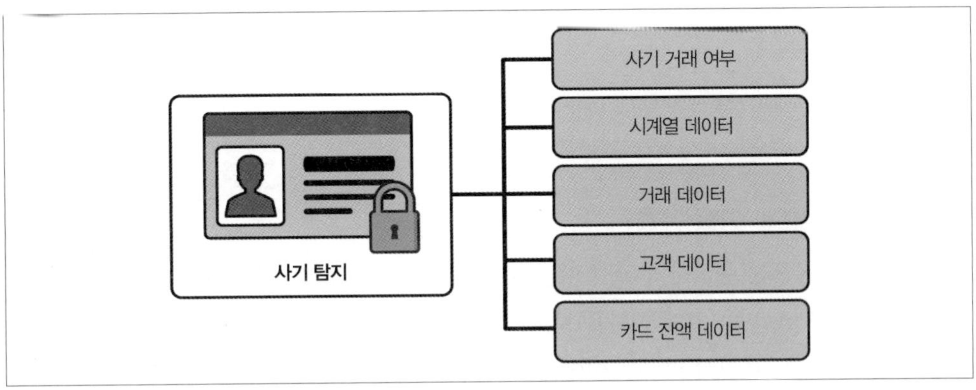

그림 2-5 사기 탐지 모델에 기여하는 데이터 요소들

2.1.6 에너지: 전력 생산량 예측

이 프로젝트의 목표는 발전소 근처의 기상 조건을 고려해 복합화력발전소combined cycle power plant(CCPP)의 시간당 전기 에너지 순생산량을 예측하는 것입니다. 데이터셋에는 2006~2011년까지의 6년간, CCPP에서 최대 부하로 작동할 때 수집한 데이터가 포함됩니다. 데이터는 시간 단위로 집계되었지만, 정확한 시간 정보는 따로 제공되지 않습니다. 따라서 이전 기록에 기반해 미래를 예측하는 시계열 데이터로 사용하기 어렵습니다. 여러분은 SQL에 대한 기본적인 지식이 있으므로 구글의 빅쿼리 ML을 사용하기로 합니다. [그림 2-6]은 모델에 사용할 수 있는 데이터 요소를 보여줍니다.

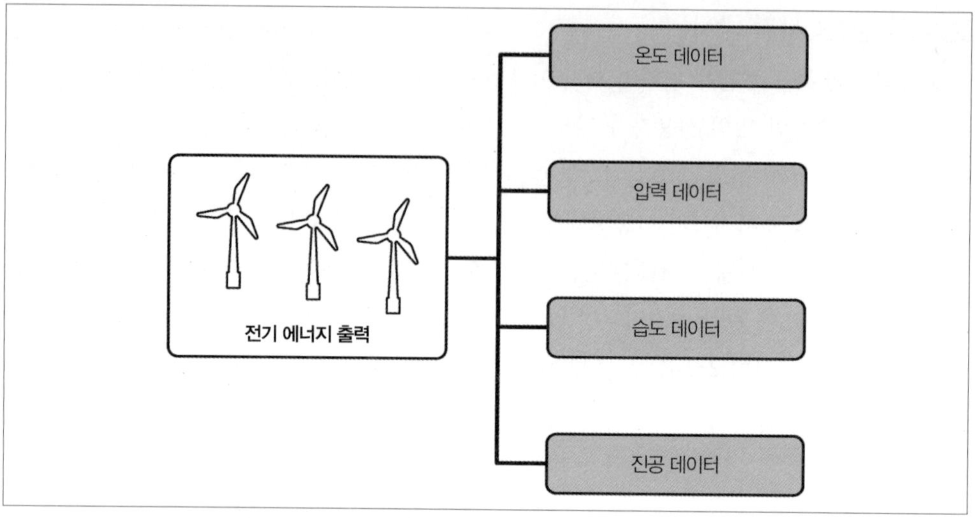

그림 2-6 전기 에너지 출력 모델에 기여하는 데이터 요소들

2.1.7 통신: 고객 이탈 예측

이 프로젝트의 목표는 통신사의 고객 이탈 여부를 예측하는 것입니다. **고객 이탈**은 서비스 이용을 중단한 고객의 비율(고객 이탈률)로 정의됩니다. 통신사는 종종 월별이나 연간 계약으로 상품을 판매하므로, 여기서 말하는 이탈은 고객이 다음 달이나 다음 해의 계약을 취소하는 경우를 의미합니다. 데이터셋에는 수치형 및 범주형 변수가 모두 포함되며, 여기서 변수는 불연속적인 가능성 집합의 값을 취합니다. 여러분은 AutoML이 매우 뛰어난 솔루션이라고 생각하지만, 파이썬을 어느 정도 다룰 줄도 알기 때문에 모델을 좀 더 제어할 수 있는 로우코드 솔루션을 원합니다. 따라서 사이킷런과 케라스를 사용하기로 합니다. [그림 2-7]은 모델에 기여하는 데이터 요소를 보여줍니다.

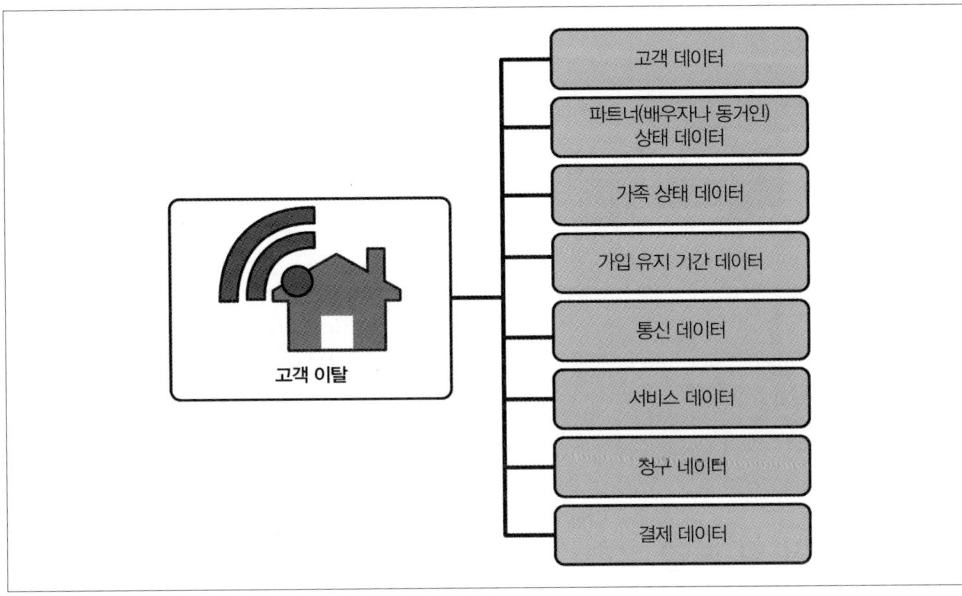

그림 2-7 고객 이탈을 예측하는 모델에 기여하는 데이터 요소들

2.1.8 자동차: 사용자 정의 모델 성능 향상

이 프로젝트의 목표는 중고차 경매 가격을 예측하도록 학습된 ML 모델의 성능을 개선하는 것입니다. 초기 모델로는 사이킷런의 선형 회귀 모델을 선택하지만, 비즈니스 목표에는 부합하지 않습니다. 모델의 성능 개선을 위해 사이킷런, 케라스, 빅쿼리 ML과 같은 다양한 도구의 사용법을 살펴봅니다. 선형 회귀 모델을 학습시킬 때 사용한 학습, 검증, 테스트 데이터셋은 CSV 파일로 제공되며, 이미 누락된 값과 잘못된 값의 전처리까지 완료되었습니다. 또한 사이킷런으로 작성된 선형 회귀 모델을 구축하는 코드도 함께 제공됩니다. [그림 2-8]은 모델에 기여하는 데이터 요소를 보여줍니다.

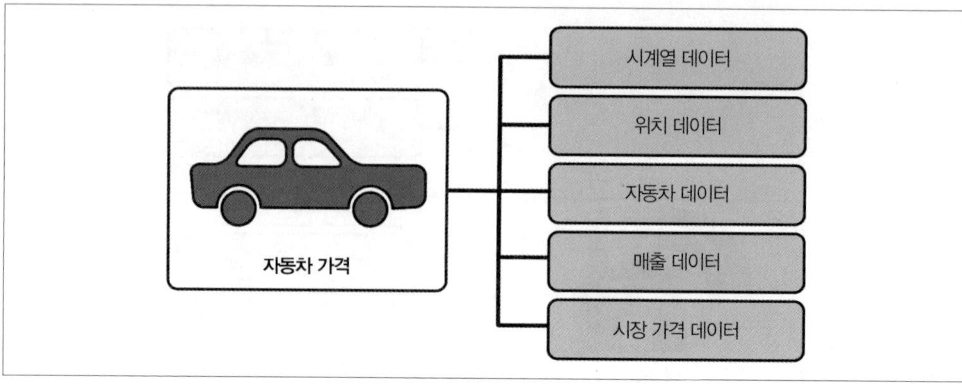

그림 2-8 자동차 가격 책정 모델에 기여하는 데이터 요소들

2.2 데이터 및 파일 유형

데이터는 중요한 첫 단계이므로 몇 가지 기본 용어와 개념을 살펴보겠습니다. 만약 정량적 데이터와 정성적 데이터, 정형 데이터와 반정형 데이터, 비정형 데이터, 배치 데이터와 스트리밍 데이터의 차이를 이미 안다면 2.3절 '깃허브와 구글 코랩 개요'로 건너뛰어도 좋습니다.

2.2.1 정량적 및 정성적 데이터

데이터 분석에서 다뤄지는 데이터의 유형에는 정량적 데이터와 정성적 데이터가 있습니다. 정량적 데이터는 세거나 측정할 수 있는 수치입니다. 웹사이트를 방문한 사람의 수, 제품 구매 빈도, 회계연도 수익, 기계 고장 빈도 등을 예로 들 수 있습니다. 구체적인 수치를 제공하므로 명확히 분석할 수 있습니다.

정성적 데이터는 측정하거나 계산할 수 없는 데이터를 말합니다. 숫자가 아닌 언어로 표현된 서술형 데이터로 볼 수 있죠. ML에서 데이터를 이 둘로 구분하는 게 왜 중요할까요? 정성적 데이터를 ML 모델에 직접 입력할 수 없기 때문입니다. 따라서 정성적 데이터를 정량적 데이터로 변환하는 전처리 과정이 필요합니다. 정성적 데이터를 처리하는 방법은 3장에서 다룹니다.

2.2.2 정형, 비정형, 반정형 데이터

모든 데이터는 정형, 비정형, 반정형으로 나눌 수 있습니다.

정형 데이터는 잘 정의된 데이터 모델이나 틀에 따라 구조화된 정보로, 쉽게 이해하고 조작할 수 있습니다. 이러한 데이터 모델은 데이터베이스, 소프트웨어 애플리케이션, 데이터 웨어하우스 등 다양한 애플리케이션에서 사용합니다. 잘 정돈된 정형 데이터의 예시는 4장의 광고 미디어 채널 판매 예측에 대한 데이터 스키마 유형을 보여주는 [표 2-2]에서 확인할 수 있습니다.

표 2-2 4장의 광고 데이터셋에 대한 스키마 및 필드값 정보

열 이름	열 유형	참고 사항
디지털	숫자	디지털 광고 예산
신문	숫자	신문 광고 예산
라디오	숫자	라디오 광고 예산
TV	숫자	TV 광고 예산

다음은 정형 데이터의 또 다른 예시입니다.

- 고객 기록
- 제품 인벤토리
- 재무 데이터
- 트랜잭션 로그
- 웹사이트 분석 데이터
- 로그 파일

비정형 데이터는 표 형식처럼 구조화되지 않고, 형식이 지정되지 않은 데이터를 말합니다. 다음은 비정형 데이터의 몇 가지 예시입니다.

- 소셜 미디어 게시물
- 채팅(텍스트)
- 동영상
- 사진
- 웹 페이지
- 오디오 파일

반정형 데이터는 정형 데이터와 비정형 데이터의 중간쯤에 해당하는 데이터 유형입니다. 표 형식과 같은 데이터 모델은 없지만, 태그와 시맨틱 표시자semantic marker와 같은 정보가 포함될 수 있습니다. 반정형 데이터는 본질적으로 정형 데이터와 비정형 데이터를 조합한 것입니다. 가령 동영상 파일에 날짜나 위치와 같은 메타 태그가 포함될 수 있지만, 그 안의 정보는 구조화되어 있지 않습니다.

다음은 반정형 데이터의 몇 가지 예시입니다.

- CSV, XML, JSON 파일
- HTML
- 이메일: 정형 데이터만큼은 아니지만, 어느 정도 구조가 정해져 있기에 반정형 데이터로 간주합니다. 일반적으로 헤더, 본문, 첨부 파일로 구성되죠. 헤더에는 발신자, 수신자, 메시지 날짜에 관한 정보가 포함되며, 본문에는 메시지 텍스트가 포함됩니다.

[그림 2-9]는 비정형, 반정형, 정형 데이터를 비교한 그림입니다.

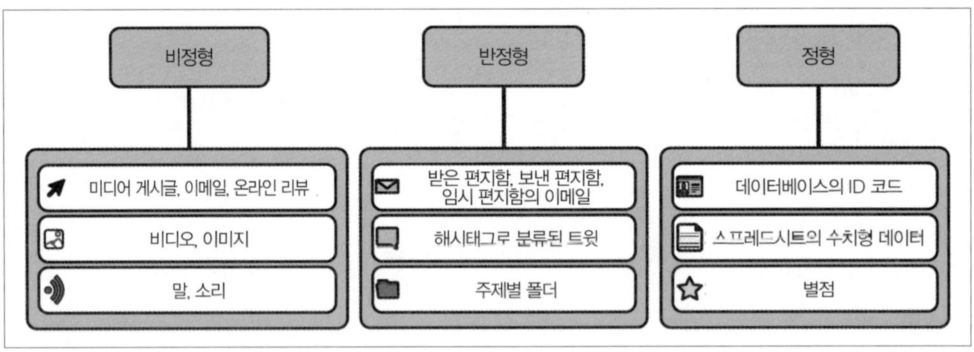

그림 2-9 비정형, 반정형, 정형 데이터 예시[1]

2.2.3 데이터 파일 형식

데이터 파일의 형식은 다양하며, 형식마다 용도가 있습니다. [표 2-3]은 가장 일반적인 데이터 파일의 유형을 몇 가지 보여줍니다.

1 옮긴이_ 이메일의 실제 내용(텍스트)은 비정형 데이터로 간주하지만, 정해진 카테고리별로 이메일을 분류할 수 있으니 반정형 데이터로 간주할 수도 있습니다.

표 2-3 일반적인 데이터 파일의 유형

일반적인 데이터 파일의 유형	일반적인 파일 확장자
텍스트 파일은 일반적인 텍스트가 포함된 파일로, 주로 편지, 보고서, 코드 등의 문서를 저장하는 데 사용합니다.	.txt, .csv, .tsv, .log, .json
스프레드시트 파일은 표 형식의 데이터를 포함하는 파일로, 주로 재무 데이터, 판매 데이터 등 표 형식의 데이터를 저장하는 데 사용합니다.	.xls, .xlsx, .csv
이미지 파일은 사진과 그래픽 등의 시각적 콘텐츠를 저장하는 데 사용하는 파일입니다.	.jpg, .png, .gif
오디오 파일은 음악, 팟캐스트 등의 오디오 콘텐츠를 저장하는 데 사용하는 파일입니다.	.mp3, .wav, .ogg
동영상 파일은 영상 녹화가 포함된 파일입니다. 일반적으로 영화, TV 프로그램 등의 영상 콘텐츠를 저장하는 데 사용합니다.	.mp4, .avi, .mov
웹페이지 파일은 HTML, CSS, 자바스크립트 코드가 포함된 파일로, 웹페이지의 내용을 저장하는 데 사용합니다.	.html, .htm, .php

2.2.4 데이터 처리 방식

주요 데이터 처리 방식으로는 일괄 처리와 실시간 처리가 있습니다. 일괄 처리는 일정 기간 데이터를 수집한 후 처리하는 방식으로, 대규모 데이터셋에서 효율적일 수 있습니다. 반면, 실시간 처리는 데이터가 수집되는 즉시 처리하는 방식으로, 사기 탐지나 주식 거래처럼 데이터를 신속하게 처리해야 하는 애플리케이션에 주로 사용합니다.

데이터가 처리되는 빈도도 다양할 수 있습니다. 연속 처리는 데이터를 수집한 즉시 지속해서 처리하며, 데이터를 실시간으로 처리해야 할 때 일반적으로 사용합니다. 주기적 처리는 일정 간격으로 데이터를 처리하며, 재무 보고서 작성처럼 데이터의 실시간적 처리가 필요 없을 때 주로 사용합니다.

데이터가 처리되는 방식과 빈도는 애플리케이션의 요구 사항에 따라 다를 수 있습니다. 가령 대규모 데이터를 처리해야 한다면 일괄 처리를, 실시간성이 중요하다면 실시간 처리를 사용합니다. [표 2-4]는 데이터 처리 방식과 빈도를 요약하여 보여줍니다.

표 2-4 데이터 처리 방식과 빈도 요약

방식	빈도	설명
일괄 처리	간헐적	데이터를 일정 기간에 걸쳐 수집한 뒤 처리합니다.
실시간 처리	연속	데이터를 수집 즉시 처리합니다.
주기적 처리	간헐적	데이터를 일정한 간격으로 처리합니다.

배치 데이터와 스트리밍 데이터는 처리 방식이 다른 두 가지 유형의 데이터입니다.

- **배치 데이터**는 일정 기간 수집한 후 나중에 처리하는 데이터입니다.
- **스트리밍 데이터**는 수신하는 대로 처리하는 데이터입니다.

배치 데이터를 사용하려면 데이터를 일괄적으로 수집해야 처리, 저장, 분석 및 ML 모델에 공급할 수 있습니다.

스트리밍 데이터는 지속해서 유입되어 생성되는 즉시 처리, 저장, 분석 및 조치할 수 있는 데이터입니다. 이 데이터는 다양한 형식의 분산된 출처에서 유입될 수 있으며 실시간으로 생성됩니다. 또한, 실시간 예측이 필요한 머신러닝 모델을 학습시키는 데 사용할 수 있습니다. 가령 스트리밍 데이터를 처리하는 모델로 사기를 감지하거나 고객 이탈을 예측할 수 있습니다.

2.3 깃허브와 구글 코랩 개요

이 절은 주피터 노트북과 깃허브 저장소를 설정하는 방법을 다룹니다. 깃허브에는 이 책의 자료로 제공하는 주피터 노트북은 물론 여러분이 만들 로우코드 프로젝트 노트북을 저장할 수 있습니다.

2.3.1 깃허브로 프로젝트용 데이터 저장소 만들기

깃허브는 주피터 노트북과 실험용 원시 데이터를 무료로 저장할 수 있는 코드 저장소입니다.

새 깃허브 계정에 가입하기

깃허브는 개인과 조직 차원의 계정을 지원합니다. 개인 계정은 깃허브 내의 고유 아이덴티티로 사용됩니다.

프로젝트의 깃허브 저장소 설정

첫 번째 깃허브 저장소를 설정하려면 깃허브 저장소[2]의 `Chapter2`에서 `Use GitHub to Create`

2 *https://github.com/books-by-chansung/low-code-ai*

`a Data Repository for Your Projects.pdf` 문서를 참조하기 바랍니다. 또한 깃허브가 제공하는 공식 문서[3]를 참조하여 저장소를 만들 수도 있습니다.

저장소 이름은 짧고 기억하기 쉽도록 정하면 좋습니다(예: low-code-book-projects). 설명 기재는 선택 사항이지만, 여기서는 'low-code book projects'라고 입력해 줍시다. 저장소 가시성을 기본값인 공개(Public)로 선택하면 인터넷의 모든 사람이 열람할 수 있습니다. [그림 2-10]은 이러한 설정이 어떻게 이루어져야 하는지를 보여줍니다.

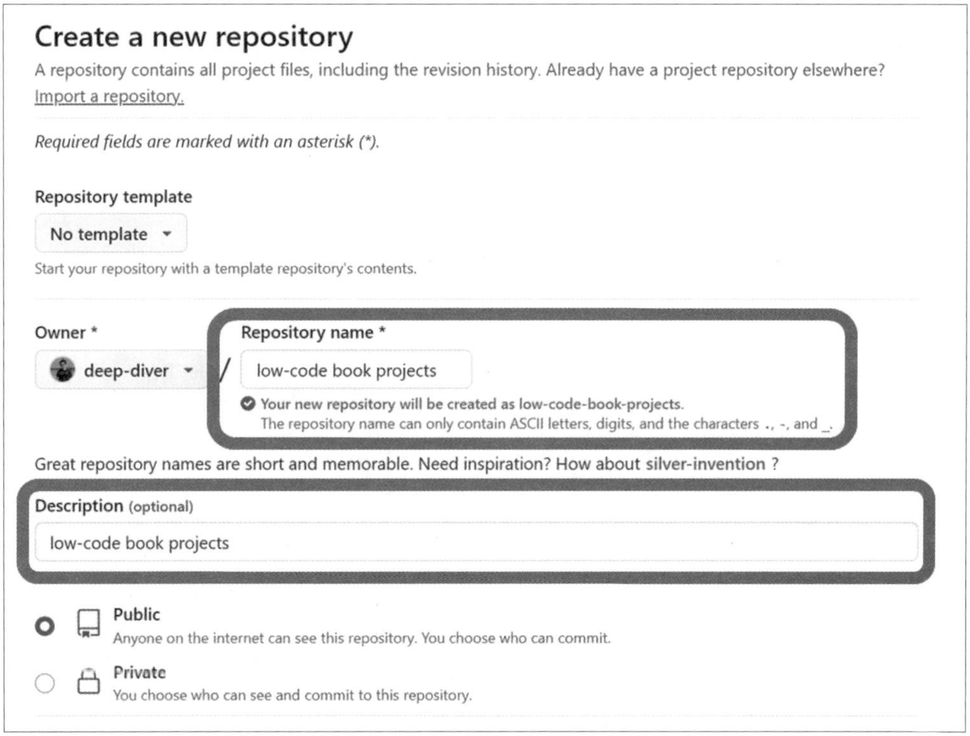

그림 2-10 신규 저장소 생성

그리고 깃허브가 알아서 `README.md` 파일을 생성하도록 합니다. `README.md`는 프로젝트에 관한 상세 설명을 기술하는 파일입니다. 그 밖의 다른 값들은 기본값으로 둡니다. `.gitignore`는 깃이 추적하지 않을 파일을 선택하는 데 쓰며, 라이선스는 해당 저장소의 콘텐츠로 무엇을 할

3 *https://oreil.ly/1iJ-w*

수 있고 없는지를 명시하는 데 씁니다. 마지막에 적힌 문구는 깃허브가 개인 계정에 공개 저장소를 만든다는 사실을 요약해서 알려줍니다. 그리고 가장 하단의 [Create repository] 버튼을 클릭하면 저장소가 생성됩니다. [그림 2-11]에서 어떤 설정값이 필요한지 확인해 보기 바랍니다.

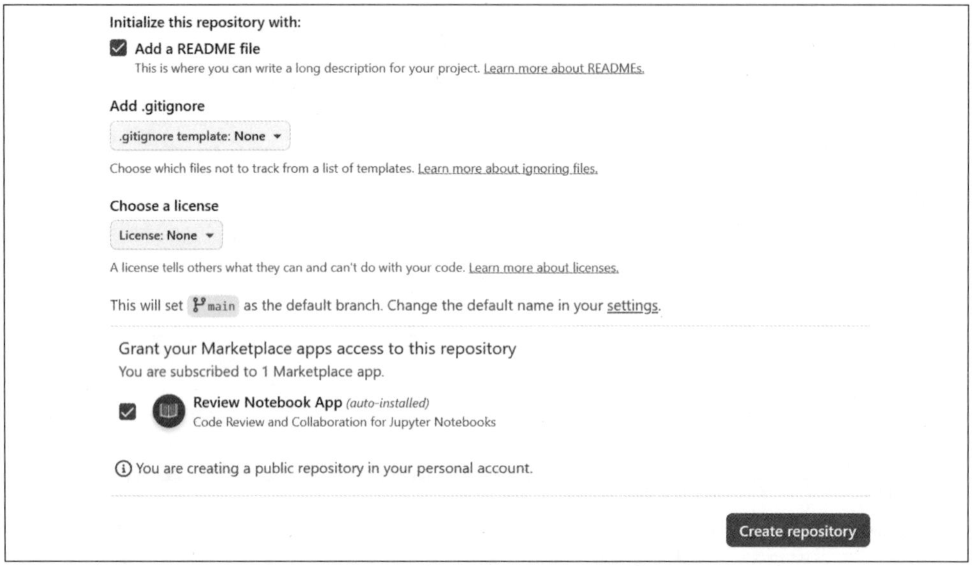

그림 2-11 저장소의 설정 초기화

[Create repositoy] 버튼을 클릭하면 [그림 2-12]처럼 생성된 저장소 페이지가 나타납니다.

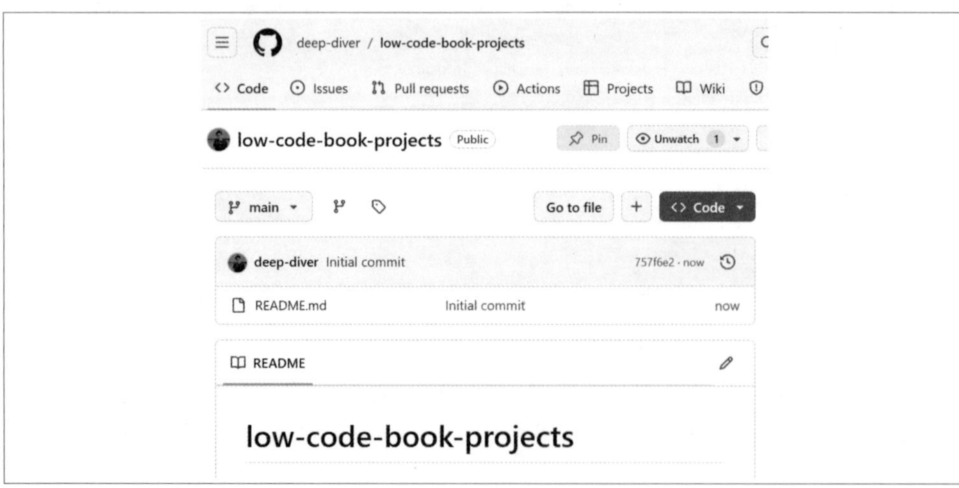

그림 2-12 생성된 깃허브 저장소 페이지

NOTE 다음 절에서는 구글이 제공하는 코랩 환경의 주피터 노트북을 만듭니다. 코랩 노트북 파일을 깃허브에 저장하면 main 브랜치에 파일이 담깁니다. 깃허브에 파일을 만들면 프로젝트를 협업할 때 매우 유용합니다. 팀 단위로 협업을 더 효과적으로 수행하는 데 유용한 다음과 같은 기능을 제공합니다.

버전 관리

깃허브는 파일의 변경 사항을 추적합니다. 즉, 파일에 접근할 수 있는 모든 사람이 변경 사항을 들여다볼 수 있으며, 필요시 이전 버전으로 되돌릴 수 있습니다.

풀 리퀘스트

공동 작업자는 풀 리퀘스트pull request를 통해 파일에 변경 사항을 제안할 수 있습니다. 그러면, 변경 사항이 main 브랜치에 병합되기 전에 모든 사람이 참여하여 변경 사항을 검토할 수 있습니다.

이슈

이슈는 버그나 기능 요청을 추적하는 데 사용합니다. 이를 활용해 모든 사람이 문제를 해결하고 새로운 기능을 추가하는 논의에 참여할 수 있습니다.

댓글

파일에 댓글을 추가하여 피드백을 제공하거나 질문할 수 있습니다. 이 덕분에 더 원활하게 협업하며 작업할 수 있습니다.

2.3.2 로우코드 AI 프로젝트에 구글 코랩 사용하기

몇 년 전만 해도 파이썬을 배우려면 파이썬 인터프리터를 다운로드하여 컴퓨터에 설치해야 했습니다. 소프트웨어 설치 및 컴퓨터의 구성 방법에 관한 지식이 필요했으므로 초보자에게는 어려운 작업이었죠. 하지만 오늘날에는 컴퓨터에 아무것도 설치하지 않고 파이썬을 배울 다양한 방법이 존재합니다. 웹 브라우저에서 파이썬 코드를 작성하고 실행할 수 있는 온라인 IDE(통합 개발 환경)를 사용할 수 있으며, 파이썬 인터프리터처럼 필요한 모든 라이브러리에 접근할 수 있는 클라우드 기반의 파이썬 환경도 사용할 수 있습니다.

이러한 온라인 및 클라우드 기반 자원은 경험 수준이나 기술의 전문 지식과 관계없이 파이썬 학습을 그 어느 때보다 쉽게 만들어 줍니다. 이런 자원으로 파이썬을 배울 때 얻을 수 있는 몇 가지 이점을 요약하자면 다음과 같습니다.

설치할 필요가 없음

소프트웨어의 다운로드나 설치 없이 즉시 파이썬을 배울 수 있습니다.

어디서나 접근 가능함

인터넷만 연결되었다면 어디서든 온라인 및 클라우드 기반 자원으로 파이썬을 배울 수 있습니다.

경제적인 가격

온라인 및 클라우드 기반 자원은 무료이거나 매우 저렴한 경우가 많습니다.

간편한 사용

온라인 및 클라우드 기반 자원은 초보자도 쉽게 사용할 수 있도록 설계되었습니다.

구글 코랩으로 로우코드 파이썬 주피터 노트북을 구성해 보겠습니다. 코랩은 그래픽 처리 장치(GPU)를 포함한 컴퓨팅 자원을 제공하면서 동시에 별도의 설정이 필요 없는 주피터 노트북 서비스로, 웹 브라우저에서 실행되며 파이썬 코드를 작성하고 실행할 수 있습니다. 코랩으로 작성한 노트북은 기본적으로 구글 드라이브에 저장되며, 구글 문서나 스프레드시트와 유사한 방식으로 공유할 수 있습니다.

구글 코랩은 무료이며, 매우 쉽게 다른 사람들과 노트북을 공유하고 프로젝트를 공동 작업할 수 있습니다.

공동 작업용 파이썬 주피터 노트북 만들기

코랩[4]에 접속하여 파이썬용 신규 주피터 노트북을 만듭니다. [그림 2-13]은 홈 화면을 보여줍니다.

4 https://colab.research.google.com

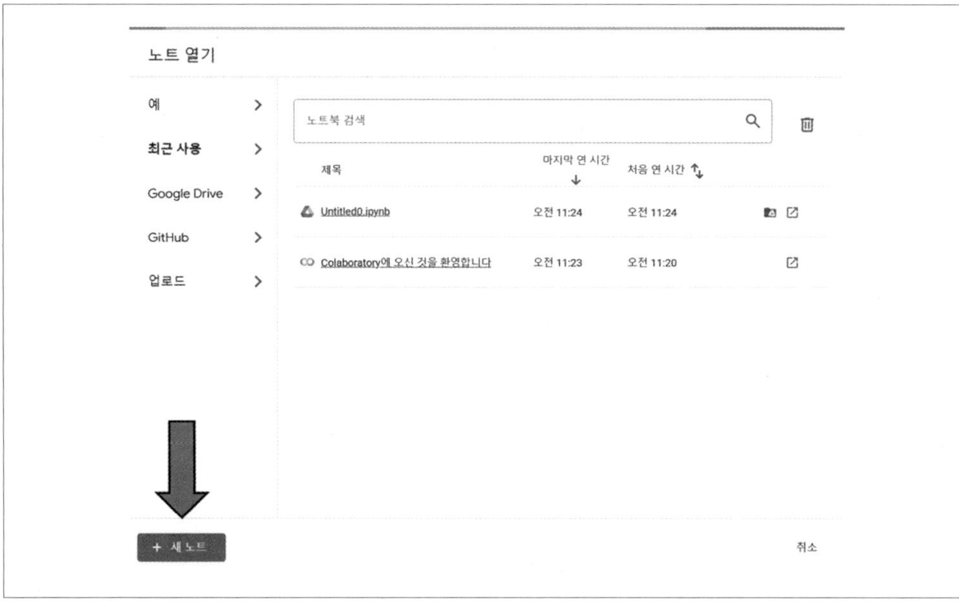

그림 2-13 구글 코랩 홈페이지

[그림 2-14]처럼 제목 표시줄에 노트북 이름을 정하고(Ⓐ), 목차가 표시되도록 펼칩니다(Ⓑ). 그리고 [+ 코드](Ⓒ) 버튼을 클릭해 코드 작성용 셀(코드 셀)을 추가합니다. [+ 텍스트] 버튼은 설명 작성용 셀(텍스트 셀)을 추가하는 데 씁니다.

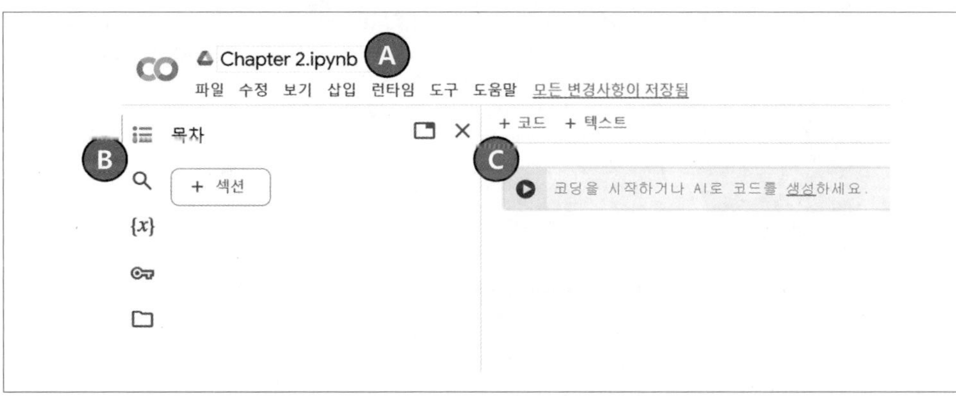

그림 2-14 노트북의 이름을 정하고 코드 작성용 셀을 추가하기

판다스로 라이브러리 및 데이터셋 불러오기

코드 셀을 추가했다면, 작업에 필요한 라이브러리를 불러옵니다. 여기서는 단순히 판다스Pandas를 가져와 봅니다. 코드 셀에 **`import pandas as pd`**를 입력하고 [그림 2-15]에서와 같은 화살표를 클릭해 실행합니다.

그림 2-15 판다스를 불러오는 코드

판다스는 데이터 분석 시 주로 사용하는 라이브러리입니다. as pd는 pandas의 별칭을 지정하여 라이브러리를 가져올 때 매번 pandas라는 단어를 쓰지 않고 pd로 라이브러리를 사용하는 방법입니다. 별칭은 모듈 및 하위 모듈의 이름을 축약하는 데 관례로 사용하는 방법입니다.

데이터셋은 data.gov[5]라는 사이트에서 '미국 성인의 심장 질환 사망률 데이터Heart Disease Mortality Data Among US Adults'[6]를 가져와 사용합니다(그림 2-16).

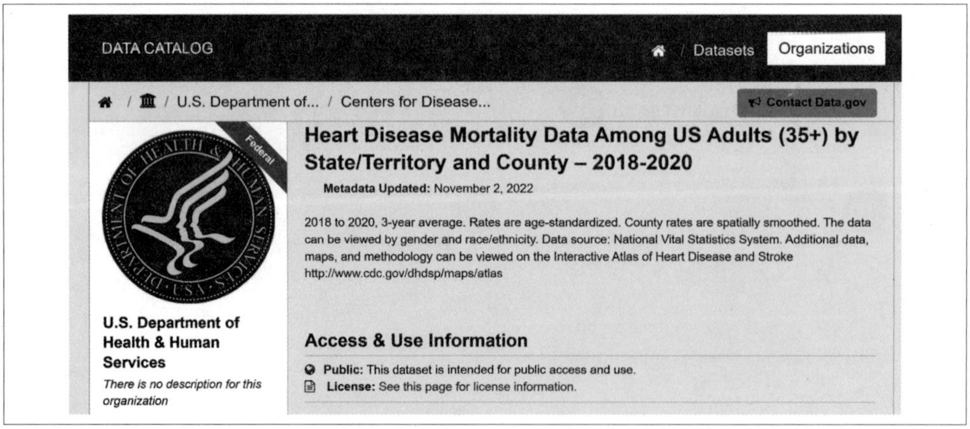

그림 2-16 미국 성인의 지역별 심장 질환 사망률 데이터

5 *http://data.gov*

6 *https://oreil.ly/yq1hY*

[그림 2-17] 부분이 나올 때까지 페이지를 아래로 내립니다. 파일을 주피터 노트북으로 가져오는 두 가지 방법이 있습니다. 파일을 데스크톱에 다운로드한 다음에 가져오거나, URL을 활용할 수 있습니다. 여기서는 URL을 활용한 방법을 사용합니다. [그림 2-17]의 'Comma Separated Values File(쉼표로 구분된 CSV 파일)'을 클릭하면, [그림 2-18]의 URL 다운로드 페이지로 이동합니다.

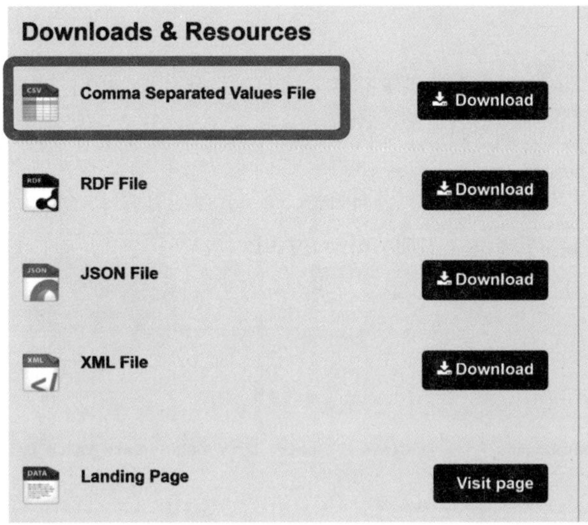

그림 2-17 다운로드 페이지

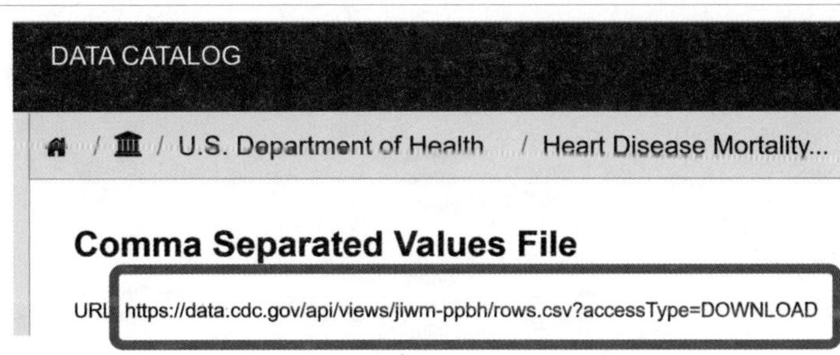

그림 2-18 CSV 파일의 URL 링크

[그림 2-18]에 표시된 URL을 복사합니다. 그런 다음 구글 코랩 노트북에서 [그림 2-19]처럼 신규 코드 셀을 만든 뒤, 해당 코드를 입력(Ⓐ)하고, 화살표(Ⓑ)를 클릭하여 셀을 실행합니다.

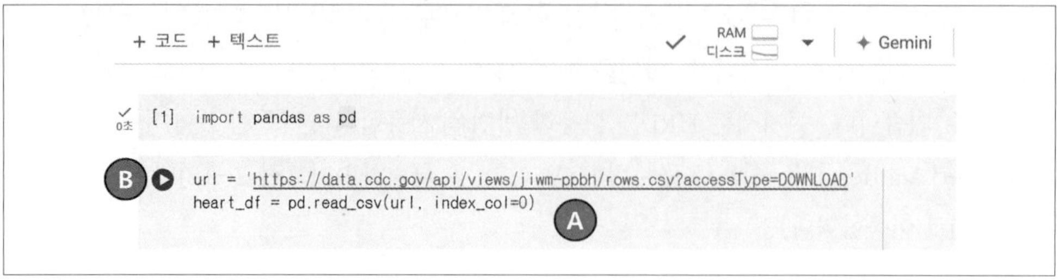

그림 2-19 URL을 판다스의 데이터프레임으로 읽어 들이기

데이터셋을 판다스 데이터프레임으로 가져오는 코드를 작성했습니다. 판다스 데이터프레임은 데이터를 테이블 형식으로 저장하는 2차원 형식의 자료 구조입니다. 스프레드시트와 유사하죠.

이제 데이터프레임의 처음 다섯 행을 출력하는 코드를 작성합니다. 신규 코드 셀을 추가한 다음 `heart_df.head()`를 입력하고 실행합니다. 그러면 [그림 2-20]과 같은 결과가 출력됩니다.

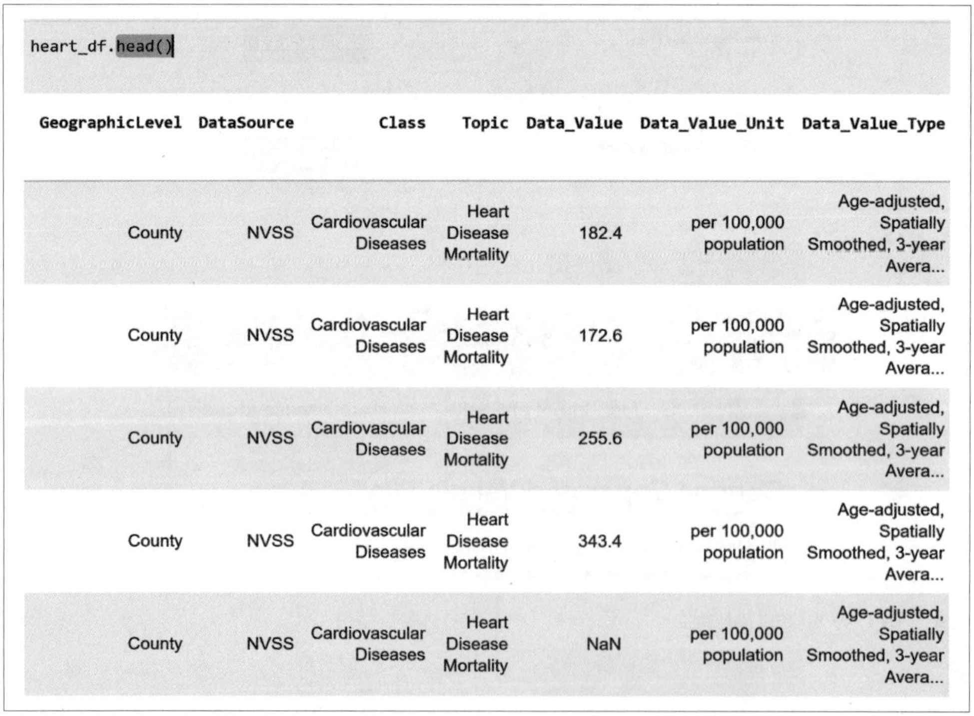

```
heart_df.head()
```

GeographicLevel	DataSource	Class	Topic	Data_Value	Data_Value_Unit	Data_Value_Type
County	NVSS	Cardiovascular Diseases	Heart Disease Mortality	182.4	per 100,000 population	Age-adjusted, Spatially Smoothed, 3-year Avera...
County	NVSS	Cardiovascular Diseases	Heart Disease Mortality	172.6	per 100,000 population	Age-adjusted, Spatially Smoothed, 3-year Avera...
County	NVSS	Cardiovascular Diseases	Heart Disease Mortality	255.6	per 100,000 population	Age-adjusted, Spatially Smoothed, 3-year Avera...
County	NVSS	Cardiovascular Diseases	Heart Disease Mortality	343.4	per 100,000 population	Age-adjusted, Spatially Smoothed, 3-year Avera...
County	NVSS	Cardiovascular Diseases	Heart Disease Mortality	NaN	per 100,000 population	Age-adjusted, Spatially Smoothed, 3-year Avera...

그림 2-20 데이터프레임의 처음 다섯 행(가독성을 위해 일부 열만 캡처함)

이번에도 신규 코드 셀을 추가하고, **heart_df.info()**를 입력한 다음 실행하여 데이터프레임의 정보를 확인해 봅니다. .info()는 데이터셋에 관한 정보를 제공하는 메서드입니다. 여기에는 열의 개수, 이름, 데이터 유형과 더불어 메모리 사용량, 범위 인덱스와 열별로 몇 개의 기록이 존재하는지(널이 아닌 값non-null value)에 관한 정보가 포함됩니다(그림 2-21).[7]

```
heart_df.info()

<class 'pandas.core.frame.DataFrame'>
Int64Index: 59094 entries, 2019 to 2019
Data columns (total 19 columns):
 #   Column                      Non-Null Count  Dtype
---  ------                      --------------  -----
 0   LocationAbbr                59094 non-null  object
 1   LocationDesc                59094 non-null  object
 2   GeographicLevel             59094 non-null  object
 3   DataSource                  59094 non-null  object
 4   Class                       59094 non-null  object
 5   Topic                       59094 non-null  object
 6   Data_Value                  33087 non-null  float64
 7   Data_Value_Unit             59094 non-null  object
 8   Data_Value_Type             59094 non-null  object
 9   Data_Value_Footnote_Symbol  26007 non-null  object
 10  Data_Value_Footnote         26007 non-null  object
 11  StratificationCategory1     59094 non-null  object
 12  Stratification1             59094 non-null  object
 13  StratificationCategory2     59094 non-null  object
 14  Stratification2             59094 non-null  object
 15  TopicID                     59094 non-null  object
 16  LocationID                  59094 non-null  int64
 17  Y_lat                       59076 non-null  float64
 18  X_lon                       59076 non-null  float64
dtypes: float64(3), int64(1), object(15)
memory usage: 9.0+ MB
```

그림 2-21 출력된 데이터프레임 정보

.info() 메서드가 출력한 내용으로 알 수 있듯이, 15개의 문자열 개체 열(정성적 데이터)과 4개의 숫자 열(정량적 데이터)이 존재합니다. **int64**는 정수(예: 25)이며 **float64**는 소수점이 있는 숫자(예: 25.5)를 뜻합니다.

데이터의 유효성 검사

URL에서 가져오는 모든 데이터의 유효성을 검사해야 합니다. 특히 비교할 수 있는 CSV 파일 형식이 있다면 더욱 그렇습니다. 데이터셋 페이지에서 열의 개수, 열의 이름처럼 데이터에 관

7 정확한 값은 데이터를 다운로드한 시점에 따라 달라질 수 있습니다.

한 메타데이터를 더 많이 확인할 수 있었다면, 다음 단계를 수행할 필요는 없었을지도 모릅니다. 하지만 아쉽게도 이러한 노동이 데이터 작업의 본질입니다!

이제 다시 `data.gov` 페이지로 돌아가서 CSV 파일을 컴퓨터에 다운로드합니다. 다운로드한 파일이 URL에서 다운로드한 내용과 일치하는지 확인합니다.

다운로드한 파일을 코랩 노트북에 업로드한 다음, 판다스 데이터프레임으로 읽어보죠. [그림 2-22]의 (Ⓐ)에 표시된 폴더를 선택하여 2장의 노트북 목차를 펼칩니다. 그런 다음 위쪽 화살표 폴더(Ⓑ) 아이콘을 클릭하여 파일을 업로드합니다.

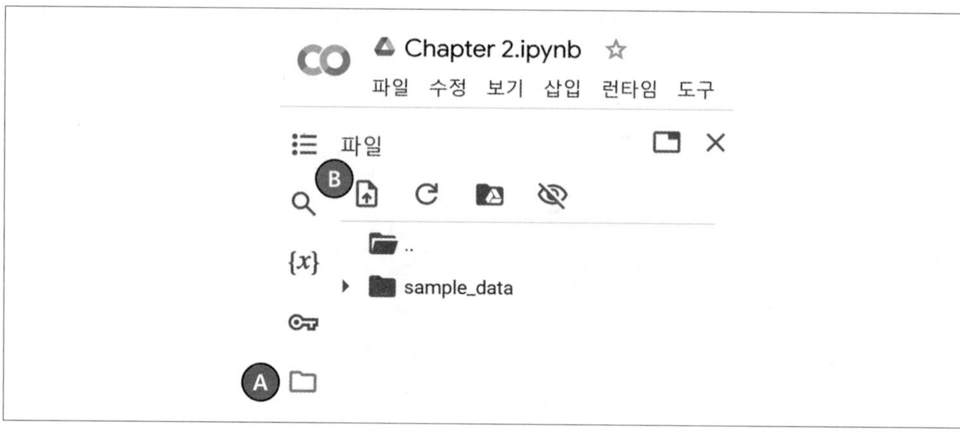

그림 2-22 코랩 노트북에 파일 업로드하기

파일을 업로드하면 [그림 2-23]과 같이 런타임 종료 시 업로드된 파일이 사라진다는 점을 경고하는 메시지가 표시됩니다(코랩 종료 시에도 발생할 수 있습니다). 런타임은 프로그램 실행에 필요한 환경을 제공합니다.

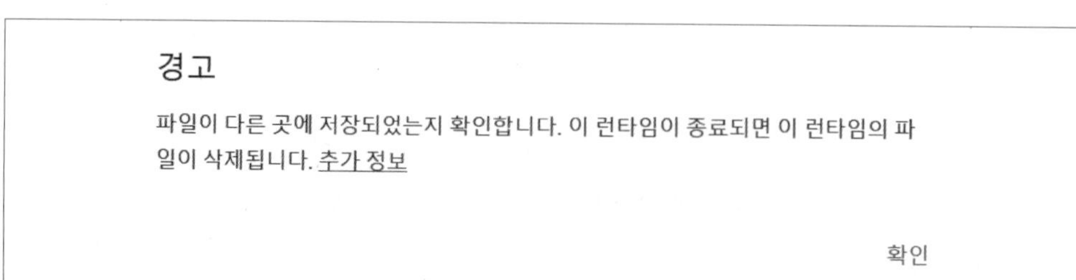

그림 2-23 업로드한 파일이 영구적으로 저장되지 않는다는 경고 메시지

업로드 후 노트북 브라우저 탭을 새로고침하고 목차를 펼쳐 보면 [그림 2-24]와 같이 업로드된 파일을 확인할 수 있습니다.

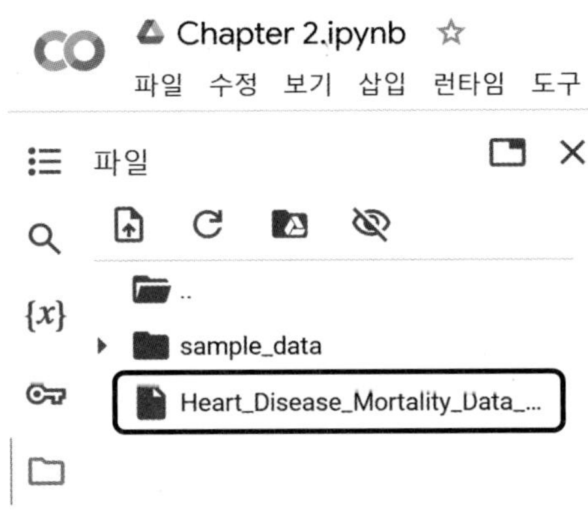

그림 2-24 업로드된 파일 확인

파일 이름이 매우 길기 때문에, 마우스 오른쪽 버튼을 클릭하여 이름을 `heart.csv`로 바꿔줍니다. 먼저 마우스 오른쪽 버튼을 클릭했을 때의 화면은 [그림 2-25]와 같습니다.

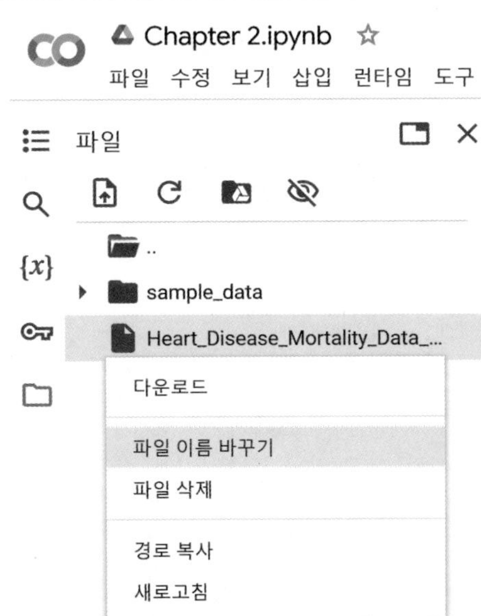

그림 2-25 '파일 이름 바꾸기' 옵션 선택

파일 이름을 바꾼 후의 화면은 [그림 2-26]과 같아야 합니다.

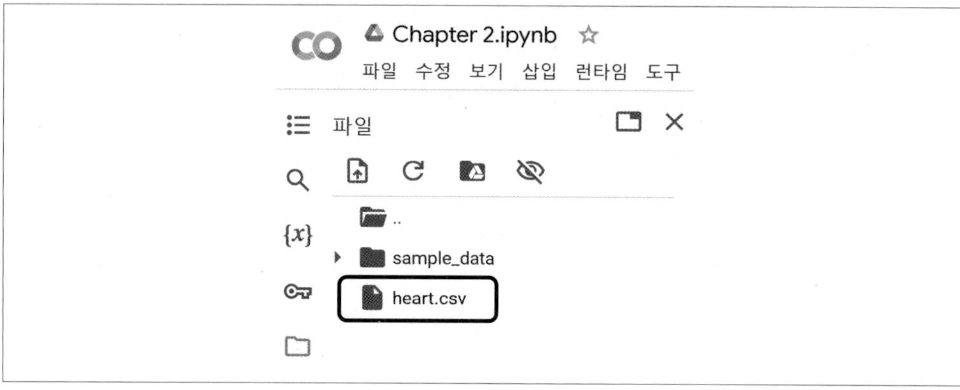

그림 2-26 heart.csv로 변경된 파일 이름

파일 이름이 heart.csv로 변경되었습니다. 이제 [그림 2-27]처럼 파일 경로를 복사해야 합니다. 그런데, 왜 복사해야 할까요? 판다스의 read.csv 메서드로 파일을 읽어 들이려면, 읽을 파일의 정확한 위치를 입력해야 하기 때문입니다. heart.csv 파일을 마우스 오른쪽 버튼으로 클릭해 경로를 복사합니다.

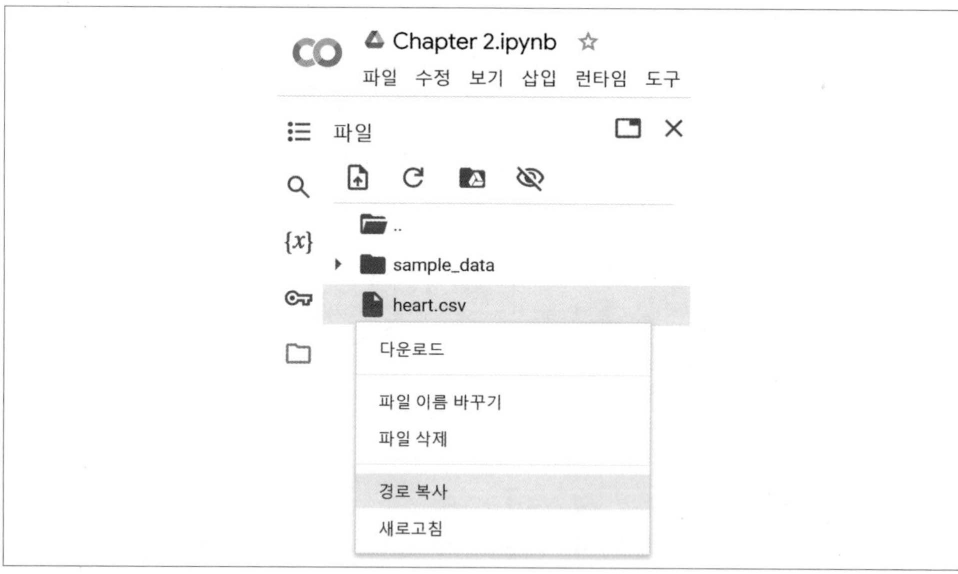

그림 2-27 파일 경로 복사

코드 셀을 추가하고 다음 코드를 입력합니다. /content/heart.csv를 둘러싼 두 작은따옴표 사이에 파일 경로를 붙여 넣은 뒤 셀을 실행하고 출력을 확인합니다.

```
heart_df = pd.read_csv('/content/heart.csv', on_bad_lines="skip", engine="python")
heart_df.head()
```

그리고 또 하나의 신규 셀을 생성한 뒤 **heart_df.info()**를 실행해 데이터프레임의 정보를 확인합니다. 특히 [그림 2-21]과 [그림 2-28]에 표시된 전체 열을 비교해 봅니다. 가령 [그림 2-21]에는 19개의 열이, [그림 2-28]에는 20개의 열이 포함됨을 알 수 있습니다. 즉, 업로드된 파일에는 Year 열이 추가되었습니다. Year 열의 데이터 유형은 수치형이지만, 이 숫자는 순위를 매기고 순서를 정하는 용도이며 계산용이 아닙니다. [그림 2-28]은 지저분한 데이터의 첫 번째 사례를 보여줍니다.

```
Data columns (total 20 columns):
 #   Column                      Non-Null Count  Dtype
---  ------                      --------------  -----
 0   Year                        41071 non-null  int64
 1   LocationAbbr                41071 non-null  object
 2   LocationDesc                41071 non-null  object
 3   GeographicLevel             41071 non-null  object
 4   DataSource                  41071 non-null  object
 5   Class                       41071 non-null  object
 6   Topic                       41071 non-null  object
 7   Data_Value                  23316 non-null  float64
 8   Data_Value_Unit             41071 non-null  object
 9   Data_Value_Type             41071 non-null  object
 10  Data_Value_Footnote_Symbol  17755 non-null  object
 11  Data_Value_Footnote         17755 non-null  object
 12  StratificationCategory1     41071 non-null  object
 13  Stratification1             41071 non-null  object
 14  StratificationCategory2     41071 non-null  object
 15  Stratification2             41071 non-null  object
 16  TopicID                     41071 non-null  object
 17  LocationID                  41071 non-null  int64
 18  Y_lat                       41071 non-null  float64
 19  X_lon                       41071 non-null  float64
dtypes: float64(3), int64(2), object(15)
```

그림 2-28 int64 유형을 따르는 Year 열

이번에는 [그림 2-29]처럼 **heart_df.isnull().sum()**을 신규 셀에 입력한 뒤 실행합니다. 과연 존재하지 않음을 나타내는 널[null]값이 존재할까요? 지저분한 데이터의 두 번째 사례가 발생했습니다! 세 개의 열에서 널값이 발견됩니다. 누락된 값을 처리하는 방법은 다음 장에서 배우겠지만, 아직은 구체적인 사용 사례를 모르므로 해당 열(특징)들이 정말 필요한지 의문이 들 수 있습니다. 여기서 특징은 모델을 학습시키는 데 사용하는 입력 데이터로, 여기에 기반해 모델이 예측을 수행합니다. 특징을 선택하는 방법에 관한 내용은 다음 장에서 상세히 설명합니다.

```
heart_df.isnull().sum()

Year                              0
LocationAbbr                      0
LocationDesc                      0
GeographicLevel                   0
DataSource                        0
Class                             0
Topic                             0
Data_Value                    17755
Data_Value_Unit                   0
Data_Value_Type                   0
Data_Value_Footnote_Symbol    23316
Data_Value_Footnote           23316
StratificationCategory1           0
Stratification1                   0
StratificationCategory2           0
Stratification2                   0
TopicID                           0
LocationID                        0
Y_lat                             0
X_lon                             0
dtype: int64
```

그림 2-29 isnull 출력을 사용해 널값이 있는 세 개의 열에서 null 개수 확인하기

여러분의 데이터 품질 문제는 무엇인가요?

누락된 값

대부분의 알고리즘은 누락된 값을 허용하지 않으므로, 데이터셋에서 누락된 값을 발견하면 모든 행을 삭제하는 경우가 많습니다. 그러나 다음 메모의 설명처럼 누락된 값을 처리하는 다양한 방법이 있습니다.

NOTE ML에서 데이터셋의 누락된 값을 처리하는 방법으로는 삭제와 대입이라는 두 가지 주요

접근법이 있습니다.

삭제는 누락된 값이 있는 행이나 열을 제거하는 작업입니다. 모든 누락된 값을 포함한 행이나 열을 삭제하거나, 특정 임곗값 이상으로 누락된 값이 있는 경우에만 삭제할 수 있습니다.

대입은 누락된 값을 추정치로 채우는 작업입니다. (1) 결측값을 해당 변수의 평균으로 대체하는 평균 대입, (2) 중앙값으로 대체하는 중앙값 대입, (3) 가장 빈번한 값으로 대체하는 모드 대입, (4) 회귀 모델을 사용해 다른 변수의 관측값을 기반으로 결측값을 예측하는 회귀 대입 등의 방법이 있습니다.

판다스는 빈칸을 `NaN`(숫자가 아님)으로 채우지만, 이것으로는 부족합니다. 적절한 처리가 필요하죠. 이에 대한 자세한 내용은 책의 뒷부분에서 확인할 수 있습니다.

잘못된 데이터 유형

`Year`는 현재 `int64` 데이터 유형으로 표시되지만, 문자열 객체로 변환하여 정성적 범주형 특징으로 처리해야 합니다.

범주형 열

숫자가 아닌 문자열 특징도 많이 존재하는데, 이러한 값은 ML 모델에 직접 입력할 수 없습니다. 따라서 원핫 인코딩one-hot encoding과 같은 기법을 적용해야 합니다. 이 내용은 다음 장에서 자세히 확인할 수 있습니다.

간단한 탐색적 데이터 분석

이 절을 마무리하기 전에 데이터를 탐색하는 몇 가지 간단한 방법을 살펴보겠습니다. 가령 `Stratification2` 특징에 있는 모든 고윳값을 확인하고 싶다면, `heart_df.Stratification2.unique()`를 신규 셀에 입력하고 실행해 보면 됩니다. 그러면 [그림 2-30]과 같은 결과를 확인할 수 있습니다.

```
heart_df.Stratification2.unique()

array(['Overall', 'White', 'Black', 'Hispanic',
       'Asian and Pacific Islander', 'American Indian and Alaskan Native'],
      dtype=object)
```

그림 2-30 Stratification2 열의 고윳값 출력

통계 그래프에 특화된 파이썬 라이브러리인 시본의 바이올린 플롯으로 해당 특징을 시각화해 보겠습니다. [그림 2-31]처럼 시각화에 관한 코드도 코드 셀에서 작성해서 실행할 수 있습니다. 이 코드는 각 지역 및 그룹별 심장 질환 수를 표현한 Data_Value 특징(그림 2-32)을 x축으로, Stratification2 특징을 y축으로 둡니다.

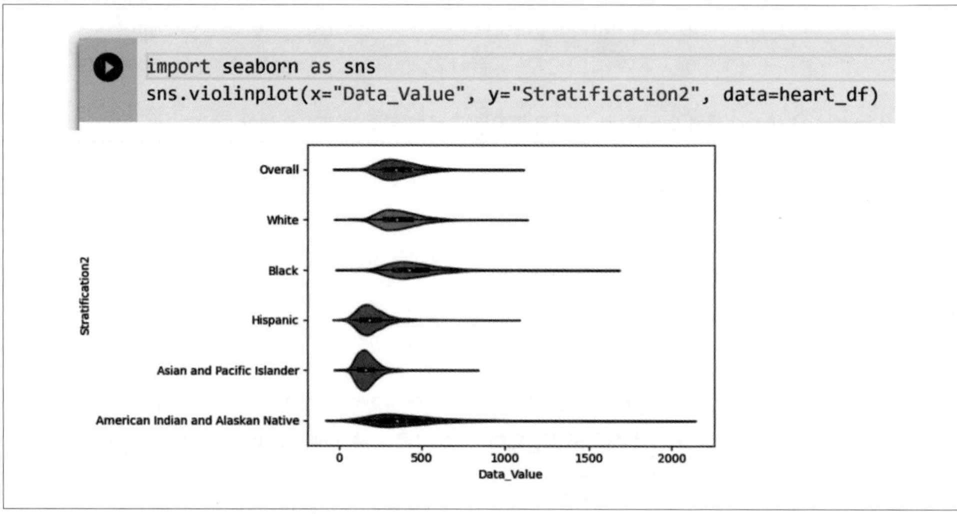

그림 2-31 Stratification2 열/특징에 대한 바이올린 플롯

'긴 꼬리'는 해당 특징에 이상값이 많이 포함됨을 나타냅니다. 그리고 몸통의 크기는 인종별로 얼마나 많은 심장 질환 환자가 분포되는지를 나타냅니다.

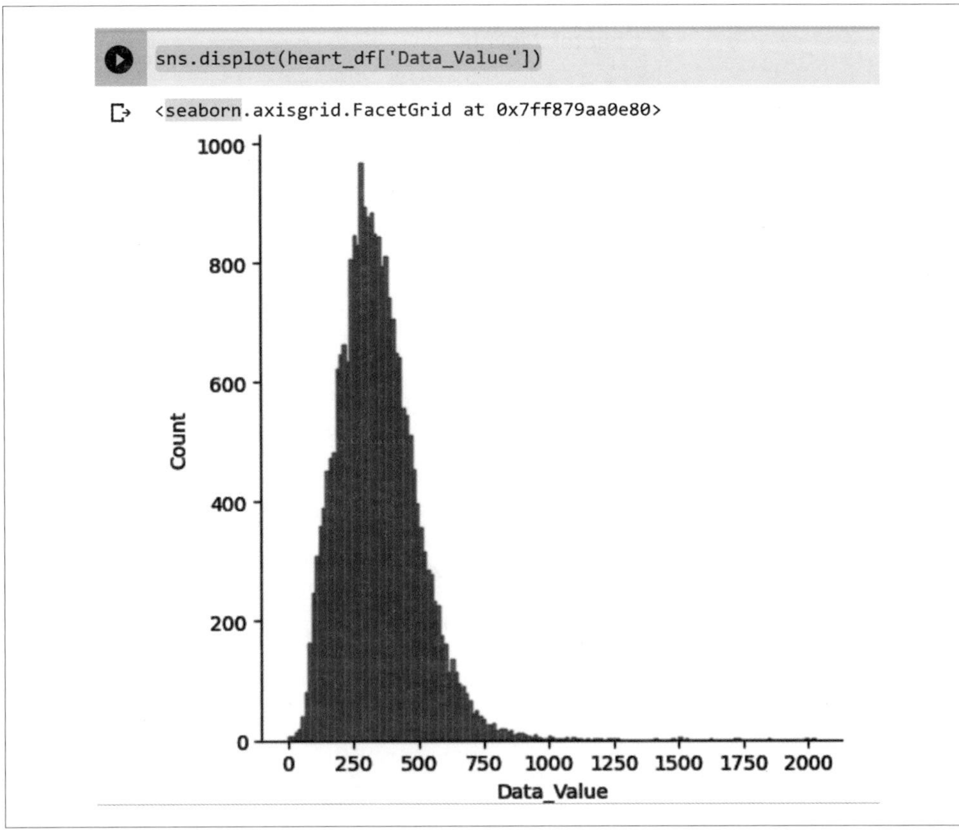

그림 2-32 심장 질환 수 분포도

> **NOTE** 시본의 바이올린 플롯은 단변량 데이터셋의 분포를 시각화하는 데 탁월한 도구입니다. 이 플롯은 숫자 데이터의 분포를 한눈에 파악하게 도와줍니다. 기존의 박스 플롯은 주로 요약 통계만을 보여주지만, 바이올린 플롯은 요약 통계뿐만 아니라 각 변수의 밀도 분포도 함께 시각화합니다. 이 덕분에 데이터의 전체적인 분포와 밀도 변화를 더 쉽게 이해할 수 있습니다.

다음 장부터는 더 많은 데이터를 분석하고 전처리하는 방법을 배우게 됩니다. 일단 지금은 노트북을 깃허브에 저장해 두겠습니다. [그림 2-33]처럼 코랩의 '파일' 메뉴에서 'GitHub에 사본 저장'을 클릭합니다.

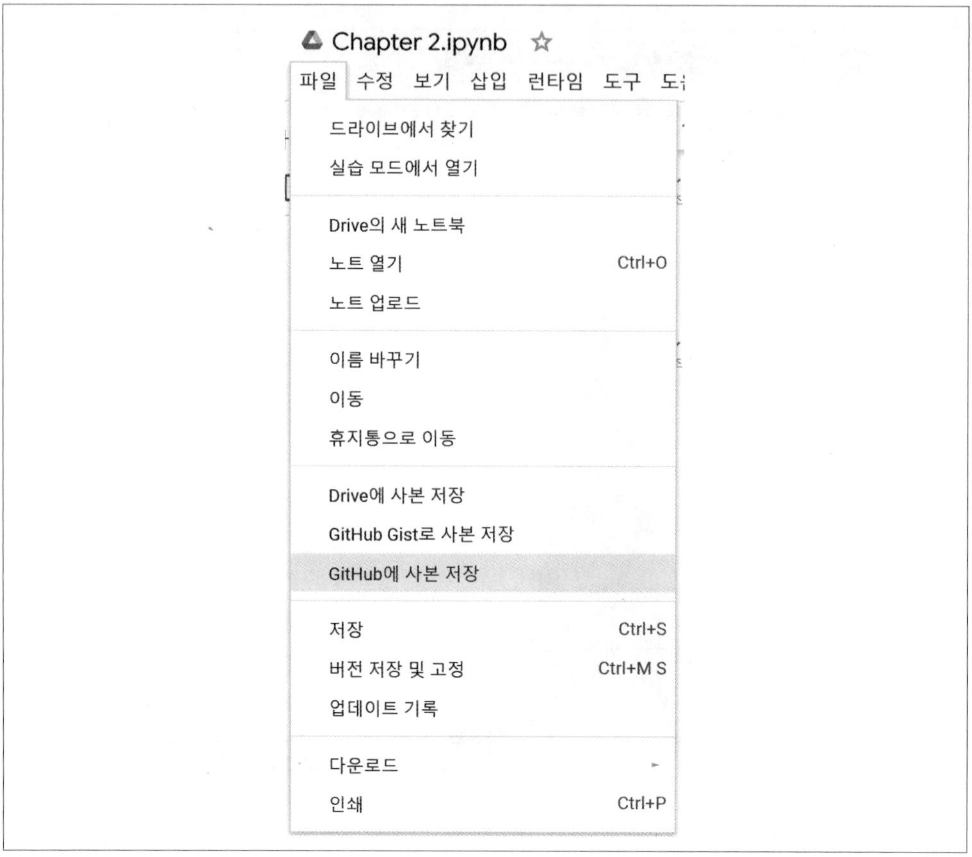

그림 2-33 노트북 파일 사본을 깃허브에 저장하는 방법

노트북을 깃허브에 저장할 때 필요한 설정은 [그림 2-34]에 있습니다. '저장소' 아래의 드롭다운에서 저장할 저장소를 선택하고, '브랜치'는 'main(기본값)'으로 선택합니다. 또한 'Colab 링크 포함'도 기본값인 체크 상태를 유지합니다. 그러면 노트북을 즉시 코랩에서 열 수 있는 링크가 노트북에 삽입됩니다.

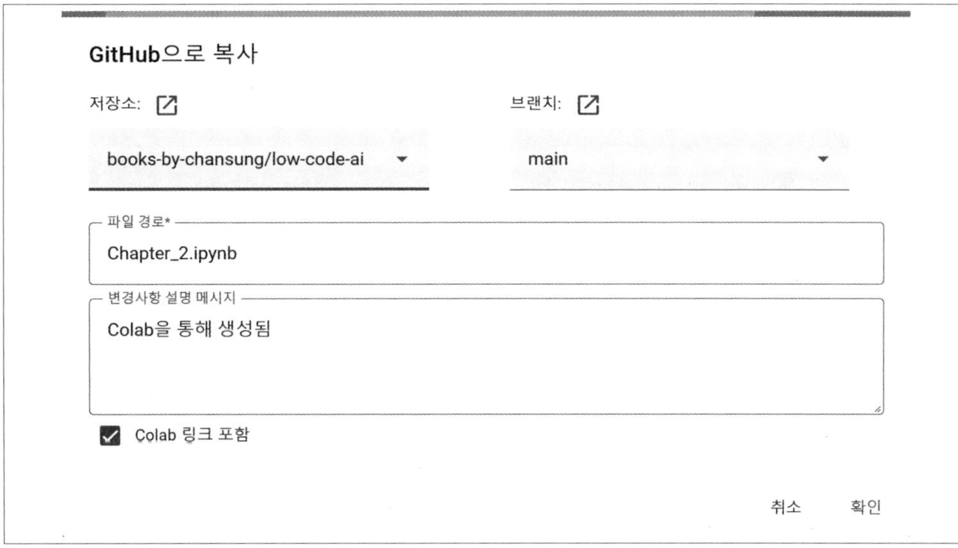

그림 2-34 코랩 노트북을 깃허브로 내보내기 위한 창

코랩이 노트북을 깃허브에 저장하면 [그림 2-35]처럼 해당 깃허브 페이지로 이동하게 됩니다.

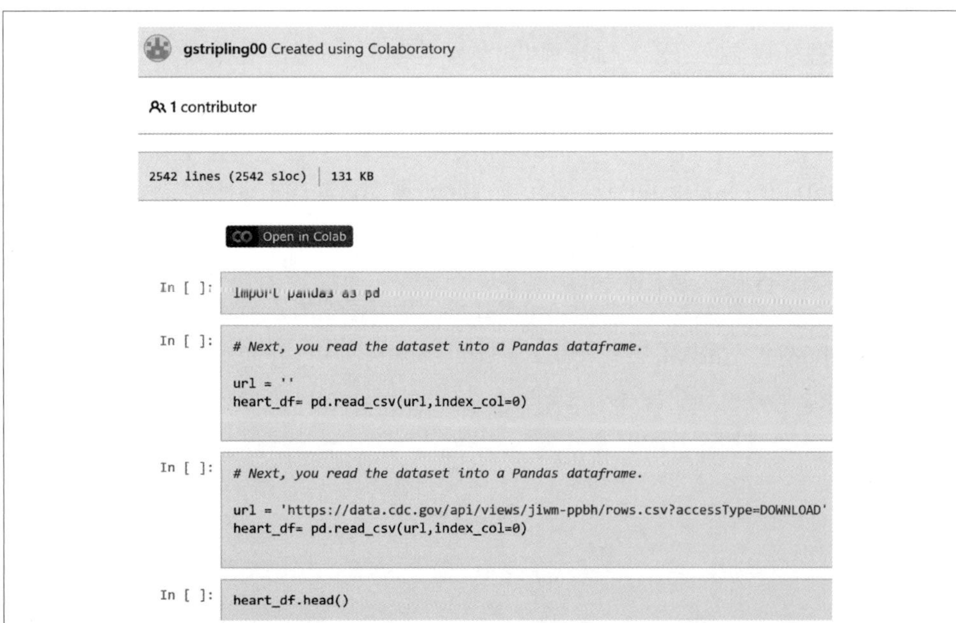

그림 2-35 깃허브에 복사된 코랩 노트북

저장소 페이지의 메인 페이지로 이동해 보면, [그림 2-36]처럼 코랩 주피터 노트북이 저장된 모습을 확인할 수 있습니다.

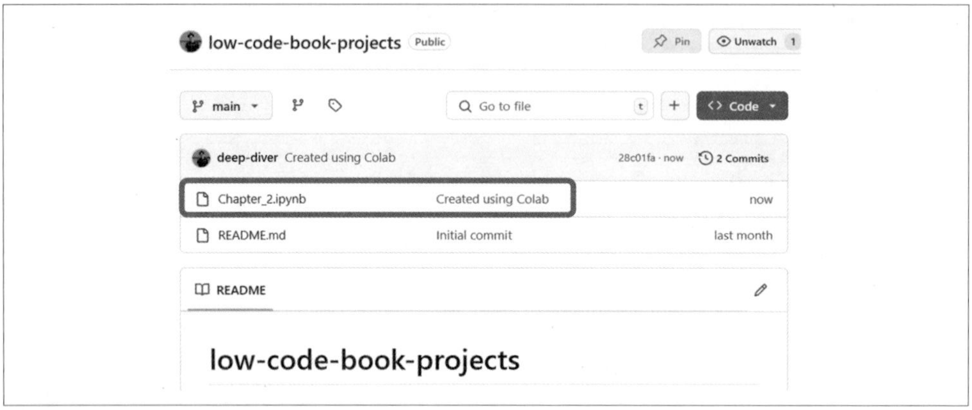

그림 2-36 깃허브에 복사된 코랩 주피터 노트북

2.4 요약

이 장은 이 책에서 다루는 사용 사례와 데이터셋을 간략히 소개했습니다. 데이터의 유형과 정형, 반정형, 비정형 데이터의 차이, 배치 및 스트리밍 데이터의 차이도 함께 배웠습니다. 또한, 브라우저 기반의 무료 파이썬 주피터 노트북과 깃허브로 실습하는 환경을 간략히 살펴봤습니다. 그리고 지저분한 데이터를 다루는 일은 까다로울 뿐 아니라, ML 모델에 필요한 데이터를 수집하는 데 영향을 미칠 수 있다는 사실도 알게 되었습니다.

다음 장은 ML 프레임워크를 알아보고, AutoML로 작업하는 방법을 다룹니다. 제공되는 미리 전처리된 데이터셋을 AutoML 프레임워크에 업로드하기만 하면, 한 줄의 코드도 작성하지 않고도 예측 모델을 구축하고 학습시킬 수 있음을 알게 될 것입니다.

CHAPTER 3

머신러닝 라이브러리 및 프레임워크

이 장에서는 머신러닝(ML) 모델 개발을 간소화하는 프레임워크[1]를 소개합니다. 일반적으로 ML 파이프라인을 구축하고 학습시키려면 수학, 통계, ML의 기본 원리를 이해해야 하지만, 간소화 프레임워크는 특징과 알고리즘의 선택, 코드 작성, 파이프라인 개발, 성능 튜닝, 모델 배포 등에 투입되는 시간과 노력이 많이 드는 작업을 자동화하여 쉽게 ML을 활용할 수 있게 합니다.

3.1 노코드 AutoML

여러분은 공익 회사의 비즈니스 분석가입니다. 그리고 전기 에너지 소비가 큰 지역 사회를 대상으로 마케팅 및 홍보 프로그램을 개발하는 회사를 돕는 프로젝트를 수행해야 합니다. 이때 데이터는 쉼표로 구분된 값 형식을 따르는 CSV 파일로 제공됩니다.

ML을 다뤄보지 않았고 프로그래밍도 할 줄 모르지만, ML을 조직에 적용하는 방법에 관심이 있는 여러분에게 팀장이 이 프로젝트를 맡겼습니다. 코딩 경험은 없지만, 몇 가지를 조사해서 다음과 같은 사실을 알아냈습니다.

1 *https://oreil.ly/IJbCu*

- **노코드 ML 프레임워크**는 코딩에 익숙하지 않은 사람도 사용할 수 있습니다. 코드를 전혀 작성하지 않고도 그래픽 사용자 인터페이스(GUI)로 ML 모델을 자동으로 구축하고 학습시키게 해 줍니다. 복잡한 프로그래밍 지식 없이도 쉽게 ML 모델을 만들고 사용할 수 있습니다.
- **로우코드 ML 프레임워크**는 프로그래밍 경험이 약간 있는 사람이 머신러닝 모델을 쉽게 구축하고 학습시키도록 해 주는 도구입니다. 복잡한 프로그래밍을 하지 않고도 강력한 ML 기능을 제공하므로 신속하게 모델을 개발하고 실험할 수 있습니다.
- 숙련된 프로그래머를 위한 **ML 라이브러리**는 ML 워크플로의 모든 단계를 유연하게 코딩하고 제어하게 해 줍니다. 사용자는 데이터 전처리, 모델 학습, 평가부터 배포까지 모든 과정을 직접 관리하고 최적화할 수 있습니다. 고급 사용자들이 원하는 세밀한 제어와 맞춤 설정이 가능해서 더 나은 성능과 효율성을 추구할 수 있습니다.

마케팅 지원 프로젝트 및 사용 사례의 데이터를 기반으로 우편번호, 월, 연도, 고객 분류(주거용, 상업용, 산업용, 농업용)와 같은 여러 변수에 따라 총 kWh를 예측하는 것이 목표입니다.

먼저 기본적인 기준이 되는 예측을 빠르게 얻어야 한다고 가정해 보죠. 이는 AutoML의 훌륭한 사용 사례로 볼 수 있습니다. GUI 기반 AutoML 프레임워크를 사용하는 편이 가장 쉽습니다. 비즈니스 사용 사례에 사용할 수 있는 일반적인 노코드 AutoML 워크플로의 개요는 [그림 3-1]에 있습니다. 이 예시에서는 ML 모델을 구축, 배포, 확장하는 데 유용한 구글의 버텍스 AI라는 플랫폼을 사용합니다. 전반적으로 구글 AutoML, 마이크로소프트 애저Azure AutoML, AWS 세이지메이커SageMaker AutoML은 모두 코드를 작성하지 않고도 ML 모델을 구축하고 배포하도록 도와주는 강력한 AutoML 솔루션입니다. 이 중 가장 적합한 솔루션은 구체적인 요구사항에 따라 달라집니다.

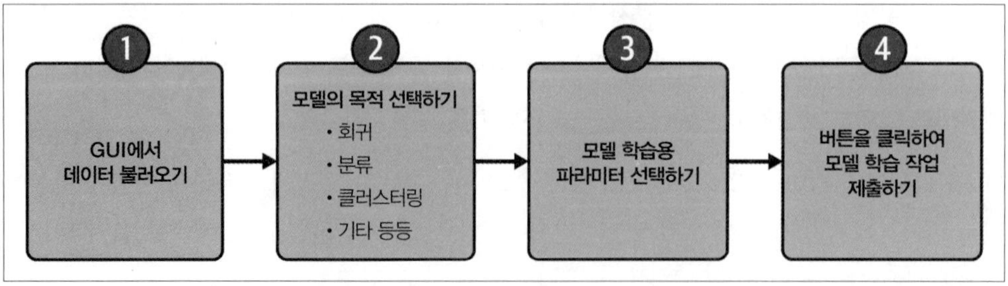

그림 3-1 일반적인 버텍스 AI 플랫폼의 노코드 AutoML 워크플로

파일 형식이 CSV이므로 '테이블 형식' 탭을 선택합니다. 총 kWh가 출력이자 예측하고 싶은 수치이므로 회귀regression 작업을 수행하는 것이며, 데이터에 레이블값이 포함되므로 지도 학습

supervised ML 문제임을 알 수 있습니다. 만약 레이블이 없는 데이터를 다룬다면, 클러스터링과 같은 비지도 학습unsupervised ML 문제로 다뤄야 합니다. [그림 3-2]처럼 '회귀 또는 분류'를 목표로 선택합니다.

NOTE 버텍스 AI는 표 형식 데이터로, 다음과 같은 유형의 모델을 만들 수 있습니다.

이진 분류 모델

이진(두 범주 중 하나) 결과를 예측합니다. 예/아니오로 대답할 수 있는 질문에 해당합니다.

다중 범주 분류 모델

세 개 이상의 범주 중 하나의 범주를 예측합니다. 이 장의 문제가 여기에 해당합니다.

회귀 모델

연속적인 값을 예측합니다. 이 유형은 매출 예측에 사용할 수 있습니다.

전망 모델

일련의 값을 예측합니다. 이 유형은 일일 수요를 예측하는 데 사용할 수 있습니다.

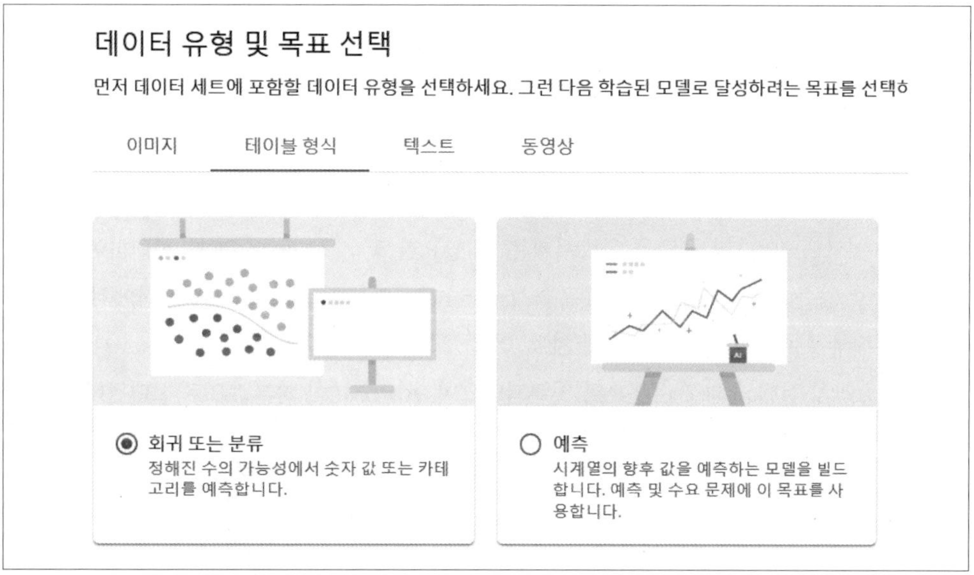

그림 3-2 '회귀 또는 분류' 선택

데이터를 불러온 다음 즉시 통계 정보를 생성하는 프레임워크를 사용할 때는 데이터를 검토하여 누락된 값을 확인하고 데이터 통계를 보는 등 몇 가지 추가 단계를 수행해야 합니다. 그러나 누락된 값, 비정상적인 값, 중복된 행과 열을 자동으로 감지하고 정리까지 하여 수동으로 데이터를 정리할 필요성을 최소화해 주는 프레임워크도 존재합니다. [그림 3-3]은 데이터셋 업로드에 필요한 설정을 보여줍니다.

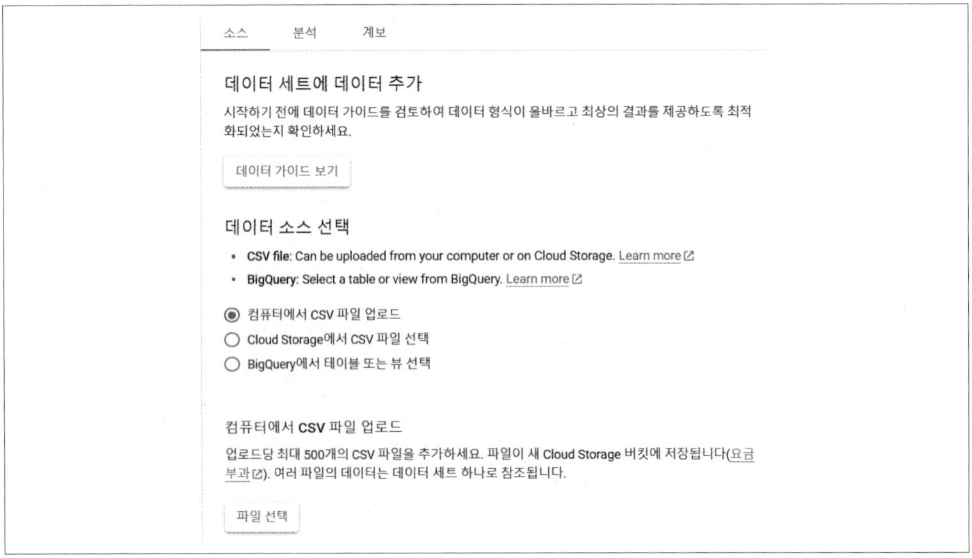

그림 3-3 데이터 업로드 설정

데이터가 업로드되었다면 모델을 학습시키는 데 필요한 몇 가지 파라미터를 선택하여 모델을 학습시킬 수 있습니다. 버텍스 AI 플랫폼의 'Train new model(새 모델 학습)' 창에서 학습 방법, 모델 세부정보, 학습 옵션, 컴퓨팅 자원, 가격 책정 등을 선택합니다. 'Dataset(데이터셋)'과 '목표'는 앞서 선택한 대로 자동으로 입력되었으며, AutoML이 기본값으로 선택됩니다(그림 3-4).

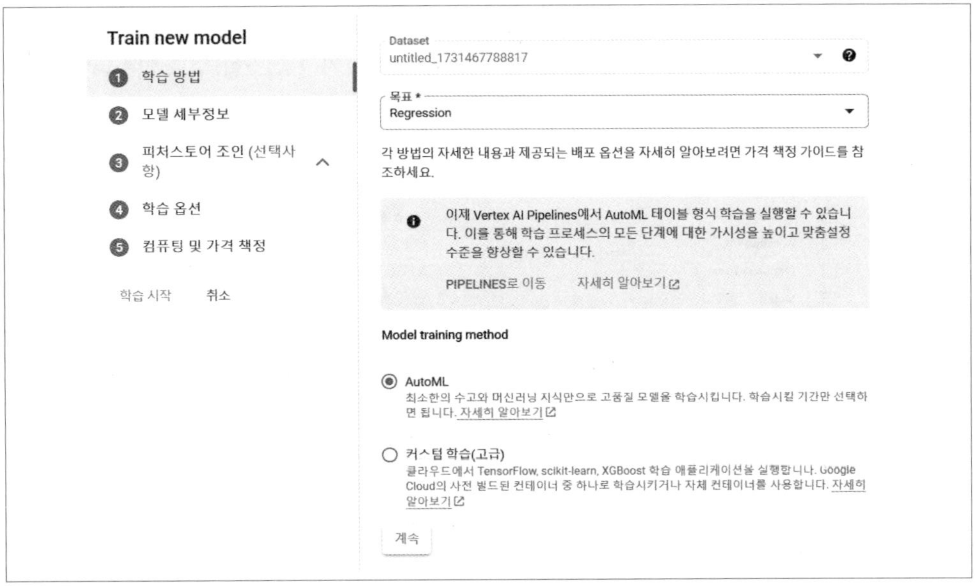

그림 3-4 '새 모델 학습' 창

[그림 3-5]는 '새 모델 학습' 창의 네 번째 메뉴인 학습 옵션에서 생성된 데이터셋의 통계입니다. 누락된 값은 없으며 열마다 고유한 값의 개수가 함께 표시됩니다. 가령 우편번호(`ZipCode`)는 145개 존재하죠. 우편번호는 수치형이므로 변환 열에 '숫자'라고 표시됩니다. 그러나 각 우편번호는 모두 고유한 값이므로 '범주형'이 될 수도 있습니다. 우편번호를 숫자에서 범주형으로 변경하고 싶다면, 드롭다운 메뉴에서 원하는 쪽을 선택하면 됩니다.

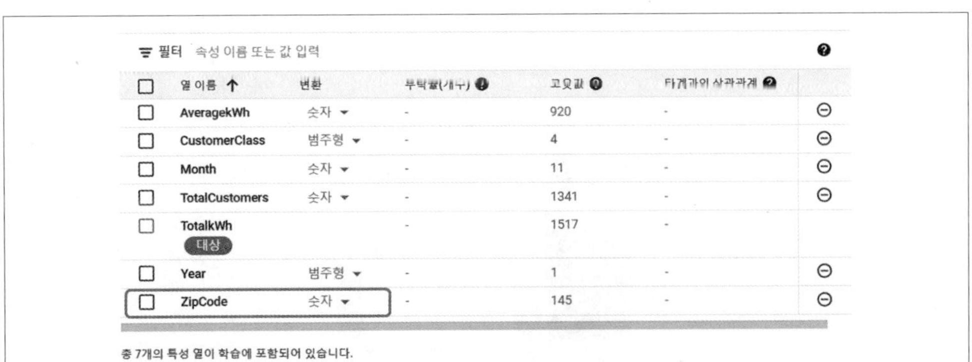

그림 3-5 구글의 버텍스 AI에서 생성된 데이터의 통계 정보

[그림 3-6]에서는 ZipCode가 범주형 특징으로 표시되는 것을 확인할 수 있습니다. 또한 가장 오른쪽 열의 아이콘을 클릭하여 학습에 포함될 특징을 선택하거나 취소할 수도 있습니다.

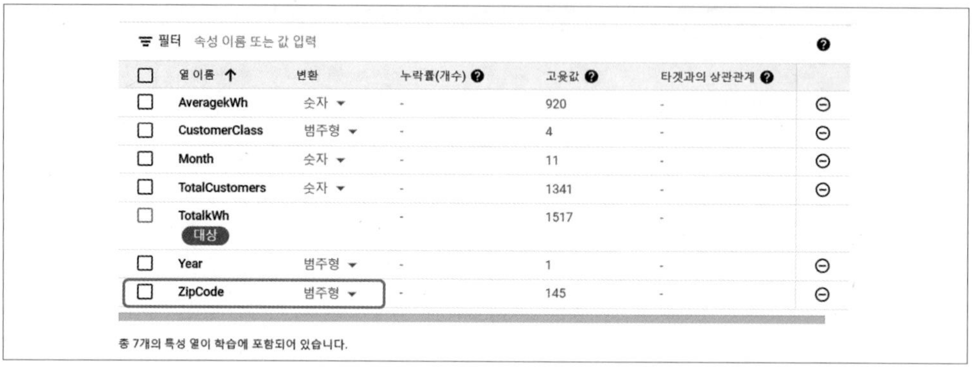

그림 3-6 범주형 특징으로 변경된 ZipCode

AutoML은 특징별 데이터 프로필을 [그림 3-7]과 같은 형식으로 제공합니다. [그림 3-7]을 보면 92694라는 우편번호가 가장 많이 등장하며, 해당 우편번호 지역에 더 많은 고객이 거주한다는 사실을 파악할 수 있습니다. 이 같은 정보는 마케팅 캠페인에 충분히 활용할 수 있겠죠.

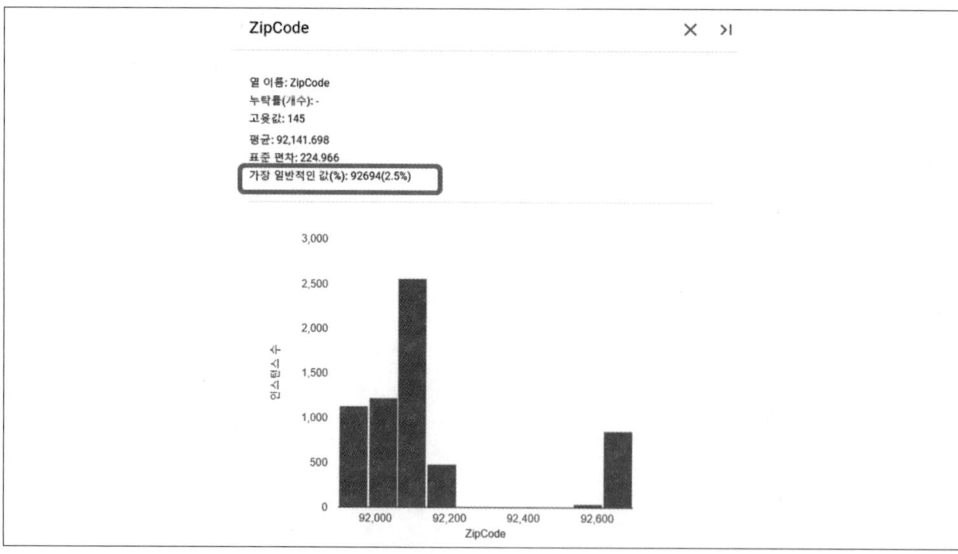

그림 3-7 가장 빈번히 등장하는 우편번호

모든 파라미터를 입력했다면 [그림 3-8]처럼 모델을 학습시킬 작업을 제출할 준비가 되었다는 의미로 [학습 시작] 버튼이 활성화됩니다.

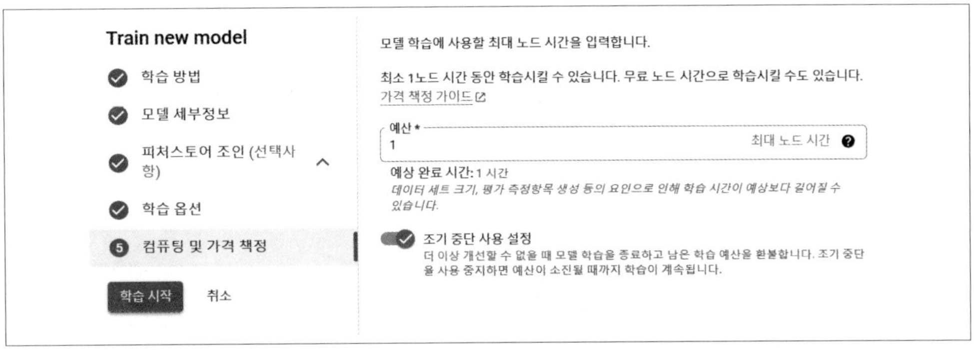

그림 3-8 준비된 학습 작업

NOTE 학습은 데이터의 크기와 선택한 모델 목표 유형에 따라 최대 수 시간이 소요될 수 있습니다. 이미지와 동영상 같은 유형의 데이터는 CSV와 같은 정형 데이터보다 훨씬 오래 걸릴 수도 있습니다. 샘플 수도 학습 시간에 영향을 미칩니다. 또한, AutoML 학습에 걸리는 시간은 AutoML의 특성과 작동 방식에 따라서도 바뀔 수 있습니다.

모델을 학습시킨 결과는 학습이 끝난 뒤 표시됩니다. 이 시점에서는 더 많은 모델 학습 실험을 해보거나, 모델을 배포하여 사용자 웹 페이지에서 고객 유형과 우편번호를 선택했을 때 예상되는 총 kWh를 표시하는 등 예비 결과를 팀에 제시할 수 있습니다.

[그림 3-9]는 학습 결과가 표시된 화면입니다. [그림 3-9]에 제시된 지표에 관한 자세한 설명은 전체 AutoML 프로젝트의 예시를 보여주는 다음 장에서 다룹니다.

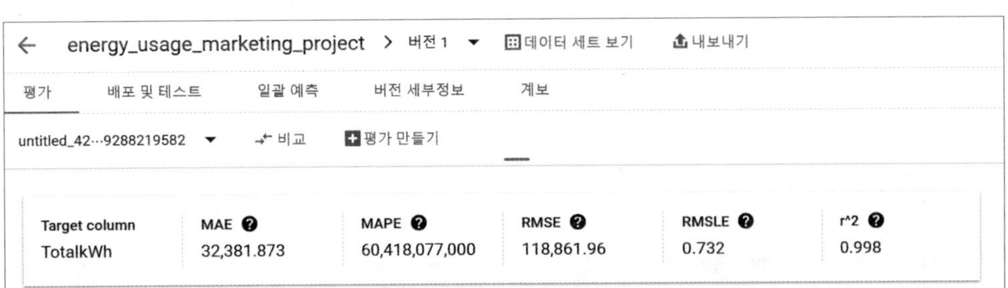

그림 3-9 모델 학습의 결과

모델의 특징 속성은 각 특징이 모델 학습에 영향을 미친 정도를 알려줍니다. [그림 3-10]은 이를 백분율로 표시하며, 백분율이 높을수록 상관관계가 크고 해당 특징이 모델 학습에 미친 영향력이 높음을 의미합니다. 이 같은 모델의 특징 속성은 섀플리Shapley 방법[2]으로 구해집니다.

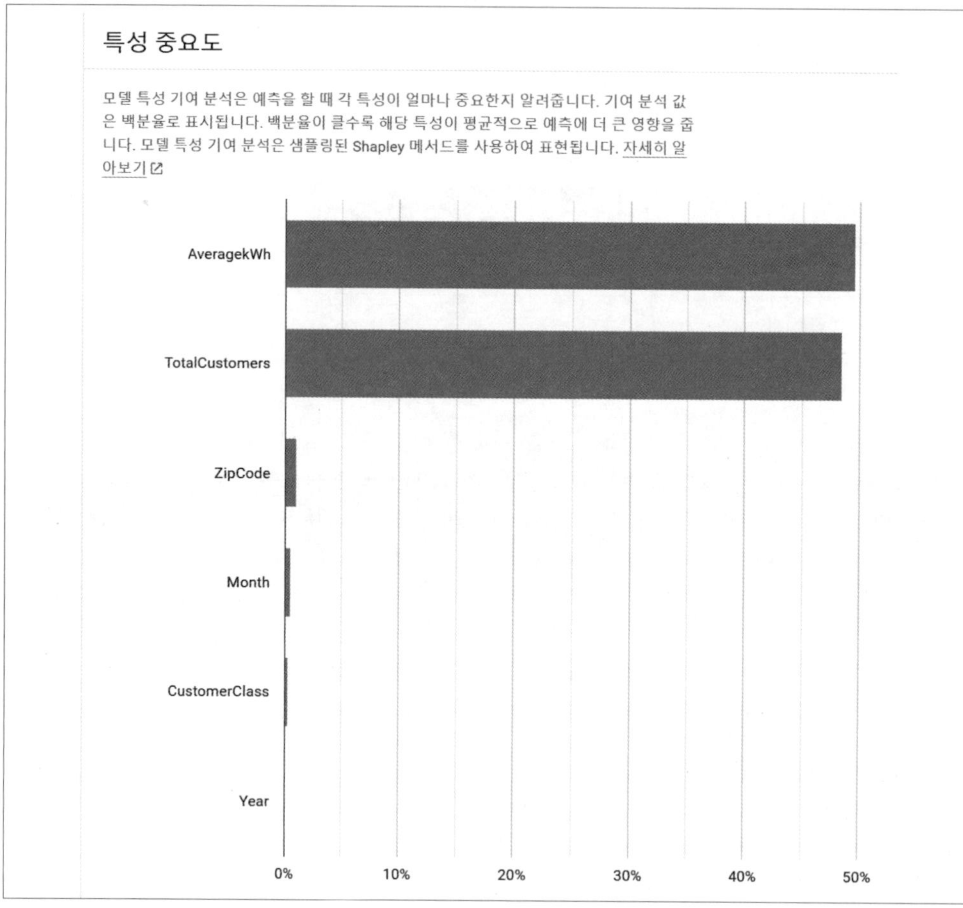

그림 3-10 백분율로 표시된 특징별 기여도

[그림 3-11]은 모델의 메타데이터가 어떻게 표시되는지를 보여줍니다. 모델의 ID, 만들어진 날짜, 학습에 걸린 시간부터 사용된 데이터셋, 열(특징), 데이터 분할 비율, 사용한 모델 평가

---

2 옮긴이_ 게임 이론의 개념을 머신러닝에 적용하여 모델 예측에 대한 각 특징의 기여도를 공정하게 측정하는 방법으로, 각 특징의 유무에 따른 예측값 차이를 모든 가능한 특징 조합에 대해 계산하고 평균을 구합니다.

지표(RMSE)까지 모델에 관한 다양한 정보를 확인할 수 있습니다. 여기서 '모델'이나 '시도' 링크를 클릭하면, AutoML에서 사용한 모델의 정보를 탐색할 수도 있습니다.

상태	완료됨
모델 ID	1722526801911087104
버전 설명	–
생성일	2024. 11. 13. PM 12:35:22
예산(원래 값)	1 node hours
학습 시간	2시간 43분
리전	us-central1
암호화 유형	Google 관리
데이터세트	untitled_1731467788817
데이터세트 ID	1644012325839044608
타겟 열	TotalkWh
데이터 분할	무작위 할당(80/10/10)
모델 초매개변수	모델 시도
열 메타데이터	VIEW DETAILS
알고리즘	AutoML
목표	테이블 형식 회귀
소스	AutoML 학습
최적화 목표	RMSE

특성 기여 분석 방법	샘플링된 Shapley
경로 수	16

그림 3-11 모델의 메타데이터

3.2 AutoML의 작동 방식

ML 워크플로를 구현하는 데는 긴 시간이 소요됩니다. 앞의 마케팅 캠페인 사례에서 보았듯이, AutoML은 단 한 줄의 코드를 작성하지 않고도 모든 작업을 수행하게 해 주어 ML 모델을 구축하는 과정을 간소화했습니다. [그림 3-12]는 공익 마케팅 캠페인 프로젝트의 워크플로를 도식화한 것입니다. 보다시피 2, 3, 4단계에서는 코딩이 필요하지 않았습니다.

그림 3-12 공익 마케팅 캠페인 프로젝트의 워크플로

무엇을 하지 **않아도** 되었는지 잘 생각해 보면, AutoML의 작동 방식을 더욱 잘 이해할 수 있습니다!

먼저 주피터 노트북을 실행할 환경을 설정할 필요가 없었습니다. 소프트웨어 라이브러리를 설치할 필요도 없었습니다. 한 마디로 아무것도 직접 설치할 필요가 없습니다.

CSV 데이터 파일을 버텍스 AI에 업로드하면 파일이 클라우드에 저장됩니다. 버텍스 AI는 파이썬과 판다스를 사용하여 데이터셋을 불러오거나 학습, 검증, 테스트 파일로 나누는 과정을 자동화해 주므로 사용자는 별도의 코드를 작성할 필요가 없습니다.

데이터는 깨끗이 정리되었지만, 우편번호와 고객 유형이라는 두 개의 범주형 특징이 존재했습니다. 만약 직접 코드를 작성했다면, 이 두 특징에 범주형 데이터를 수치형으로 변환하는 **원핫 인코딩**을 적용해야 했을 것입니다. 다음은 우편번호 특징을 원핫 인코딩하는 예시 코드입니다.

```
from sklearn.preprocessing import OneHotEncoder
one_hot = OneHotEncoder()
encoded = one_hot.fit_transform(df[[`zipcode`]])
df[one_hot.categories[0]] = encoded.toarray()
```

원핫 인코딩은 특징 **변환**transformation 또는 특징 공학의 한 가지 예시입니다. 또한 출력 대상을 쉽게 선택하거나 특징을 선택에서 제외(**삭제**drop)하는 기능도 있었습니다. 즉 판다스를 사용하면 다음처럼 데이터프레임의 `id` 열을 제거하는 코드를 직접 작성할 필요가 없습니다.

```
import pandas as pd
df = pd.read_csv(`/path/file.tsv`, header=0, delimiter=`\t`)
```

```
print df.drop(`id`, 1)
```

데이터셋에 특징이 많을수록 비선형적인 더욱 복잡한 관계가 형성됩니다. 신경망은 비선형적인 관계를 처리하는 데 적합한 구조를 띠는데, 이 내용을 간단히 짚고 넘어가 보겠습니다.

우리가 다룬 예측 문제는 평균 kWh, 고객 유형, 월, 연도, 우편번호를 기준으로 향후 총 kWh를 예측하는 것이었습니다. 좀 더 자세히 설명한다면, 특징 값을 예측하는 데 여러 변수가 연관된 이 문제는 **다변량**multivariate 문제라고 볼 수 있습니다. 그리고 이 변수들 사이의 관계를 **비선형**이라고 보는 이유는 알려진 총 kWh와 다른 여러 변수 사이의 관계를 설명하는 '가장 적합한 직선'을 그릴 수 없기 때문입니다.

이 같은 데이터셋은 신경망에서 처리되기에 적합합니다. 그러나 ML에 관한 지식 없이 신경망을 직접 구축하기는 어렵습니다. 신경망은 다음 장에서 다룰 주제지만, 여기서는 개념적인 그림을 보며 간단히 살펴보겠습니다. [그림 3-13]은 입력, 은닉, 출력 계층이 있는 일반적인 신경망을 보여줍니다.

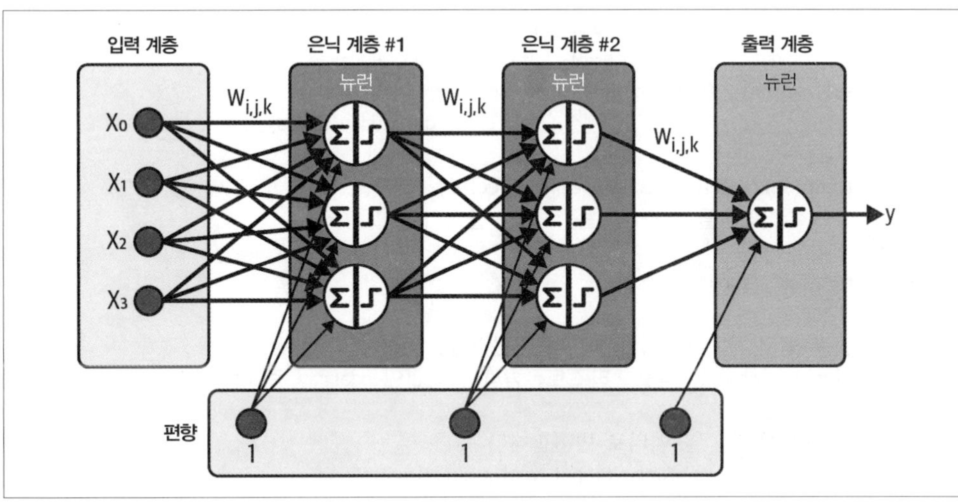

그림 3-13 4계층으로 구성된 일반적인 신경망 구조

해당 신경망을 파이썬으로 코딩한다면 다음처럼 코드를 작성할 수 있습니다.

```
# 'Network' 클래스를 만들고 파라미터를 정의합니다.
# 각 계층의 뉴런/노드 수를 설정하고,
# 가중치 행렬을 초기화합니다.
class Network:
    def __init__(self,
                 no_of_in_nodes,
                 no_of_out_nodes,
                 no_of_hidden_nodes,
                 learning_rate):
        self.no_of_in_nodes = no_of_in_nodes
        self.no_of_out_nodes = no_of_out_nodes
        self.no_of_hidden_nodes = no_of_hidden_nodes
        self.learning_rate = learning_rate
        self.create_weight_matrices()

    def create_weight_matrices(self):
        """ 신경망의 가중치 행렬을 초기화하는 메서드 """
        rad = 1 / np.sqrt(self.no_of_in_nodes)
        X = truncated_normal(mean=0, sd=1, low=-rad, upp=rad)
        self.weights_in_hidden = X.rvs((self.no_of_hidden_nodes,
                                        self.no_of_in_nodes))
        rad = 1 / np.sqrt(self.no_of_hidden_nodes)
        X = truncated_normal(mean=0, sd=1, low=-rad, upp=rad)
        self.weights_hidden_out = X.rvs((self.no_of_out_nodes,
                                         self.no_of_hidden_nodes))

    def train(self, input_vector, target_vector):
        pass # 신경망을 학습시키는 코드가 들어가야 할 자리

    def run(self, input_vector):
        """
        입력 벡터 'input_vector'에 대해 신경망을 실행합니다.
        'input_vector'는 튜플, 리스트, 넘파이 배열인 ndarray 중 하나가 될 수 있습니다.
        """
        # 입력 벡터를 열 벡터로 변환합니다.
        input_vector = np.array(input_vector, ndmin=2).T

        # activation_function() 메서드는 시그모이드 함수를 구현합니다.
        input_hidden = activation_function(
            self.weights_in_hidden @ input_vector)
        output_vector = activation_function(
            self.weights_hidden_out @ input_hidden)
        return output_vector
```

만약 여러분이 케라스를 사용한다면, 코드를 다음처럼 간결하게 작성할 수도 있습니다.

```
# 이 예시를 실행하는 데 필요한 파이썬 라이브러리를 불러옵니다.
from keras.layers import Dense, Activation
from keras.models import Sequential
import numpy as np

# 입력(x)과 출력(y)를 저장하기 위해 넘파이 배열을 사용합니다.
x = np.array([[0, 0], [0, 1], [1, 0], [1, 1]])
y = np.array([[0], [1], [1], [0]])

# 신경망 모델과 파라미터를 정의합니다.
# 각 계층의 뉴런/노드 수를 설정합니다.
model = Sequential()
model.add(Dense(2, input_shape=(2,)))
model.add(Activation('relu'))
model.add(Dense(1))
model.add(Activation('relu'))

# 정확도 지표, 옵티마이저, 손실 함수 등을 설정하며 모델을 컴파일합니다.
model.compile(
    loss='mean_squared_error', optimizer='rmse', metrics=['accuracy']
)

# 케라스로 정의된 모델의 구조를 출력합니다.
model.summary()
```

학습 작업을 구성할 때 데이터셋과 학습에 관한 몇 가지 파라미터만 선택하면 됩니다. 가령 다음 중 어떤 것도 필요하지 않았습니다.

어떤 유형의 회귀 알고리즘을 사용해야 하는지 이해할 필요가 없습니다.

회귀 분석에는 여러 가지 유형의 기법이 존재하며, 무엇을 사용하느냐는 변수의 유형, 회귀선의 모양, 독립 변수의 개수 등 다양한 요인에 따라 달라집니다.

'고전적 머신러닝'과 신경망을 이해할 필요가 없습니다.

계층, 뉴런(노드), 목적 함수, 활성화 함수, 옵티마이저 등 신경망의 구성 요소를 이해할 필요가 없습니다.

학습 과정이나 모델의 최적화 전략을 이해할 필요가 없습니다.

AutoML은 모델의 가중치뿐만 아니라, 모델의 구조도 최적화합니다. 즉 AutoML이 적절한 모델 구조를 선택하는 주체입니다.

계산 자원을 이해하거나 지정할 필요가 없습니다.

'one node'를 선택하기만 하면, AutoML이 올바른 머신 유형을 선택합니다.

NOTE 선형 회귀, 로지스틱 회귀, 릿지 회귀, 올가미 회귀, 다항식 회귀, 베이지안 선형 회귀 등 회귀 알고리즘의 유형에 관한 정의는 깃허브의 용어집[3]을 참조하세요.

3.3 서비스형 머신러닝

AutoML은 주요 클라우드 제공업체들이 제공하는 서비스형 머신러닝machine learning as a service (MLaaS) 플랫폼의 핵심 기능 중 하나입니다. 구글, 아마존, 마이크로소프트가 대표적인 클라우드 제공업체로 꼽힙니다. 클라우드 구조와 서비스를 모른다면, 클라우드의 일반적인 '플랫폼 피라미드'를 잘 보여주는 [그림 3-14]를 확인해 보기 바랍니다.

클라우드 서비스는 피라미드처럼 3단계로 나눌 수 있습니다. 맨 아래에는 컴퓨터의 기본이 되는 IaaS(서비스형 인프라infrastructure as a service)가 있습니다. 클라우드 업체가 제공하는 서버를 빌려 데이터나 파일을 저장하는 공간이라고 생각하면 됩니다. 중간에는 PaaS(서비스형 플랫폼platform as a service)가 있습니다. 컴퓨터에 윈도우나 맥 OS를 설치하듯, 프로그램을 실행하는 데 필요한 기본 환경을 제공합니다. 맨 위에는 SaaS(서비스형 소프트웨어software as a service)가 있습니다. 인터넷에서 사용하는 구글 드라이브, 유튜브 같은 서비스가 여기에 속합니다. 복잡한 설정 없이 웹 브라우저만 열면 바로 사용할 수 있습니다.

3 https://github.com/books-by-chansung/low-code-ai/blob/main/ml_glossary.ipynb

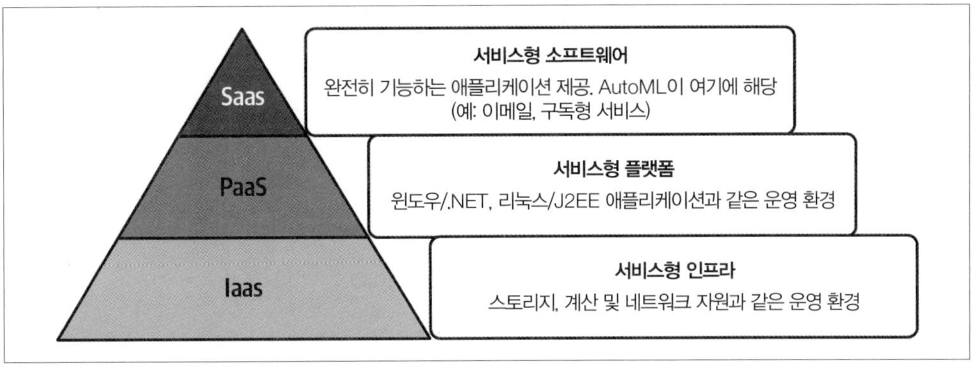

그림 3-14 일반적인 클라우드 '플랫폼 피라미드'

구글, 아마존, 마이크로소프트 같은 IT 대기업은 머신러닝(ML)을 위한 다양한 서비스를 제공합니다. 복잡한 알고리즘 학습부터 데이터 분석, 시각화까지 ML 작업 전반을 지원하며, 주피터 노트북 환경에서 사이킷런, 케라스, 텐서플로TensorFlow, 파이토치PyTorch 등 널리 쓰이는 프레임워크를 쉽게 활용할 수 있도록 돕습니다. 이러한 서비스는 ML 모델 개발 과정을 간소화하고 효율성을 높여, 전문 지식이나 별도의 개발 환경 구축 없이도 누구나 쉽게 ML을 활용할 수 있도록 지원합니다. MLaaS의 이점은 [표 3-1]처럼 요약할 수 있습니다.

표 3-1 MLaaS의 이점

데이터 추출 및 탐색	• 주피터 노트북(때로는 클라우드 제공업체의 자체 데이터 시각화 도구)으로 데이터셋을 추출하고 정리합니다. • 데이터 변환 및 특징 공학을 적용하고 데이터를 학습, 검증, 테스트 데이터셋으로 분할합니다. • GUI 도구나 주피터 노트북으로 데이터를 탐색하고 시각화합니다.
모델 학습	• 표, 이미지, 텍스트, 동영상 데이터에 AutoML을 적용합니다. 알고리즘과 특징을 자동으로 선택할 수 있습니다. • 공유된 노트북, 계산 자원, 데이터, 환경 등을 사용할 수 있습니다. • 파이토치, 텐서플로, 사이킷런과 같은 오픈 소스 플랫폼을 사용한 맞춤형 학습 방법을 적용합니다. • 하이퍼파라미터를 최적화합니다. • 다양한 기법으로 여러 모델 버전을 실행하여 실험하고, 결과를 비교합니다.
분산 학습	• 다중 노드에 걸친 분산 학습을 제공합니다.
모델 평가 및 반복	• 데이터를 조정하고 반복해서 모델 실험을 하기 위한 평가 지표를 제공합니다.
모델 설명 가능성	• 각 특징이 모델의 예측에 기여하는 방식을 이해합니다.
모델 서빙	• 모델을 상용 환경으로 배포하고 예측을 요청합니다.
모델 모니터링	• 배포된 모델의 학습-서빙 왜곡training-serving skew 및 예측 드리프트에 관한 성능을 모니터링하고, 들어오는 예측 데이터가 학습 기준선에서 너무 많이 왜곡되면 알림을 보냅니다.

ML을 사용하여 운영을 개선하려는 기업과 조직에 AutoML은 유용한 도구입니다. ML 모델 구축에 필요한 수많은 시간 소모적이고 복잡한 작업을 자동화하는 AutoML은 비즈니스와 조직이 모델을 더 빠르게 구축하고 실행하게 해 줍니다. 현재 기업에서 AutoML을 사용하는 구체적인 예시는 다음과 같습니다.

통신사

고객 이탈 예측, 사기 탐지, 네트워크 최적화에 AutoML을 사용합니다.

제조사

제품 품질 개선, 생산 과정 최적화, 장비 고장 예측에 AutoML을 사용합니다.

소매업체

개인화된 고객 경험, 제품 추천, 재고 수준 최적화에 AutoML을 사용합니다.

헬스케어 업체

질병 진단, 환자의 치료 결과 예측, 개인화된 치료 계획에 AutoML을 사용합니다.

이는 오늘날 비즈니스에서 AutoML을 어떻게 사용하는지에 관한 몇 가지 예시일 뿐입니다. AutoML 기술이 계속 발전함에 따라 앞으로 더욱 혁신적인 AutoML 애플리케이션이 등장할 것입니다. AutoML의 이점을 [표 3-2]에서 알아보겠습니다.

표 3-2 AutoML의 이점

정확도 향상	사람 데이터 과학자보다 더 광범위한 알고리즘과 하이퍼파라미터를 실험할 수 있으므로, AutoML은 기업과 조직이 더 정확한 ML 모델을 구축하게 해 줍니다.
ML의 접근성 강화	ML 모델 구축 및 배포를 위한 간단하고 사용자 친화적인 인터페이스를 제공하므로, AutoML을 사용하면 비전문가도 ML을 쉽게 다룰 수 있습니다.
시장 출시 시간 단축	데이터 정리, 특징 공학, 모델 학습 등 ML 모델 구축 시 시간이 많이 소모되는 작업을 자동화하므로, AutoML은 기업과 조직이 ML 모델을 더 빠르게 구축하고 실행하도록 해 줍니다.
위험 감소	모델의 유효성 검사와 테스트에 관련된 많은 단계를 자동화하므로, AutoML은 기업과 조직이 편향되거나 부정확한 ML 모델을 구축할 위험을 줄일 수 있습니다.

[그림 3-15]는 구글의 버텍스 AI 솔루션, [그림 3-16]은 마이크로소프트의 애저 ML 스튜디오 솔루션, [그림 3-17]은 아마존 세이지메이커용 AutoML 솔루션의 시작 화면을 보여줍니다.

그림 3-15 구글의 버텍스 AI

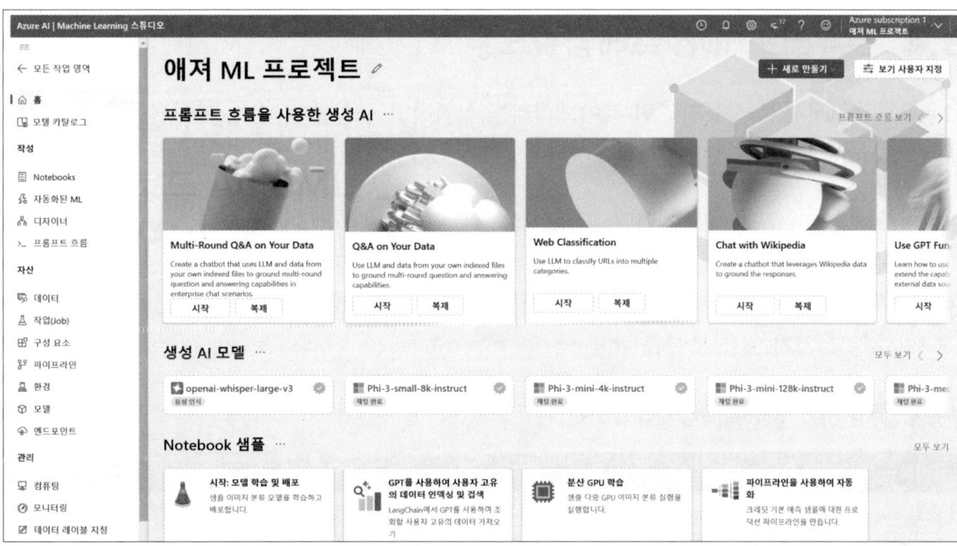

그림 3-16 마이크로소프트의 애저 ML 스튜디오

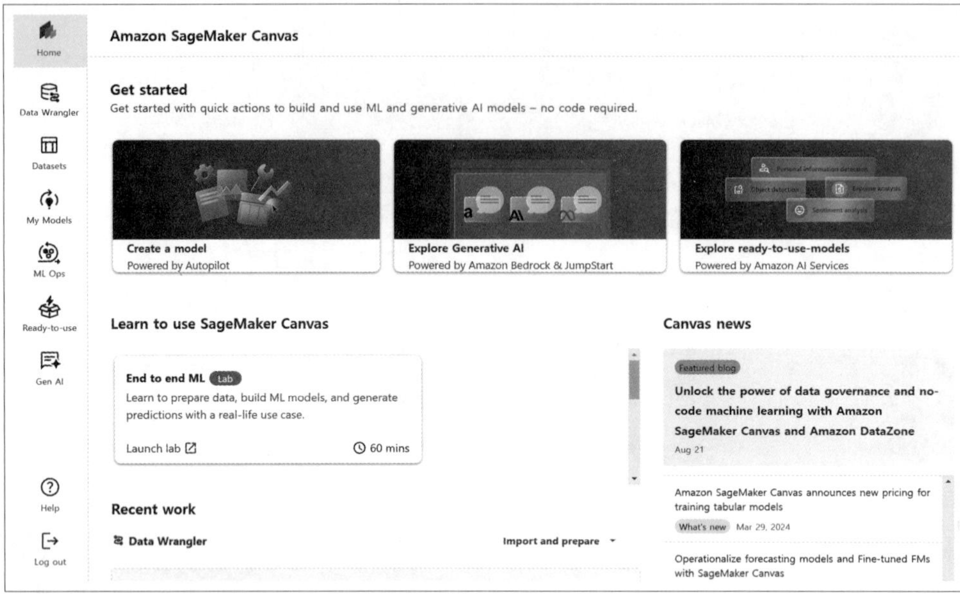

그림 3-17 아마존 세이지메이커의 AutoML (캔버스)

3.4 로우코드 ML 프레임워크

로우코드 AutoML을 사용하려면 라이브러리를 설치하고 구성해야 하며, 파이썬이나 구조화된 쿼리 언어(SQL)에 관한 기본 지식이 있어야 합니다. 여기서 로우코드는 다음과 같이 정의됩니다.

- 기존 ML 프레임워크에 기반하여 '추상화된 계층'을 제공하는 ML 프레임워크
- SQL로 모델을 실행할 수 있거나, 파이썬으로 작성된 ML 코드를 실행할 수 있는 데이터베이스

[표 3-3]은 몇 가지 예를 보여줍니다.

표 3-3 로우코드 ML 프레임워크의 예시

클라우드 서비스 제공자(SQL)		기반 오픈소스
구글	빅쿼리	오토케라스AutoKeras
아마존	오로라Aurora, 레드시프트Redshift	오토 사이킷런Auto-sklearn
마이크로소프트	애저 SQL 서버Azure SQL Server	오토 파이토치Auto-PyTorch

3.4.1 SQL ML 프레임워크

SQL은 데이터 분석가와 데이터 과학자가 데이터 분석에 일반적으로 사용하는 도구입니다. ML 프로그래밍을 잘 모르더라도 SQL 기술과 전문 지식을 ML에 적용할 수 있습니다. SQL은 잘 알지만 파이썬, 자바, R을 이용한 코딩을 잘 모른다면 SQL ML 프레임워크를 활용해 볼 수 있습니다. 즉 SQL 자체는 많은 코딩을 요구하지 않으므로 SQL-ML 프레임워크를 로우코드라고 간주합니다.

SQL ML에 데이터베이스/데이터 웨어하우스를 사용했을 때의 이점은 다음과 같습니다.

대규모 데이터셋을 활용한 모델 구축

데이터가 '있는' 바로 그곳에 ML 모델을 구축할 수 있습니다. ML SQL 코드를 '데이터에 가깝게' 유지함과 동시에, 지연 시간(데이터 전송 시간)은 줄일 수 있습니다. 이는 대규모 데이터셋으로부터 일정 비율을 반복해 학습, 검증, 테스트 데이터를 나누어 활용하는 딥러닝에서 특히 중요합니다.

제공되는 ML 시스템의 백엔드와의 유기적인 통합

클라우드 제공 업체의 백엔드 ML 프레임워크(예: 구글의 버텍스 AI, 아마존의 세이지메이커, 마이크로소프트의 애저)와 유기적으로 통합할 수 있습니다.

모델을 구축하기 위한 공통 문법

모두 `CREATE MODEL`이라는 SQL 명령으로 모델을 만들 수 있으며, 테이블을 직접 학습 데이터로 사용하거나 `SELECT` 문으로 지정할 수 있습니다. 그리고 데이터 웨어하우스 내에서 학습된 모델을 컴파일한 다음 불러와서, SQL 쿼리에 즉시 사용할 수 있는 SQL 추론inference 함수를 준비할 수 있습니다.

사용 사례

일반적인 사용 사례로는 사기 탐지, 제품 추천, 실시간으로 반응해야 하는 광고 등이 있습니다.

> **NOTE** 데이터베이스는 데이터나 정보의 모음입니다. 데이터베이스라는 용어는 일반적으로 데이터베이스 자체와 데이터베이스 관리 시스템(DBMS)을 모두 지칭하는 데 사용합니다. 데이터 웨어하우스는 현재와 과거를 포함한 다양한 출처의 대량 데이터를 저장합니다.

구글의 빅쿼리 ML

구글의 빅쿼리[4]는 데이터 웨어하우스 솔루션입니다. ML 도구를 사용한 예측 분석으로 더 나은

4 *https://oreil.ly/mQYE0*

의사 결정을 내릴 수 있습니다. 빅쿼리에 저장된 데이터를 그대로 사용해서 모델을 만들고 학습시킬 수 있으며, 버텍스 AI와 마찬가지로 특별한 환경 및 종속성 설정이 필요 없습니다. 또한 빅쿼리 ML은 브라우저 기반으로, 자체 서버 없이 브라우저 화면만으로 실행할 수 있습니다. 이미 빅쿼리의 데이터 웨어하우스에 데이터가 있다면 해당 데이터를 ML 프로젝트에 곧바로 활용할 수 있습니다.

아마존 오로라 ML 및 레드시프트 ML

아마존 오로라[5]는 클라우드용으로 구축된 관계형 데이터베이스 관리 시스템(RDBMS)으로, MySQL 및 PostgreSQL과 완벽하게 호환됩니다. 아마존 오로라 ML을 사용하면 애플리케이션에 SQL 기반의 ML 예측 기능을 추가할 수 있습니다. ML 쿼리를 실행하면, 오로라는 다양한 ML 알고리즘을 위해 아마존 세이지메이커를 호출합니다.

레드시프트 ML[6]은 데이터 웨어하우스 솔루션입니다. SQL로 레드시프트 데이터를 사용하여 아마존 세이지메이커 ML 모델을 만들고 학습시킨 다음, 해당 모델로 예측을 수행할 수 있습니다. 레드시프트 ML은 레드시프트 데이터 웨어하우스 내에서 해당 모델을 SQL 함수로 사용하게 해 줍니다.

3.4.2 오픈 소스 ML 라이브러리

오픈 소스 기반의 AutoML이란, 기존의 ML용 오픈 소스 라이브러리에 추상화 계층을 추가한 오토케라스[7], 오토 사이킷런[8], 오토 파이토치[9] 같은 오픈 소스 프레임워크를 말합니다. 일반적으로 다음과 같은 절차를 따라 사용할 수 있습니다.

1. AutoML 패키지를 설치합니다.
2. 패키지를 불러옵니다.
3. 데이터셋을 불러옵니다.

5 *https://oreil.ly/2-Ngq*
6 *https://oreil.ly/hR0Lx*
7 *https://autokeras.com*
8 *https://oreil.ly/HtCyl*
9 *https://oreil.ly/xoipb*

4. 해당 데이터셋을 분할합니다.
5. 해당 데이터셋으로 모델을 학습시킵니다.
6. 학습된 모델로 예측을 수행합니다.
7. 예측 결과를 평가합니다.
8. 배포용으로 모델을 내보냅니다.

네 번째 단계 이후에는 오픈 소스 프레임워크마다 모델의 적합도, 예측, 평가를 수행하는 서마다의 방법을 제공합니다. 1~4 단계를 요약하면 [그림 3-18]과 같습니다.

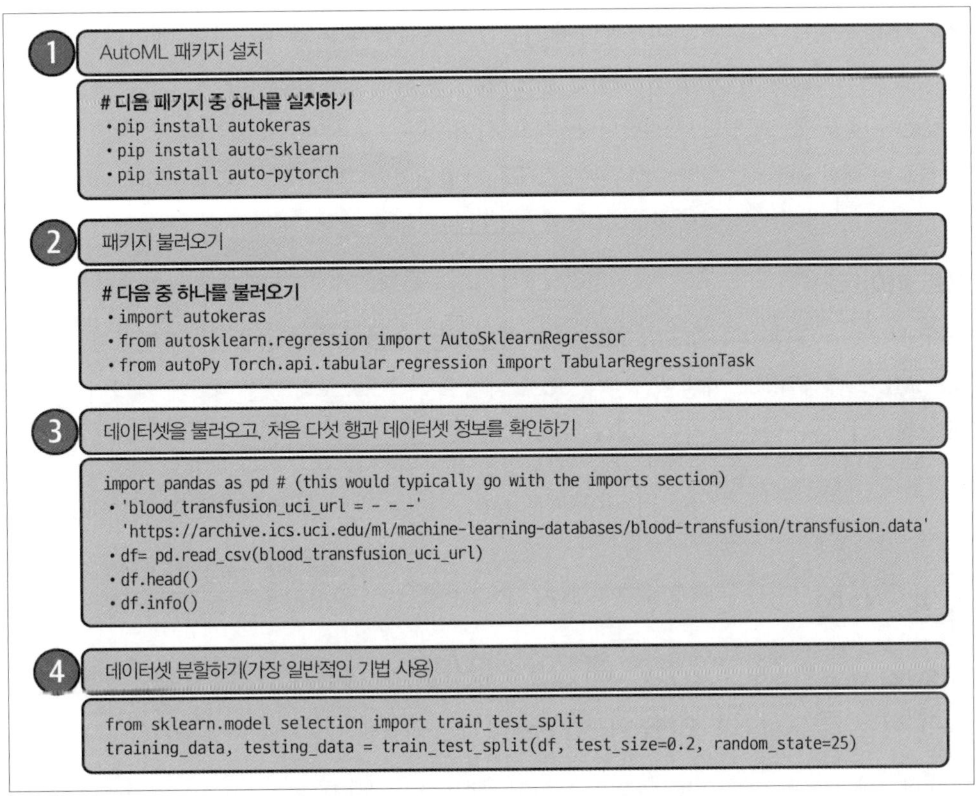

그림 3-18 오픈 소스 라이브러리를 사용하는 처음 네 단계

오토케라스

케라스에 기반한 오픈 소스 AutoML 프레임워크인 오토케라스는 최소한의 코딩만으로 빠르게 신경망을 구축하도록 개발된 도구입니다. 학습 데이터를 지정하기만 하면, 그다음은 오토케라스가 알아서 데이터 전처리를 수행해 줍니다. 가령 데이터에 범주형 변수가 있다면 분류와 회귀 중 어떤 작업인지에 따라 원핫 인코딩으로 변환되며, 텍스트 데이터를 포함한다면 오토케라스는 이를 임베딩으로 변환합니다.

오토 사이킷런

오토 사이킷런은 사이킷런 라이브러리에 기반한 오픈 소스 파이썬 패키지로, 데이터셋에 적합한 학습 알고리즘을 자동으로 탐색하고 하이퍼파라미터를 최적화합니다. 이 프레임워크는 사이킷런이 제공하는 모델만 지원합니다. 오토 사이킷런은 프라이부르크 대학교University of Freiburg와 하노버 대학교University of Hannover의 연구소에서 개발되었습니다.

오토 파이토치

프라이부르크 대학교와 하노버 대학교의 연구소는 딥러닝에 초점을 둔 파이토치 기반의 AutoML 프레임워크도 개발했습니다. 오토 파이토치는 프로토타입을 빠르게 제작하고 싶을 때 탁월하며, 분산 학습도 지원합니다.

3.5 요약

비즈니스 분석가, 데이터 분석가, 시민 데이터 과학자, 데이터 과학자, 소프트웨어 개발자, ML 엔지니어는 모두 AutoML 프레임워크를 사용해 개발 과정을 간소화할 수 있습니다.

먼저 예측에 사용할 변수(입력 특징)가 포함된 데이터셋을 불러오면, 데이터의 각 열에 대한 데이터 프로필이 생성됩니다. 그리고 몇 가지 파라미터를 지정하기만 하면 학습 작업을 지시할 수 있습니다. AutoML은 여러 모델을 실험하며 최적화를 수행하고, 학습이 완료된 후 특징별 기여도를 확인할 수 있습니다.

클라우드 서비스 제공자는 일반적인 ML 워크플로를 빠르게 자동화하는 MLaaS, 모델을 애플리케이션이나 서비스에 통합하는 도구, 모델을 상용 환경으로 배포하는 도구를 제공합니다.

로우코드 AutoML을 사용하려면 라이브러리를 설치하고 구성해야 하며, SQL과 파이썬에 관한 기본 지식이 있어야 합니다. 오픈 소스 기반의 AutoML로는 기존의 ML 오픈 소스 라이브러리에 추상화 계층을 추가한 오토케라스, 오토 사이킷런, 오토 파이토치와 같은 프레임워크가 있습니다.

4장에서는 광고 미디어 채널의 매출을 예측하는 AutoML 모델을 구축합니다. 먼저, 판다스로 데이터를 탐색한 다음, AutoML로 매출을 예측하는 ML 모델을 구축하고 학습시킨 뒤 배포하는 방법을 배웁니다.

CHAPTER 4

AutoML로 광고 미디어 채널의 매출 예측하기

이 장에서는 광고 미디어 채널의 매출을 예측하는 AutoML 모델을 구축합니다. 먼저 판다스로 데이터를 탐색한 다음, AutoML로 매출을 예측하는 ML 모델을 구축하고 학습시킨 뒤 배포하는 방법을 배웁니다. 성능 지표를 활용해 전반적인 모델의 성능을 파악하고 일반적인 비즈니스 질문에 대한 답을 구할 수 있게 될 것이며, 그 과정에서 예측에 사용하는 회귀 분석이라는 일반적인 기술을 배웁니다.

4.1 비즈니스 사용 사례: 미디어 채널의 매출 예측하기

기업은 광고 미디어 채널을 사용하여 제품, 서비스, 브랜드를 홍보합니다. 마케터와 미디어 기획자는 디지털, TV, 라디오, 신문 등 다양한 매체에 마케팅 캠페인을 진행합니다. 이 장에서 다루는 시나리오는 여러분이 태양광 에너지 회사의 마케팅 부서에서 미디어 플래너로 일한다고 가정합니다. 미디어 예산이 넉넉하지 않으므로 채널을 평가해 가장 적은 비용으로 가장 많은 이윤을 창출하는 채널을 알아내는 것이 주된 업무입니다. 지출 최적화 문제라고 볼 수 있겠죠.

여러분은 내년의 제품 판매를 늘릴 수 있는 마케팅 계획을 요청받았습니다. 이 목표를 달성하려면 각 미디어 채널의 광고 예산이 전체 매출에 미치는 영향을 이해해야만 합니다. 광고 데이터셋은 디지털, TV, 라디오, 신문 등의 미디어 채널에서 광고 비용과 관련하여 발생한 판매 수익으로 구성됩니다.

일반적으로 이러한 요청은 데이터 과학자나 데이터 분석가에게 전달됩니다. 하지만 이번에는 코딩 경험이 전혀 없는 마케팅 팀장에게 전달되었습니다. 팀장은 처음으로 AutoML을 사용해 판매 예측 모델을 구축해 보고 싶다는 의사를 여러분에게 전달했습니다. 목표는 각 미디어 채널에서 지출된 금액을 기반으로 판매량을 예측하는 ML 모델을 만드는 것입니다.

다음과 같은 비즈니스에 관련된 질문을 떠올릴 수 있습니다.

- 모델이 각 미디어 채널에서 지출한 금액에 기반해 판매량을 예측할 수 있을까요?
- 광고 예산과 매출 사이에는 어떤 관계가 있을까요?
- 어떤 미디어 채널이 매출에 가장 크게 기여할까요?
- 정해진 예산에 기반해 향후 매출을 예측하는 데 모델을 활용할 수 있을까요?
- 모델이 미래 매출을 얼마나 정확하게 예측할까요?

이 장에서 다루는 사용 사례는 앞의 다섯 가지 질문의 답을 구하는 데 사용할 수 있는 다섯 개의 변수만을 다루는 간단한 회귀 문제입니다.

4.1.1 프로젝트 워크플로

3장에서 소개한 AutoML 노코드를 활용한 일반적인 워크플로는 [그림 4-1]처럼 표현할 수 있으며, 우리가 풀려는 사용 사례에도 적합합니다.

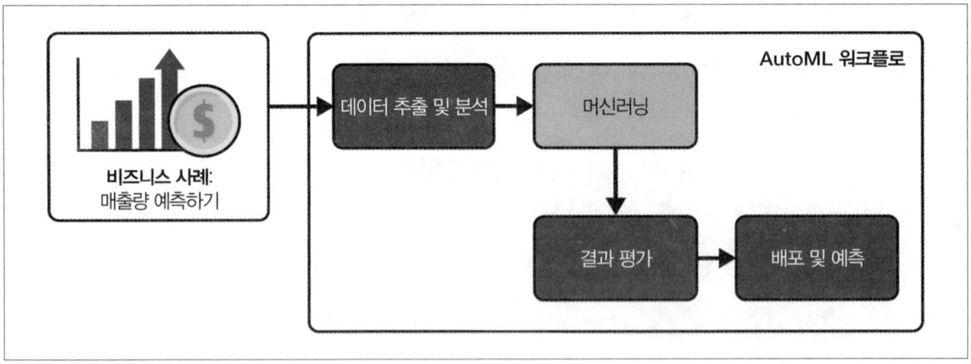

그림 4-1 비즈니스 사용 사례의 AutoML 워크플로

이제 비즈니스 사용 사례와 목표를 이해했으므로 데이터 추출 및 분석을 진행할 수 있습니다. 이 워크플로는 데이터 전처리 단계를 포함하지 않지만, 이후의 장들에서 데이터 전처리 실습 경험을 쌓을 수 있습니다. 데이터 추출 및 분석이 끝나면, 데이터셋을 AutoML 플랫폼에 업로드합니다. 그러면 디지털, TV, 신문, 라디오 채널의 광고 예산 데이터가 모델에 입력되고, AutoML 결과를 평가한 다음에는 모델을 배포하고 예측을 수행합니다. 실습을 마치고 나면, 팀에서 사용할 전략적 마케팅 계획을 만들 수 있을 것입니다.

4.1.2 프로젝트 데이터셋

이 장에서 사용할 데이터셋[1]은 다니엘라 비텐Daniela Witten, 가레스 M. 제임스Gareth M. James, 트레버 헤이스티Trevor Hastie, 로버트 티브시라니Robert Tibshirani의 저서인 『R로 실습하는 가볍게 시작하는 통계학습』(루비페이퍼, 2016)[2]의 데이터를 기반으로 합니다. 마케팅 채널의 과거 데이터를 포함하며, 이를 활용해 광고 예산 배분에 관한 통찰을 얻고 판매를 예측할 수 있습니다. 이 데이터셋은 TV, 라디오, 신문 매체에서의 광고 예산(단위: 천 달러)과 해당 광고로 발생한 판매 수익을 기록합니다. 따라서 이 데이터셋을 활용하면, 마케팅 예산의 할당과 관련된 중요한 통찰을 얻을 수 있습니다.

이 책에서는 디지털 변수를 포함하도록 수정된 데이터셋을 제공합니다. 따라서 디지털 예산이 판매에 미치는 영향을 알 수 있습니다. 시장 수도 200개에서 1,200개로 늘어났습니다. 즉 디지털, TV, 라디오, 신문 등 네 가지 미디어 채널에서의 광고 예산과 1,200개 시장의 전체 판매량을 포함하도록 데이터가 구성되었습니다. 이 장이 제공하는 실습을 끝내고 나면, 이 데이터셋을 활용한 다른 예시도 살펴보며 지식을 넓혀보기 바랍니다.

초기 데이터는 CSV 파일로 제공되므로, 데이터를 탐색하기에 앞서 판다스로 데이터를 불러와야 합니다. 5개의 열로 구성된 데이터셋에는 수치형 변수만 포함되는데, 이를 요약하면 [표 4-1]과 같습니다.

1 https://github.com/books-by-chansung/low-code-ai/blob/main/advertising_2023.csv

2 https://www.statlearning.com

표 4-1 광고 데이터셋의 스키마 및 필드 정보

열 이름	데이터 유형	참고 사항
디지털	숫자	디지털 광고에 지출한 금액
신문	숫자	신문 광고에 지출한 금액
라디오	숫자	라디오 광고에 지출한 금액
TV	숫자	TV 광고에 지출한 금액
판매	숫자	미디어 채널 총매출

4.2 판다스, 맷플롯립, 시본으로 데이터셋 탐색하기

AutoML을 시작하기 전에, 앞 장에서 설명한 ML용 데이터 이해 및 준비 워크플로를 따라야 합니다. 이 절에서는 데이터 과학 및 데이터 분석에 널리 사용하는 오픈 소스 파이썬 패키지인 판다스로 데이터를 불러오는 방법을 알아봅니다. 데이터를 판다스의 데이터프레임으로 불러오고 나면, 데이터를 탐색할 준비가 된 것입니다. 다행히 데이터는 이미 정리가 완료되어 누락된 값이나 이상한 문자는 포함되지 않았습니다. 탐색적 데이터 분석(EDA)은 데이터가 깨끗한지 확인하고, 변수 간의 관계를 탐색하여 팀에서 제기한 질문에 답하는 데 유용한 정보를 파악하는 과정입니다. 앞 장에서 언급한 대로 ML 작업의 대부분은 모델을 학습시키는 것이 아니라 학습 데이터를 이해하고 준비하는 데 할애됩니다. 그만큼 데이터를 준비하는 과정이 중요하다는 뜻이죠.

이 절에서 소개하는 모든 코드와 몇 가지 추가 예제는 low-code-ai 깃허브 저장소[3]의 `Chapter4` 디렉터리 안에 있습니다.

4.2.1 구글 코랩 환경에서 판다스 데이터프레임으로 데이터 불러오기

먼저 구글 코랩[4]으로 이동한 다음, 2장에서 설명한 절차에 따라 신규 노트북을 생성합니다. [그림 4-2]처럼 노트북 이름을 클릭해 `Advertising_Model.ipynb`라는 새로운 이름을 부여합니다.

3 *https://github.com/books-by-chansung/low-code-ai*

4 *https://colab.research.google.com*

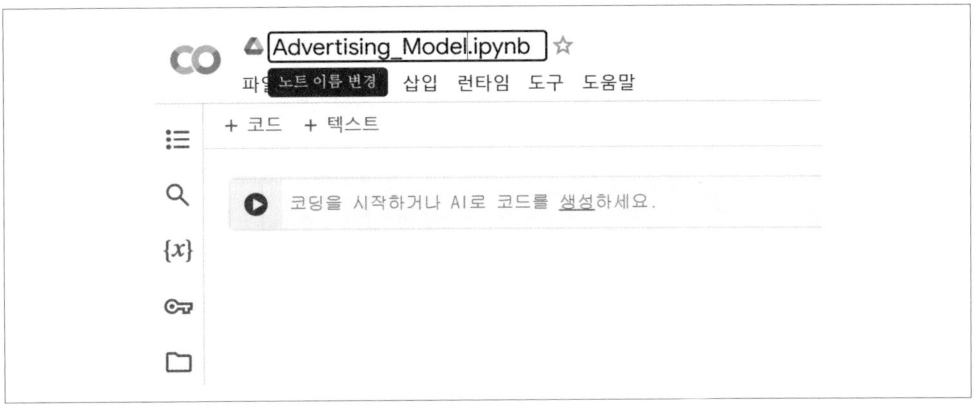

그림 4-2 구글 코랩 노트북의 이름 변경하기

이제 첫 번째 코드 블록에 다음 코드를 입력하여 광고 데이터셋을 분석하고 시각화하는 데 필요한 패키지를 불러옵니다.

```
# 필요한 라이브러리 불러오기

# 데이터 로딩, 탐색적 데이터 분석, 그래프용 라이브러리
import pandas as pd   # 데이터 처리 라이브러리로 판다스 사용
import numpy as np    # 수학적 함수들을 위한 넘파이 사용

import matplotlib.pyplot as plt # 시각화 작업을 위한 맷플롯립
from scipy import stats
import seaborn as sns # 맷플롯립에 기반한 데이터 시각화 라이브러리 시본
%matplotlib inline
```

2장에서 처음 코랩 노트북의 사용법을 살펴봤을 때, 이들 중 일부를 봤을 것입니다.

이제 작성된 코드 셀을 실행하여 패키지를 불러옵니다. 코드 셀을 실행하는 방법은 셀 왼쪽의 실행 버튼을 클릭하거나, Shift + Enter 단축키를 입력하는 두 가지 방법이 있습니다.

이제 데이터를 가져올 준비가 되었습니다. 판다스를 사용하면 파일을 미리 다운로드할 필요 없이, 인터넷의 특정 위치에 존재하는 CSV 파일을 데이터프레임으로 즉시 가져올 수 있습니다. 이를 수행하는 코드는 다음과 같습니다. 신규 코드 셀에 다음 코드를 입력하고 실행합니다.

```
# 데이터셋을 판다스 데이터프레임으로 읽어옵니다.

url = 'https://github.com/books-by-chansung/low-code-ai/blob/main/advertising_2023.
csv?raw=true'
advertising_df= pd.read_csv(url,index_col=0)
```

일반적으로 데이터프레임의 처음 몇 개 행을 살펴보면 좋습니다. advertising_df.head()을 사용해 처음 다섯 개의 행을 살펴봅니다. 그러면 특징의 종류와 유형, 특징별로 저장된 일부 값을 확인할 수 있습니다.

[그림 4-3]은 해당 코드를 실행한 결과입니다.

Out[4]:

	digital	TV	radio	newspaper	sales
1	345.15	156.0	37.8	69.2	22.1
2	66.75	46.0	39.3	45.1	10.4
3	25.80	18.3	45.9	69.3	9.3
4	227.25	145.1	41.3	58.5	18.5
5	271.20	165.2	10.8	58.4	12.9

그림 4-3 head() 메서드로 출력한 advertising_df 데이터프레임의 처음 다섯 행

4.2.2 광고 데이터셋 살펴보기

데이터를 데이터프레임으로 만들었으니, 이제 데이터를 탐색하며 이해하는 과정을 시작해 보죠. 당장의 목표는 데이터에 문제가 있을 수 있는 부분을 파악하여, 그다음 작업을 진행하기 전에 잠재적인 문제를 해결하는 것입니다.

설명적 분석: 데이터 확인

먼저 표준 파이썬 메서드로 데이터를 확인합니다. advertising_df.info()를 신규 셀에 입력하고 실행하여 데이터프레임의 데이터 유형을 확인합니다. 출력된 정보는 열 개수, 열 이름, 열 데이터 유형, 메모리 사용량, 인덱스, 각 열의 셀 수(널이 아닌 값)를 포함합니다.

info() 메서드가 출력한 결과는 [그림 4-4]에 있습니다.

```
advertising_df.info()

<class 'pandas.core.frame.DataFrame'>
Int64Index: 1199 entries, 1 to 1197
Data columns (total 5 columns):
 #   Column     Non-Null Count  Dtype
---  ------     --------------  -----
 0   digital    1199 non-null   float64
 1   TV         1199 non-null   float64
 2   radio      1199 non-null   float64
 3   newspaper  1199 non-null   float64
 4   sales      1199 non-null   float64
dtypes: float64(5)
memory usage: 56.2 KB
```

그림 4-4 info() 메서드로 데이터셋의 정보 확인

판다스가 추론한 데이터 유형이 [표 4-1]에서 예상한 것과 일치하는지 확인해 볼 수 있습니다.

[그림 4-5]는 데이터셋에 관한 요약 통계를 계산해서 보여주는 describe() 메서드의 출력 결과입니다. 따라서 describe() 메서드가 출력한 결과에는 수치형 변수만이 그 대상으로 포함됩니다. 각 변수의 평균, 최댓값, 최솟값, 표준 편차를 쉽게 확인할 수 있습니다. 신규 셀에 advertising_df.describe()를 입력하고 실행해 보세요.

```
advertising_df.describe()
```

	digital	TV	radio	newspaper	sales
count	1199.000000	1199.00000	1199.000000	1199.000000	1199.000000
mean	135.472394	146.61985	23.240617	30.529942	14.005505
std	135.730821	85.61047	14.820827	21.712507	5.202804
min	0.300000	0.70000	0.000000	0.300000	1.600000
25%	24.250000	73.40000	9.950000	12.800000	10.300000
50%	64.650000	149.70000	22.500000	25.600000	12.900000
75%	256.950000	218.50000	36.500000	45.100000	17.400000
max	444.600000	296.40000	49.600000	114.000000	27.000000

그림 4-5 광고 데이터셋의 모든 열에 대한 요약 통계

[그림 4-6]은 `.isnull()` 메서드의 출력 결과입니다. 신규 셀에 **`advertising_df.isnull().sum()`**을 입력하고 실행하면, 데이터프레임의 모든 열에 포함된 널값의 현황을 확인할 수 있습니다. 만약 널값이 존재한다면, 각 열 이름의 옆에 널값의 개수가 표시됩니다.

```
advertising_df.isnull().sum()
```

```
digital      0
TV           0
radio        0
newspaper    0
sales        0
dtype: int64
```

```
advertising_df.isnull().values.any()
```

```
False
```

그림 4-6 isnull() 메서드로 널값 확인

데이터 살펴보기

탐색적 데이터 분석(EDA)은 모든 ML 프로젝트의 첫 번째 단계입니다. ML 모델을 구축하기 전에 데이터 탐색이 선행되어야 합니다. 원시 데이터를 살펴보고, 탐색하고, 데이터에서 파생된 정보로부터 통찰을 얻는 것이 목적입니다. 이를 통해 누락된 값, 이상한 문자 등 모델 학습에 사용했을 때 성능에 영향을 미치는 '지저분한 데이터' 문제를 발견할 수 있으므로 모델 개선에 도움이 됩니다.

히트맵(상관관계)

히트맵은 데이터를 색상으로 표현하는 한 가지 시각화 기법입니다. 즉, 색상을 활용해 정보를 시각적으로 요약해 제공합니다. 히트맵은 변수(특징) 사이의 상관관계[5]를 쉽게 파악하게 해 줍니다. 히트맵을 출력한 [그림 4-7]에서는 상관관계의 값이 격자에 표시된 방식을 확인할 수 있습니다. 다음 코드를 신규 셀에 입력하고 실행해 보죠.

5 옮긴이_ 상관관계는 두 개 이상의 변수가 함께 움직이는 정도를 보여주는 통계적 측정값입니다.

```
plt.figure(figsize=(10,5))
sns.heatmap(advertising_df.corr(),annot=True,vmin=0,vmax=1,cmap='viridis')
```

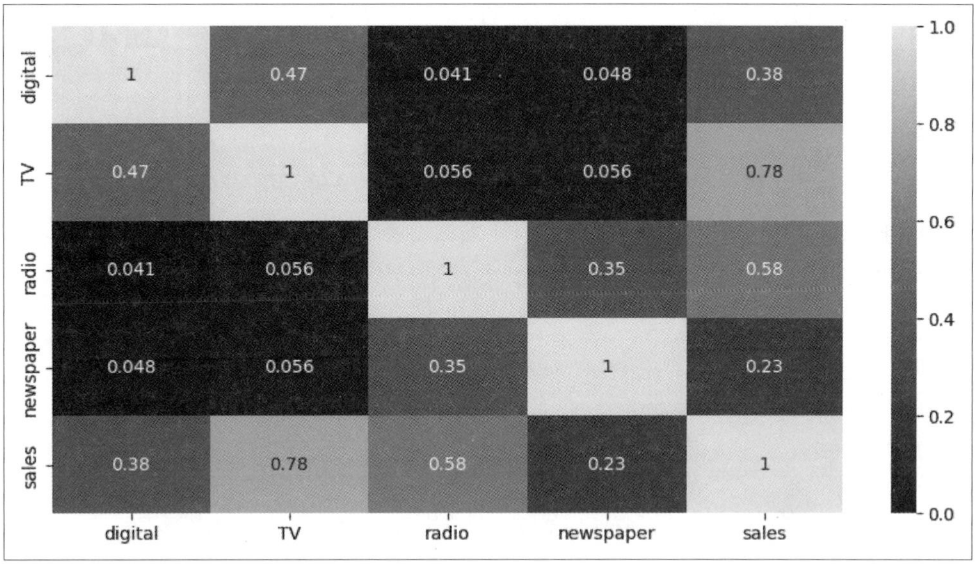

그림 4-7 광고 미디어 채널의 상관관계 행렬

상관관계 행렬은 다음과 같은 다양한 방법으로 활용할 수 있습니다.

변수 간 상관관계 파악

두 변수 간의 상관 계수를 보면 두 변수가 얼마나 밀접하게 연관되는지를 알 수 있습니다. 상관계수가 0이면 관계가 없음을, 1이면 완벽한 양의 관계가 있음을, −1이면 완벽한 음의 관계가 있음을 의미합니다. 예를 들어, 매출과 TV 간의 상관계수는 0.78로 가장 높으며, 매출과 라디오 간의 상관계수는 0.58로 그다음으로 높습니다. 이 정보를 바탕으로 매출을 증대할 가능성이 높은 타깃 마케팅 전략을 수립할 수 있습니다.

모델에 포함할 변수 선택하기

예측 모델을 구축할 때는 예측에 기여도가 가장 높은 변수를 선택하는 것이 좋습니다. 가령 매출 예측 모델에 신문(매출과의 상관관계가 0.23)이라는 특징을 포함하는 게 좋을까요?

다중 선형성 감지

다중공선성multicollinearity은 회귀 모델에서 두 개 이상의 예측 변수에 높은 상관관계가 있을 때 발생합니다. 예를 들어 TV와 라디오의 상관관계가 모두 높다면, 이는 다중공선성을 나타냅니다. 강한 상관관계가 있는 예측 변수를 서로 수치로 구분하기가 더 어렵기 때문에, 회귀 알고리즘이 매출에 미치는 영향력이나 가중치를 정확하게 결정하기가 더 어려워집니다. 이는 변수가 서로 영향을 주어 실제로 중요한 변수를 식별하기가 어렵기 때문입니다.

CAUTION 상관관계 행렬은 데이터셋의 표본 크기나 이상치 때문에 바뀔 수 있습니다.

분산형 차트

산점도는 두 수치형 변수 사이의 직접적인 관계(예: 양 또는 음의 선형 관계)를 확인하는 데 유용합니다. 또한 데이터의 이상치 유무를 확인할 때도 유용합니다. [그림 4-8]은 매출과 디지털 변수에 관한 산점도로, 다음 코드로 생성할 수 있습니다.

```
advertising_df.plot(kind='scatter', x=['digital'], y='sales')    #산점도
```

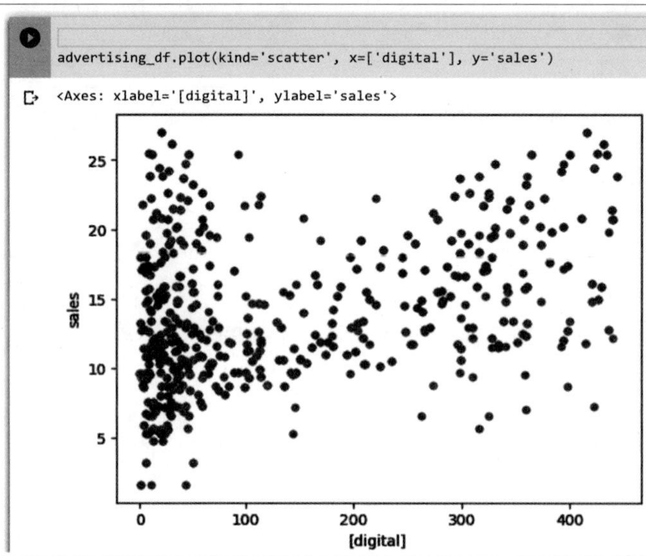

그림 4-8 매출과 디지털 변수에 관한 산점도

예측 변수 매출(sales)로 각 변수에 관한 산점도를 살펴보겠습니다. 앞에서와 동일한 방식으로 특징별 산점도를 그리거나, 모든 관계를 하나의 그래프로 표시하는 두 가지 방법을 생각해 볼 수 있습니다. 다음 코드를 실행하면 [그림 4-9]와 같은 결과가 출력됩니다.

```
plt.figure(figsize=(18, 18))
# 가격 열(마지막 열)을 제외한 모든 열을 반복
for i, col in enumerate(advertising_df.columns[0:13]):
    plt.subplot(5, 3, i+1) # 열마다 세 개의 그래프
    x = advertising_df[col] #x축
    y = advertising_df['sales'] #y축
    plt.plot(x, y, 'o')

    # 회귀선 그리기
    plt.plot(np.unique(x), np.poly1d(np.polyfit(x, y, 1)) (np.unique(x)), color='red')
    plt.xlabel(col) # x축 레이블
    plt.ylabel('sales') # y축 레이블
```

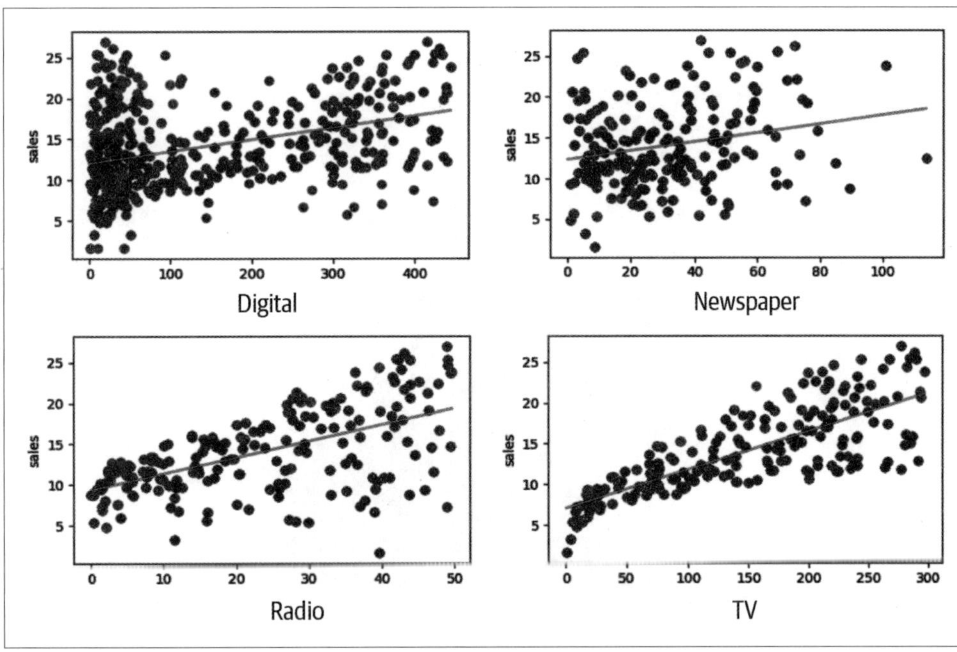

그림 4-9 모든 특징별 매출에 관한 산점도

TV와 매출 사이에는 강력한 선형 관계가 있지만, 신문과 매출 사이에는 큰 관계가 없는 것으로 보입니다. 이 둘의 상관계수는 각각 0.78과 0.23으로, 매우 다릅니다.

히스토그램 분포도

히스토그램은 분포를 시각화하는 데 일반적으로 사용하는 방법입니다. 히스토그램은 대상 변수를 나타내는 축을 불연속적인 구간으로 나눈 다음, 각 구간에 해당하는 관측값의 개수를 높이로 하는 막대로 표시한 막대형 그래프입니다.

다음 코드를 신규 셀에 입력하고 실행합니다.

```
sns.displot(advertising_df, x="sales")
```

[그림 4-10]은 매출 열의 히스토그램입니다. 약간 왼쪽으로 치우친 종 모양의 곡선처럼 보이며, $11,000(그림에서는 천 단위가 생략됨)가 가장 일반적으로 발생한 매출로 집계되었습니다.

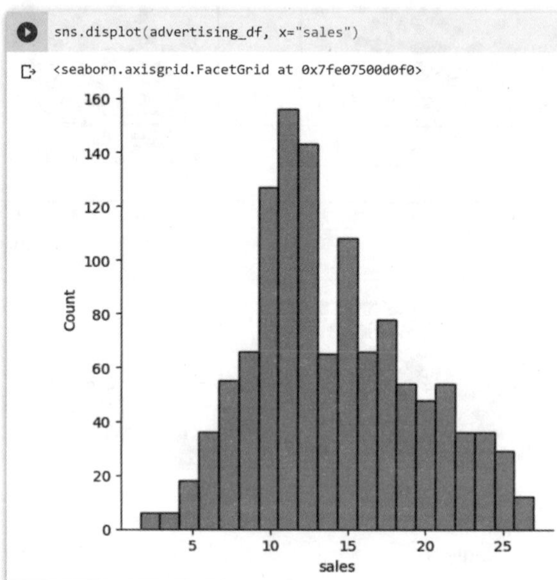

그림 4-10 왼쪽으로 약간 치우친 매출 히스토그램

다른 특징들은 왼쪽이나 오른쪽으로 치우칠까요? 아니면 완전한 종 모양인 '정규 분포'의 형태를 띨까요? 각 특징에 관해 직전 코드를 한 번씩 실행하거나, 다음처럼 코드를 작성하여 한 번에 모든 특징의 히스토그램을 한눈에 확인해 볼 수 있습니다.

```
lis = ['digital', 'newspaper', 'radio','TV']
plt.subplots(figsize=(15, 8))
index = 1
for i in lis:
    plt.subplot(2, 2, index)
    sns.distplot(advertising_df[i])
    index += 1
```

그러면 [그림 4-11]과 같은 결과를 확인할 수 있습니다.

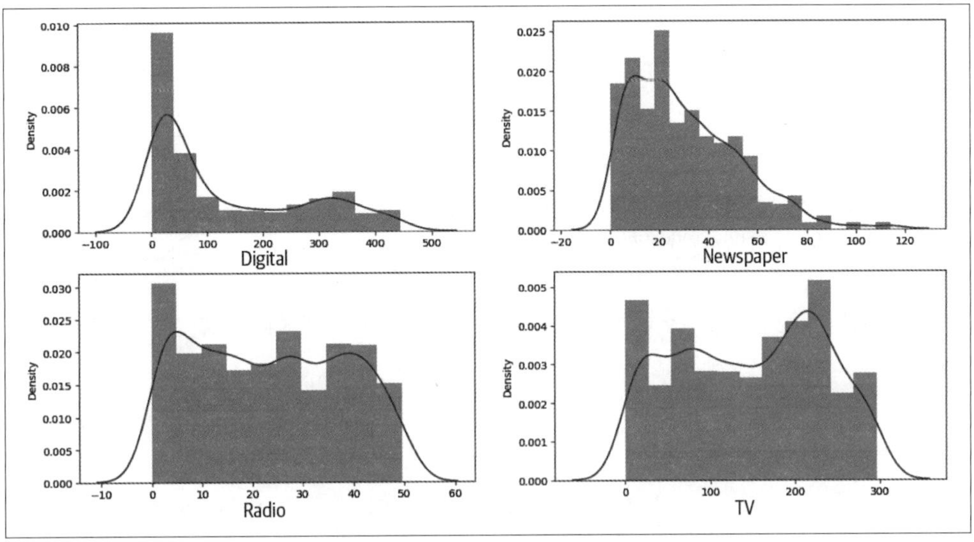

그림 4-11 디지털, TV, 라디오, 신문의 히스토그램

[그림 4-10]에서 본 매출 히스토그램은 어느 정도 정규 분포를 따랐습니다. 그러나 [그림 4-11]을 보면 디지털은 왼쪽으로 치우치고 TV, 라디오, 신문의 분포는 정상이 아님을 알 수 있습니다. 이 같은 특징은 표준화 과정을 거쳐 좀 더 고르게 분산되도록 변형하면, ML 모델에 공급했을 때 더 나은 결과를 도출하는 데 기여할 수 있습니다.

> **NOTE** 하지만 이 장에서 여러분의 역할은 데이터 과학자가 아니므로 앞의 개념을 이해하지 못해도 상관없습니다. 각 특징을 적절히 변형하는 방법은 7장에서 다룰 예정이니, 이 장에서는 크게 걱정하지 않아도 좋습니다.

광고 데이터셋 내보내기

데이터셋을 탐색하고 정리한 다음에는 파일을 내보내 AutoML 프레임워크에 업로드할 수 있도록 준비해야 합니다. 신규 셀에 다음 코드를 입력하고 실행합니다. data라는 디렉터리를 만드는 데 사용할 os 모듈을 불러온 다음(첫 번째 줄), data 디렉터리가 없다면(두 번째 줄), 해당 디렉터리를 생성(세 번째 줄)하는 코드입니다.

```
import os
if not os.path.isdir("/content/data"):
    os.makedirs("/content/data")
```

디렉터리를 생성했다면, 신규 셀에 다음 코드를 입력하고 실행합니다. advertising_df 데이터프레임을 CSV 파일 형식으로 변환함과 동시에 data 디렉터리에 저장하는 코드입니다.

```
advertising_df.to_csv('/content/data/advertising.csv',
    encoding='utf-8', index=False)
```

그러면 [그림 4-12]처럼 data 디렉터리에 advertising.csv 파일이 들어간 모습을 확인할 수 있습니다.

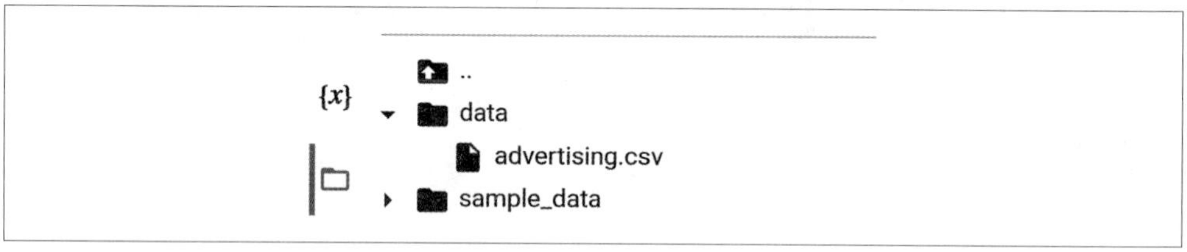

그림 4-12 새로 생성한 data 디렉터리에 저장된 advertising.csv 파일

새로 만든 디렉터리로 내보낸 파일에 실제로 내용이 담겼는지 확인해 보면 좋습니다. 신규 셀에 **!head /content/data/advertising.csv**를 입력하고 실행해 보면, [그림 4-13]처럼 CSV 파일의 처음 10개 행의 내용을 빠르게 확인할 수 있습니다. 여러분이 실행한 결과가 같은지 확인해 보기 바랍니다.

```
!head /content/data/advertising.csv

digital,TV,radio,newspaper,sales
345.15,156.0,37.8,69.2,22.1
66.75,46.0,39.3,45.1,10.4
25.8,18.3,45.9,69.3,9.3
227.25,145.1,41.3,58.5,18.5
271.2,165.2,10.8,58.4,12.9
13.05,8.7,48.9,75.0,7.2
86.25,57.5,32.8,23.5,11.8
180.3,120.2,19.6,11.6,13.2
12.9,8.6,2.1,1.0,4.8
```

그림 4-13 advertising.csv 파일의 처음 10개 행의 내용 출력

파일이 제대로 내보내진 것을 확인했으므로, 이제 코랩에서 여러분의 컴퓨터로 파일을 다운로드합니다.

[그림 4-14]처럼 data 디렉터리의 advertising.csv 파일을 마우스 오른쪽 버튼으로 클릭한 다음 '다운로드'를 선택합니다. 그러면 해당 파일은 여러분의 컴퓨터로 다운로드됩니다. 이제 AutoML에 사용할 파일을 업로드할 준비가 되었습니다.

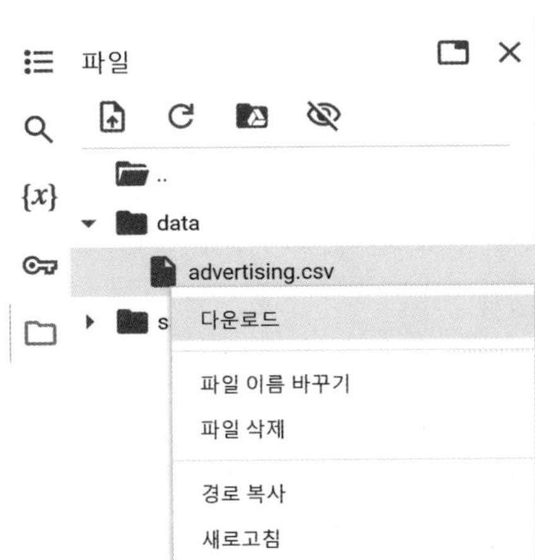

그림 4-14 data 디렉터리의 advertising.csv 파일 다운로드하기

다음 절에서는 방금 내보낸 데이터 파일로 노코드 모델을 구축합니다.

4.3 AutoML로 선형 회귀 모델 학습시키기

이 책의 AutoML 프로젝트는 구글의 버텍스 AI로 구현했습니다. 버텍스 AI는 GUI 기반의 AutoML 및 사용자 맞춤형 학습 프레임워크로, 필자들이 가장 잘 아는 도구이기도 합니다. 하지만 3대 클라우드사(구글, 마이크로소프트, AWS)는 모두 AutoML에 관한 튜토리얼과 무료 평가 기간을 제공하므로, 원한다면 다른 플랫폼도 체험해 보기 바랍니다.

단계별 AutoML 튜토리얼은 구글에서 상세하게 제공하므로 일부 기초 단계에 관한 소개는 생략하였습니다.

[그림 4-15]는 비즈니스 사용 사례에 관한 AutoML 노코드 워크플로의 개요를 보여줍니다.

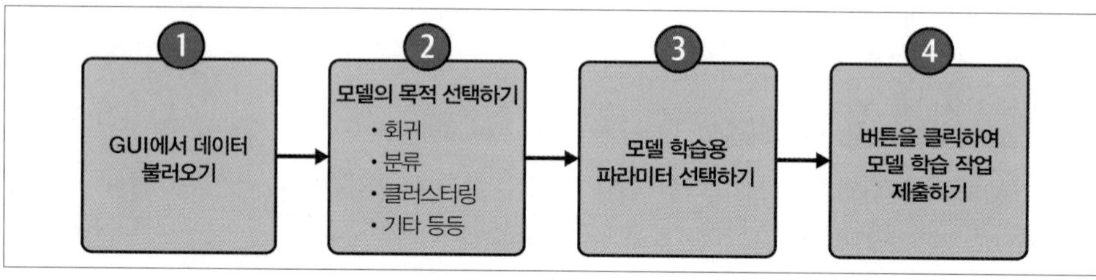

그림 4-15 사용 사례를 위한 노코드 AutoML 워크플로

4.3.1 버텍스 AI를 사용한 노코드

[그림 4-16]은 버텍스 AI 대시보드의 스크린숏입니다. AutoML 모델을 만들려면 [모든 권장 API 사용 설정] 버튼을 클릭해 버텍스 AI의 API를 활성화해 준 다음, 왼쪽 탐색 메뉴를 아래로 스크롤하여 '데이터셋'을 선택합니다.

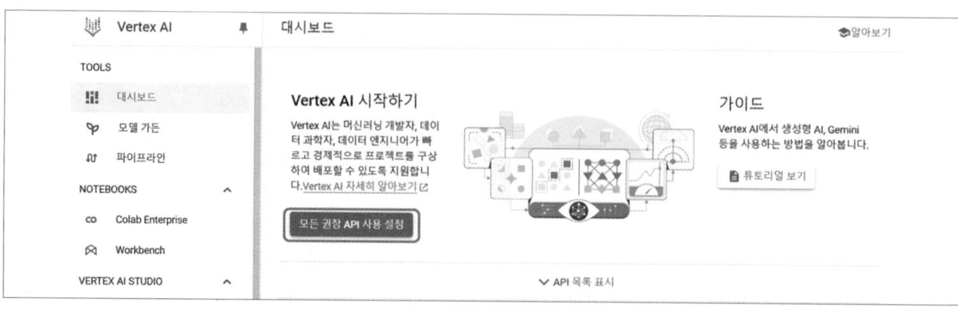

그림 4-16 모든 권장 API 활성화 버튼이 표시된 버텍스 AI 대시보드

4.3.2 버텍스 AI에서 관리형 데이터셋 만들기

버텍스 AI는 데이터 유형과 달성 목적에 따라 다양한 AutoML 모델을 제공합니다. 데이터셋을 만들 때 해당 데이터셋이 적용될 목적을 선택해야 하지만, 일단 데이터셋을 만들고 나면 다른 목적의 모델을 학습시키는 데도 활용할 수 있습니다. 한편, 데이터셋의 저장 위치는 [그림 4-17]처럼 기본 지역(us-central1)을 유지합니다.

페이지 상단의 [만들기] 버튼을 클릭한 다음, 데이터셋 이름을 'advertising_automl'로 입력합니다.

그림 4-17 데이터셋을 생성하는 버텍스 AI의 'Datasets(데이터 세트)' 기능

4.3.3 모델의 목적 선택

[그림 4-18]은 '테이블 형식' 탭에서 모델의 목적을 '회귀 또는 분류'로 선택한 모습을 보여줍니다. 대상 열의 값(매출)을 예측할 때는 이 목적이 적절합니다.

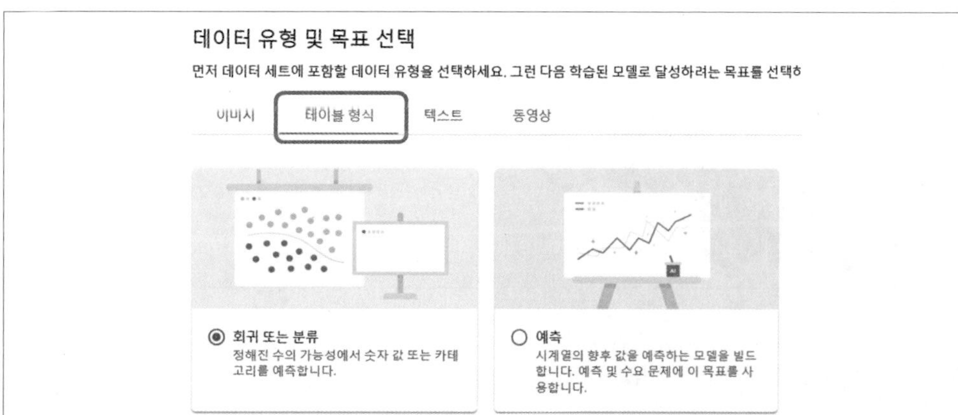

그림 4-18 모델의 목적으로 회귀/분류 선택하기

향후 사용 사례에도 도움이 되는 몇 가지 기본 개념을 살펴보고 넘어가겠습니다. **회귀**는 지도 학습에 속하는 문제이며 분류와 유사하지만, 범주 예측(예: 받은 편지함에서 스팸 이메일 분류)이 아니라 연속적인 값을 예측하는 방법입니다. **선형 회귀**는 대상 변수(y)와 특징 집합(x) 간의 관계를 정의합니다. 수치를 예측해야 한다면 회귀를 사용하세요. 이 장에서 다루는 사용 사례에서의 선형 회귀는 데이터셋에 주어진 몇 가지 독립 변수(디지털, TV, 라디오, 신문)를 사용해 실젯값(매출)을 예측합니다.

기본적으로 선형 회귀는 각 특징 간의 선형 관계를 가정합니다. 실젯값이 산점도로 분포되었다면, 예측값은 그 산점도에 그려진 직선상의 데이터값이 됩니다. 신규 데이터가 입력되면, 해당 데이터가 어디에 위치할지를 가장 잘 예측하는 직선을 찾는 것이 목적입니다. 이 직선의 예측 정확도를 평가하는 데는 다양한 평가 지표를 사용합니다. 이러한 평가 지표는 4.3.5절 '모델의 성능 평가' 장에서 다룹니다.

[그림 4-19]는 준비된 데이터셋을 기반으로 한 '최적 적합선[best-fit line]'을 보여줍니다. 이 선은 산점도에서 점이 많이 모여 어두워 보이는 영역에 가장 잘 맞도록 그려졌습니다.

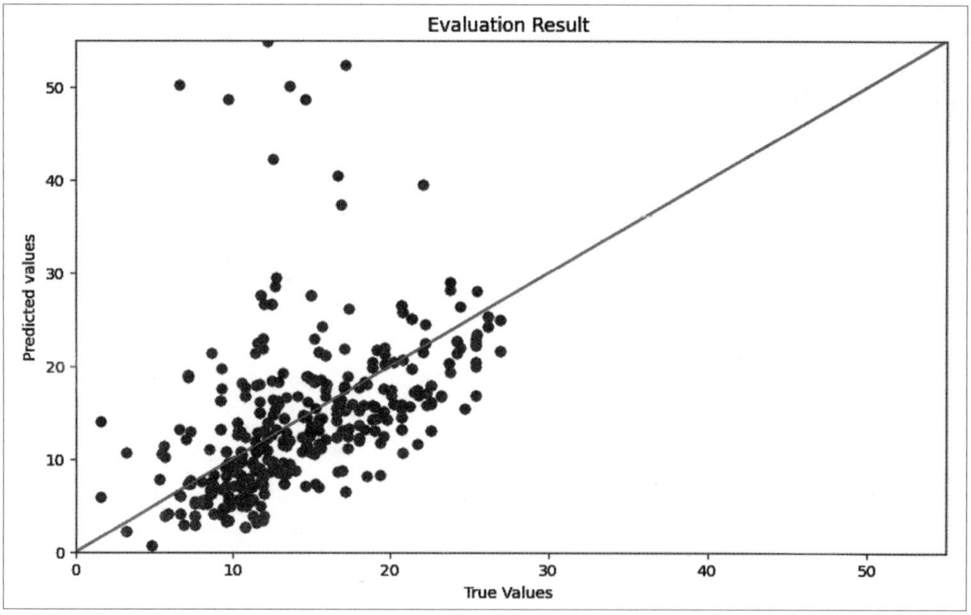

그림 4-19 최적 적합선을 실젯값 및 예측값과 함께 표현한 그래프

회귀/분류를 선택한 다음에는 아래로 스크롤하여 [만들기] 버튼을 클릭합니다. 이제 데이터셋에 데이터를 추가할 준비가 되었습니다. 버텍스 AI는 표, 이미지, 텍스트, 동영상 데이터 등 다양한 유형의 데이터를 데이터셋으로 관리할 수 있습니다.

[그림 4-20]은 데이터 소스 업로드 옵션을 보여줍니다. 컴퓨터에서 CSV를 업로드하거나, 클라우드 저장소에서 CSV 파일을 선택하거나, 빅쿼리(구글의 데이터 웨어하우스)에서 테이블이나 뷰를 선택할 수 있습니다.

그림 4-20 데이터셋 파일의 데이터 소스 업로드 옵션

광고 데이터셋을 업로드하려면 '컴퓨터에서 CSV 파일 업로드'를 선택한 다음, 아래쪽에 보이는 [파일 선택] 버튼을 클릭해 로컬 컴퓨터에서 파일을 업로드합니다.

페이지를 아래로 스크롤하여 파일이 저장될 'Cloud Storage 경로 선택' 부분으로 이동합니다. 왜 파일을 클라우드 스토리지 버킷[6]에 저장해야 할까요? 여기에는 두 가지 이유가 있습니다. 첫 번째 이유는 대규모 ML 모델을 학습시킬 때 수 테라나 수 페타바이트의 데이터를 운용/저

6 옮긴이_ 구글 클라우드 스토리지에서 '버킷'은 데이터를 저장하는 컨테이너와 같은 역할을 합니다. 모든 파일은 버킷에 저장됩니다.

장해야 할 수 있다는 점이고, 두 번째 이유는 클라우드 스토리지 버킷의 높은 확장성, 안정성, 안전성 때문입니다.

[그림 4-21]은 `Advertising_automl.csv` 파일을 업로드하고 나서 해당 파일을 저장하는 클라우드 스토리지 버킷이 생성되었음을 보여줍니다. 저장소 버킷을 만드는 단계별 과정을 확인하고 싶다면, 이 책의 깃허브 저장소[7]에서 `Chapter 4 AutoML Sales Prediction.pdf` 파일을 읽어보기 바랍니다.

그림 4-21 불러온 CSV 파일을 클라우드 스토리지 버킷에 저장하기[8]

일부 프레임워크는 데이터를 불러온 다음 즉시 통계를 생성합니다. 반면 누락된 값, 비정상적인 값, 중복된 행과 열을 자동으로 감지하고 정리해 주는 프레임워크도 존재합니다. 데이터를 수동으로 정리해야 하는 노력을 최소화할 수 있죠.

[그림 4-22]는 [통계 생성] 버튼을 클릭한 뒤 생성된 요약 통계 정보를 보여줍니다. 누락된 값이 없다는 것과, 각 열의 고윳값 개수를 확인할 수 있습니다.

---

7 *https://github.com/books-by-chansung/low-code-ai*

8 옮긴이_ GCP의 클라우드 스토리지 버킷의 이름은 글로벌하게 유니크해야 합니다. 따라서 이 장의 내용에 관한 실습을 진행할 때는 `gs://low_code_ai`의 `low_code_ai` 와는 다른 이름을 선택해야만 합니다.

필터 속성 이름 또는 값 입력

열 이름 ↑	누락률(개수)	고윳값
digital	-	356
newspaper	-	172
radio	-	167
sales	-	121
TV	-	195

그림 4-22 생성된 요약 통계

AutoML은 특징별 데이터 프로필을 제공합니다. 원하는 특징을 분석하려면 해당 특징의 이름을 클릭하면 됩니다. 그러면 해당 특징에 관한 히스토그램이 표시됩니다.

[그림 4-23]은 매출에 관한 데이터 프로필입니다. 평균은 14.006으로, 이 장의 앞부분에서 데이터셋을 탐색할 때 `advertising_df.describe()` 코드로 확인한 수치와 매우 유사합니다.

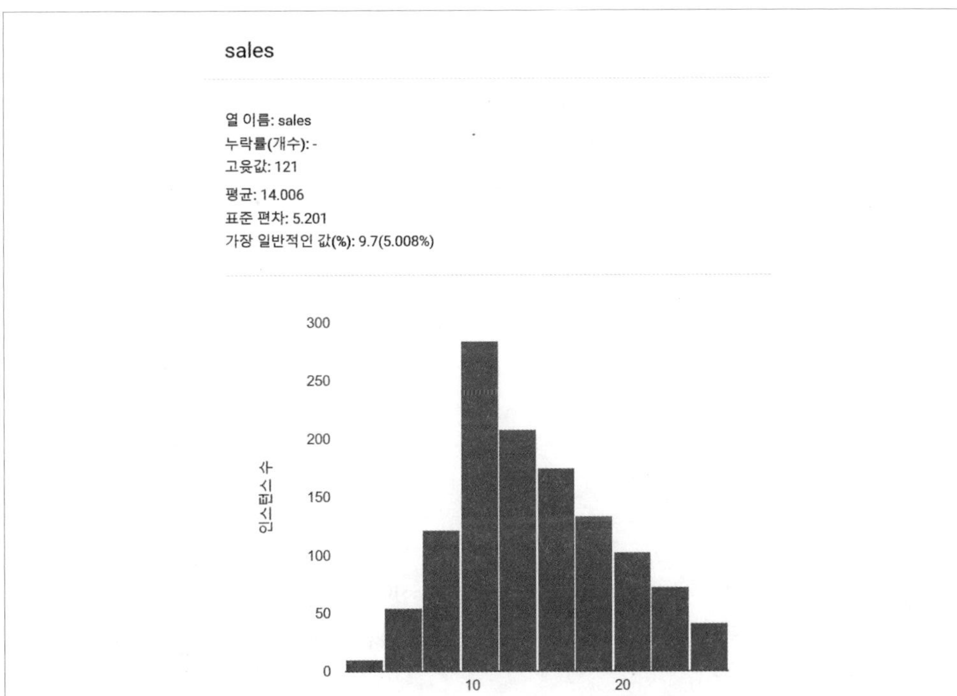

그림 4-23 매출 특징에 관한 데이터 프로필

4.3.4 모델 학습 작업 구축

[그림 4-24]와 같은 화면이 보이면, 이제 모델을 학습시킬 준비가 되었다는 것입니다. '학습 작업 및 모델' 탭에서 [새 모델 학습] 버튼을 클릭한 다음에 '기타'를 선택합니다. 'Pipelines 기반 AutoML'은 구축할 ML 모델의 유형과 기타 파라미터를 지정하는 기능으로, 이 책에서 다루지는 않습니다.

그림 4-24 모델을 학습시킬 준비가 된 화면

그러면 [그림 4-25]와 같은 'Train new model(신규 모델 학습)' 창이 나타납니다. 여기서 (선택사항을 제외한다면) 네 단계를 거쳐야 합니다.

1. 학습 방법 선택
2. 모델 세부 정보 구성
3. 옵션 설정
4. 계산 자원 및 가격 선택

첫 번째 단계에서는 [그림 4-25]처럼 '목표'로 'Regression(회귀)'을 선택하고, 'Model training method(모델 학습 방법)'로는 'AutoML'을 선택한 다음, [계속] 버튼을 클릭합니다.

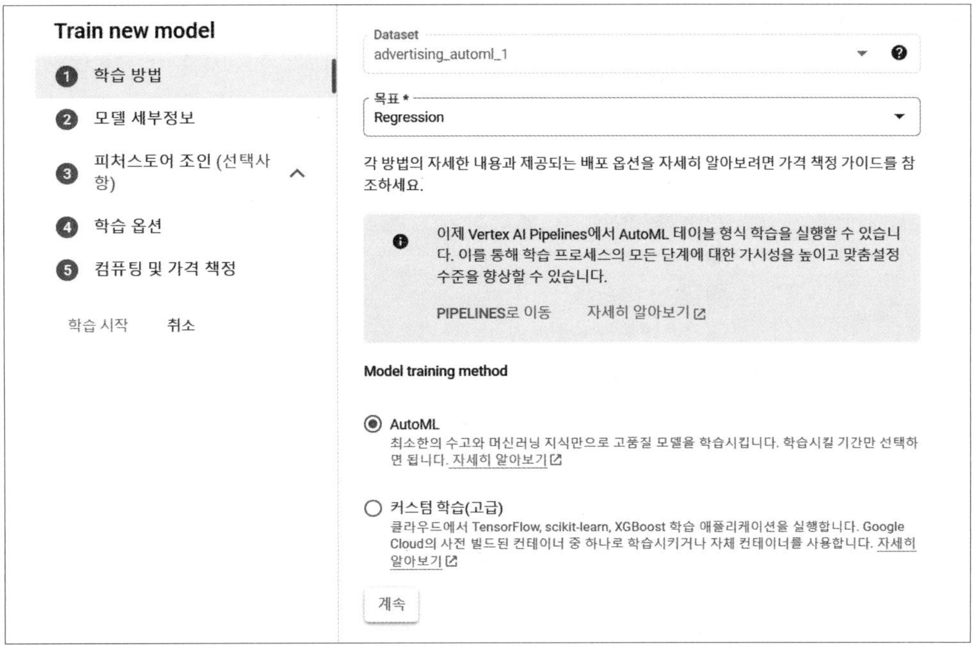

그림 4-25 학습 방법을 설정하는 첫 번째 단계

두 번째 단계인 '모델 세부 정보 구성'에서는 [그림 4-26]처럼 모델의 이름과 설명을 입력한 다음, 'Target column(대상 열)'으로 'sales(매출)'를 선택한 뒤 [계속]을 클릭합니다.

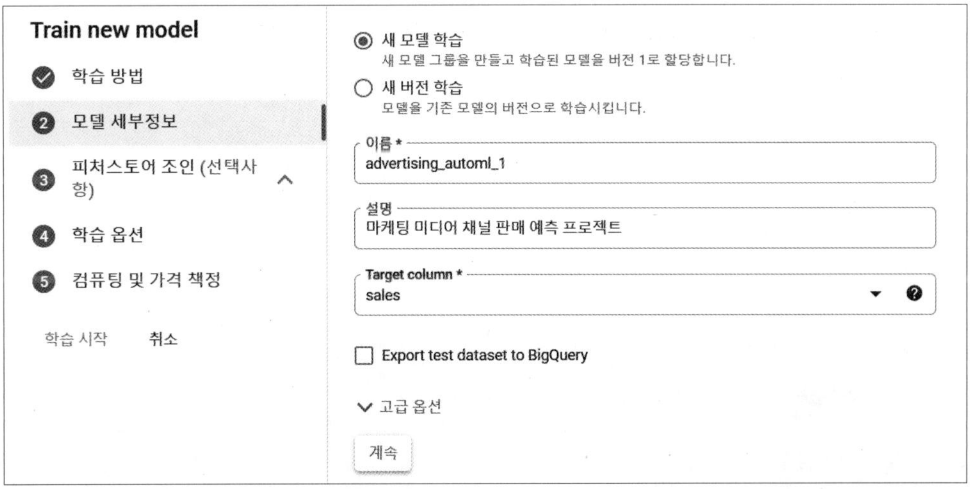

그림 4-26 모델 세부 정보를 구성하는 두 번째 단계

다음으로, (선택사항인 피처스토어 조인 단계를 건너뛴) 세 번째 단계에서는 몇 가지 옵션을 검토합니다. 표준화와 같은 모든 데이터 변환(또는 데이터 처리)은 기본적으로 자동 처리됩니다(그림 4-27). 기본값을 그대로 두고 [계속] 버튼을 클릭합니다.

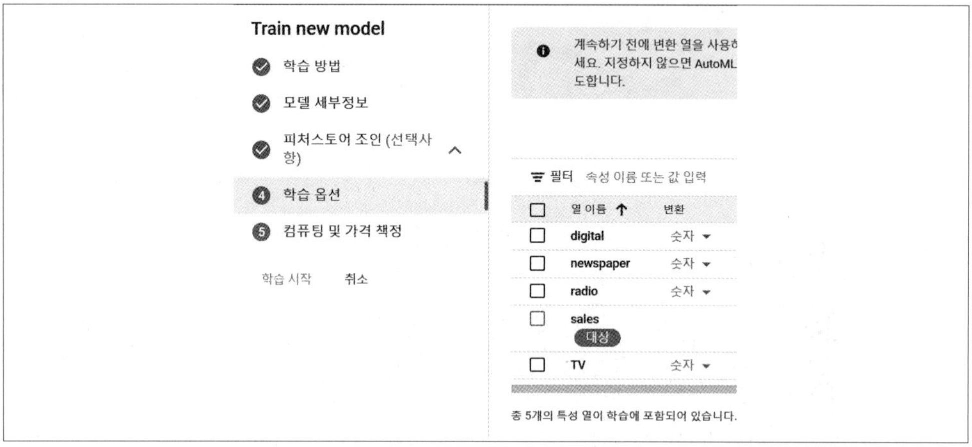

그림 4-27 옵션을 설정하는 세 번째 단계

마지막으로 '계산 자원 및 가격 선택[9]'에 관한 단계입니다(그림 4-28). 모델을 학습시키는 데 필요한 시간은 학습 데이터의 크기와 복잡성에 따라 달라집니다. **노드 시간**node hour은 클라우드의 한 노드(단일 가상 머신)의 1시간 사용량을 모든 노드에 분산하여 나타낸 것입니다. '최대 노드 시간'에 값 3을 입력합니다. 하지만 이는 추정치일 뿐입니다. 사용한 시간에 따라 비용을 지불하게 되며, 사용자의 취소가 아닌 다른 이유로 학습이 실패한다면 비용은 일절 청구되지 않습니다.

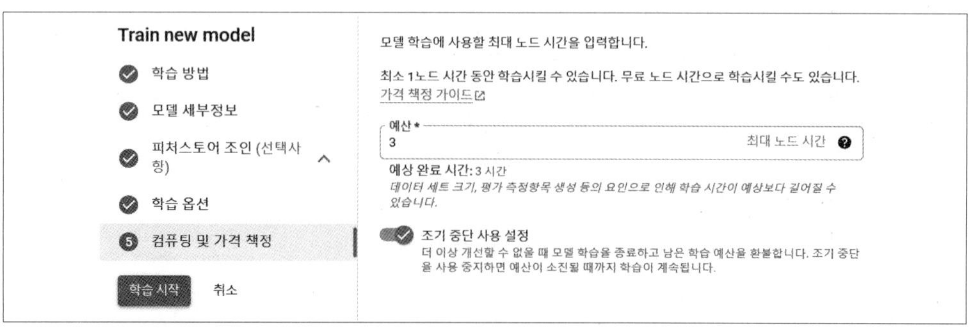

그림 4-28 계산 자원 및 가격을 선택하는 네 번째 단계

9 *https://oreil.ly/x8C3f*

또한 여기서 조기 종료early stopping 기능을 활성화할 수 있습니다. [그림 4-28]에 보이는 '조기 중단 사용 설정' 기능을 활성화하면 더는 모델을 개선할 수 없다고 판단될 때 학습을 종료하게 됩니다. 반대로 이 기능을 활성화하지 않으면 지정한 시간을 모두 사용해서 모델의 학습을 진행합니다.

여기까지 모델을 학습시키는 작업에 대한 모든 파라미터를 입력하였습니다. 이제는 학습을 요청할 차례입니다. [학습 시작] 버튼을 클릭합니다.

모델의 학습이 완료되면 모델은 '모델 레지스트리'에 등록됩니다(그림 4-29).

그림 4-29 모델 레지스트리에 등록된 advertising_automl_1 모델

> **NOTE** 앞서 언급한 대로 학습은 데이터의 크기와 선택한 모델 목적에 따라 최대 수 시간이 걸릴 수 있습니다. 이미지나 동영상과 같은 데이터는 CSV와 같은 정형 데이터보다 처리 시간이 훨씬 더 오래 소요될 수 있습니다. 학습에 투입되는 데이터의 양도 시간에 큰 영향을 미칩니다.
> 또한 AutoML은 기본적으로 시간이 오래 걸리고, 계산에 큰 비용이 듭니다. AutoML 알고리즘이 본래 다양한 하이퍼파라미터로 구성된 다양한 모델을 데이터셋 전체로 학습시키기 때문입니다. 그렇게 다양한 결과를 얻은 뒤에 그중 최적의 모델을 선택하는 작업에도 시간이 꽤 걸립니다. 테스트 데이터셋에 대해 각 모델의 성능을 평가해야 하는데, 이 평가도 계산 비용이 많이 드는 절차가 될 수 있기 때문입니다.

4.3.5 모델의 성능 평가

모델 학습의 결과는 [그림 4-30]처럼 보입니다.

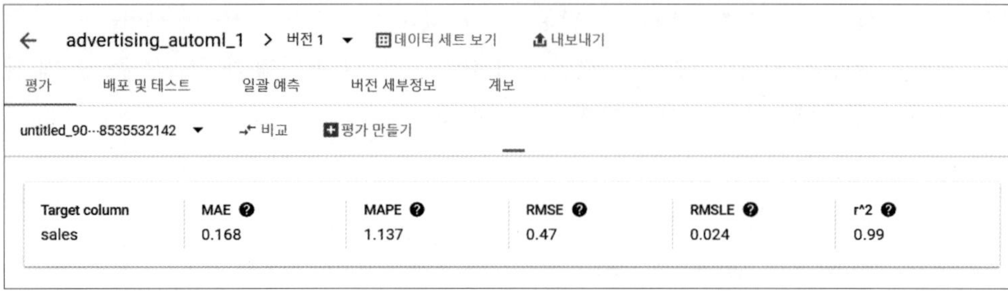

그림 4-30 다섯 가지 평가 지표로 학습 결과 확인

다양한 선형 회귀 평가 지표의 중요도는 다음과 같은 사항을 고려해 평가해야 합니다.

모델의 목적

모델의 목적에 따라 가장 중요한 평가 지표가 결정됩니다. 가령 모델을 사용한 예측에서는 평균 제곱 오차mean squared error(MSE)나 평균 제곱근 오차root mean squared error(RMSE)와 같은 지표에 집중할 수 있지만, 변수 사이의 관계를 이해하는 데 모델을 사용한다면 R 제곱이나 조정된 R 제곱과 같은 지표에 집중해야 할 수 있습니다.

데이터 특성

데이터 특성도 다양한 평가 지표의 중요도에 영향을 미칩니다. 가령 데이터에 노이즈가 있다면(예: 원치 않는 정보나 오류가 포함됨), 평균 절대 오차mean absolute error(MAE)처럼 노이즈에 강한 지표에 집중하는 편이 좋습니다. 하지만 노이즈가 없다면 모델의 구조 변화에 더 민감한 평균 제곱 오차(MSE) 같은 지표에 집중하는 편이 좋을 수 있습니다.

실무자의 선호도

궁극적으로 실무자의 선호도도 다양한 평가 지표의 중요도를 결정하는 데 중요합니다. 누군가는 이해가 쉬운 지표를, 다른 누군가는 정확한 지표를 선호할 수 있겠죠. 정답이나 오답은 없으며, 실무자는 자신에게 가장 중요한 지표를 선택해야 합니다.

일반적으로 선형 회귀에서 사용하는 평가 지표를 간단히 알아보겠습니다.

R 제곱

R 제곱은 모델이 데이터에 얼마나 잘 맞는지를 나타내는 척도입니다. 이는 관측값과 예측값 사이의 피어슨 상관계수Pearson correlation의 제곱으로 계산합니다. 쉽게 말해, R 제곱은 예측값과 실젯값의 차이(잔차residual)의 제곱합을 총 변동(실젯값의 평균으로부터의 편차)의 제곱합으로 나눈 값입니다. R 제곱값의 범위는 0에서 1까지이며, 값이 클수록 모델의 예측 품질이 높습니다. 예를 들어, R 제곱의 값이 약 0.997이라면, 이는 모델이 데이터를 매우 잘 설명한다는 뜻입니다.

조정된 R 제곱

조정된 R 제곱은 모델의 독립 변수의 개수를 고려해 R 제곱을 수정한 버전입니다. 이는 모델이 너무 많은 독립 변수를 사용해 과대적합되는 일을 방지하고자 고안되었습니다. R 제곱값은 독립 변수의 수가 증가할수록 항상 증가하지만, 조정된 R 제곱은 그렇지 않습니다. 조정된 R 제곱은 잔차 제곱합을 총제곱합에서 자유도를 뺀 값으로 나누어 계산합니다. 여기서 자유도는 데이터 포인트 수에서 모델에 사용된 독립 변수의 수를 뺀 값입니다. 조정된 R 제곱값이 클수록 모델의 적합도가 높다는 의미입니다. 조정된 R 제곱값은 R 제곱보다 독립 변수의 개수에 덜 민감하므로 모델의 성능을 더 공정하게 평가할 수 있습니다.

평균 제곱 오차(MSE)

MSE는 예측값과 실젯값 사이의 평균 제곱 오차를 측정한 값입니다. 즉, 예측값과 실젯값의 차이를 제곱한 후 그 값들의 평균을 구한 것입니다. MSE 값이 작을수록 모델의 예측이 실제 데이터와 더 잘 맞는다는 의미입니다. [그림 4-31]의 표와 그래프로 MSE 값을 쉽게 이해해 볼 수 있습니다.

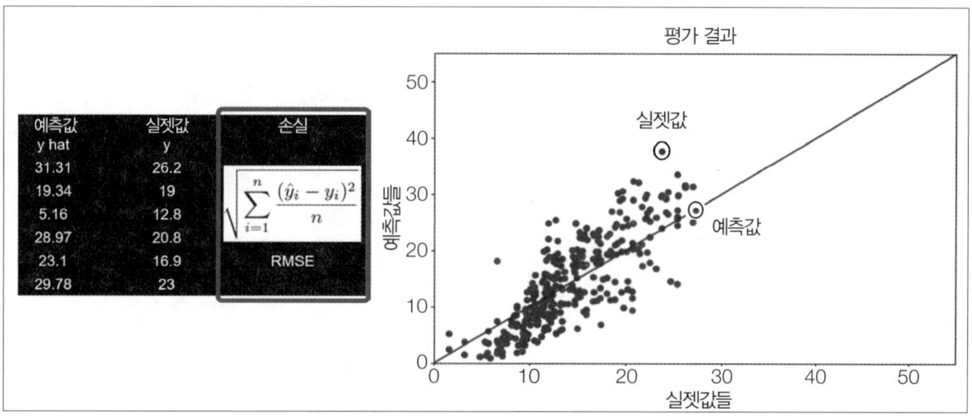

그림 4-31 실젯값과 예측값에 대한 RMSE 공식

평균 제곱근 오차(RMSE)

RMSE는 MSE의 제곱근입니다. MSE보다 해석이 쉬운 지표로, 모델 예측의 정확도를 평가하는 데 사용합니다. RMSE 값이 낮을수록 모델이 실제 데이터를 더 잘 예측함을 나타내며, 0이면 모델이 오류를 전혀 범하지 않았다는 의미입니다. RMSE의 해석은 데이터값의 범위에 따라 달라집니다. 이 예시에서는 RMSE 값이 0.345 정도일 때 모델의 품질이 상당히 높다고 할 수 있습니다.

제곱근 평균 제곱근 로그 오차(RMSLE)

RMSLE는 데이터값의 범위에 따라 해석이 달라집니다. RMSLE는 RMSE보다 이상치에 덜 민감하며, 과소평가보다는 과대평가에 약간 더 불이익을 주는 경향이 있습니다. 이 지표는 로그로 오차를 측정하므로, 값이 작을수록 모델의 예측이 실제 데이터에 더 가깝다는 의미입니다. 이 예시에서는 RMSLE 값이 0.026 정도일 때 모델의 예측 품질이 상당히 높다고 할 수 있습니다.

평균 절대 오차(MAE)

MAE는 예측값과 실젯값 사이의 평균 절대 오차를 측정한 값입니다. 이는 예측값과 실젯값 사이의 차이의 절댓값들에 대한 평균을 구한 것으로, MAE 값이 낮을수록 모델의 예측이 실젯값에 더 가까움을 의미합니다. 이 예시에서는 MAE 값이 0.304 정도일 때 모델의 정확도가 상당히 높다고 할 수 있습니다.

평균 절대 백분율 오차(MAPE)

MAPE는 절대 백분율 오차의 평균으로, 값이 낮을수록 모델의 품질이 높음을 의미합니다. MAPE 값의 범위는 0~100%이며, 이 값이 낮을수록 모델의 예측이 우수하다는 뜻입니다. 이 예시에서는 MAPE 값이 2.28 정도일 때 모델의 예측 정확도가 상당히 높다고 할 수 있습니다.

4.3.6 모델의 특징 중요도

모델의 특징 중요도는 각 특징이 모델 학습에 얼마나 영향을 미쳤는지를 파악하게 해줍니다. [그림 4-32]는 백분율로 표시된 중요도를 보여줍니다. 백분율이 높을수록 상관관계, 즉 해당 특징이 모델에 더 큰 영향을 미쳤음을 의미합니다. 특징 중요도를 통해 [그림 4-32]처럼 학습된 모델에 가장 크게 기여한 특징을 쉽게 확인할 수 있습니다.

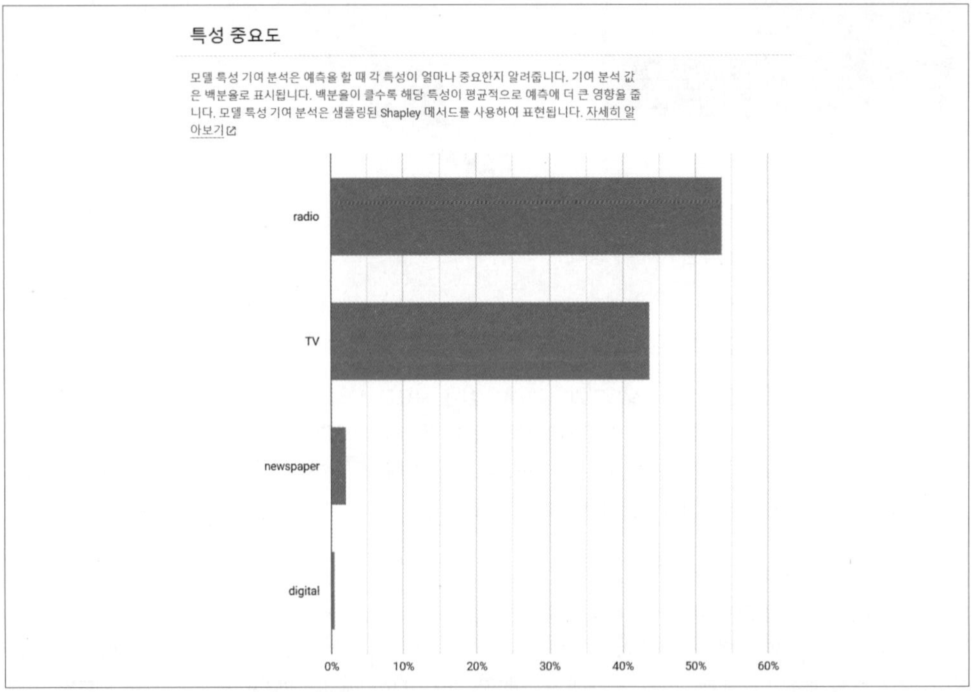

그림 4-32 광고 데이터셋의 특징 중요도

[그림 4-32]에 표시된 신문(newspaper) 특징 위에 마우스를 가져가면, 해당 특징의 기여도가 0.2%임을 확인할 수 있습니다. 이는 앞서 완료한 EDA 단계에서 매출과 신문 광고 사이의 상관관계가 가장 약하다는 사실을 뒷받침합니다. 즉 라디오, 디지털, TV 광고가 매출에 가장 많이 기여하고, 신문 광고는 매출에 거의 영향을 미치지 않음을 의미합니다.

4.3.7 모델의 예측 구하기

모델을 배포하려면 먼저 모델을 테스트해야 합니다. 클라우드에 배포하지 않고도 사용자 환경에서 모델을 테스트할 수 있습니다. 모델 학습 후에는 다른 사람들이 모델을 추론에 사용할 수 있도록 배포해야 합니다. 머신러닝에서 추론이란 학습된 ML 모델로 새로운 데이터를 예측하는 과정을 의미합니다. 따라서 모델을 배포한 후에도 모델이 실제 환경에서 얼마나 잘 작동하는지를 평가하고, 예측 성능을 지속해서 개선해야 합니다.

모델 배포는 아래와 같이 크게 네 단계로 볼 수 있지만, 이 장에서는 그중 처음 두 단계만 설명합니다. 모델을 모니터링하려면 로깅에 따른 추가 요금이 부과되며, 모델의 유형과 모델을 활용하는 애플리케이션에 따라 알맞은 목적을 선택해야 합니다.

1. 엔드포인트endpoint 정의
2. 모델 설정 구성
3. 모델 모니터링 구성
4. 모델 목적 구성

NOTE 엔드포인트와 배포란 무엇일까요? ML에서 **엔드포인트**는 온라인 예측을 위해 모델을 노출하는 서비스이며, 배포는 모델을 엔드포인트로 사용하도록 만드는 절차를 의미합니다. 좀 더 구체적으로, 엔드포인트는 클라이언트가 요청(입력 데이터)을 보내고 학습된 모델의 추론 결과(점수)를 수신하는 인터페이스를 제공하는 HTTPS 경로이며, 실시간 예측에 주로 사용됩니다. 가령 엔드포인트를 사용해 고객의 광고 클릭 가능성, 대출 불이행 위험도 등을 예측할 수 있습니다.

배포는 더 많은 사람이 모델을 사용할 수 있도록 만드는 것입니다. 가령 모델을 상용 환경으로 배포해 고객이나 직원이 모델을 활용하도록 할 수 있습니다.

[그림 4-33]은 모델 레지스트리 메뉴의 '배포 및 테스트' 화면입니다.

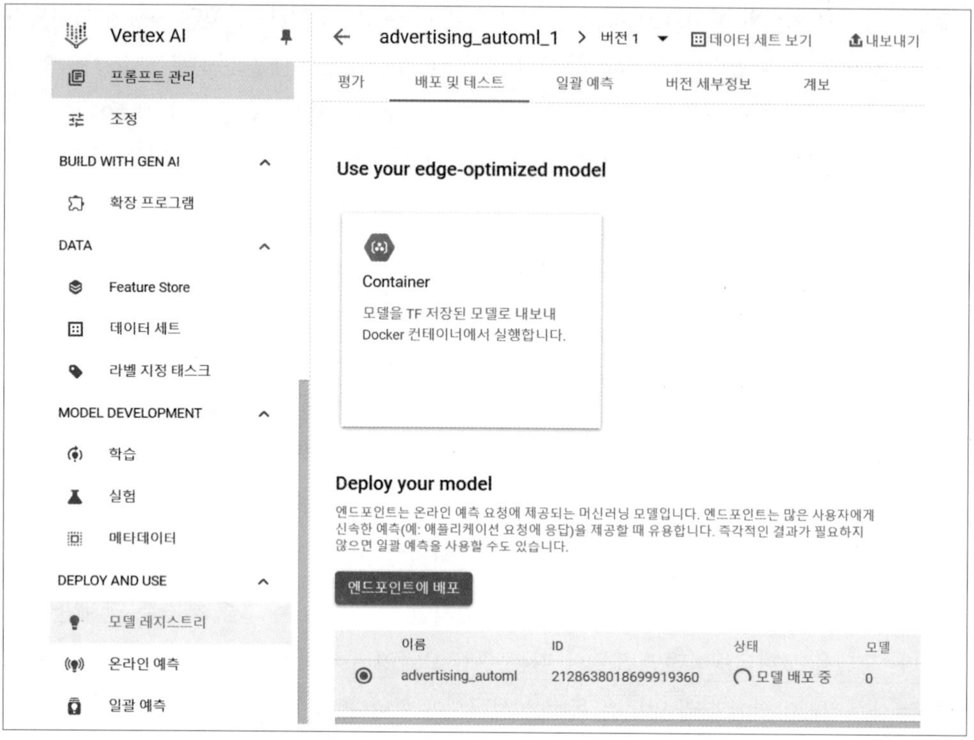

그림 4-33 모델을 엔드포인트로 배포하는 화면

1단계에서는 엔드포인트를 정의합니다. 지역과 엔드포인트에 접근하는 방법을 결정합니다.

2단계에서는 해당 엔드포인트에 모델을 추가하고 트래픽 분할을 설정합니다. 버텍스 AI의 트래픽 분할은 동일 엔드포인트에 배포된 여러 모델 사이에 트래픽을 분산하는 방법으로, 다음과 같은 다양한 목적에 유용하게 활용할 수 있습니다.

A/B 테스트

다양한 모델을 A/B 테스트하여 성능이 더 나은 모델을 파악할 수 있습니다.

카나리아 배포

신규 모델을 더 많은 사용자에게 배포하기 전에 소수의 사용자에게 배포하여 테스트해 볼 수 있습니다. 그러면 많은 사용자에게 영향을 미치기 전에 신규 모델에 내재한 문제를 파악할 수 있습니다.

롤아웃

점진적으로 신규 모델의 배포 규모를 늘릴 수 있습니다. 이로써 신규 모델에 내재한 문제의 영향을 완화할 수 있습니다.

또한, 2단계에서는 모델 배포에 사용할 컴퓨팅 자원을 선택합니다(그림 4-34). 여기서는 최소한의 계산 자원(가상 머신 서버)을 사용하는데, 이는 '머신 유형'의 드롭다운 목록에서 'standard(표준)' 문구가 있는 유형을 선택하여 고를 수 있습니다.

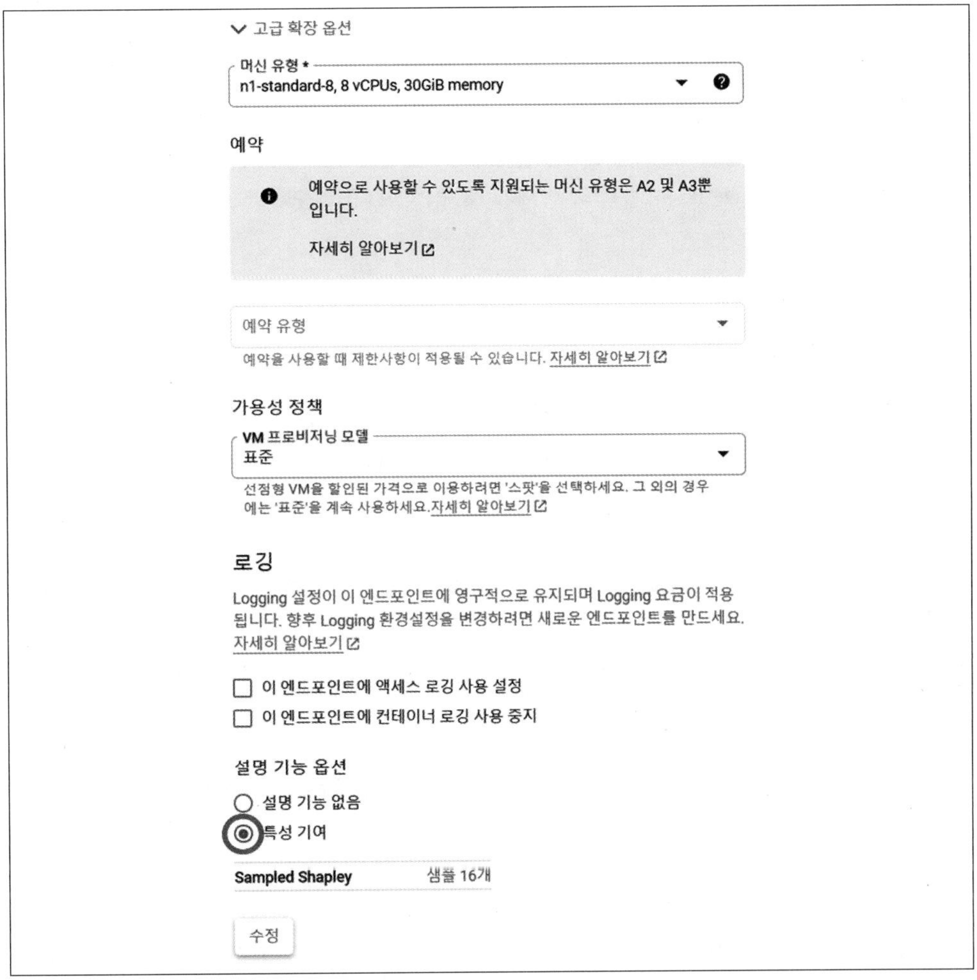

그림 4-34 모델을 배포할 계산 자원 선택하기

참고로 '머신 유형'은 노드당 가상 중앙 처리 장치(vCPU)의 개수, 노드당 메모리양, 가격 측면[10]에 따라 선택할 수 있습니다.

---

10 *https://oreil.ly/x8C3f*

예측 모델에 사용할 계산 자원을 선택할 때는 다음과 같은 요소를 고려해야 합니다.

모델의 크기와 복잡성

모델이 크고 복잡할수록 더 많은 계산 자원이 필요합니다.

예측 횟수

예측을 많이 수행할 것으로 예상된다면, 예상되는 부하를 감당할 수 있는 계산 자원을 선택해야 합니다.

지연 시간 요구 사항

실시간으로 또는 매우 짧은 지연 시간으로 예측을 수행해야 한다면, 이 요구사항에 부합하는 계산 자원을 선택해야 합니다. 여기서 지연 시간이란 ML 모델이 데이터를 수신하여 예측을 수행하는 데까지 걸리는 시간을 의미합니다.

비용

계산 자원은 구성 방식에 따라 가격이 천차만별이므로, 예산을 고려해 선택해야 합니다.

이 요소들을 고려했다면, 선택의 폭을 많이 좁힐 수 있습니다. 다음으로는 예측 모델에 사용할 계산 자원을 고려해야 합니다. 다음은 계산 자원의 예입니다.

CPU

중앙 처리 장치(CPU)는 가장 일반적인 유형의 계산 자원으로, 너무 크거나 복잡하지 않은 모델에 적합합니다.

GPU

그래픽 처리 장치(GPU)는 CPU보다 더 크고 복잡한 모델의 학습과 추론 속도를 높이는 데 적합합니다.

TPU

텐서 처리 장치(TPU)는 ML 전용으로 설계된 특수 하드웨어 가속기입니다. 가장 강력한 옵션으로, 요구사항이 복잡한 모델을 학습시키고 서비스하는 데 적합합니다.

한편, 2단계의 '모델 설정' 화면 아랫부분에서는 '엔드포인트의 로깅 사용 설정'을 활성화할 수 있습니다. 이 기능을 활성화하면 별도의 요금이 발생하므로, 이 장을 연습하면서는 활성화하지 말기 바랍니다. '설명 기능 옵션'은 별도의 요금이 발생하지 않으므로 '특성 기여'를 선택해 줍니다.

3단계는 '모델 모니터링'인데, 현재 프로젝트에서는 [그림 4-35]처럼 이 기능을 활성화하지 말기 바랍니다.

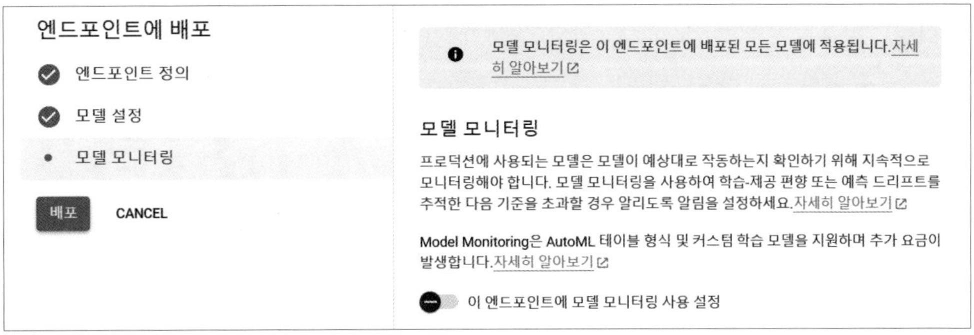

그림 4-35 모델 모니터링 구성 화면

모든 구성이 완료된 시점에서는 [배포] 버튼이 강조 표시됩니다. 이때 해당 버튼을 클릭하면, 구성된 엔드포인트에 모델을 배포하게 됩니다(그림 4-36).

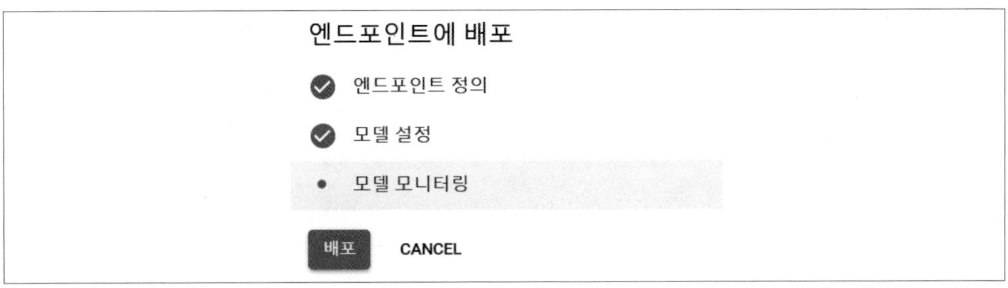

그림 4-36 모델을 엔드포인트에 배포하는 버튼

엔드포인트를 생성하고 모델을 엔드포인트에 배포했다면, 엔드포인트의 배포 상태에 관한 이메일이 여러분에게 전송됩니다. 그리고 배포를 성공한 후에는 예측해 볼 수 있습니다. 예측은 크게 네 단계로 이루어집니다.

1. 모델 레지스트리로 이동
2. 모델 선택
3. 모델 버전 선택
4. '모델 테스트'가 표시될 때까지 아래로 스크롤

'모델 테스트' 페이지는 [그림 4-37]과 같습니다. 즉, 이 페이지에서 미디어 채널들에 관한 값을 입력하고, 모델의 실제 예측 결과를 도출할 수 있습니다.

[그림 4-37]과 같이 값을 입력한 뒤 [예측] 버튼을 클릭합니다.

그림 4-37 온라인 예측 테스트 페이지

그러고 나면 [그림 4-38]처럼 예측된 매출값이 화면 우측에 표시됩니다.

그림 4-38 초깃값을 기반으로 매출 예측

회귀 모델은 예측값을 반환합니다. [그림 4-38]은 매출 '예측 결과'가 약 14.51임을 보여주며, 이는 매출 히스토그램([그림 4-10]과 [그림 4-23])의 평균에 매우 근접합니다. '95% 예측 간격'은 모델이 실제 결과를 포함할 확률이 95%인 값의 범위를 나타냅니다. 즉, 예측값이 14.51이고 예측 구간이 10.77에서 39.91 사이의 범위이므로 실제 매출값이 이 범위 내에 들어갈 가능성이 95%라고 확신할 수 있다는 의미입니다.

선형 회귀의 예측 구간

예측 구간은 회귀 분석에서 자주 사용합니다. 신뢰 구간과는 다르지만, 둘 다 실젯값이 존재할 가능성이 있는 값의 범위를 추정하는 통계적 측정값입니다. **신뢰 구간**은 과거나 현재의 이벤트에 초점을 맞추며 모집단의 파라미터(예: 표준 편차, 평균)를 추정하는 데 사용합니다.

반면, **예측 구간**은 이미 관측된 데이터를 감안해 미래의 관측값을 예측하는 데 사용합니다. 이전 데이터를 기반으로 하나의 새로운 관측값을 포함할 수 있는 예상값의 범위를 제공하는 것이죠.

회귀 모델을 만들면 미래의 데이터가 등장할 위치를 결정하는 예측 구간을 구할 수 있습니다. 예측 구간은 일반적으로 신뢰 구간보다 더 넓습니다. 이는 예측 구간이 모집단 파라미터가 아닌, 개별값 예측과 관련된 불확실성을 설명하기 때문입니다.

예측 구간을 사용해 향후 관측에 관한 결정을 내릴 수 있습니다. 가령 신규 제품이나 서비스에 투자하는 일이 합리적일지, 광고 미디어 채널의 예산을 늘리거나 줄이는 편이 좋을지를 결정할 수 있습니다.

이제 비즈니스 질문에 답해 보겠습니다.

우리의 목적은 각 미디어 채널에서 지출한 비용으로 매출을 예측하는 ML 모델을 구축하는 것이었습니다.

모델이 각 미디어 채널에서 지출한 비용으로 매출을 예측할 수 있을까요?

네, 버텍스 AI에 각 미디어 채널에 관한 값을 입력할 수 있으므로, 향후 예산 배분에 관한 의사 결정을 내릴 수 있습니다. 가령 예측 결과를 기반으로, 앞으로 회사의 전략적 미디어 계획에 디지털 채널의 예산 증액이 포함될 수 있습니다.

광고 지출과 매출 사이에는 상관관계가 있을까요?

네, 디지털/TV/라디오의 광고 지출과 매출은 서로 양의 선형 관계입니다. 그리고 신문에서는 지출과 매출 사이의 관계가 약한 편입니다.

매출에 가장 크게 기여하는 미디어 채널은 무엇일까요?

TV는 다른 미디어 채널보다 매출에 더 많이 기여합니다. EDA에서 작성한 분포도와 모델을 학습시킨 뒤에 얻은 버텍스 AI의 특징 중요도 그래프를 검토해 보면, TV가 매출에 기여하는 정도를 명확히 확인할 수 있습니다.

모델이 미래 매출을 얼마나 정확히 예측할까요?

배포된 모델에 미디어 채널들의 값을 입력하면 모델의 예측값을 구할 수 있습니다. 이때 예측 구간도 함께 표시되는데, 이를 보고 미래 관찰에 대한 결정을 내릴 수 있습니다. 즉, 예측된 매출이 예측 구간 내 속할 것임을 95% 정도로 확신할 수 있습니다.

CAUTION 이 장을 끝낼 때 모델을 반드시 **배포 취소**undeploy하기 바랍니다. 사용하지 않는 모델이라도 일단 배포되면 비용이 발생하기 때문입니다. 배포를 취소하려면 버텍스 AI에서 해당 모델의 엔드포인트 이름을 클릭하여 추가 작업을 의미하는 점 3개로 구성된 아이콘을 클릭하고 '엔드 포인트에서 모델 배포 취소'를 선택합니다.

4.4 요약

이 장에서는 광고 미디어 채널 매출을 예측하는 AutoML 모델을 구축했습니다. 판다스로 히트맵과 히스토그램 분포도를 만들며 데이터를 탐색했습니다. 그런 다음, 데이터 파일을 로컬 컴퓨터로 다운로드하고 구글의 버텍스 AI 프레임워크에 업로드했습니다. 그리고 AutoML로 매출을 예측하는 ML 모델을 구축, 학습, 배포하는 방법을 배웠습니다. 또한, 성능 지표를 살펴보며 모델의 성능을 전반적으로 이해하고 비즈니스 질문의 답을 얻을 수 있었습니다. 마지막으로, 배포된 모델로 예측을 수행해 보면서 ML 모델을 적용한 결과를 팀에 발표할 준비를 마쳤습니다!

CHAPTER 5

AutoML로 사기 거래 탐지하기

이 장에서는 금융 거래가 사기인지 아닌지를 예측하는 버텍스 AI AutoML 모델을 구축합니다. 먼저 구글 코랩 노트북 환경에서 데이터셋을 정리하고 탐색한 후, 3장에서처럼 버텍스 AI에서 관리형 데이터셋을 생성합니다. 관리형 데이터셋을 생성한 후에는 AutoML을 사용하여 사기 거래인지를 예측하는 분류 모델을 만들 수 있습니다. 이 과정에서 분류 모델과 이를 평가하는 데 사용하는 주요 지표도 설명합니다. 이 장의 목표는 효율적으로 사기 거래를 탐지하는 머신러닝 모델을 구축하고, 이를 평가하는 방법을 이해하는 것입니다.

이 장의 전반적인 작업 흐름은 4장에서 다룬 광고 미디어 채널 판매 예측 문제의 작업 흐름과 매우 유사합니다. 따라서 앞에서 다룬 내용과 유사한 부분은 더 간결하게 설명했습니다. 이런 부분에서 막히신다면, 4장을 참조하여 자세한 내용을 확인하세요. 이러한 유사성 덕분에, 이전 장에서 배운 내용을 잘 이해했다면 이번 장을 쉽게 따라갈 수 있을 것입니다.

5.1 비즈니스 사용 사례: 금융 거래 사기 탐지

금융 거래가 사기인지 합법적인지를 예측하는 모델을 구축해야 합니다. 수십만 명의 사용자에게 서비스되는 모바일 결제 서비스에서 사기 거래는 매우 드물게 발생하며, 대부분은 다른 보호 장치에서 적발됩니다. 그러나 일부 사기 거래는 보호 장치를 뚫고 빠져나가 사용자에게 부정적인 영향을 미칩니다. 사건이 발생한 다음에 바로잡을 수도 있지만, 사용자가 직접 신고해야 하므로 고객을 잃게 될 우려가 있습니다. 우리의 목표는 맞춤형 ML 모델을 구축해 회사의 사기 탐지 소프트웨어를 개선하는 것입니다. 이를 통해 사기 거래를 사전에 더 효과적으로 탐지하고, 고객의 신뢰를 유지할 수 있습니다.

이 데이터셋의 한 가지 복잡한 요소는 매우 불균형하다는 점입니다. 대부분의 거래는 이상이 없으므로 단순히 모든 거래가 합법적이라고 예측하더라도 정확도가 높아 보일 수 있죠. 따라서 모델의 성능을 제대로 이해하려면 정확도 측정을 대신해서 모델의 실제 유용성을 평가하는 다른 지표가 필요합니다.

이런 작업은 일반적으로 오토 인코더와 같은 고급 모델을 만들기 위해 데이터 과학자에게 할당해야 하지만, 사기 탐지 시스템의 다른 부분을 프로토타이핑하는 데 사용할 간단한 벤치마크 모델을 신속하게 만들어야 해서 여러분이 임무를 맡았습니다. 절망적으로 어렵게 느껴질 수도 있지만, AutoML을 사용해 미디어 채널의 매출을 예측한 이전 예시를 상기해 보고, 이 경험을 바탕으로 이번에도 도전할 수 있다는 자신감을 가지기 바랍니다! AutoML을 활용하면 복잡한 작업도 효과적으로 수행할 수 있습니다.

5.1.1 프로젝트 워크플로

[그림 5-1]에 설명된 이 장의 프로젝트 워크플로는 4장의 워크플로와 유사합니다. 따라서 반복 설명은 생략하겠습니다. 기억이 잘 나지 않는다면 4장을 참조하기를 바랍니다.

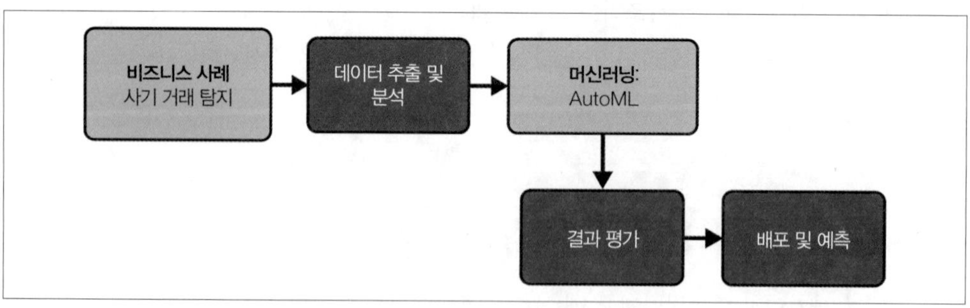

그림 5-1 사기 탐지 프로젝트의 전반적인 워크플로

비즈니스 사용 사례와 목표를 이해했을 겁니다. 그러면 이전 프로젝트와 마찬가지로, 가장 먼저 데이터 추출 및 분석을 진행해야 합니다. 그런 다음, 데이터셋을 AutoML 플랫폼에 업로드

합니다. 그리고 AutoML 결과를 평가한 후 모델을 배포하여 예측을 수행합니다. 이 활동이 완료되면 엔지니어링 팀에서 더 나은 사기 탐지 파이프라인 개발을 시작할 수 있는 벤치마크 모델이 준비됩니다.

5.1.2 프로젝트 데이터셋

이 장에서 사용하는 데이터셋은 사용자의 행동과 사기 거래에 대해 PaySim[1]으로 시뮬레이션된 거래 데이터로 구성되었습니다. PaySim은 확장 가능한 자원 효율적 시스템을 연구하던 연구 그룹이 빅데이터 분석을 위해 개발한 오픈 소스 도구입니다.[2]

금융 거래와 같은 데이터에는 사용자의 정보가 들어 있고, 이를 활용하면 필연적으로 사용자 정보가 노출되므로 시뮬레이션된 데이터를 사용하기로 했습니다. 데이터 분석가가 시뮬레이션된 데이터와 실제 데이터의 분포가 매우 유사함을 검증했다고 가정합니다.

데이터셋은 구글 클라우드 스토리지에서 CSV 파일로 제공합니다.[3] 해당 데이터셋은 10개의 열로 구성되며, 이를 열 이름, 데이터 유형, 참고 사항에 따라 정리하면 [표 5-1]과 같습니다.

표 5-1 고객 이탈 데이터셋의 스키마 및 필드 정보

열 이름	데이터 유형	참고 사항
`step`	정수	시뮬레이션 데이터가 생성된 단계 수
`type`	문자열	거래 유형
`amount`	부동소수점	거래 금액
`nameOrig`	문자열	거래를 시작한 고객의 익명화된 이름
`oldbalanceOrg`	부동소수점	발신자의 거래 전 초기 잔액
`newbalanceOrig`	부동소수점	발신자의 거래 후 갱신된 잔액
`nameDest`	문자열	대상 계좌를 소유한 고객의 익명화된 이름
`oldbalanceDest`	부동소수점	거래 전 대상 계좌의 초기 잔액
`newbalanceDest`	부동소수점	거래 후 대상 계좌의 갱신된 잔액
`isFraud`	정수	거래가 사기라면 1, 아니라면 0

1 *https://oreil.ly/VtIDP*

2 자세한 내용은 E. A. 로페즈-로하스(E. A. Lopez-Rojas), A. 엘미르(A. Elmir), S. 악셀손(S. Axelsson)의 「PaySim: 사기 탐지를 위한 금융 모바일 머니 시뮬레이터(PaySim: A Financial Mobile Money Simulator for Fraud Detection)」(제28회 유럽 모델링 및 시뮬레이션 심포지엄-EMSS, 2016)를 참조하기 바랍니다.

3 *https://oreil.ly/n1y1X*

5.2 판다스, 맷플롯립, 시본으로 데이터셋 탐색하기

이 절의 모든 코드는 low-code-ai 깃허브 저장소[4]의 주피터 노트북에 있습니다. 이 책에서는 해당 노트북을 만드는 과정을 처음부터 끝까지 다루지만(일부 추가 예제 제외), 나중에 여러분이 프로젝트를 진행하면서 막히는 부분이 있을 때 깃허브 저장소의 노트북을 살펴보면 도움이 될 것입니다.

4장에서처럼 CSV 파일을 주피터 노트북 환경으로 불러온 다음에 판다스, 맷플롯립, 시본을 이용해 데이터를 분석 및 탐색하여 특징들에 관한 이해도를 높여봅니다. 그리고 이 과정에서 얻은 통찰로부터 AutoML 모델에 가장 유용한 특징들을 선택하게 됩니다.

5.2.1 구글 코랩 노트북에서 판다스 데이터프레임으로 데이터 불러오기

먼저 구글의 코랩[5]으로 이동한 다음, 2장과 4장에서 설명한 구글 코랩의 노트북 만들기 절차에 따라 신규 노트북을 생성합니다. 노트북의 이름은 이 장의 의미를 담은 `Fraud_Detection_Model.ipynb`로 변경해 줍니다.

그리고 첫 번째 코드 블록에 금융 거래 데이터셋을 분석하고 시각화하는 데 필요한 패키지를 가져오는 다음 코드를 입력하고 실행합니다.

```
import matplotlib.pyplot as plt
import numpy as np
import pandas as pd
import seaborn as sns

%matplotlib inline
```

패키지를 불러왔으니, 이제 데이터를 판다스 데이터프레임으로 변환해야 합니다.

```
url = ('https://storage.googleapis.com/' +
'low-code-ai-book/financial_transactions.csv')
```

4 https://github.com/books-by-chansung/low-code-ai

5 https://colab.research.google.com/

```
transaction_df = pd.read_csv(url)
```

데이터가 데이터프레임으로 변환되었습니다. 계속 진행하기에 앞서, 항상 몇 개의 샘플 데이터를 미리 살펴보는 습관을 들이면 좋습니다. 처음 다섯 개의 데이터를 확인하는 다음 코드를 입력한 뒤 실행합니다.

```
transaction_df.head()
```

출력된 결과를 보고 데이터셋에 포함된 열들의 생김새를 파악하고, 몇 가지 통찰을 얻을 수도 있습니다. 어떤 점이 눈에 띄나요? [표 5-2]와 [표 5-3]은 앞 코드의 출력입니다.

표 5-2 transaction_df.head()로 출력한 데이터의 처음 여섯 개 열

step	type	amount	nameOrig	oldbalanceOrg	newbalanceOrig
1	PAYMENT	9839.64	C1231006815	170136.0	160296.36
1	PAYMENT	1864.28	C1666544295	21249.0	19384.72
1	TRANSFER	181.00	C1305486145	181.0	0.00
1	CASH_OUT	181.00	C84003671	181.0	0.00
1	PAYMENT	11668.14	C2048537720	41554.0	29855.86

표 5-3 transaction_df.head()로 출력한 데이터의 마지막 다섯 개 열

nameDest	oldbalanceDest	newbalanceDest	isFraud	isFlaggedFraud
M1979787155	0.0	0.0	0	0
M204428225	0.0	0.0	0	0
C553264065	0.0	0.0	1	0
C38997010	21182.0	0.0	1	0
M1230701703	0.0	0.0	0	0

지금까지 본 모든 행의 step 열은 값이 1입니다. 여기에는 여러 가지 이유가 있을 수 있습니다. 가령 모든 행의 값이 같을 수도 있고, 어떤 식인지는 모르지만 단계별 그룹화가 되었을 수도 있으며, 처음 다섯 개의 행만 확인했으니 우연일지도 모릅니다. 정답을 말하자면, step 열을 기준으로 데이터가 오름차순으로 정렬되어 그렇습니다. 하지만 처음 다섯 개의 데이터만 봐서는 이 사실을 알 수 없습니다.

type 열과 oldbalanceDest 및 newbalanceDest 열 사이에도 패턴이 있습니다. 거래 유형을 나타내는 type 열의 값이 PAYMENT나 TRANSFER일 때마다, oldbalanceDest와 newbalanceDest 열의 값은 모두 0입니다. 우연일 수도 있지만, 현재 확인되는 패턴이며 전체적으로도 이 패턴이 존재하는지 추후 확인해야 합니다.

데이터프레임의 마지막 열에서는 이상한 점을 발견할 수 있습니다. 원래 스키마에서는 볼 수 없던 isFlaggedFraud라는 열이 있죠. 이는 기초적인 데이터 탐색이 유용한 또 다른 이유입니다. 실제 상황에서는 데이터를 공유한 사람이나 팀에 연락하여 해당 열의 존재해야 하는지, 만약 그렇다면 해당 열이 무엇을 나타내는지를 명확히 확인해야 합니다.

isFlaggedFraud는 이전 모델이 예측한 거래의 사기 여부에 관한 열임을 알아냈다고 생각해 봅시다. 이 특징을 사용하는 편이 좋을까요? 그렇지 않다면 왜 그럴까요? 모델이 예측하는 시점에는 isFlaggedFraud라는 값이 존재하지 않습니다. 더 나은 신규 모델을 배포하고 나면, 일반적으로 이전 모델을 다시 사용하지 않으므로 isFlaggedFraud 값이 더는 기록되지 않기 때문입니다. 다만, 이전 모델의 예측 성능을 신규 모델의 성능 기준점으로 활용할 수 있다는 점에서 해당 열의 존재가 여전히 유용할 수도 있습니다.

5.2.2 데이터셋 살펴보기

4장에서 본 바와 같이, 특징에 관한 설명과 여러 특징 공학적 작업을 AutoML이 알아서 해 주지만, 모델 학습에 사용할 데이터를 이해하는 데 충분한 시간을 할애하는 것은 여전히 중요합니다. ML은 데이터 품질에 매우 민감하기 때문이죠. 데이터에 내재한 문제는 아무리 좋은 AutoML을 사용하더라도 그 결과에 지대한 영향을 미치기 마련입니다.

설명적 분석

먼저, 데이터프레임의 .info() 메서드를 사용해 데이터의 양과 열별 데이터 유형을 빠르게 파악해 보겠습니다. 셀에 다음 코드를 입력한 다음 실행합니다.

```
transaction_df.info()
```

예상대로 11개의 열이 존재하며, 총 6,362,620개의 거래 명세가 포함되었음을 확인할 수 있습니다. 데이터 유형도 모두 예상대로입니다(object 유형은 판다스 데이터프레임의 문자열 데이터 유형).

이전처럼, 판다스로 데이터셋의 요약 통계를 빠르게 확인하는 가장 쉬운 방법은 .describe() 메서드를 사용하는 것입니다. 신규 셀을 만들어서 다음 코드를 입력하고 실행하면 [그림 5-2]와 같이 출력됩니다.

```
transaction_df.describe()
```

```
1  transaction_df.describe()
```

	step	amount	oldbalanceOrg	newbalanceOrig	oldbalanceDest	newbalanceDest	isFraud	isFlaggedFraud
count	6.362620e+06	6.362620e+06	6.362620e+06	6.362620e+06	6.362620e+06	6.362620e+06	6.362620e+06	6.362620e+06
mean	2.433972e+02	1.798619e+05	8.338831e+05	8.551137e+05	1.100702e+06	1.224996e+06	1.290820e-03	2.514687e-06
std	1.423320e+02	6.038582e+05	2.888243e+06	2.924049e+06	3.399180e+06	3.674129e+06	3.590480e-02	1.585775e-03
min	1.000000e+00	0.000000e+00	0.000000e+00	0.000000e+00	0.000000e+00	0.000000e+00	0.000000e+00	0.000000e+00
25%	1.560000e+02	1.338957e+04	0.000000e+00	0.000000e+00	0.000000e+00	0.000000e+00	0.000000e+00	0.000000e+00
50%	2.390000e+02	7.487194e+04	1.420800e+04	0.000000e+00	1.327057e+05	2.146614e+05	0.000000e+00	0.000000e+00
75%	3.350000e+02	2.087215e+05	1.073152e+05	1.442584e+05	9.430367e+05	1.111909e+06	0.000000e+00	0.000000e+00
max	7.430000e+02	9.244552e+07	5.958504e+07	4.958504e+07	3.560159e+08	3.561793e+08	1.000000e+00	1.000000e+00

그림 5-2 transaction_df.describe()의 출력 결과

행별 count 열의 값이 모두 일치하는 것으로 보아 널값은 없는 것 같습니다. 한편 step 열의 값은 1~743 사이로 꽤 균등하게 퍼져있습니다. 또 amount, oldbalanceOrg, newbalanceOrig, oldbalanceDest, newbalanceDest 열의 범위는 서로 다르지만, 금융 거래에서 합리적으로 예상할 수 있는 정도입니다.

isFraud 필드의 값에는 흥미로운 점이 있습니다. 0과 1로만 이루어진 이진 필드이므로, 이 필드의 평균(mean)은 곧 1의 비율을 나타냅니다. 즉, 전체 거래의 약 0.129%(약 800건 중 1건)가 실제로 사기 거래라는 의미이며, 분류 모델 구축 시 골치 아픈 불균형한 데이터를 나타냅니다. 이 문제를 해결하는 방법은 다음 절에서 살펴봅니다. 지금은 먼저 계속해서 데이터를 탐색해 보겠습니다.

isFlaggedFraud 열을 보면, 실제 사기 거래 수보다 사기로 표시된 거래 수가 약 2배 더 많습니다. 하지만 이것이 꼭 나쁜 것은 아닙니다. 사기 거래를 확실하게 잡으려면 의심스러운 거래

는 일단 신고하고 나중에 확인해서 정상 거래가 아니라고 표시하면 됩니다. 이렇게 하면 사기 거래를 놓치는 것보다 낫지만, 너무 많은 거래를 신고하면 시간과 노력이 많이 들 수 있으므로 모델 평가 시 신중하게 판단해야 합니다.

그런데 설명적 분석에 누락된 열이 몇 개 존재합니다. 수치형 특징(정수 및 실수) 통계만 있고 type, nameOrig, nameDest 열의 데이터는 누락되었습니다. describe()는 수치형과 범주형 특징이 혼합된 데이터셋에서는 오직 수치형 특징의 통계만을 반환합니다. 범주형 특징의 설명적 통계도 확인하고 싶다면, 범위를 원하는 열로 제한해야 합니다. 다음은 그 방법을 보여주는 코드입니다.

```
cols = ['type', 'nameOrig', 'nameDest']
transaction_df[cols].describe()
```

원하는 열 목록을 정의하고, .describe() 메서드를 호출할 때 해당 열만 고려하도록 transaction_df[cols]처럼 범위를 한정합니다(그림 5-3).

```
cols = ['type','nameOrig', 'nameDest']
transaction_df[cols].describe()
```

	type	nameOrig	nameDest
count	6362620	6362620	6362620
unique	5	6353307	2722362
top	CASH_OUT	C1902386530	C1286084959
freq	2237500	3	113

그림 5-3 범주형 열에 대해 호출된 describe() 메서드

데이터프레임의 행 개수와 count 값을 비교해 보면, 각 열의 모든 행에 값이 존재함을 알 수 있습니다. 예상대로 type 열에는 고유한 값이 다섯 개 있습니다. 그리고 nameOrig의 고윳값은 6,353,307개이고 전체 데이터셋의 크기(총거래 개수)는 6,362,620개이므로, 이 둘은 거의 일대일 관계임을 알 수 있습니다. 즉 nameOrig와 같은 특징은 좋은 모델 구축에 유용한 특징이라고 보기는 어렵습니다. 모든 행을 고유하게 식별하는 특징이 있으면 모델이 그 특징에만 의존해 다른 특징 사이의 복잡한 관계를 학습하지 못할 수 있기 때문입니다. nameDest 열도 조금 덜하긴 하지만, 마찬가지의 문제가 발생할 수 있어서 여전히 위험합니다.

TIP_ AutoML이 특징 공학과 특징 선별을 대신 수행해 주지만, 처음부터 더 나은 특징만 선별해서 제공한다면 더 나은 성능을 달성할 수 있습니다. 가령 `nameOrig`와 `nameDest` 특징을 불리언 유형으로 변형하여 값이 두 번 이상 반복된다면 `True`, 그렇지 않다면 `False` 값을 지정하는 시도를 해 볼 수 있습니다. 이러한 시도가 올바른지는 알 수 없습니다. 하나의 예시일 뿐이죠. 이를 확인하려면 도메인 전문가와 함께 논의하여 다양한 특징 변환을 실험해 가장 효과적인 방법을 찾아야 합니다. 특징 공학 전반에 관한 자세한 내용은 다음 장에서 다룹니다.

탐색적 분석

데이터의 특정 특징을 시각화하기 전에 이전 모델이 얼마나 잘 작동했는지를 살펴볼 필요가 있습니다. `isCorrect`라는 신규 열을 만들어 `isFraud`와 `isFlaggedFraud` 값이 동일하면 `1`, 그렇지 않으면 `0`으로 채워보면 알 수 있습니다. 다음 코드를 실행하여 이전 모델이 사기 거래를 얼마나 올바르게 예측했는지, 그 횟수를 확인해 보겠습니다.

```
transaction_df['isCorrect'] = (
    transaction_df['isFraud'] == transaction_df['isFlaggedFraud']
)
transaction_df['isCorrect'].sum()
```

출력된 결과는 6354423입니다. 그런데 이 값은 무엇을 의미할까요? 불리언 데이터는 `True`와 `False`라는 두 가지 값을 가질 수 있는데, 여기에 `sum` 메서드를 적용하면 `True`는 `1`, `False`는 `0`으로 치환되어 처리됩니다. 즉 `transaction_df['isFraud'] == transaction_df['isFlaggedFraud']`이 `True`인 경우의 개수를 구할 수 있습니다. 데이터셋은 총 6362620 행(거래)으로 구성되므로, 출력 결과는 99.87%의 거래를 이전 모델에서 올바르게 탐지했음을 말해 줍니다.

이전 모델의 탐지율이 정말 뛰어납니다. 하지만 사기 거래는 매우 드물게 발생합니다. 한 마디로, 모델 없이 사기 거래가 아니라고 기록해 두기만 해도 높은 수준의 탐지가 가능한 것처럼 보일 수 있습니다. 따라서 실제로 관심을 둬야 하는 부분은 실제 사기 거래를 얼마나 정확히 예측했는지입니다. 이는 다음 코드처럼 `isFraud` 열과 `isCorrect` 열의 값이 모두 1인 경우에서 파악할 수 있습니다.

```
(transaction_df['isFraud']*transaction_df['isCorrect']).sum()
```

isFraud 열은 거래가 사기인 경우에만 값이 1이며, 예측이 맞으면 isCorrect 열의 값이 True가 됩니다. 즉 이 두 열의 값을 곱해보면 두 열의 값이 모두 1일 때만 1이 나오고, 그렇지 않으면 0이 나옵니다. 이후 1의 개수를 더하면 올바르게 탐지된 사기 거래 횟수를 구할 수 있죠.

출력을 보면 16건의 사기 거래가 올바르게 탐지되었습니다. 그리고 transaction_df['isFraud'].sum() 메서드를 사용해 총 8,213건의 사기 거래가 있었음을 확인했습니다. 즉, 전체 사기 거래 중 0.19%만 성공적으로 예측했다는 의미입니다. 전체 정확도만 놓고 보면 매우 훌륭해 보였지만, 더 관련성이 높은 질문을 던졌을 때는 예측 성공률이 매우 낮았습니다. 그리고 이는 **재현율**recall이라는 지표의 대표적인 예시입니다. 이 장의 뒷부분에서는 AutoML에서 사용할 수 있는 다양한 지표의 해석 방법을 살펴봅니다.

다음으로는 범주형 특징에 관한 막대그래프를 그려서 사기 거래의 비율을 파악해 봅니다. 가령 5개의 고유한 값이 있는 type 특징의 막대그래프를 그리는 방법은 다음과 같습니다.

```
transaction_df.groupby('type')['isFraud'].mean().plot.bar()
```

type 열의 값을 기준으로 행을 그룹화하고 isFraud 열의 평균을 취합니다. isFraud 값이 1이나 0이므로, 이는 1인 값의 백분율과 같습니다. 그리고 plot.bar() 메서드로 [그림 5-4]와 같은 막대그래프를 그립니다.

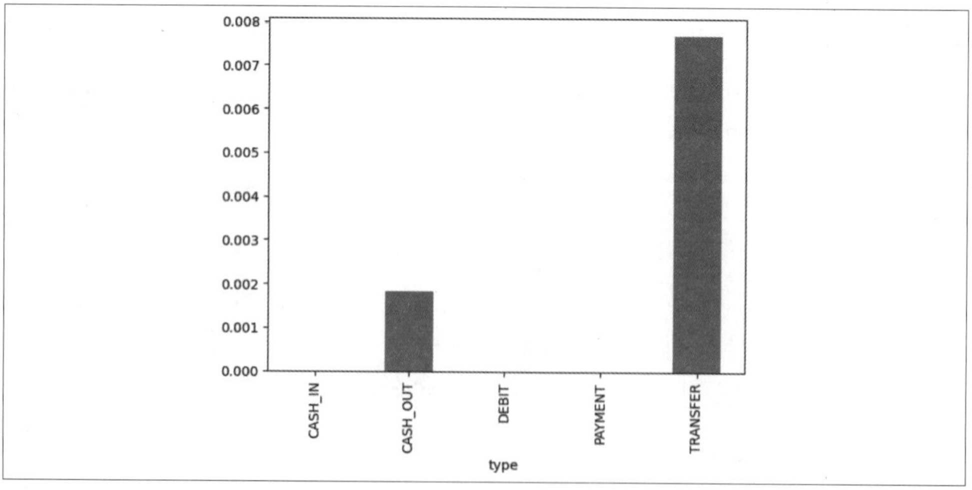

그림 5-4 거래 유형별 사기 거래의 비율을 나타내는 막대그래프

흥미로운 부분이 바로 보일 것입니다. 오직 CASH_OUT과 TRANSFER라는 두 가지의 거래 유형에서만 사기 거래가 존재한다는 사실입니다. 실제로 그러한지 다음 코드로 한 번 더 확인해 보죠.

```
transaction_df.groupby('type')['isFraud'].value_counts()
```

그러면 각 값 조합이 나타나는 횟수가 출력됩니다. 출력은 [표 5-4]와 유사합니다.

표 5-4 value_counts() 메서드의 출력

type	isFraud	count
CASH_IN	0	1399284
CASH_OUT	0	2233384
	1	4116
DEBIT	0	41432
PAYMENT	0	2151495
TRANSFER	0	528812
	1	4097

오직 두 거래 유형에서만 사기 거래가 존재함을 재차 확인할 수 있습니다. 만약 이 데이터셋이 실제 상황을 잘 대변한다면, type은 매우 유용한 특징이 될 수 있습니다. 그러나 새로운 유형의 사기 거래가 등장한다면, 이미 학습된 모델은 본 적이 없는 유형을 완전히 놓쳐버릴 가능성도 존재합니다.

> **NOTE** 사기 거래 유형을 모니터링하고 필요에 따라 모델의 재학습을 고려해야만 합니다. 이 내용을 이 책에서 다루지는 않지만, 알아두면 좋은 개념입니다.

수치형 특징값을 구간별로 나누어 구간별로 사기 거래와 정상 거래의 비율을 확인하는 것도 유용합니다. 버킷화[bucketization](이산화[discretization])는 수치형 변수를 '버킷(구간)'으로 분할하여 각 요소를 해당하는 버킷으로 할당하는 방식을 말합니다. 4장의 히스토그램을 만들 때도 이 작업을 수행했습니다. 그러면 발신자 및 수신자 계좌의 거래 금액과 신규 및 기존 잔액 특징을 탐색할 수 있습니다.

가령 amount 특징의 다양한 구간별 비율을 시각화하는 방식은 다음과 같습니다.

```
transaction_df['amountBkts'] = pd.qcut(transaction_df['amount'], 10)
transaction_df.groupby('amountBkts')['isFraud'].mean().plot.bar()
```

출력을 확인하기에 앞서, 잠시 첫 번째 코드가 무엇을 의미하는지 생각해 보죠. 구간 정보를 포함할 신규 열(`amountBkts`)을 생성합니다. `pd.qcut()`는 사분위수를 기준으로 버킷을 할당하는 메서드입니다. 따라서 `amount` 열을 10개의 구간으로 버킷화(분할)합니다. 첫 번째 구간에는 0~10번째 백분위수까지의 데이터가, 두 번째 구간에는 10~20번째 백분위수까지의 데이터가 들어가는 식이죠(그림 5-5).

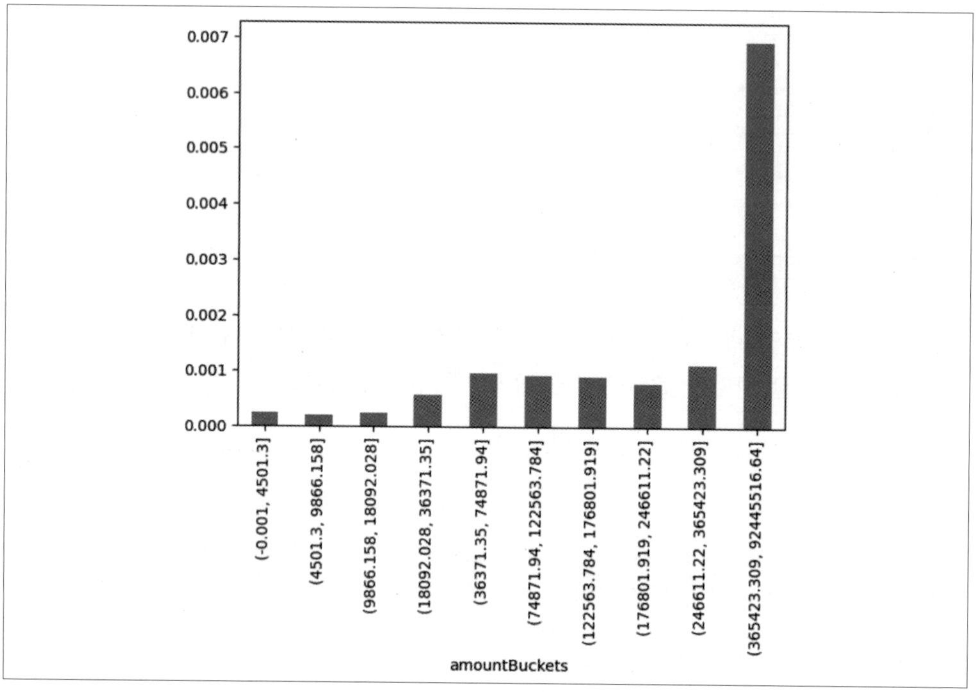

그림 5-5 amount 열을 구간별로 나눠 본 사기 거래 비율

직관적으로 거래액이 클수록 사기 거래일 가능성이 높다는 경향성을 파악할 수 있습니다. 특히 90번째 백분위수를 초과하는 금액의 거래에서 사기 거래율이 7배나 급증합니다.

`oldbalanceOrg` 열에도 동일한 시각화를 해 보겠습니다.

```
transaction_df['oldbalanceOrgBkts'] = pd.qcut(transaction_df['oldbalanceOrg'],
                                              10, duplicates='drop')
transaction_df.groupby('oldbalanceOrgBkts')['isFraud'].mean().plot.bar()
```

`pd.qcut()` 메서드에 `duplicates='drop'`이라는 새로운 파라미터를 입력한 것을 제외하면 모두 동일합니다. 해당 파라미터는 중복된 구간을 단일 구간으로 병합하는 기능을 합니다. 다시 말해 `oldbalanceOrg` 열의 30번째 백분위수가 0이므로 처음 세 개의 구간에는 모두 0이라는 값만 포함되고, 이들은 모두 30~40번째 백분위수 구간에 병합됩니다.

[그림 5-6]에서 볼 수 있듯이, `oldbalanceOrg`과 `isFraud` 사이에는 어떤 관계가 있어 보입니다. 전반적으로 송금자의 잔액이 많을수록 사기 가능성이 높다는 추세가 보이는데, 이러한 추세는 90~100번째 구간에서 감소하는 경향을 보입니다.

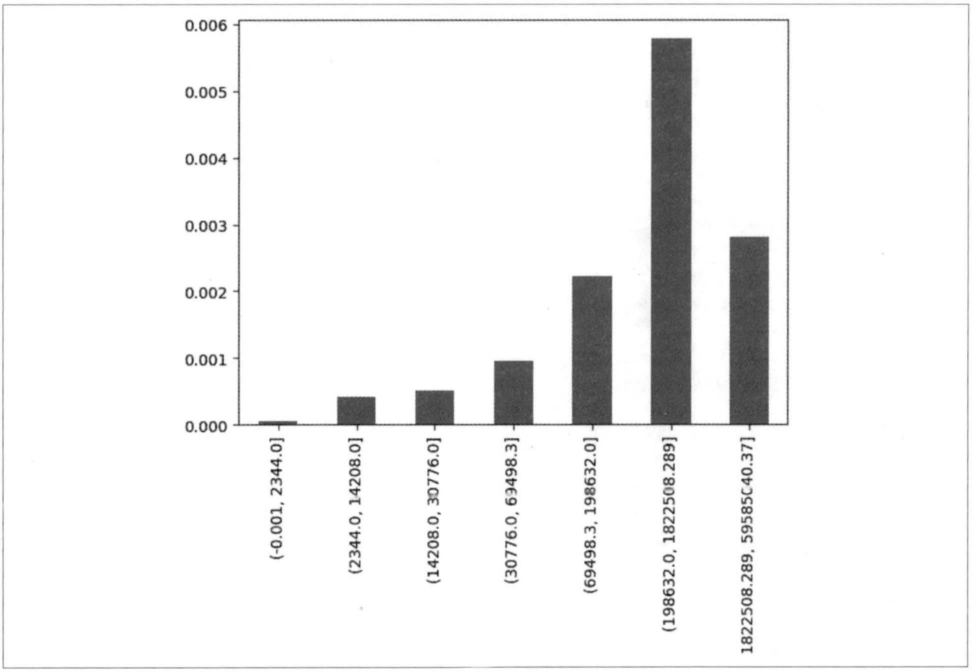

그림 5-6 `oldbalanceOrg` 열을 구간별로 나눠 본 사기 거래 비율

연습 삼아 다른 수치형 특징에도 비슷한 방식으로 탐색해 보기 바랍니다. 관련 예제 코드는 깃허브에 업로드되어 있으며 [그림 5-7], [그림 5-8], [그림 5-9]에서 결과를 확인할 수 있습니다.

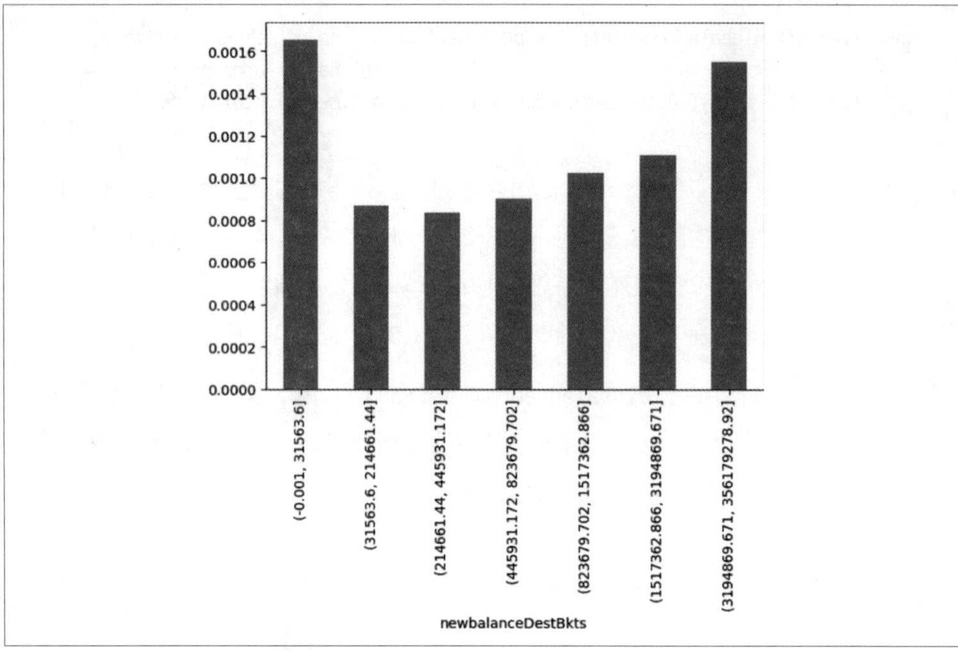

그림 5-7 newbalanceDest 열을 구간별로 나눠 본 사기 거래 비율

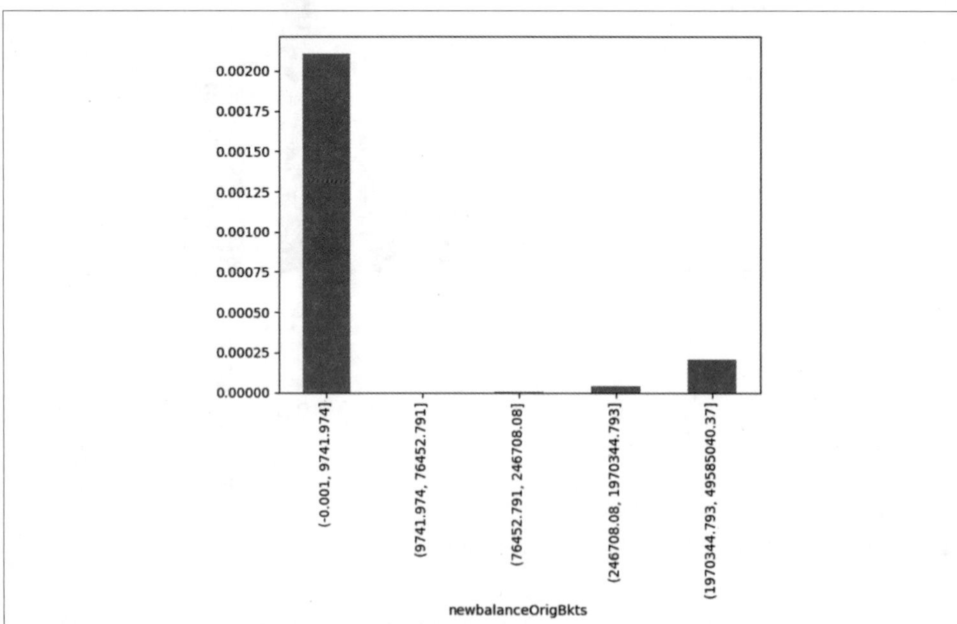

그림 5-8 newbalanceOrig 열을 구간별로 나눠 본 사기 거래 비율

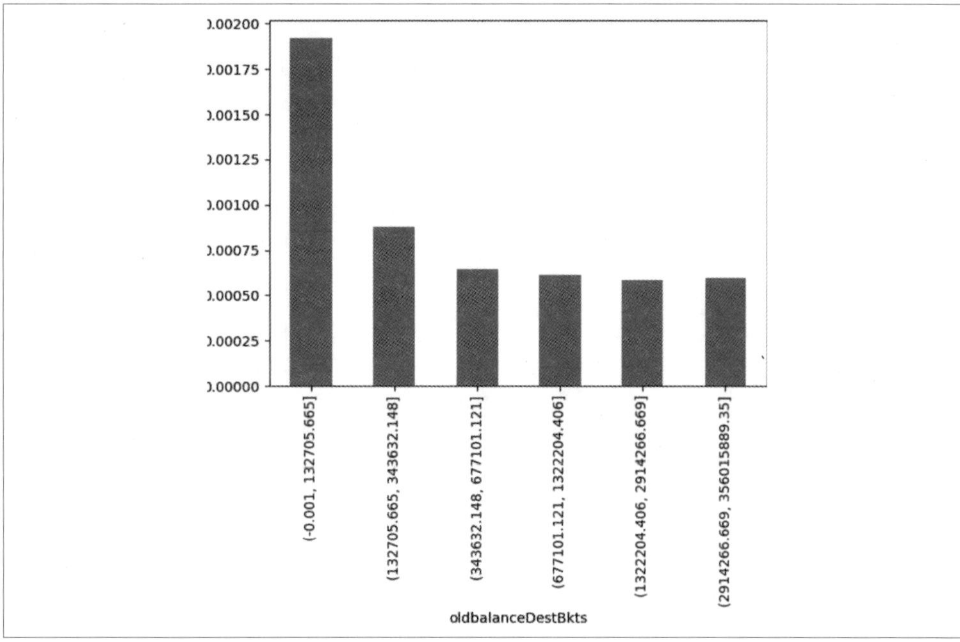

그림 5-9 oldbalanceDest 열을 구간별로 나눠 본 사기 거래 비율

또 다른 방식으로 거래 데이터를 탐색해 볼 수도 있습니다. 가령 사기 거래는 두 유형의 거래에서만 발생했죠. 이 유형 중 하나인 CASH_OUT의 산점도를 그려 newbalanceDest와 oldbalanceDest를 비교한 다음, 사기 여부에 따라 데이터점에 서로 다른 색을 지정해 보겠습니다.

```
cashout_df = transaction_df.query("type == 'CASH_OUT' & newbalanceDest < 1e8")
cashout_df.plot.scatter(x='oldbalanceDest',
                        y='newbalanceDest',
                        c='isFraud',
                        colormap='YlOrRd',
                        alpha=0.1)
```

첫 번째 줄의 코드는 두 개의 필터를 적용합니다. CASH_OUT이라는 유형의 거래와 거래 후 신규 잔액이 1e8(100,000,000)보다 작은 모든 거래로 분석을 한정하기 위함입니다. 두 번째 줄의 코드는 산점도를 그립니다. x축과 y축에 대한 열, 데이터점의 색을 입히는 기준이 될 열(isFraud), 색상 테마(YlOrRd)를 설정하여 산점도를 더 가독성이 높게 만듭니다. isFraud=1인 데이터에는 더 어두운 색상(빨간색)을, isFraud=0인 데이터에는 더 밝은 색상(노란색)을 할당합니다. 만약 다른 색상 테마를 적용하고 싶다면, 맷플롯립의 공식 문서[6]를 참조하기 바랍니다. 마지막으로, 그려지는 데이터점이 많으므로 `alpha=0.1`[7]을 설정하여 약간의 투명도를 추가하여 시각화의 가독성을 높입니다(그림 5-10).

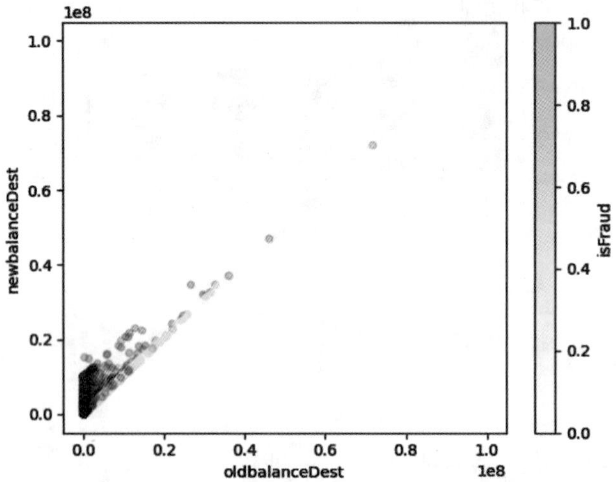

그림 5-10 CASH_OUT 유형의 거래에 대해 `isFraud` 값으로 채색된 `newbalanceDest` 대 `oldbalanceDest`의 산점도

데이터가 밝은 색상보다는 어두운 색상 영역 쪽에 몰리는 영역이 있어 보입니다. 즉, 사기 거래가 더 많은 영역이 존재한다는 뜻으로, 이 두 열 사이에 일종의 상호 연관성이 있다는 좋은 신호입니다. 이러한 관계는 AutoML이 특징을 선택하고, 특징 공학을 수행하는 여러 방식(예: 교차 특징feature crossing)에 의해 포착될 수 있습니다. **교차 특징**은 두 개 이상의 기존 범주형 특징을 서로 연결하거나 교차하여 합성된 특징을 만드는 과정을 말합니다. 이를 수행하는 코드를 직접 작성하는 방법은 8장에서 살펴봅니다.

계속해서 이 장과 앞 장에서 배운 도구로 데이터셋을 시각화하고 탐색해 보길 바랍니다. 예상치 못한 새로운 통찰을 발견할 수 있을지도 모릅니다.

---

6 *https://oreil.ly/oDW76*

7 옮긴이_ 이 책에는 흑백으로 표시했으나, 앞에서 소개한 코드를 실행하면 컬러로 출력되는 산점도를 확인할 수 있습니다.

5.2.3 데이터셋 내보내기

데이터셋의 탐색을 마쳤다면 버텍스 AI AutoML에서 사용할 수 있는 형태로 만들어야 합니다. 이미 구글 클라우드 스토리지에 CSV 파일로, 빅쿼리 테이블로 저장되어 있으니, 다음 절의 내용을 진행하면서 직접 데이터를 변환하고 데이터셋을 업로드할 필요는 없습니다. 다만 연습 차원에서 직접 해 보길 권장합니다. 빅쿼리로 데이터를 저장하는 방법은 6장에서 자세히 다룹니다.

판다스 데이터프레임을 CSV 파일로 저장하는 방법은 다음과 같습니다.

```
transaction_df.to_csv('transactions.csv', encoding='utf-8', index=False)
```

이후 `!head` 셀 명령어로 해당 CSV 파일 내용의 일부를 확인해 볼 수 있습니다.

```
!head transactions.csv
```

해당 파일을 다운로드하는 방법은 4장의 절차와 같습니다. 또한 구글 코랩은 `google.colab` 패키지를 제공하는데, 여기에 파일을 다운로드하는 함수가 있습니다. `google.colab` 패키지에서 `files` 모듈을 불러와 다음처럼 `download` 함수를 호출하면 코랩 세션 내 파일을 로컬 컴퓨터로 다운로드할 수 있습니다.

```
from google.colab import files
files.download('transactions.csv')
```

CAUTION 파이썬으로 파일을 다운로드하는 기능은 구글 코랩이 제공하는 편리한 기능이지만, 다운로드하기 전에 악성 파일이 아닌지를 확인해야 합니다. 따라서 노트북에서 어떤 코드를 실행하는지를 파악하는 것이 매우 중요합니다.

5.3 분류 모델 및 지표

모델을 학습시키기 전에 먼저 분류 모델의 정확한 의미와 이를 올바르게 평가하는 방법을 알아봅시다. 수학적인 내용은 7장의 뒷부분에서 자세히 다루지만, 분류 모델의 기본 작동 방식만 이해해도 결과를 해석하고 모델에서 문제가 될 만한 동작을 알아챌 수 있습니다.

분류 모델은 고양이, 개, 물고기, 사기 등의 범주형 출력을 반환하는 모델입니다. 분류 모델에서 여러분은 구분하려는 범주에 무엇이 있는지를 미리 알아야 합니다. 범주는 숫자가 될 수도 있습니다. 가령 등급이나 범주 레이블 대신 숫자 레이블을 사용할 수 있습니다. 이 장에서 다루는 문제에서의 범주란, 합법적인 거래와 사기 거래를 나타내는 `0`과 `1`이 됩니다.

분류 모델이 반환하는 예측 결과는 특정 범주가 아니라, 가능한 모든 범주에 대한 확률입니다. 그리고 그중 가장 확률이 높은 범주를 예측 결과라고 추출하는 것이 일반적입니다. 하지만 범주가 두 개뿐인 이진 분류에서는 그렇지 않을 수 있습니다. 가령 거래가 사기일 확률이 50% 이상인 경우에만 거래를 사기 거래로 분류한다고 가정해 보겠습니다. 그러면 너무 많은 사기 거래를 놓칠 수 있습니다. 반면, 임곗값을 5%로 너무 낮게 설정하면 너무 많은 거래가 사기 거래로 분류되어, 이들을 조사하는 데 너무 많은 자원을 소비해야 할 수도 있습니다. **임곗값** 설정은 모델링 문제이자 비즈니스 문제입니다.

임곗값은 다양한 평가 지표를 활용하여 비즈니스 요구 사항에 따라 결정할 수 있습니다. 정확도는 분류 모델에 일반적으로 사용하는 간단하고 이해가 쉬운 지표입니다. 하지만 정확도를 주요 평가 지표로 사용하는 것이 얼마나 위험한지 이미 살펴봤습니다. 결국, 원래 모델은 99% 이상의 높은 정확도를 보였지만 사기 거래를 거의 잡아내지 못했습니다. 정확도는 중요한 지표지만, 정확도가 항상 모든 것을 보여주지는 않습니다.

이러한 문제는 불균형한 범주, 즉 한 범주가 다른 범주보다 훨씬 더 많은 경우의 수를 포함할 때 발생합니다. 이 장에서 다룬 문제에서 총거래의 0.129%만이 사기였음을 기억하세요. 사기 거래와 합법적인 거래의 비율은 거의 1:800에 달합니다. 정확도 같은 지표만으로는 문제를 드러내기 쉽지 않습니다. 이처럼 **양성**positive 판정이 매우 드문 시나리오에서는 정확도만으로는 신뢰가 어렵습니다.

정확도와 함께 재현율과 정밀도precision 등의 지표를 함께 사용하여 모델의 성능을 더 명확히 파악할 수 있습니다. **재현율**은 실제 양성률로도 볼 수 있습니다. 사기 거래의 예시에서 재현율은 모델이 성공적으로 예측한 사기 거래의 비율을 나타냅니다. 한편, **정밀도**는 모델이 예측한 양성 사례가 실제로도 양성인 비율을 나타냅니다. 사기 거래 문제에서 정밀도는 예측된 사기 거래 중 실제로 사기 거래가 발생한 비율을 나타냅니다. 사기 거래를 선제적으로 신고하여 검토하는 것이 목표라면 재현율을 매우 중요하게 고려해 볼 만합니다. 재현율을 높이려면 정확도나 정밀도를 약간 희생해야 할 수도 있습니다. 물론 많은 거래를 검토하려면 많은 자원을 투입해야 하므로 여전히 균형을 맞추는 일이 중요합니다.

재현율과 정밀도는 오차 행렬의 관점으로 계산될 때가 많습니다. 오차 행렬은 예측된 범주와 실제 범주를 기반으로 예측을 테이블로 분류합니다. 이에 관한 예는 [표 5-5]와 같습니다.

표 5-5 일반적인 문제에 대한 오차 행렬

	예측된 양성 결과	예측된 음성 결과
실제 양성	참 양성(TP)	거짓 음성(FN)
실제 음성	거짓 양성(FP)	참 음성(TN)

$\frac{TP}{(FN+TP)}$ 로 정의되는 재현율은 양성으로 예측된 실제 양성 비율이며, $\frac{TP}{(FP+TP)}$ 로 정의되는 정밀도는 예측된 양성 반응 중 실제로 양성 반응이 나온 비율입니다. 즉, 이 둘 사이에 어느 정도 균형이 맞아야 합니다. 사기 거래의 예시처럼, 양성 범주에 대한 임곗값을 낮추면 더 많은 거짓 양성과 더 적은 거짓 음성이 발생하여 정밀도는 낮아지고 재현율은 높아지게 됩니다. 반대로 양성 범주에 대한 임곗값을 높이면 거짓 음성은 더 많이 발생하고 거짓 양성은 더 적게 발생하므로 정밀도는 높아지고 재현율은 낮아지게 됩니다.

TIP_ 정밀도와 재현율 중 무엇이 더 중요할까요? 이 질문의 답은 비즈니스의 결정으로 귀결되는 경우가 많습니다. 어디에 더 중점을 두느냐의 문제죠. 가령 사기 거래를 최대한 포착하면서 일부 합법적인 거래도 확인하고 싶다면 재현율을 평가 지표로 선호할 가능성이 높습니다.

정밀도와 재현율 사이의 적절한 균형 지점을 찾았는지를 어떻게 알 수 있을까요? 한 가지 방법은 정밀도와 재현율을 모두 고려한 **조화 평균**harmonic mean인 **F1 점수**F1-score를 활용하는 것입니다. 일반적으로 조화 평균은 비율에 대한 '최상의 평균'으로 간주하곤 합니다. P를 정밀도, R을 재현율이라고 표현하면, F1 점수는 다음처럼 계산할 수 있습니다.

$$F1\ 점수 = \frac{2(P \times R)}{P + R}$$

F1 점수는 정확도와 재현율 중 작은 쪽에 치우치는 경향이 있습니다. 따라서 다른 지표의 최적화를 위해 또 다른 지표를 너무 많이 희생하지 않고 싶은 상황에서 좋은 지표가 될 수 있습니다.

정밀도와 재현율은 설정된 임곗값뿐만 아니라 모델에 따라서도 크게 달라집니다. 지표가 임곗값에 크게 의존한다면, 모델을 어떻게 결정해야 할까요? 수신자조작특성receiver operator characteristic curve(ROC)의 곡선아래면적area under the curve(AUC) 및 정밀도-재현율 곡선아래면적precision-recall curve(PR AUC)과 같이, 모델에만 의존하는 지표가 있습니다. 이 두 지표는 모두 범위가 0~1 사이이며, 1에 가까울수록 더 좋은 모델을 의미합니다. 이러한 지표에 관한 자세한 내용은 이 책에서 다루지 않습니다. 하지만 이들을 직관적으로 이해해 보는 노력은 실무에 도움이 될 것입니다.

ROC는 재현율과 거짓 양성률을 비교하는 그래프입니다. 이 곡선의 각 점은 서로 다른 임곗값에 해당하므로 곡선 전체에서 가능한 모든 임곗값을 한눈에 확인할 수 있습니다. 곡선아래면적인 ROC AUC는 모델이 양성 데이터를 실제로도 양성으로 판단할 확률을 나타냅니다. 이는 분류 문제에서 매우 유용한 지표입니다. 그러나 데이터셋의 불균형이 심하다면, 그다지 유용하지 않을 수 있습니다. 가령 사기 거래를 놓치는 것이 합법적인 거래를 잘못 탐지하는 것보다 더 큰 비용을 초래한다면, ROC AUC는 별로 유용하지 않을 수 있습니다.

또 다른 지표로 PR 곡선이 있습니다. ROC 곡선과 개념은 같지만, 정밀도와 재현율에 관한 그래프입니다. PR 곡선은 데이터셋이 불균형할 때 더 강력한 측정 지표가 되는 경향이 있습니다. 왜 그럴까요? 정밀도와 재현율은 모두 양성 범주의 클래스에 초점을 맞추며, 양성 범주를 더 희귀한 클래스로 설정하면 지표는 데이터셋 전체가 아닌 해당 범주를 예측한 성공에 기반합니다.

다음 절에서는 AutoML로 학습된 모델을 평가할 때의 ROC 곡선과 PR 곡선에 관한 예시를 확인할 수 있습니다.

5.4 AutoML로 분류 모델 학습시키기

데이터 탐색을 어느 정도 했으므로, 이제는 AutoML로 모델을 학습시킬 준비가 되었습니다. 4장에서처럼, 버텍스 AI의 관리용 데이터셋을 생성한 다음 데이터셋 통계를 살펴봅시다. 그리고 모델을 학습시키고 모델의 성능을 확인합니다. 아직은 분류 지표가 생소하게 느껴질 수 있으므로 특징의 중요도를 이해하고 모델 예측을 제공하는 단계로 넘어가기 전에 지표를 탐구하는 데 어느 정도 시간을 할애해야 합니다.

대부분은 4장의 회귀 문제에서 자세히 다룬 내용입니다. 따라서 여기서는 일부 내용은 간략히 다루고, 집중해야 할 부분에 중점을 두겠습니다. 내용이 잘 기억나지 않는다면 4장을 다시 참조하세요.

5.4.1 관리형 데이터셋을 만들고 모델의 목적 선택하기

`console.cloud.google.com`으로 이동해서 사이드 메뉴나 검색창을 이용해 버텍스 AI로 이동합니다. 그리고 '데이터셋'을 선택한 다음, 나타나는 데이터셋 페이지에서 [만들기] 버튼을 클릭합니다. 자동으로 제안된 이름을 `fraud_detection`으로 바꿔줍니다. 4장에서와 마찬가지로 데이터 유형과 목표를 선택해야 합니다. 정형/표 형식 데이터로 분류 문제를 해결하려면 [그림 5-11]처럼 '테이블 형식'과 '회귀 또는 분류'를 차례로 선택합니다.

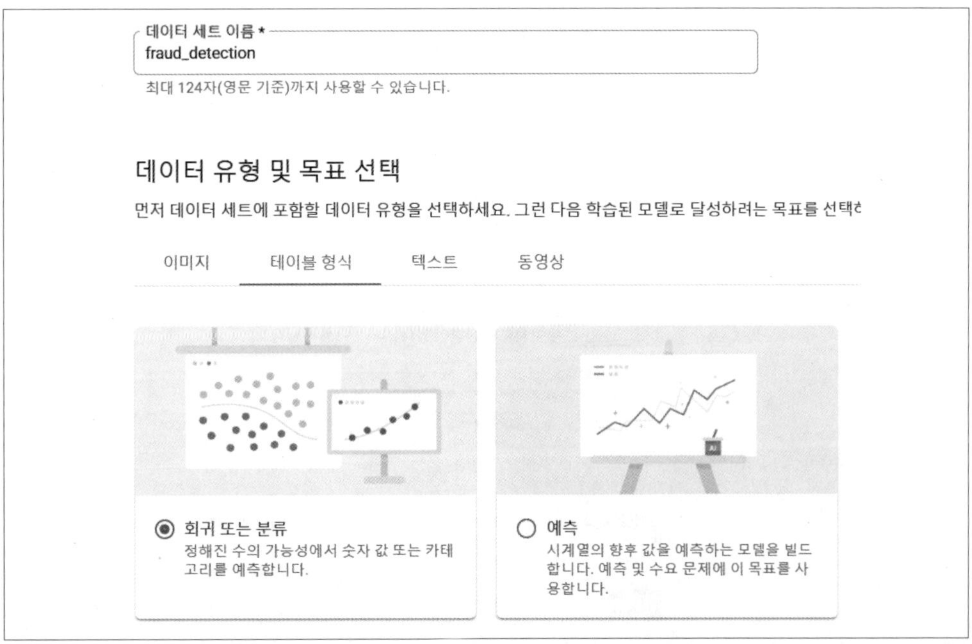

그림 5-11 신규 `fraud_detection` 데이터셋에 필요한 옵션

[만들기] 버튼을 클릭하면 데이터 출처를 지정하는 페이지로 이동합니다. 앞서 노트북에서 저장한 CSV 파일이 담긴 구글 클라우드 스토리지나 동일한 데이터가 들어간 빅쿼리의 테이블 중 하나를 선택할 수 있습니다. 빅쿼리에 저장된 데이터에는 CSV에는 포함되지 않은 추가 스키마 정보(예: 각 열의 데이터 유형)가 함께 제공되므로, 빅쿼리를 활용해 보겠습니다.

'데이터 소스 선택'에서 'BigQuery에서 테이블 또는 뷰 선택' 라디오 버튼을 클릭한 다음, 빅쿼리 경로를 다음처럼 입력하고 [계속] 버튼을 클릭합니다(그림 5-12).

```
ma-low-code-ai.low_code_ai.financial_transactions
```

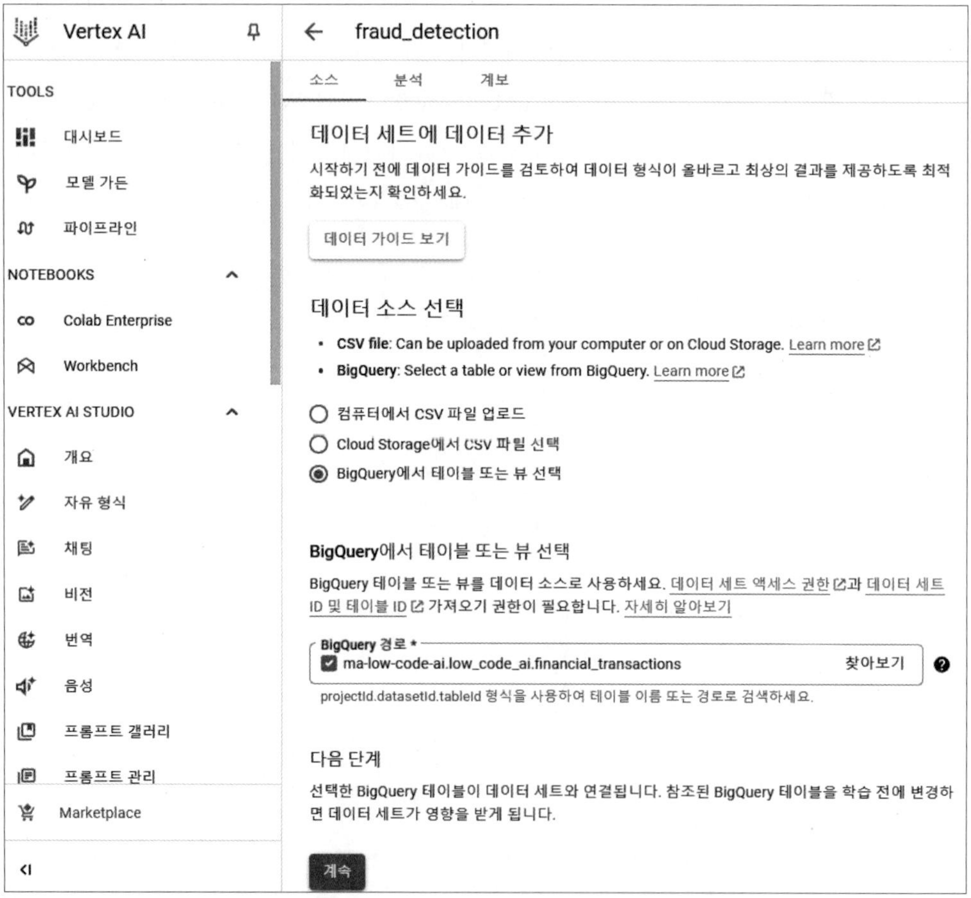

그림 5-12 빅쿼리를 활용해 데이터 출처 지정하기

데이터 불러오기와 전처리에는 약 15~20분이 소요됩니다. AutoML은 모델을 학습시키는 데 필요한 여러 가지 데이터 분석과 준비 작업을 수행합니다. 이 과정이 끝나면 데이터셋을 탐색할 준비가 완료됩니다.

5.4.2 데이터셋 통계 살펴보기

데이터 불러오기와 준비 작업이 완료되면 데이터셋을 분석하는 단계로 넘어갑니다. [그림 5-13]과 같은 데이터 분석 화면에서 [통계 생성] 버튼을 클릭합니다.

그림 5-13 데이터셋 통계 정보 생성하기

통계 정보가 생성되는 데는 몇 분 정도가 소요됩니다. 그리고 통계가 생성된 다음에는 각 열을 클릭하여 통계 정보를 확인할 수 있습니다. 앞서 분석을 이미 수행했으므로 많이 놀랄 만한 사항은 없지만, 그래도 추가로 살펴볼 가치는 있습니다. 가령 `type` 열을 클릭하면 [그림 5-14]와 같은 통계가 표시됩니다. 누락된 값은 없으며, 앞서 본 5개의 고유한 범주와 함께 각 범주가 등장한 횟수에 관한 분석이 표시되죠. 여기서 새로운 부분은 각 범주가 전체 중 어느 정도를 차지하는지를 빠르게 확인할 수 있는 시각화입니다.

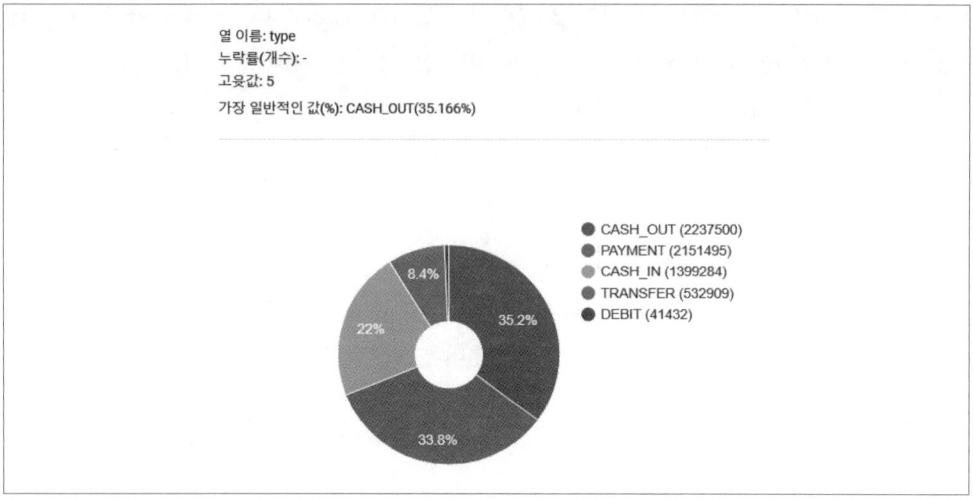

그림 5-14 버텍스 AI에서 생성한 type 열의 통계 정보

다음 절로 넘어가기 전에 같은 방식으로 다른 열들도 직접 살펴보고, 이전에 수행한 분석과 비교해서 모든 것이 예상과 같은지를 확인해 보기 바랍니다. 주의를 기울여 데이터 유형과 통계에 예상치 못한 부분이 없는지 확인하세요. 이번 예시에는 크게 놀랄 만한 차이가 없지만, 이러한 습관을 길러두면 매우 유용합니다. 실제 모델을 학습시키기 전에 데이터에서 확인할 수 있는 모든 것을 최대한 확인해 두어야 합니다.

5.4.3 모델 학습

모델을 학습시키려면 데이터셋 분석 화면의 오른쪽에 보이는 [새 모델 학습] 버튼을 클릭한 뒤 옵션에서 '기타'를 선택합니다(그림 5-15).

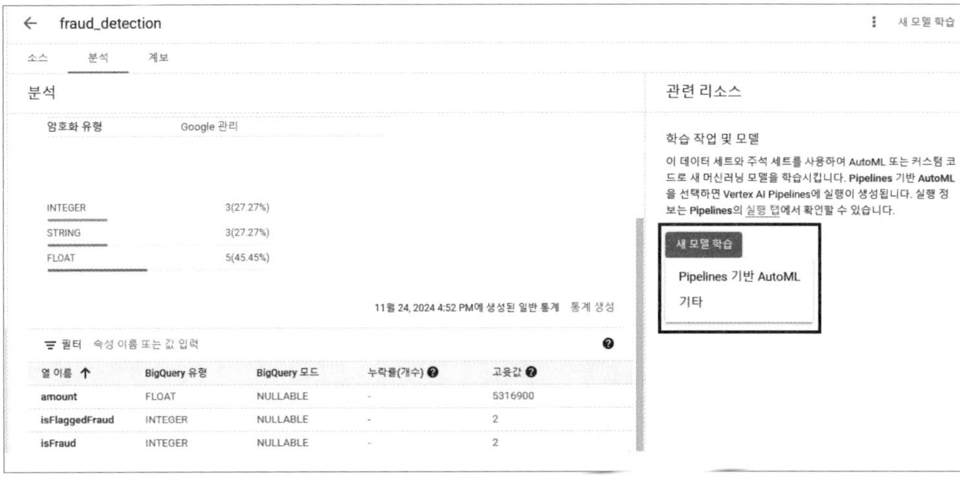

그림 5-15 버텍스 AI AutoML에서 신규 모델을 학습시키는 데 필요한 옵션

이어서 '학습 방법' 페이지가 나타나면 목표로 'classification(분류)', 'Model training method(모델 학습 방법)'에서 'AutoML'이 선택된 것을 확인하고 [계속] 버튼을 누릅니다(그림 5-16).

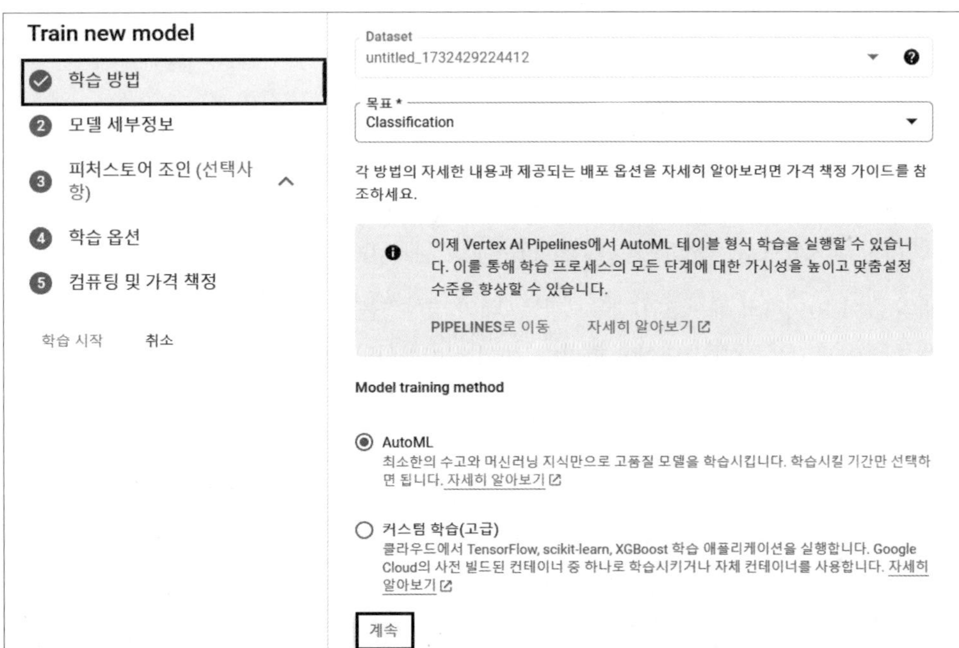

그림 5-16 버텍스 학습 방법 페이지에 입력해야 할 정보

다음으로 '모델 세부정보'에서 '새 모델 학습'을 선택하고, 모델의 이름을 `fraud_detection`으로 설정합니다. 그리고 'Target column(목표 대상 열)'으로 `isFraud`를 선택합니다(그림 5-17). 모두 제대로 입력했다면 [계속] 버튼을 눌러 다음 페이지로 이동합니다.

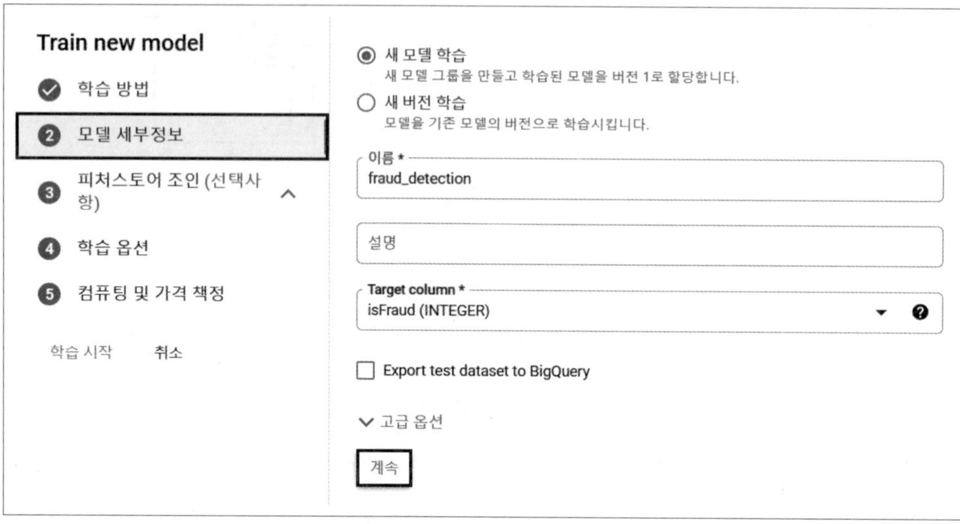

그림 5-17 모델 세부 정보 페이지에 입력해야 할 정보

'학습 옵션'에서 학습에 사용할 특징을 선택하고, 해당 특징들이 범주형이나 수치형으로 올바르게 처리되는지 확인합니다. `isFlaggedFraud`, `nameDest`, `nameOrig` 특징 우측의 빼기 기호를 클릭하여 학습에서 해당 특징들을 제거합니다. `step` 특징도 범주형으로 취급되는지 확인합니다. 단순히 숫자가 아니라 특정 시점을 나타내는 특징이므로 이를 반드시 확인해야 합니다. `step`의 값이 10이라고 해서 5인 경우보다 두 배의 영향력을 가져서는 곤란하겠죠. 최종적으로 [그림 5-18]와 같은 형태가 되어야 합니다. 여기까지 확인한 뒤에 [계속] 버튼을 누릅니다.

그림 5-18 옵션을 선택한 후 학습 옵션 페이지의 모습

마지막으로 '컴퓨팅 및 가격 책정'에서 학습에 투입할 예산을 설정합니다. 비용은 시간당으로 계산됩니다. 가격은 계속해서 변할 수 있으므로, 현재 가격은 최신 버텍스 AI 문서[8]를 참조하기 바랍니다. 여기서는 예산을 약 1시간으로 설정합니다. 또한, 더는 모델이 개선될 기미가 보이지 않을 때, 학습 과정을 자동으로 종료시키는 '조기 중단 사용 설정' 옵션도 활성화합니다. 긴 시간을 예산에 설정했지만, 실제로는 그 정도로 시간이 필요치 않은 경우에 유용한 기능입니다. 이제 [학습 시작] 버튼을 클릭해서 학습을 시작합니다.

모델 학습이 완료되면 이메일로 통지되고, 학습된 모델은 모델 레지스트리에 등록됩니다.

5.4.4 모델 성능 평가

모델 학습이 완료되었다면 평가 지표를 살펴볼 차례입니다. 사이드 메뉴나 검색창에서 버텍스 AI의 '모델 레지스트리'로 이동합니다. 학습된 결과 모델(`fraud_detection`)을 클릭한 다음, 원하는 버전을 선택합니다. 단 한 번의 실험만 진행했으므로 버전은 1을 선택해 줍니다.

---

8 *https://oreil.ly/x8C3f*

사기 거래를 예측하는 능력이 가장 중요하므로 범주 1([그림 5-19]에 강조 표시됨)을 클릭하여 AutoML이 설정한 테스트 데이터셋에서의 모델 수행 능력을 확인합니다. 모델 학습에는 무작위성이 포함된 과정들이 있어서 결과가 [그림 5-19]와 완전히 일치하지는 않을 수 있습니다.

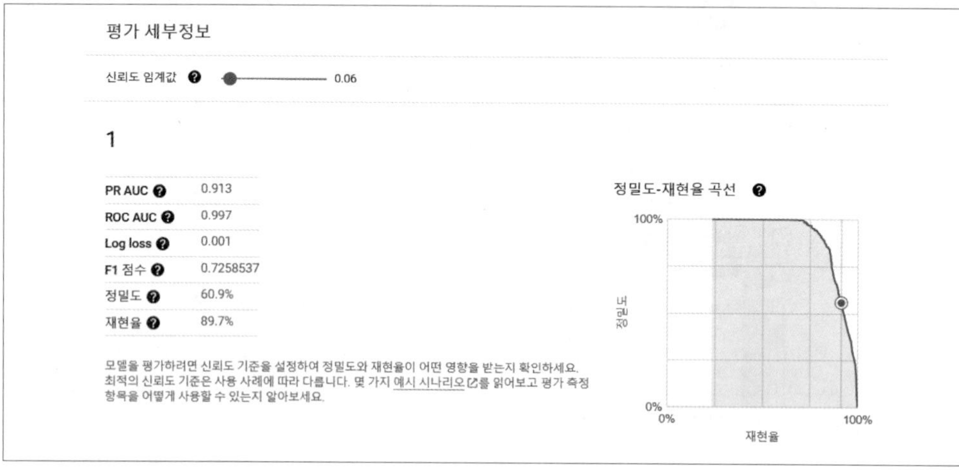

그림 5-19 fraud_detection 모델에 대한 평가 지표

'신뢰도 임곗값'을 조절하는 슬라이더 컨트롤러에 주목하세요. 이 값을 바꿔가며 정밀도와 재현율에 어떤 영향을 미치는지 확인할 수 있습니다. 가령 사기 거래로 의심되는 거래 중 최대 50%가 실제로는 합법적일 수도 있다고 판단하여, 이를 확인할 자원을 확보하고자 한다고 가정해 보죠. [그림 5-19]에 표시된 모델에서 50% 정밀도에 해당하는 임곗값은 0.06입니다. 즉, 모델이 사기 가능성을 6% 이상이라고 예측하는 경우, 사기일 수도 있다고 판단하고 이를 확인하는 절차를 수행해야 한다는 것입니다. 이때 재현율은 95.2%로, 20건의 사기 거래 중 1건만 놓칠 수 있다는 의미입니다.

최적의 신뢰도 임곗값은 비즈니스 요구 사항과 목표에 따라 달라지므로 정답은 없습니다.

5.4.5 모델의 특징 중요도

UI에서 '모든 라벨'을 클릭한 다음, 페이지 하단으로 내려가 보면 해당 모델의 특징 중요도를 확인할 수 있습니다. 4장에서 본 대로 특징 중요도는 모델 예측에 특징들이 미치는 중요도를 측정합니다. 한편, 평가 지표처럼 여러분이 보는 결과는 이 책과 정확히 일치하지 않을 수 있습니다.

여기서 학습시킨 모델의 특징 중요도는 [그림 5-20]과 같습니다. `oldbalanceOrg`와 `newbalanceOrig` 특징이 가장 중요하고, `amount`와 `type`이 세 번째와 네 번째로 중요한 특징으로 꼽혔습니다. 노트북으로 데이터를 탐색했을 때를 상기해 보면, 이 특징들과 사기 거래 비율 사이에 명확한 패턴이 있었습니다. 이렇게 파악한 패턴은 실제로 모델이 학습 내용에 이상한 점이 없는지를 확인하는 데 매우 유용합니다. 사용자가 알아차리지 못한 패턴을 모델이 발견하기도 하지만, 모델이 무의미한 내용을 학습한 것 같다는 생각이 들면 이를 위험 신호로 간주해야 합니다. 가령 택시 요금을 예측하는 모델이 승차 거리를 가장 중요하지 않은 특징이라고 학습했다면, 더 면밀하게 데이터를 탐색해야 할지도 모릅니다. 특징 중요도는 이해관계자가 모델의 예측 방식을 이해하고, 예상치 못한 예측이 발생했을 때 데이터 과학자와 ML 엔지니어가 모델을 디버깅하는 데 매우 유용합니다.

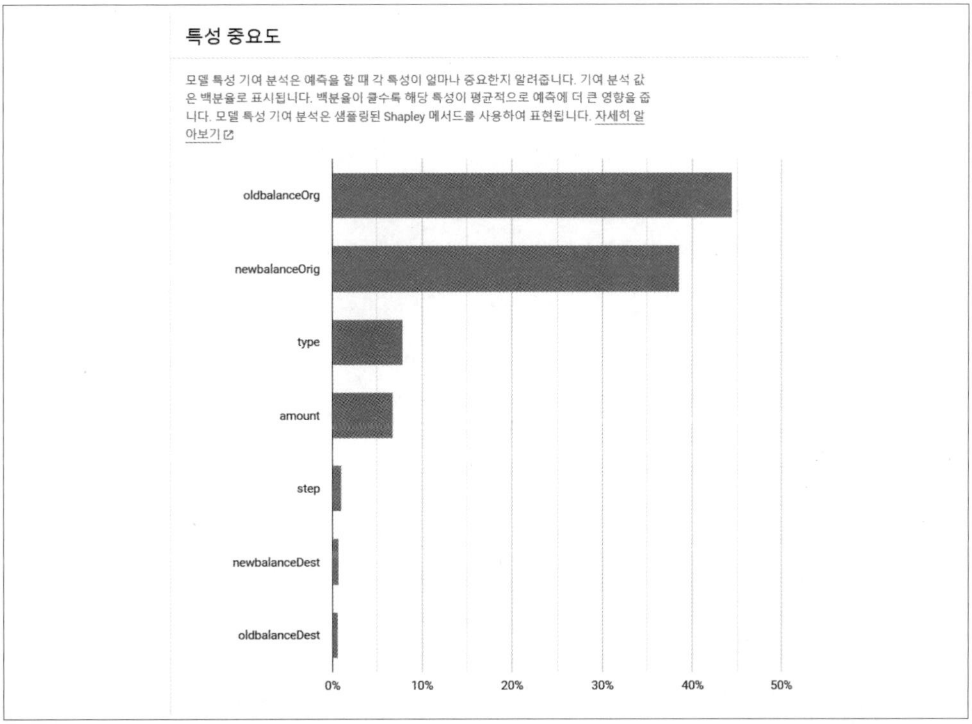

그림 5-20 `fraud_detection` 모델의 특징 중요도

5.4.6 모델의 예측 얻기

모델의 평가 지표를 확인했으므로, 이제는 모델을 배포할 준비가 되었습니다. 모델을 배포하는 과정에 문제가 발생한다면, 내용이 거의 비슷한 4장을 참조하기 바랍니다.

다음과 같이 값을 조정하여 모델을 배포합니다. 언급하지 않은 모든 옵션은 기본값으로 둡니다.

1. '엔드포인트 정의'에서 이름을 `fraud_endpoint`로 지정합니다.
2. '모델 설정'에서 '머신 유형'으로 `n1-standard-2, 2vCPUs, 7.5GiB memory`를 선택합니다. 스펙이 낮은 유형의 머신을 선택하면, 모델을 운용하는 비용은 낮추면서 이 예제를 수행하는 데 필요한 요구 사항을 충족시킬 수 있습니다.
3. '모델 설정'의 '설명 기능 옵션'에서 '특성 기여'를 선택합니다.
4. 모델 모니터링은 하지 않기 때문에, '모델 모니터링'을 비활성화합니다.

그리고 [배포]를 클릭합니다. 배포에는 몇 분 정도 소요됩니다. 모델이 배포되고 나면, 페이지 하단에서 모델을 테스트해 볼 수 있습니다.

다음 값을 사용해 모델을 테스트해 보죠. 이번에도 [그림 5-21]과는 다른 결과가 나올 수 있음을 알아두기 바랍니다. 입력 후에는 [예측] 버튼을 클릭합니다. 모델이 예측한 사기 거래 확률을 확인하려면 '선택한 레이블'을 1로 변경합니다.

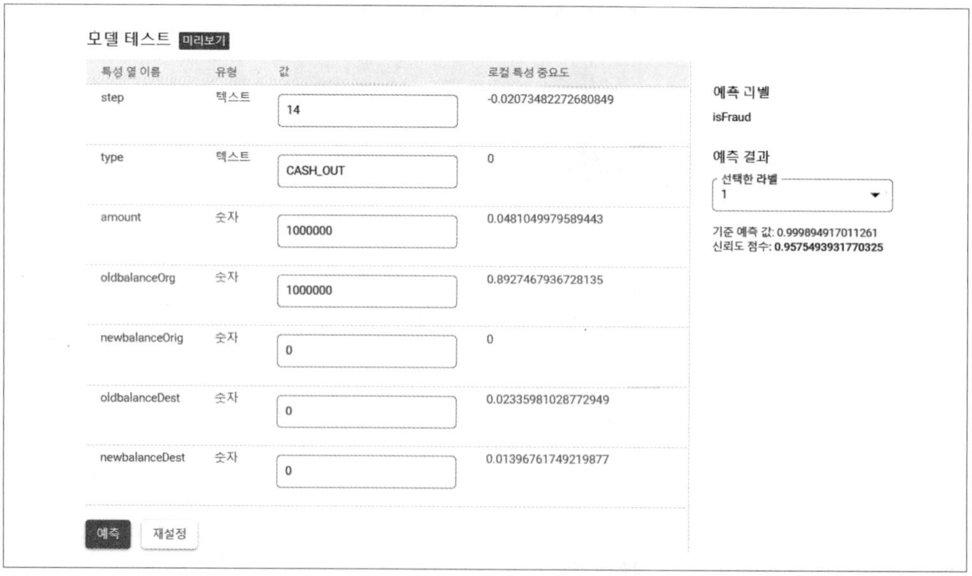

그림 5-21 모델의 예측 및 특징 중요도 테스트

[그림 5-21]에 표시된 모델에서는 '신뢰도 점수'가 예측 확률입니다. 입력된 데이터에 대해 약 95%의 확률로 사기 거래를 잡아낸 것입니다. 평가 지표와 임곗값에 관한 이전 내용을 참고해 볼 때, 이 거래는 사기 거래라고 표시될 것입니다. 특징 중요도도 확인할 수 있는데, 입력된 특징 중 가장 중요도가 높다고 판단된 특징은 `oldbalanceOrg`입니다.

연습 삼아 특징들의 다양한 값 조합을 탐색하고 예측 확률과 해당 특징 속성을 확인해 보기 바랍니다.

> **CAUTION** 이 장의 내용을 완료한 다음에는 잊지 말고 반드시 모델을 배포 취소하기를 바랍니다. 배포한 모델은 실제로 사용하지 않더라도 비용이 발생합니다. 모델 배포를 취소하려면 버텍스 AI 엔드포인트에서 원하는 엔드포인트의 이름(`fraud_endpoint`)을 클릭하고, 우측의 점 3개로 표시된 메뉴에서 '엔드포인트에서 모델 배포 취소'를 클릭하면 됩니다(그림 5-22).

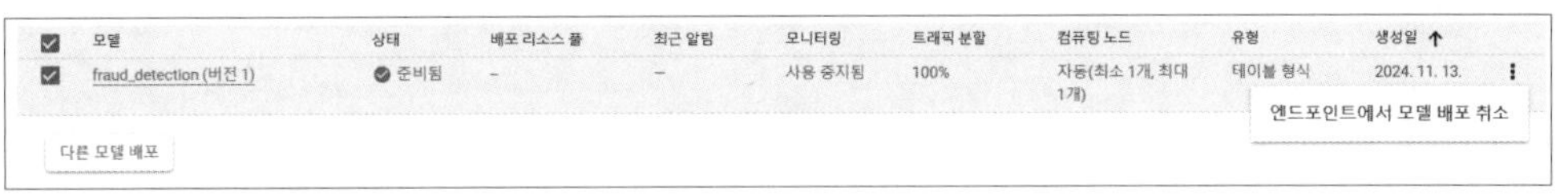

그림 5-22 엔드포인트에서 모델 배포를 취소하는 옵션의 위치

5.5 요약

이전 두 장에서는 AutoML을 사용해 회귀 모델과 분류 모델을 학습시켰고, 이번 장에서는 구글 코랩 환경에서 데이터를 탐색하고, 데이터를 버텍스 AI 관리형 데이터셋에 업로드한 후 AutoML로 분류 모델을 학습시켰습니다. 기존 모델의 재현율이 신규 모델보다 현저히 낮았으므로 신규 모델은 거래 감지 성능을 개선하고 고객 계정을 보호하는 데 유용하게 쓰일 것입니다.

하지만 이는 ML을 배우는 여정의 시작일 뿐입니다. 일반적으로 모델 학습 과정을 더 세밀하게 제어하는 기능이 필요합니다. 그러려면 로우코드나 사용자 맞춤형 코드를 활용한 솔루션으로 전환해야 합니다. 다음 장은 빅쿼리에서 SQL을 사용해 데이터를 탐색하고, 빅쿼리 ML에서 SQL로 머신러닝 모델을 학습시키는 방법을 알아봅니다.

CHAPTER 6

빅쿼리 ML로 선형 회귀 모델 학습시키기

이 장은 전력 생산량 예측을 예로 들어 선형 회귀 모델과 신경망 모델을 밑바닥에서부터 구축하는 방법을 다룹니다. 데이터 분석에는 SQL, 데이터 탐색에는 주피터 노트북, ML 모델 학습에는 빅쿼리 ML을 사용합니다. 이 과정에서 데이터를 이해하는 새로운 방법과 모델의 성능 개선에 새로운 방법을 어떻게 적용하는지에 관한 내용을 배웁니다.

6.1 비즈니스 사용 사례: 전력 생산량

이 프로젝트의 목표는 발전소 인근의 기상 조건을 고려해 복합화력발전소(CCPP)의 시간당 전기 에너지 순생산량을 예측하는 것입니다.

CCPP는 가스터빈, 증기터빈, 열회수 증기 발생기로 구성됩니다. 전기는 가스터빈과 증기터빈에서 생성되며, 이 두 터빈은 하나의 사이클로 결합해 작동합니다. 증기터빈에서 진공이 수집되는 동안, 나머지 세 가지 외부 환경 변수(온도, 외부 압력, 상대 습도)는 가스터빈의 성능에 영향을 미칩니다.

이 절에서 사용하는 데이터셋은 CCPP에서 6년간(2006–2011) 수집한 데이터를 포함합니다. 이 기간에 발전소는 최대 부하로 운영되었습니다. 데이터는 시간 단위로 집계되었으나, 기록된 기상 조건과 에너지 생산에 관한 정확한 시간은 포함되지 않았습니다. 실용적 관점에서 볼 때, 이전 기록 정보에 기반해 미래 기록을 예측하는 시계열 데이터로는 활용할 수 없음을 의미합니다.

데이터는 CSV 파일로 제공되므로[1], ML 모델을 만드는 데 사용하려면 데이터를 빅쿼리로 업로드하는 과정을 거쳐야 합니다. [표 6-1]과 같이 데이터셋에는 열이 5개 있으며 9,590개의 행으로 구성됩니다.

표 6-1 데이터셋의 다섯 열(예측 대상 변수인 에너지 생산은 굵게 표시함)

열 이름	최솟값	최댓값
온도	1.81℃	37.11℃
주변 압력	992.89 mbar	1,033.30 mbar
상대 습도	25.56%	100.16%
배기 진공	25.36 cmHg	81.56 cmHg
에너지 생산	420.26 MW	495.76 MW

이 값들의 범위는 발전소 엔지니어가 잘 문서화하여 보고서 등으로 공유했습니다. 이는 4장의 설명대로 데이터를 탐색할 때 널값이나 이상치와 같은 문제가 없는지 확인할 때 유용합니다.

6.2 빅쿼리 SQL로 데이터셋 정리하기

전에 설명한 대로, ML 모델을 구축하는 과정을 시작하기 전에 가장 먼저 할 일은 데이터셋을 이해하는 것입니다. 모든 ML 모델의 품질은 결국 학습 데이터셋의 품질에 따라 크게 좌우되기 때문이죠. 데이터셋이 잘못된 데이터로 채워지거나, 누락된 값이 존재한다면 ML 모델이 적절한 통찰을 학습할 수 없습니다.

이 절에서는 SQL과 빅쿼리라는 도구를 활용합니다. 모든 SQL 코드는 이 책의 깃허브 저장소[2]에도 업로드했습니다. 빅쿼리는 구글 클라우드가 제공하는 **서버리스**serverless 데이터 웨어하우스용 솔루션입니다. 여기서 서버리스란, 서버 프로비저닝 없이도 데이터를 빅쿼리에 빠르게 저장하고 SQL로 데이터 분석을 시작할 수 있다는 의미입니다. SQL에 익숙하지 않다면 구글의 코세라Coursera 강의 '탐색을 위한 데이터 준비[3]'로 시작해 보기 바랍니다. SQL을 더 깊게 배우고

---

1 이 데이터셋(*https://oreil.ly/_EvWy*)은 UC 어바인(Irvine)의 머신러닝 저장소가 제공하는 CCPP 데이터셋을 사용해 생성했습니다. 이 장에서 설명하는 개념을 더 잘 보여주고자 약간 수정한 버전입니다.

2 *https://github.com/books-by-chansung/low-code-ai*

3 *https://oreil.ly/zWLKA*

싶다면 앨런 볼리외Alan Beaulieu의 『러닝 SQL』(한빛미디어, 2021)을 읽어 보기 바랍니다.

빅쿼리는 이 장의 선형 회귀 모델을 만드는 데 충분한 무료 티어를 제공합니다. 매달 1 TB의 SQL 쿼리량과 10 GB의 저장 공간을 무료로 제공하죠. 또한 선형 회귀와 같은 특정 유형의 ML 모델을 생성하는 데 들어가는 첫 10 GB의 데이터를 무료로 처리합니다. 빅쿼리 ML은 빅쿼리에 저장된 데이터에 ML을 적용하고 싶을 때 유용합니다. 내부적으로 빅쿼리 ML은 신경망 모델 학습 시 버텍스 AI의 자원을 활용합니다.[4]

6.2.1 빅쿼리에 데이터셋 업로드하기

CCPP 데이터셋은 아직 빅쿼리에서 사용할 수 없습니다. 따라서 데이터를 빅쿼리에 업로드하는 작업을 가장 먼저 해야 합니다. 편의상 해당 데이터를 공용 구글 클라우드 스토리지 버킷[5]에 저장해서 공유했습니다.

빅쿼리에 데이터를 업로드하려면 먼저 구글 클라우드 콘솔에서 'BigQuery'를 클릭해 빅쿼리 SQL 작업 영역에 진입합니다. UI 좌측에서 프로젝트 이름을 선택한 다음, 프로젝트명 우측의 점 3개로 표시된 버튼을 클릭합니다. 그리고 나타나는 메뉴에서 '데이터셋 만들기'를 선택합니다(그림 6-1).

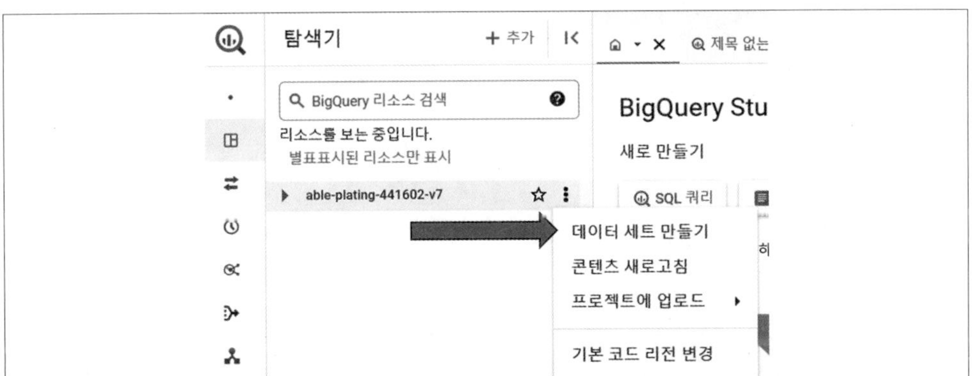

그림 6-1 빅쿼리 콘솔에서 '데이터셋 만들기'에 접근하기

4 이 절의 내용을 따라 빅쿼리 ML로 신경망 모델을 학습시키면, 클라우드 사용 비용이 어느 정도 발생할 수 있습니다.

5 *https://oreil.ly/zY85-*

데이터셋 ID에 `data_driven_ml`을 입력하고 위치는 US로 선택합니다(그림 6-2). 빅쿼리에 업로드할 데이터가 미국 내 클라우드 저장소 버킷에 있으므로 이렇게 설정합니다. 이제 (이 책의 그림에는 보이지 않지만) 아래쪽으로 스크롤해 [데이터셋 만들기] 버튼을 찾아 클릭합니다.

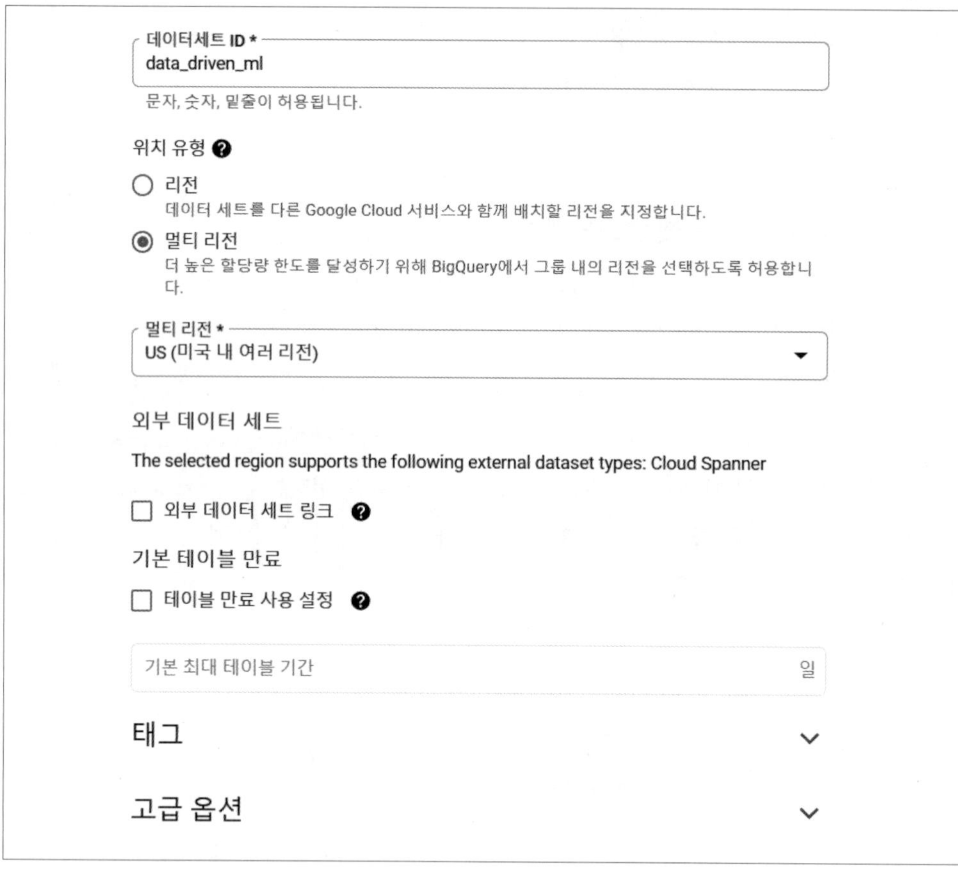

그림 6-2 빅쿼리 콘솔에서 신규 데이터셋 만들기

데이터셋이 만들어지면 [그림 6-3]처럼 점 3개로 표시된 버튼을 클릭했을 때 나타나는 메뉴 중 '테이블 만들기'를 선택하여 빅쿼리 테이블을 만들 수 있습니다. 해당 버튼을 클릭합니다.

그림 6-3 점 세 개로 표시된 '작업 보기' 버튼이 제공하는 '테이블 만들기' 옵션

그러면 테이블을 만드는 데 쓸 데이터의 위치, 파일 형식, 테이블의 이름을 지정하는 화면이 나타납니다. 기재해야 할 모든 값은 [표 6-2]에 요약했습니다. '프로젝트' 란에는 여러분의 구글 클라우드 프로젝트 ID를 착오 없이 입력하기 바랍니다.

표 6-2 테이블 생성 시 선택 사항

필드	값
테이블을 만들 소스	Google Cloud Storage
GCS 버킷에서 파일을 선택하거나 URI 패턴을 사용	low-code-ai-book/ccpp.csv
파일 형식	CSV
테이블	ccpp_raw
스키마	자동 감지

[그림 6-4]는 [표 6-2]의 모든 값을 제대로 기재한 화면입니다. 여기서 제공하는 CSV 파일은 헤더를 포함하며, 모든 값이 부동 소수점 숫자이므로 빅쿼리가 자동으로 스키마를 감지하도록 해도 괜찮습니다. 따라서 '자동 감지' 버튼을 체크해 활성화해줍니다.

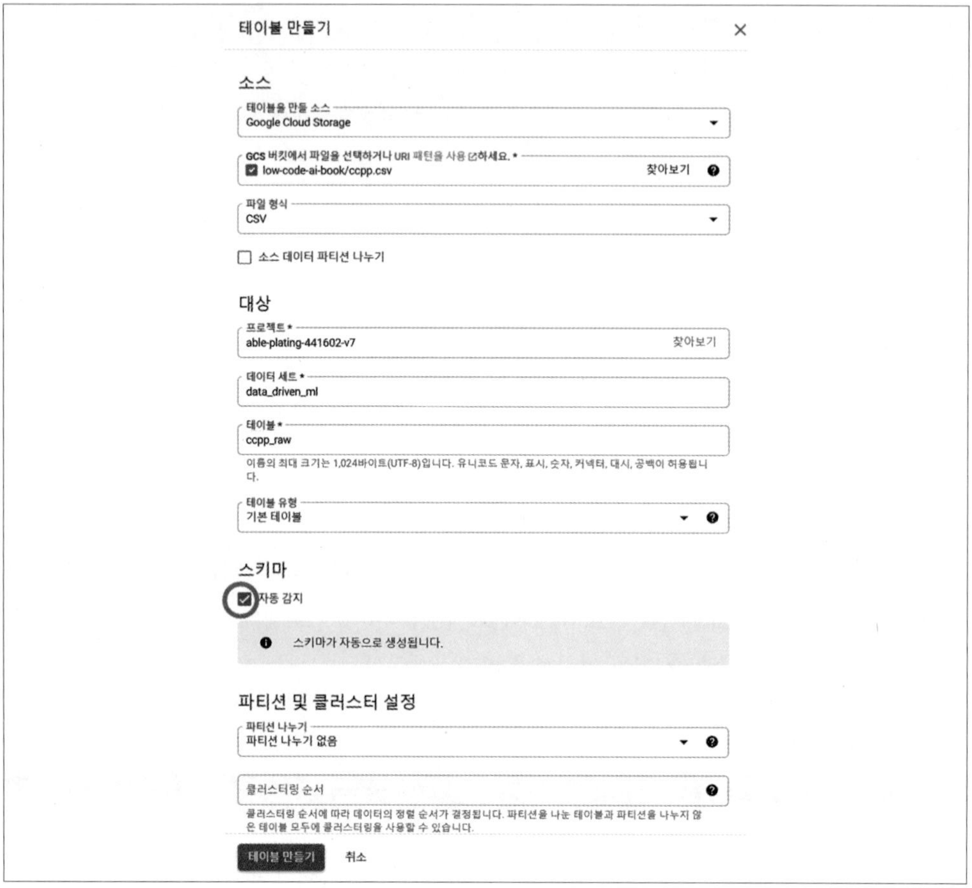

그림 6-4 값이 모두 채워진 '테이블 만들기'

'테이블 유형', '파티션 나누기', '클러스터링 순서'에 관한 값은 기본값을 유지합니다. 이제 [테이블 만들기] 버튼을 클릭하면 데이터 업로드 작업이 시작되고 원시 데이터는 빅쿼리 테이블로 변환됩니다.

> **NOTE** 테이블 분할은 필터를 통해 큰 테이블을 '작은 테이블'로 분할하여 개별 접근이 가능한 파티션으로 나누는 방법입니다. 쿼리에서 참조하지 않는 파티션은 읽지 않으므로 쿼리 비용은 낮추고 성능은 높일 수 있습니다. 마찬가지로, 클러스터링된 테이블은 그룹화된 열을 사용해 사용자가 정한 순서대로 정의된 열로 구성된 테이블입니다. 클러스터링은 실제 데이터를 동일한 물리적 위치에 가깝게 저장하여 쿼리 성능을 개선하고 쿼리 비용을 절감하게 해줍니다.

테이블을 생성한 후에는 해당 테이블을 선택한 뒤, '스키마' 탭에서 테이블의 스키마를 확인합니다. '미리보기' 탭을 선택하면 테이블의 데이터를 즉시 확인할 수도 있습니다. [그림 6-5]와 [그림 6-6]은 이러한 단계에 대해 빅쿼리 콘솔에 표시되는 내용을 보여줍니다.

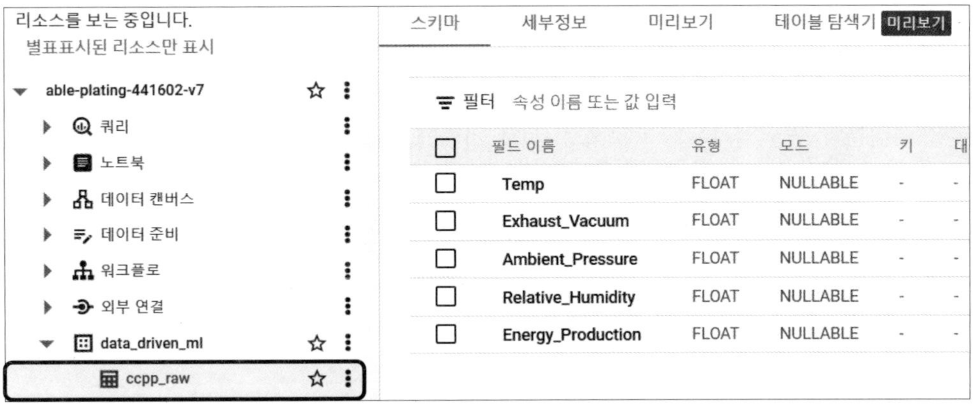

그림 6-5 새로 만든 ccpp_raw 테이블의 스키마

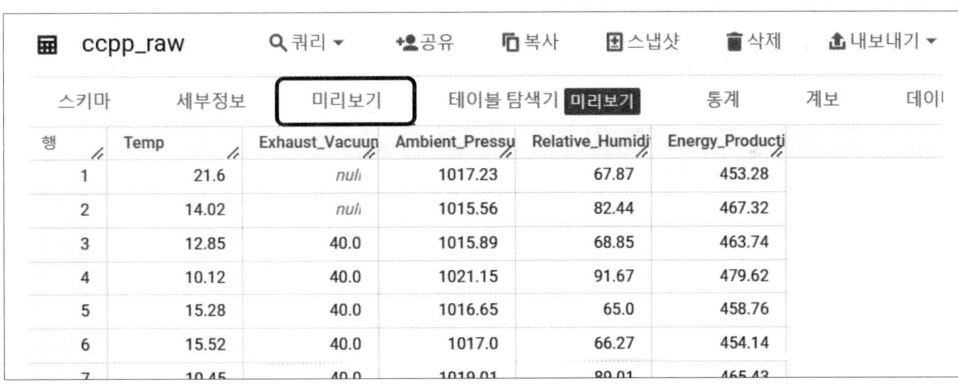

그림 6-6 ccpp_raw 테이블 미리보기

6.2.2 SQL로 빅쿼리 데이터 탐색

데이터를 빅쿼리 테이블로 만들었으니, 이제는 데이터를 탐색할 차례입니다. 먼저 널값의 유무를 확인해 보죠. 가장 쉬운 방법은 빅쿼리의 `IF` 함수를 사용하는 것입니다. `IF` 함수는 `(expr, true_result, else_result)`라는 세 개의 파라미터와 함께 사용합니다. `expr`은 `true_result`

나 else_result 중 어느 쪽인지 결정하는 불리언값을 반환하는 코드 조각으로, expr가 TRUE를 반환하면 true_result를, 그렇지 않으면 else_result를 반환합니다.

NULL 함수로 널값 확인

Temp 열에서 널값의 유무를 확인하려면 어떻게 해야 할까요? IF(Temp IS NULL, 1, 0)는 Temp가 NULL이면 1을, NULL이 아니면 0을 반환합니다. 다음 쿼리에서 *your-project-id* 부분을 여러분의 구글 클라우드 프로젝트 ID로 치환한 뒤, [실행] 버튼을 눌러 결과를 확인합니다.

```
SELECT
  IF(Temp IS NULL, 1, 0) AS is_temp_null
FROM
  `your-project-id.data_driven_ml.ccpp_raw`
```

결과를 확인해 보면 9,000개가 넘는 행 중에 널값이 두 개 존재함을 확인할 수 있습니다. 그런데 이 접근법이 작동은 하지만, 효율적이라고 볼 수는 없습니다. 그 대신 true_result와 else_result가 각각 1과 0이라는 사실을 활용해 보겠습니다.

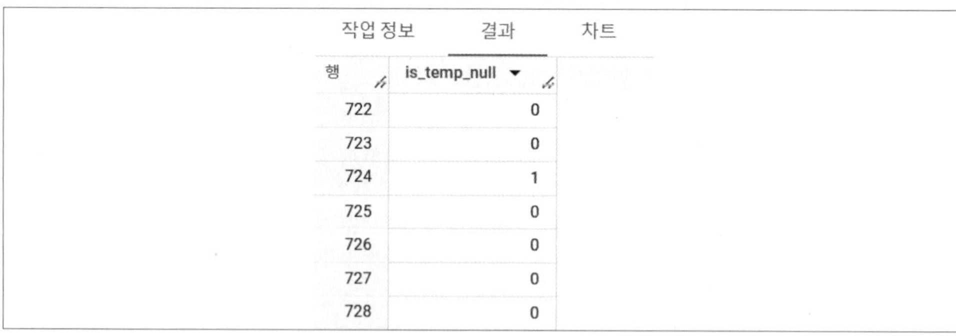

그림 6-7 9,000개가 넘는 행 중 두 개의 1을 찾으려고 결과를 스크롤하는 일은 비효율적입니다.

결과를 직접 스크롤하지 않고 SUM() 함수로 쉽게 널값의 수를 파악할 수 있습니다. *your-project-id* 부분을 여러분의 구글 클라우드 프로젝트 ID로 치환한 뒤, 다음 쿼리를 실행합니다. 결과는 모든 열에서 널값의 개수를 반환합니다.

```
SELECT
  SUM(IF(Temp IS NULL, 1, 0)) AS no_temp_nulls,
  SUM(IF(Exhaust_Vacuum IS NULL, 1, 0)) AS no_ev_nulls,
  SUM(IF(Ambient_Pressure IS NULL, 1, 0)) AS no_ap_nulls,
  SUM(IF(Relative_Humidity IS NULL, 1, 0)) AS no_rh_nulls,
  SUM(IF(Energy_Production IS NULL, 1, 0)) AS no_ep_nulls
FROM
  `your-project-id.data_driven_ml.ccpp_raw`
```

Ambient_Pressure를 제외한 모든 열에 널값이 있음을 확인할 수 있습니다(그림 6-8).

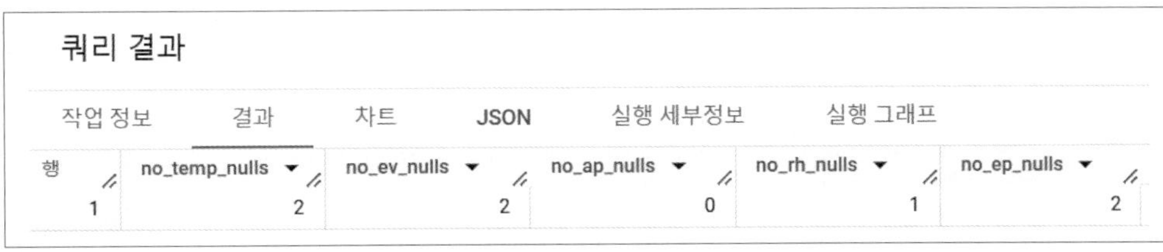

그림 6-8 쿼리로 널값의 수를 계산한 결과. Ambient_Pressure를 제외한 모든 열에 널값이 존재합니다.

널값이 포함된 행은 어떻게 처리해야 할까요? 가장 쉬운 방법은 해당 행을 무시하는 것입니다. 그리고 또 다른 방법은 대치imputation 전략을 따르는 것으로, 7장에서 살펴볼 내용입니다. **대치**는 누락된 데이터를 다른 값으로 대체하는 과정이며, 현재 다루는 문제의 문맥 속에서 최대한 실젯값과 유사한 값을 채워 넣는 방법을 말합니다. 하지만 우리는 CCPP 전문가가 아닙니다. 다행히도 널값이 포함된 행은 전체 데이터의 약 0.1% 수준만을 차지하므로 이를 무시하는 것은 충분히 합리적인 전략입니다.

데이터를 무시하거나 버리는 것 대신에 언제 대치를 사용해야 할까요? 데이터셋이 작거나 누락된 값이 상당 부분을 차지한다면 문제의 데이터를 버릴 때 모델 성능에 큰 영향이 있을 수 있습니다. 또한 **편향**bias 관련 문제도 무시할 수 없습니다. 통계적 편향은 데이터 분포와 실제 데이터 분포가 다름을 의미합니다. 특정 하위 집합(예: 마케팅 데이터셋의 특정 인구에 관한 통계)에 널값이 포함되었다고 해서 이를 모두 제거하면 모델이 중요한 정보를 학습하지 못하게 될 수 있겠죠.

최소 및 최대 함수로 허용 가능한 데이터 범위 결정하기

다음으로 모든 값이 예상 범위 내에 있는지를 확인합니다. 이 작업을 빠르게 수행하는 가장 쉬운 방법은 MIN과 MAX 함수를 사용하는 것입니다. SUM 함수와 마찬가지로 MIN 및 MAX는 집계aggregate 함수입니다. 집계 함수란, 열이나 열의 하위 집합에 대한 단일값을 반환하는 함수입니다. 가령 MIN과 MAX 함수는 지정된 열의 최솟값과 최댓값을 반환합니다. 다음 SQL 쿼리를 실행하여 두 함수를 Temp 열에 적용해 보겠습니다. 여기서도 *your-project-id*는 여러분의 구글 클라우드 프로젝트 ID로 바꿔야 합니다.

```
SELECT
  MIN(Temp) as min_temp,
  MAX(Temp) as max_temp
FROM
  `your-project-id.data_driven_ml.ccpp_raw`
```

최저와 최고 온도가 각각 1.81℃와 37.11℃임을 확인할 수 있습니다(그림 6-9). 이 값의 범위는 앞서 본 온돗값의 범위와 일치합니다. 다른 열의 범위도 같은 방식으로 확인해 보겠습니다. 여러분이 직접 쿼리를 작성해 보기 바랍니다. 쿼리를 작성하기 어렵다면, 그림 다음에 나오는 쿼리를 참조하기 바랍니다.

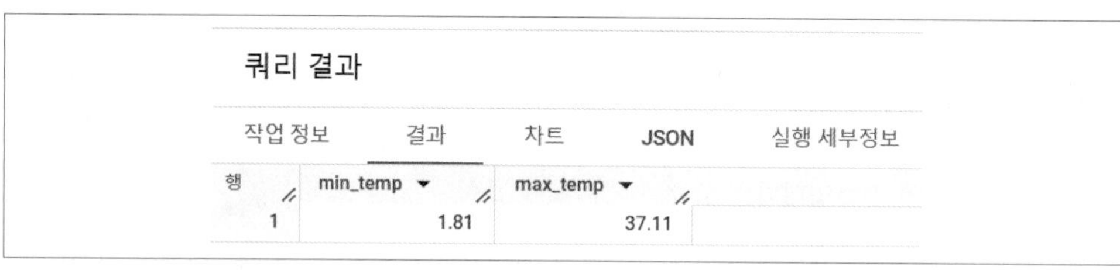

그림 6-9 최저와 최고 온도를 계산하는 쿼리를 실행한 결과

```
SELECT
  MIN(Temp) as min_temp,
  MAX(Temp) as max_temp,
  MIN(Exhaust_Vacuum) as min_ev,
  MAX(Exhaust_Vacuum) as max_ev,
  MIN(Ambient_Pressure) as min_ap,
  MAX(Ambient_Pressure) as max_ap,
```

```
    MIN(Relative_Humidity) as min_rh,
    MAX(Relative_Humidity) as max_rh,
    MIN(Energy_Production) as min_ep,
    MAX(Energy_Production) as max_ep
FROM
    `your-project-id.data_driven_ml.ccpp_raw`
```

NOTE 결과를 JSON 형식으로 표시할 수도 있습니다. JSON은 프로그래밍 언어와 무관한 데이터 형식으로, 빅쿼리를 비롯한 다양한 웹 애플리케이션과 제품에서 정보를 교환하는 데 사용합니다. 이 형식의 장점은 사람이 읽을 수 있고 텍스트 형식으로 저장되어 작업이 쉽다는 점입니다(예: [그림 6-10]).

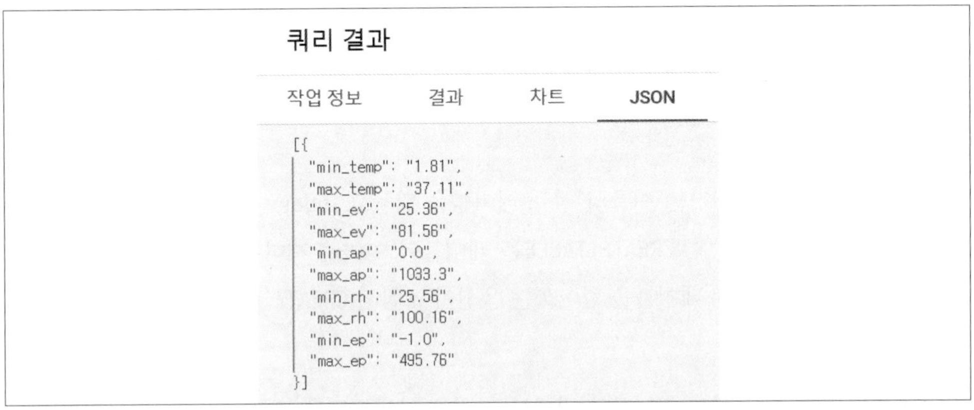

그림 6-10 ccpp_raw 테이블에 있는 모든 열의 최솟값과 최댓값을 JSON 형식으로 표시함. 비정상적인 값에 주목하세요.

자세히 보면 몇 가지 의심스러운 값이 보입니다. 주변 압력과 에너지 생산량의 최젓값이 각각 `0.0`과 `-1.0`이죠. 살펴본 값의 범위와 상식에 비추어 볼 때, 이 둘은 무의미한 값이라고 볼 수 있습니다. `-1.0` 값은 매직 넘버일 수도 있습니다. **매직 넘버**magic number는 표준적인 의미와는 다른 의미를 나타내는 고유한 값을 말합니다. `-1.0`이라는 값은 전력 생산량에서 말이 되지 않으므로 누락된 값을 표현하는 데 사용한 매직 넘버라고 유추해 볼 수 있겠죠. 마찬가지로 주변 압력의 최솟값인 `0.0`은 기본값일 가능성이 높습니다. **기본값**은 보고된 값이 없을 때 값을 기록하는 방법입니다. 이는 애플리케이션에서 널값으로 인한 문제를 피하고자 사용하곤 합니다.

기술 보고서에서 값의 예상 범위를 제공한다면, 예상 범위를 기준으로 데이터를 필터링해서 이러한 비현실적인 값을 쉽게 피할 수 있습니다. 또한 앞에서 감지한 널값도 제거할 수 있습니다. 널값도 해당 범위에 포함되지 않기 때문입니다.

빅쿼리에서 DDL 문으로 쿼리 결과 저장하기

NULL을 포함한 원치 않는 값을 필터링하는 쿼리를 작성하기에 앞서, 쿼리 결과가 ML 모델을 학습시키는 데 어떻게 이용될지를 생각해 보면 좋습니다. 이 작업은 빅쿼리의 DDL 문으로 수행할 수 있습니다. DDL은 **데이터 정의 언어**data definition language의 약자로, 테이블과 같은 데이터셋의 객체를 만들고 수정하는 문법을 말합니다. 가령 다음처럼 CREATE TABLE 문을 사용해 신규 테이블을 생성할 수 있습니다.

```
CREATE TABLE
  table_name
AS
  query_statement
```

이 쿼리는 table_name이라는 이름의 신규 테이블을 만들고, query_statement의 결과를 이 테이블로 저장합니다. 한편, CREATE TABLE은 테이블이 이미 존재하는 경우에는 오류를 발생시킵니다. 이럴 때는 기존 테이블을 덮어쓰는 옵션이 포함된 CREATE OR REPLACE TABLE 문을 사용하면 됩니다.

CREATE TABLE 문으로 쿼리 결과를 저장하는 방법을 알았으므로, 이제 발전소 원시 데이터를 정리하는 쿼리를 작성하고, ML 모델을 학습시키기 위해 정리된 데이터를 신규 테이블(ccpp_cleaned)에 저장할 수 있습니다.

값의 범위를 다루는 쿼리는 부등식 관점에서는 꽤 장황해 보일 수 있습니다. 다행히 BETWEEN 연산자를 활용하면 쿼리를 간소화할 수 있습니다. 다음처럼 BETWEEN 연산자로 최솟값과 최댓값을 지정할 수 있습니다.

```
Field_name BETWEEN min_value AND max_value
```

이 쿼리는 값이 min_value와 max_value 사이의 범위에 속하면 TRUE를, 그렇지 않으면 FALSE를 반환합니다. 가령 420.26~495.76 범위의 에너지 생산량(Energy_Production)값을 찾으면, 앞서 설명한 -1.0이라는 값은 필터링되어 버립니다. 기술 보고서에 나온 유효한 범위의 값만 유지하고자 할 때 유용합니다.

전과 마찬가지로 직접 쿼리를 작성하고 빅쿼리에서 실행해 보되, 도움이 필요하면 다음을 확인해 보기 바랍니다.

```
CREATE TABLE
  `data_driven_ml.ccpp_cleaned`
AS
  SELECT
    *
  FROM
    `your-project-id.data_driven_ml.ccpp_raw`
  WHERE
    Temp BETWEEN 1.81 AND 37.11 AND
    Ambient_Pressure BETWEEN 992.89 AND 1033.30 AND
    Relative_Humidity BETWEEN 25.56 AND 100.16 AND
    Exhaust_Vacuum BETWEEN 25.36 AND 81.56 AND
    Energy_Production BETWEEN 420.26 AND 495.76
```

쿼리를 실행한 후, 빅쿼리 UI의 왼쪽 창에서 프로젝트 이름으로 이동해 데이터셋 이름(data_driven_ml)을 클릭하고, 마지막으로 ccpp_cleaned 테이블을 선택하면 신규 테이블의 메타데이터를 볼 수 있습니다. 테이블에 해당하는 탭을 열어 '세부 정보' 탭을 클릭하면 테이블 메타데이터를 볼 수 있습니다(그림 6-11).

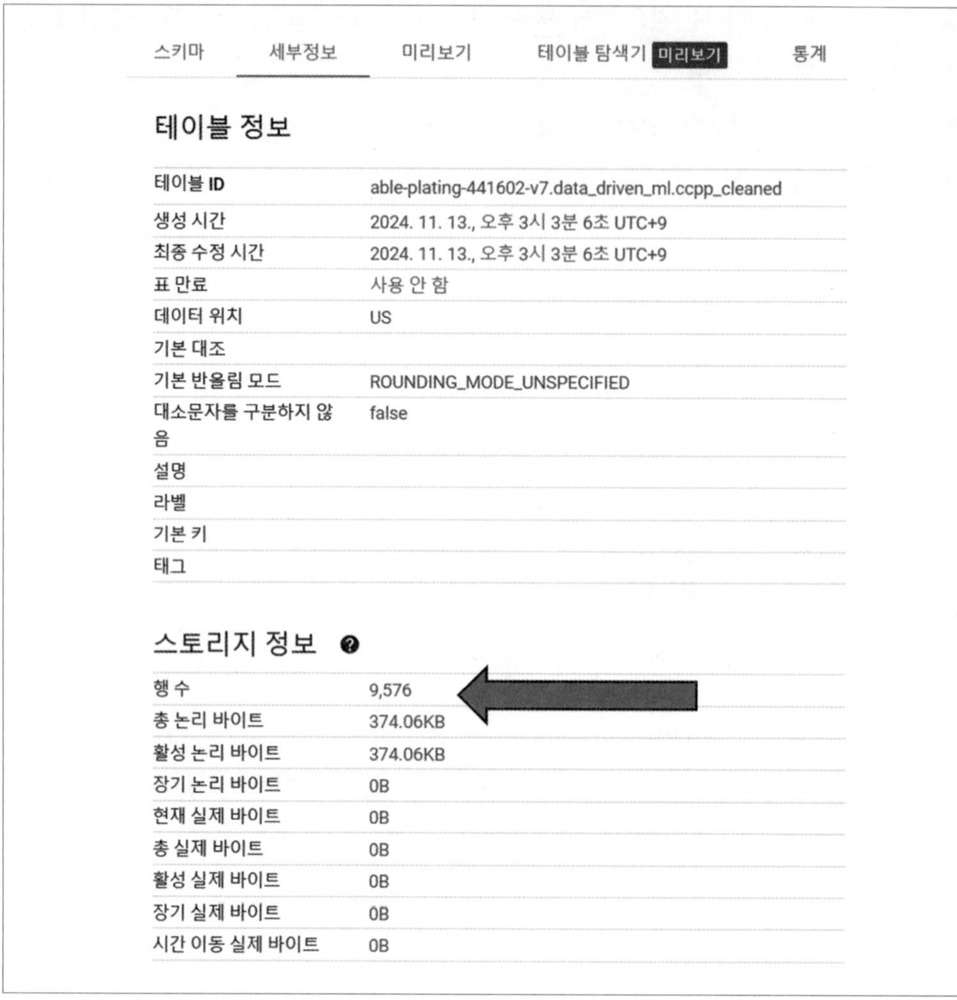

그림 6-11 새로 생성한 ccpp_cleaned 테이블의 메타데이터. 행 수를 ccpp_raw의 행 수와 비교하여 제거된 행 수를 확인합니다.

새로 생성한 `ccpp_cleaned` 테이블에는 9,576개의 행이 있습니다. 원본 `ccpp_raw` 테이블에는 9,590개의 행이 존재했습니다. 즉, 전체 데이터의 약 0.15%인 14개 행이 필터링되었습니다. 데이터 정리에 따른 손실은 거의 없다고 볼 수 있죠! 그러나 몇 가지 잘못된 값, 특히 극단적인 이상치로 이어진다면 모델 성능이 크게 저하할 수 있습니다. 따라서 이러한 값도 확인해 봐야 합니다.

> **NOTE** 이전 예제에서는 쿼리를 실행하면서 DDL 문으로 테이블을 즉시 생성했습니다. 그런데 쿼리를 실행한 후에 결과를 저장하기로 했다면 어떻게 해야 할까요? 쿼리를 다시 실행해야 할까요?
>
> 다행히 그러지 않아도 됩니다. 쿼리를 실행한 후, 웹 콘솔의 '결과 저장'으로 이동한 다음에 BigQuery 테이블을 선택하고, 결과에서 생성하려는 테이블의 데이터셋과 테이블 이름을 입력하면 됩니다.
>
> 빅쿼리에서 쿼리를 실행하면 결과가 임시 테이블에 저장되며, 이 테이블은 쿼리가 완료된 시점으로부터 24시간 동안 유지됩니다. 이렇게 생성된 테이블은 복사된 테이블로, 일종의 임시 테이블이지만, 다른 테이블과 동일한 방식으로 쿼리할 수 있으며, 그 결과는 앞서 언급했듯이 별도의 테이블로 저장할 수 있습니다.

6.3 선형 회귀 모델

데이터를 정리했으니 모델을 학습시킬 준비가 되었을까요? 아직은 아닙니다. 앞 장에서는 AutoML과 같은 도구에 의존하여 특징을 선택했습니다. 하지만 빅쿼리 ML을 사용할 때는 사용자가 직접 특징을 선택해야 합니다. 곧 특징 선택 및 특징 공학을 살펴보겠지만, 지금은 이 문제에 사용할 모델의 유형과 특징 선택의 기준을 알아봅니다.

[그림 6-12]에서 볼 수 있듯이 목표는 온도, 주변 압력, 상대 습도, 배기 진공 압력을 기반으로 CCPP의 에너지 생산량을 예측하는 것입니다.

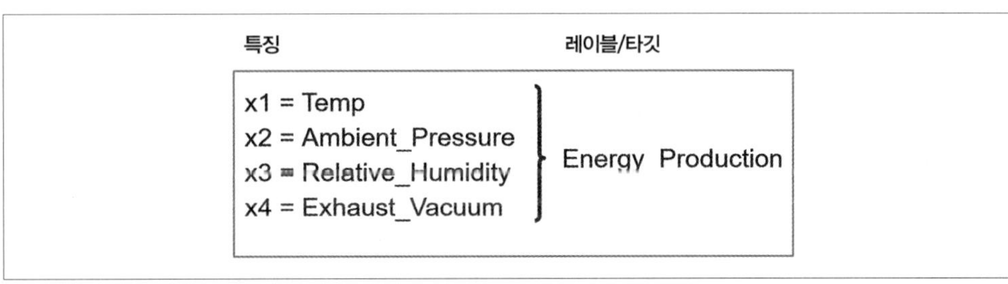

그림 6-12 목표는 온도, 주변 압력, 상대 습도, 배기 진공 압력에 따라 에너지 생산량을 예측하는 것

발전소의 에너지 생산량(MW)이라는 숫자를 예측하는 것이 목표이므로, 이는 **회귀 문제**입니다. 빅쿼리 ML은 다양한 모델 유형을 지원하지만, 적합한 선을 찾는 가장 간단한 모델인 선형 회귀 모델로 시작해 보는 것이 좋은 경우가 많습니다.

4장에서 선형 회귀의 간단한 예를 살펴보았습니다. 이번에는 해당 모델의 작동 방식을 더 잘 이해하고자 조금 더 자세히 살펴봅니다(그림 6-13). 이렇게 하면 이 장의 뒷부분에서 ML 모델 학습에 사용할 특징을 선택할 때 많은 도움이 됩니다.

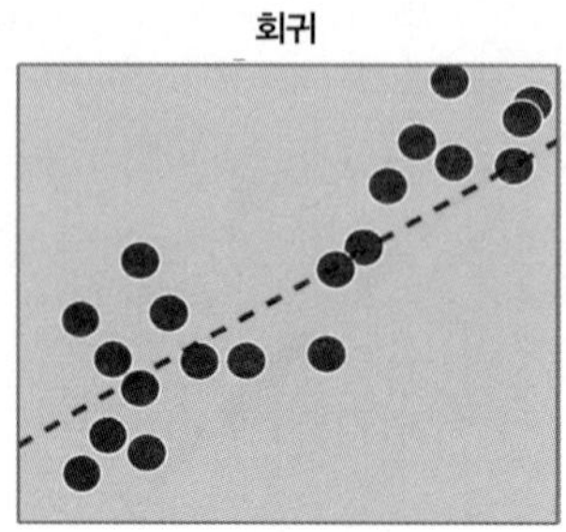

그림 6-13 선형 회귀의 간단한 예시. 각 데이터를 점으로 표시했으며, x축은 특징이고 y축은 레이블입니다. 점선은 이 데이터에 가장 적합한 선을 나타냅니다.

$x_1, \ldots, x_n$로 표현되는 숫자 특징이 몇 개 있고, 이때 특징값에 기반해 y를 예측하고 싶다고 가정해 보겠습니다. 특징 목록은 $\vec{x}$ 로 표기할 때가 많습니다. 즉, **선형 회귀 모델**은 다음과 같은 형식의 함수로 표현될 수 있습니다.

$$f(\vec{x}) = w_0 + w_1 \times x_1 + \ldots + w_n \times x_n$$

여기서 $w_0 + w_1 \times x_1 + \ldots + w_n \times x_n$ 는 **가중치**weight라는 실수입니다(w_0는 모델의 편향이라고도 합니다). 물론 직접 가중치를 선택하여 원하는 함수를 얻을 수도 있지만, 그렇게 해서 얻은 모델이 얼마나 좋을 수 있을까요?

4장에서는 회귀 모델을 평가할 때 평균 제곱근 오차(RMSE)를 사용했습니다. RMSE의 정의를 떠올려 보세요. 여기서도 동일한 작업을 수행할 수 있습니다. 데이터셋이 D가 N개의 데이터 $(\vec{x}^{(i)}, y^{(i)})$ 로 구성되었다고 가정해 보죠.

그러면 RMSE는 다음처럼 표현할 수 있습니다.

$$L(f, D) = \frac{1}{N}\sqrt{\Sigma_i\left(f\left(\vec{x}^{(i)}\right) - y^{(i)}\right)^2}$$

여기서 합계는 데이터셋 D의 모든 데이터에 대한 것입니다. D를 파라미터에 포함한 이유는 평가될 모델만큼이나 RMSE가 계산에 사용하는 데이터셋에 따라 달라진다는 점을 상기하기 위함입니다.

가중치 w_0, …, w_n를 선택했다면, 해당 가중치가 가장 적합한 모델을 형성할지 아닐지를 어떻게 알 수 있을까요? 이 질문을 다른 방식으로 표현하자면, 손실 함수loss function인 RMSE $L(f, D)$를 가능한 한 작게 만들고 싶다는 말입니다.

> **NOTE** 손실 함수의 목표는 알고리즘이 데이터셋에서 얼마나 잘 작동하는지 측정하는 것입니다. 즉, 손실 함수는 알고리즘[6]이 데이터셋을 얼마나 잘 모델링하는지를 평가하는 방법입니다. 예측이 완전히 빗나갈 때는 손실 함수의 결과가 매우 높으며, 꽤 좋은 예측에서는 낮은 값을 출력합니다. 손실 함수에 관한 시각적 설명은 4장을 참조하세요.

선형 회귀 모델에 적합한 가중치는 일반적으로 두 접근법에 따라 결정됩니다. 첫 번째 접근법은 **정규방정식**normal equation이라고 합니다. 데이터셋과 레이블을 사용해 정규방정식을 풀면, 선택한 특징에 가장 적합한 모델을 제공할 수 있는 가중치에 대한 정확한 분석 솔루션을 얻을 수 있습니다. 빅쿼리를 비롯한 많은 분석 패키지와 제품이 이 접근법을 제공합니다.

항상 최적의 가중치를 찾는 방법을 항상 사용하지 않는 이유는 무엇일까요? 여기에는 몇 가지 이유가 있습니다. 첫 번째는 이유는 계산에 들어가는 노력의 양, 즉 **계산의 복잡성** 때문입니다. 기술적으로 말하면, 정규방정식을 푸는 계산 복잡도는 $O(n^3)$보다 약간 낮습니다. 무슨 말일까요? 데이터셋이 1,000개에서 10,000개로 10배가 증가했다고 가정해 보죠. 그러면 정규방정식을 푸는 데 필요한 작업량은 대략 10^3=1,000만큼 증가합니다! 데이터셋이 커질수록 문제 해결에 드는 시간이 기하급수적으로 늘어난다는 말입니다.

두 번째 이유는 계산에 매우 큰 숫자가 포함될 때 발생하는 수학적인 미묘함입니다. 컴퓨터에서 산술이 처리되는 방식(부동 소수점 산술)은 큰 숫자를 다룰 때 문제를 일으킬 수 있습니다. 이 상황을 전문용어로 시스템의 **불량 상태**ill-conditioned라고 부릅니다.

이처럼 데이터가 많아서 정규방정식을 푸는 데 문제가 발생할 소지가 있다면, **경사하강법**gradient descent이라는 두 번째 접근법을 도입할 수 있습니다. 이 책에서 상세히 다루는 내용은 아니지만,

6 https://oreil.ly/CJqzM

대부분의 ML 프레임워크가 모델을 학습시키는 데 사용할 수 있는 경사하강법과 몇 가지 변형을 제공합니다. 경사하강법의 기본을 자세히 알고 싶다면, 구글의 '머신러닝 단기집중과정[7]'을 참조하기 바랍니다.

> **NOTE** 행렬에 관한 약간의 배경지식이 있고 표기법을 안다면 정규방정식을 이해하기가 그리 어렵지 않습니다. 미적분과 선형 대수학에서 흔히 볼 수 있는 주제이기도 합니다. 미적분학의 기법을 사용한 도출의 예는 블로그 게시글[8]을 참조하세요.

6.3.1 특징 선택 및 상관관계

사용할 모델의 유형을 선형 회귀로 선택했으니, 이제는 사용할 특징을 선택할 차례입니다. 준비해 둔 빅쿼리의 데이터셋에는 에너지 생산량을 예측하는 데 활용할 수 있는 네 개의 열(`Temp`, `Ambient_Pressure`, `Relative_Humidity`, `Exhaust_Vacuum`)이 있었습니다. 이 중 어떤 특징을 사용하면 좋을까요?

일반적으로 특징을 선택할 때는 다음과 같은 세 가지 기본 가이드라인을 따를 수 있습니다.

- 목표 문제와 관련이 있어야 합니다.
- 예측 시점에 알 수 있어야 합니다.
- 숫자거나 숫자로 변환할 수 있어야 합니다.

이 외에도 앞으로 더 많은 고려 사항을 살펴보겠지만, 앞의 세 개가 좋은 시작점이 될 수 있습니다. 특히 세 번째 가이드라인은 선형 회귀 모델뿐만 아니라, 대부분의 다른 모델 유형을 학습시키는 데 매우 중요한 사항입니다. ML 모델은 수치형 특징을 입력받아 실수를 출력하는 수학 함수라고 볼 수 있기 때문이죠. 따라서 수치형 특징을 보유하거나 선택한 특징을 수치형으로 변환하는 능력은 계산 관점에서 매우 중요합니다.

---

7 *https://oreil.ly/oSW8e*

8 *https://oreil.ly/uX9tp*

CAUTION 크기에 의미가 있는 수치형 특징과 그렇지 않은 특징은 다르게 취급해야 합니다. 자동차 색상을 숫자로 기록한 특징(예: 빨간색 0, 파란색 1, 은색 2)을 생각해 보죠. 이는 은색이 파란색보다 두 배의 값이라는 의미가 아닙니다. 7장에서는 이러한 특징을 유의미한 크기의 수치형 특징으로 올바르게 인코딩하는 방법으로 원핫 인코딩이라는 기법을 살펴봅니다.

문제 목표와 관련된 특징일까요? 이는 대답하기 까다로운 질문일 수 있습니다. 제대로 답하려면 어느 정도 도메인 지식이 있어야 하며, 때로는 그마저도 다소 애매모호할 수 있습니다. 결론적으로, 이 같은 질문은 다음과 같은 방법으로 해결해 볼 수 있습니다.

- 본인이나 다른 전문가의 도메인 전문 지식을 활용합니다.
- 상관관계와 같은 통계적 방법으로 특징과 목표 사이의 관계를 파악합니다.

첫 번째 접근법을 먼저 살펴보죠. 도메인 전문가가 특정 특징이 실제로 목표와 관련성이 있다는 보고를 했다고 가정해 보겠습니다. 그 답변이 만족스럽지 않을 수도 있지만, ML 실무자가 해당 분야를 잘 이해하는 전문가에게 의존하여 특징을 선택하는 것은 꽤 흔한 일입니다. 그렇다고 해서 모델이 다루는 문제 영역을 연구하는 것을 포기하라는 말은 아닙니다! 특정한 영역을 계속해서 파고들며, 해당 영역에 익숙해짐에 따라 핵심 개념을 직관적으로 이해하게 될 것입니다. 그리고 이렇게 쌓은 직관력은 모델에 통찰력을 불어넣는 또 다른 중요한 요소입니다.

이제 두 번째 접근법을 알아보겠습니다. 모든 특징이 모델 목표와 관련되어야만 한다는 것을 알지만, 이 둘의 관계를 어떻게 이해할 수 있을까요? 이 관계를 이해하는 '방법'은 모델 구축 시 특징을 활용하고 변형하는 방법을 이해하는 데 매우 중요합니다. 흔히 **특징 공학**이라고 부르는 이 과정은 데이터의 품질과 양을 개선하는 것 이상으로 모델 성능을 개선하는 데 매우 강력한 도구입니다.

선형 모델에 사용할 수 있는 간단한 방법 중 하나는 **피어슨 상관계수**입니다. 두 수치형 변수 X와 Y가 주어졌을 때, 피어슨 상관계수인 $Corr(X, Y)$는 두 변수 간의 관계가 선형에 얼마나 가까운지를 $-1 \sim 1$ 사이의 숫자로 측정합니다. 계수가 정확히 1일 때, X와 Y는 완벽한 선형 관계입니다. 즉, m과 b가 양수인 $Y = m \times X + b$처럼 표현할 수 있습니다. 계수가 정확히 -1일 때는 m이 음수가 됩니다. 그렇다면 -1과 1 사이에 임의의 계수는 어떤가요? 절댓값이 0에 가까울수록 변수가 선형 관계에서 멀어집니다. 피어슨 상관계수를 시각화한 예시를 [그림 6-14]에서 확인해 봅시다.

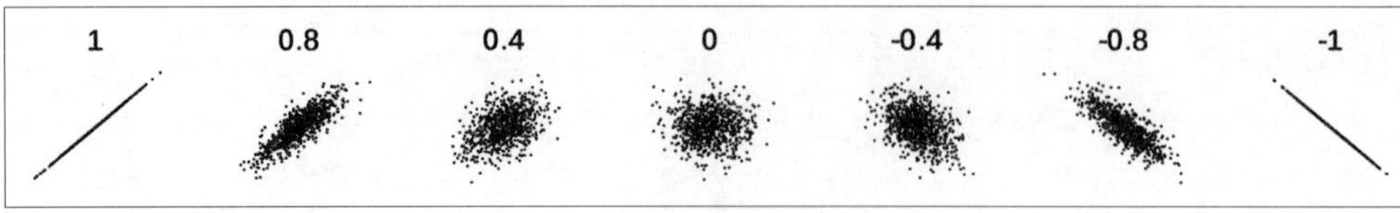

그림 6-14 산점도 및 피어슨 상관계수의 예시(출처: 위키피디아[9], CC0 라이선스).

빅쿼리는 각 변수 쌍에 대해 상관계수를 계산하는 방법을 제공합니다. 가령 Temp와 Exhaust_Vacuum 열 사이의 상관계수를 계산할 때 다음의 쿼리에서처럼 CORR 함수를 활용할 수 있습니다.

```
SELECT
  CORR(Temp, Exhaust_Vacuum)
FROM
  `your-project-id.data_driven_ml.ccpp_cleaned`
```

쿼리를 실행해 보면 Temp와 Exhaust_Vacuum 사이의 상관계수가 약 0.844임을 알 수 있습니다. 즉, 해당 두 특징 사이에 어느 정도 강한 양의 선형 관계가 있다는 뜻입니다. 다른 모든 변수가 일정할 때, 온도가 상승하면 압력이 증가하므로 물리적인 관점에서 보면 이는 당연합니다.

하나의 열에 대해 여러 다른 열들과의 상관계수를 한 번에 계산하는 쿼리를 작성할 수도 있습니다. 하지만 이 같은 쿼리를 작성하는 것은 비효율적입니다. 예를 들어 다음처럼 쿼리를 계속해서 작성해야 하죠.

```
SELECT
  CORR(Temp, Ambient_Pressure) AS corr_t_ap,
  CORR(Temp, Relative_Humidity) AS corr_t_rh,
  CORR(Temp, Exhaust_Vacuum) AS corr_t_ev
FROM
  `your-project-id.data_driven_ml.ccpp_cleaned`
```

열 개수가 적다면 괜찮을 수도 있습니다. 이 장에서 다루는 예시에는 레이블을 포함해 5개의 열이 있으므로, 총 10개의 상관계수를 계산해야 합니다. 하지만 열의 개수가 많아짐에 따라 계산해야 할 상관계수가 급격하게 증가해 버립니다.

---

9 https://oreil.ly/Demk9

6.3.2 구글 코랩

또 다른 방법은 구글 코랩에서 상관계수 행렬을 만들고 시각화하는 것입니다. 다음 장에서 파이썬의 ML 패키지를 소개할 때, 별도의 환경 설정 없이도 파이썬 코드를 실행할 수 있는 코랩을 사용합니다. 지금은 몇 가지 기본적인 파이썬을 사용해 코랩에서 빅쿼리의 쿼리 결과를 가져오고, 탐색적 데이터 분석(EDA)을 수행하는 방법을 살펴봅니다.

빅쿼리에서 원하는 데이터를 코랩으로 가져오는 가장 쉬운 방법은 코랩에 내장된 커넥터를 사용하는 것입니다. 빅쿼리는 쿼리 결과를 노트북 환경으로 가져오기 위한 템플릿 노트북 생성 기능을 제공합니다. 해당 기능을 활용하는 방법을 단계별로 살펴보겠습니다.

먼저, 노트북 환경으로 가져오고 싶은 결과에 대한 쿼리를 실행해야 합니다. 다음처럼 정리된 전체 데이터셋을 반환하는 쿼리를 작성하고 실행합니다.

```
SELECT
  *
FROM
  `your-project-id.data_driven_ml.ccpp_cleaned`
```

그리고 [그림 6-15]처럼 방금 실행한 쿼리를 실행한 동일한 창의 콘솔(쿼리 편집기 아래)에서 '데이터 탐색'을 선택한 다음, 'Python 노트북으로 탐색'을 선택합니다.[10]

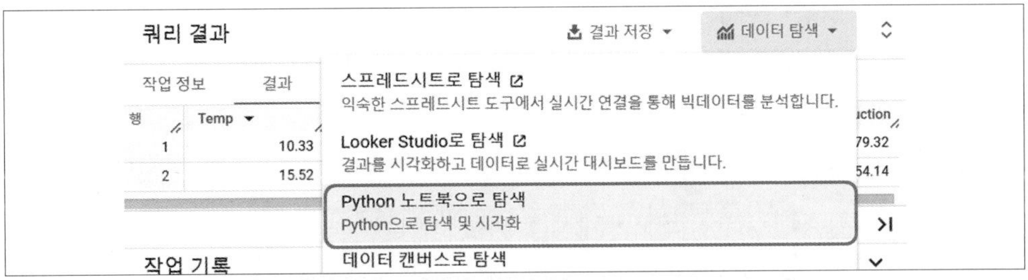

그림 6-15 쿼리 결과를 탐색하기 위한 'Python 노트북으로 탐색' 옵션

그러면 템플릿 노트북이 구글 코랩에 만들어지며, 시각화를 통해 탐색하거나 미리 준비된 파이썬 코드로 설명적 통계를 생성할 수 있습니다. 시각화를 생성하려면 첫 번째 셀에 다음 import

10 옮긴이_ 해당 기능 선택시 API 기능 활성화 유도 창의 지시에 따라야만 사용 가능합니다.

문을 두 개 추가해야 합니다.

```
import matplotlib.pyplot as plt
import seaborn as sns
```

그리고 그 아래에는 다음과 같은 셀이 있어야 합니다.

```
# @title Setup
from google.colab import auth
from google.cloud import bigquery
from google.colab import data_table
import matplotlib.pyplot as plt
import seaborn as sns

project = 'your-project-id'
location = 'US'
client = bigquery.Client(project=project, location=location)
data_table.enable_dataframe_formatter()
auth.authenticate_user()
```

이제 노트북에 제공된 모든 셀을 실행할 준비가 되었습니다. 셀 왼쪽의 실행 버튼을 클릭하거나 Ctrl+Enter(macOS X에서는 Cmd+Enter) 단축키로 셀을 실행할 수 있습니다. 셀을 하나씩 살펴보고 순서대로 실행해 봅니다. 모든 셀을 실행하는 데 문제가 없음을 확인하는 단계입니다. 마지막 셀에는 `results.describe()` 와 같은 설명적 통계를 표시하는 코드가 제공됩니다. 해당 코드의 결과는 [그림 6-16]에서 확인할 수 있습니다.

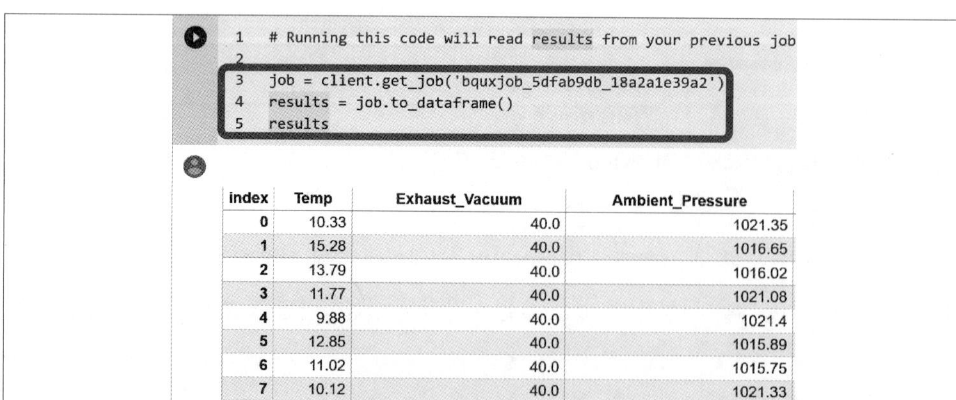

index	Temp	Exhaust_Vacuum	Ambient_Pressure
0	10.33	40.0	1021.35
1	15.28	40.0	1016.65
2	13.79	40.0	1016.02
3	11.77	40.0	1021.08
4	9.88	40.0	1021.4
5	12.85	40.0	1015.89
6	11.02	40.0	1015.75
7	10.12	40.0	1021.33

그림 6-16 생성된 노트북에 포함된 `results`를 출력하는 셀. 가독성을 위해 세 열만 표시했습니다.

이제 모든 특징 쌍에 대한 상관계수 배열인 **상관행렬**을 쉽게 만들 수 있습니다.

[+ 코드] 버튼을 클릭해 신규 셀을 만든 뒤, 다음 코드를 입력해 실행합니다. 가독성을 높이고자 round 메서드를 사용해 상관관계를 소수점 두 자리로 반올림했습니다. 그러면 [그림 6-17]과 같은 결과가 출력됩니다.

```
[5]  1  results.corr().round(2)
```

	Temp	Exhaust_Vacuum	Ambient_Pressure	Relative_Humidity	Energy_Production
Temp	1.00	0.84	-0.51	-0.54	-0.95
Exhaust_Vacuum	0.84	1.00	-0.41	-0.31	-0.87
Ambient_Pressure	0.51	-0.41	1.00	0.10	0.52
Relative_Humidity	-0.54	-0.31	0.10	1.00	0.39
Energy_Production	-0.95	-0.87	0.52	0.39	1.00

그림 6-17 신규 셀에서 상관관계 행렬을 계산하여 결과를 출력

상관행렬은 쉽게 읽을 수 있습니다. 두 특징 Temp와 Ambient_Pressure 사이의 상관계수는 Temp 열과 Ambient_Pressure 행에 위치하며, −0.51이라는 값을 확인할 수 있습니다. 즉, 온도를 낮추면 주변 압력이 높아지거나 그 반대의 경우가 발생하는 이 두 가지 특징 사이에는 적당한 음의 상관관계가 있습니다.

이 행렬을 히트맵으로 시각화할 수도 있습니다. 신규 셀을 만든 뒤, 다음 코드를 입력하고 실행합니다(그림 6-18). 앞서 첫 번째 셀에 추가한 두 개의 import 문이 이 코드를 실행하는 데 필요합니다.

```
plt.figure(figsize=(10,6))
sns.heatmap(results.corr());
```

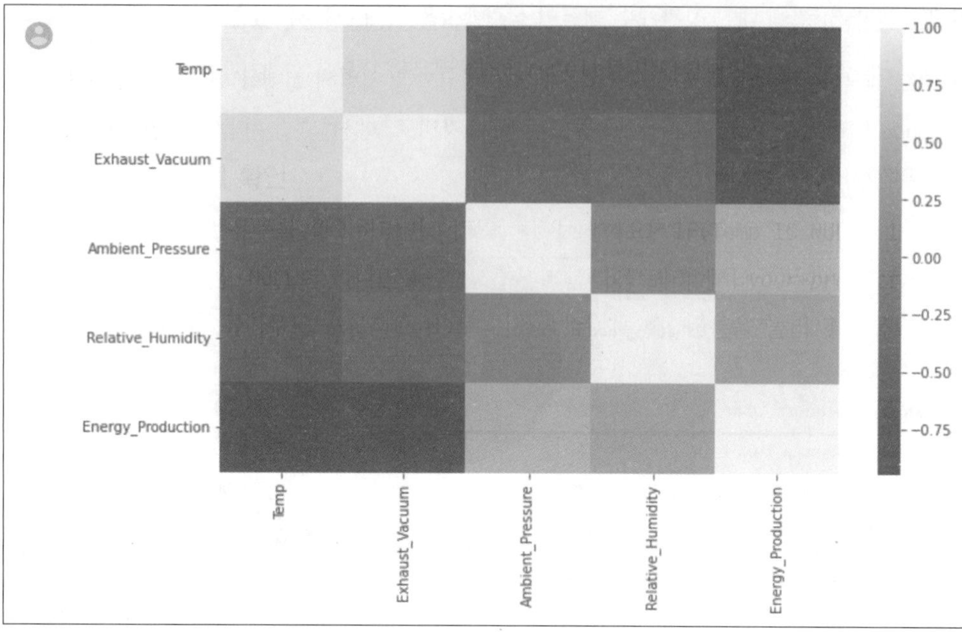

그림 6-18 특징들의 상관계수에 대한 히트맵. 색이 진할수록 음의 상관관계가, 밝을수록 양의 상관관계가 큽니다.

다음 내용을 계속 진행하기 전에 다음 질문의 답을 스스로 찾아보기 바랍니다.

- `Energy_Production`과 강한 상관관계가 있는 특징은 무엇인가요? 왜 그럴까요?
- `Energy_Production`과 약한 상관관계가 있는 특징은 무엇인가요? 왜 그럴까요?
- `Energy_Production`과 중간 정도의 상관관계가 있는 특징은 무엇인가요? 왜 그럴까요?

CAUTION 회귀 모델에서 두 개 이상의 예측 변수가 높은 상관관계를 가지는 경우, 이를 **공선성**collinearity 또는 **다중공선성**multicollinearity이라고 합니다. 이 상황에서는 예측 변수 간의 상관관계 때문에 개별 변수의 역할을 정확히 파악하기 어려워집니다. 예측 변수 간의 높은 상관관계 때문에 수학적으로 표준 오차가 증가합니다. 다중공선성은 회귀 계수의 신뢰성을 저하해 불안정한 추정치를 초래할 수 있으며, 특히 선형 회귀와 같은 모델에서 연구 결과의 해석과 결론 도출에 제약을 가할 수 있습니다.

6.3.3 레이블과 특징의 관계 그리기

EDA로 특징과 레이블 사이의 관계를 시각화하면 모델에 가장 유용한 특징을 파악할 수 있습니다. 앞서 사용한 코랩 노트북에 이어서 시각화를 진행합니다.

먼저 신규 셀에 다음 코드를 추가하고 실행해 `Temp` 특징과 `Energy_Production` 레이블 사이의 관계를 시각화합니다. [그림 6-19]의 시각화와 비교하여 결과를 확인합니다.

```
ax = sns.regplot(
    x='Temp', y='Energy_Production',
    fit_reg=False, ci=None, truncate=True, data=results)
ax.figure.set_size_inches(10,8)
```

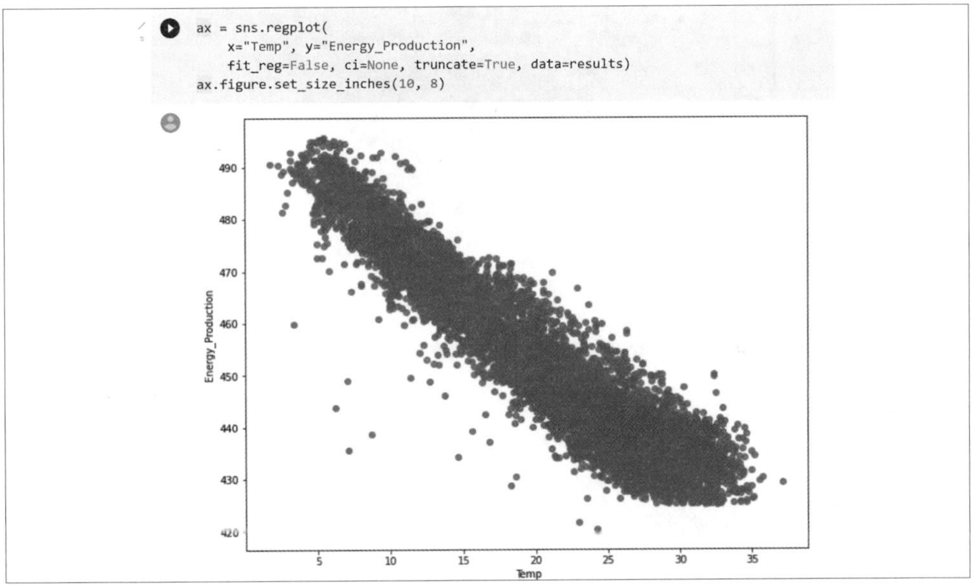

그림 6-19 Temp와 Energy_Production의 관계를 시각화한 산점도. 음의 선형 관계가 드러납니다.

이제 `Ambient_Pressure` 특징과 `Energy_Production` 레이블 사이의 관계도 시각화해 봅니다. 먼저 코드를 직접 작성해 보기 바랍니다. 만약 코드 작성에 어려움을 느낀다면 다음 코드를 참조하세요. [그림 6-20]의 시각화와 비교하여 결과를 확인합니다.

```
ax = sns.regplot(
    x='Ambient_Pressure', y='Energy_Production',
    fit_reg=False, ci=None, truncate=True, data=results)
ax.figure.set_size_inches(10,8)
```

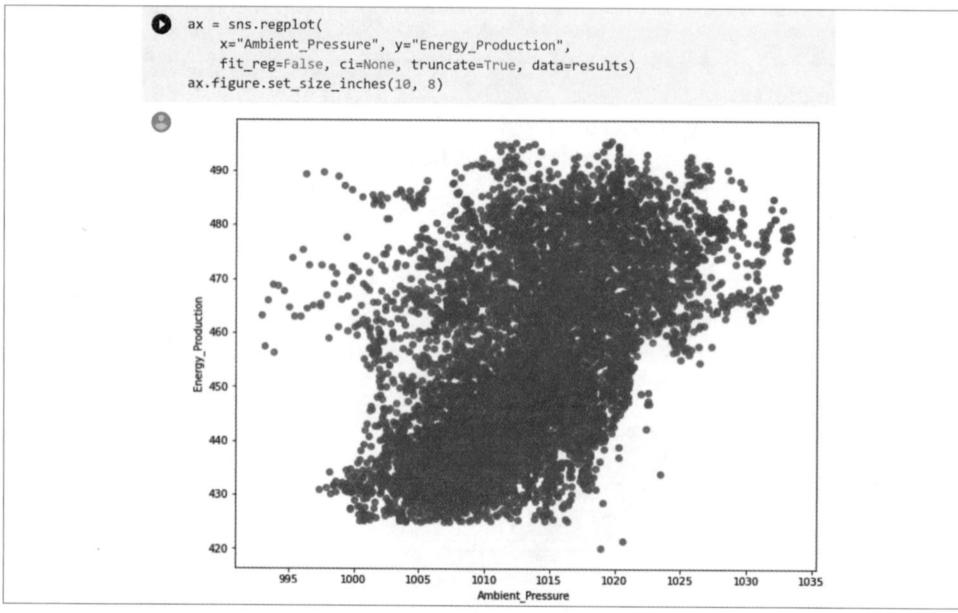

그림 6-20 Ambient_Pressure와 Energy_Production의 관계를 시각화한 산점도. 약간 양의 관계로 보이지만, Temp 특징에서만큼 명확하지는 않습니다.

마지막으로 Relative_Humidity와 Exhaust_Vacuum 특징 모두에 이 과정을 반복합니다. 직접 작성해 보되, 어려움을 느낀다면 다음 코드를 참조하기 바랍니다. [그림 6-21]과 [그림 6-22]의 시각화 결과와 비교합니다.

```
ax = sns.regplot(
    x='Relative_Humidity', y='Energy_Production',
    fit_reg=False, ci=None, truncate=True, data=results)
ax.figure.set_size_inches(10,8)
```

```
ax = sns.regplot(
    x="Relative_Humidity", y="Energy_Production",
    fit_reg=False, ci=None, truncate=True, data=results)
ax.figure.set_size_inches(10, 8)
```

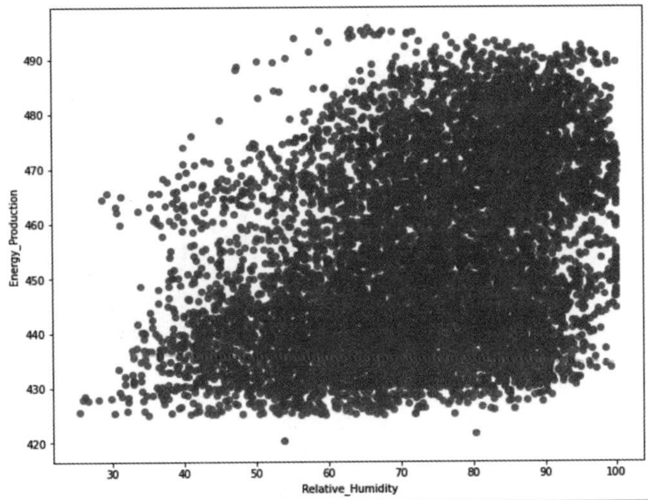

그림 6-21 Relative_Humidity와 Energy_Production의 관계를 시각화한 산점도. 약간의 양의 관계로 보이지만, 명확하지는 않습니다.

```
ax = sns.regplot(
    x='Vacuum_Pressure', y='Energy_Production',
    fit_reg=False, ci=None, truncate=True, data=results)
ax.figure.set_size_inches(10,8)
```

```
ax = sns.regplot(
    x="Exhaust_Vacuum", y="Energy_Production",
    fit_reg=False, ci=None, truncate=True, data=results)
ax.figure.set_size_inches(10, 8)
```

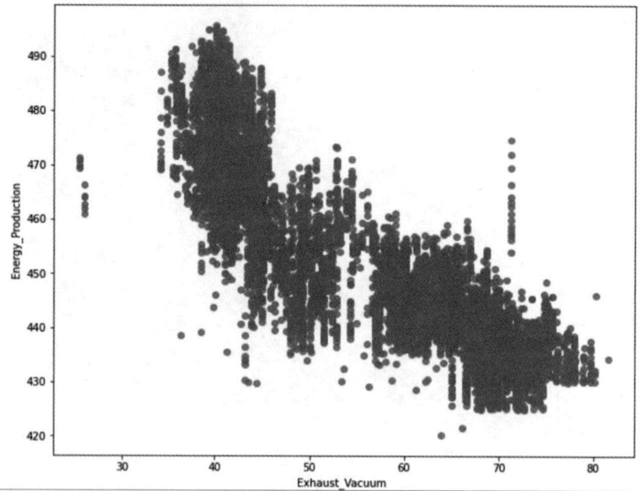

그림 6-22 Vacuum_Pressure와 Energy_Production의 관계를 시각화한 산점도. 음의 선형 관계가 드러납니다.

요약하면 Temp와 Energy_Production 사이에는 온도가 낮을수록 에너지 생산량이 높아지는 강력한 '역inverse' 관계가 있는 것으로 보입니다. [그림 6-17]의 상관행렬을 참조하면, Temp와 Energy_Production의 상관관계는 −0.948입니다. 이는 [그림 6-19]에서 음의 선형 관계를 예상하는 것에 관한 내용과 일치합니다.

온도, 주변 압력, 상대 습도, 배기 진공 압력을 기반으로 에너지 생산량을 예측하는 것이 목표였죠. 그렇다면 상관관계가 약한 특징은 버려야 할까요? 만약 버린다면, 다변량 모델에서 단변량univariate 모델로 전환됩니다. 즉, 레이블(Energy_Production)을 예측하는 단일 특징(Temp)만 사용한다는 뜻이죠. 이렇게 얻은 모델은 일반화할 수 있을까요? 에너지 생산의 특징 중요도를 판단하려면 추가로 수집할 만한 데이터가 있을까요? 이 같은 질문을 스스로에게 해 봐야만 하며, 1장에서 본 비즈니스 의사 결정 모델이 도움이 될 수 있습니다.

6.3.4 빅쿼리 ML의 CREATE MODEL 문

이 절은 빅쿼리 ML로 발전소 데이터셋의 모든 특징을 활용하여 선형 회귀 모델을 만드는 방법을 설명합니다. 이미 데이터를 준비했으므로 모델을 만드는 과정은 매우 간단합니다.

CREATE MODEL 문 사용하기

빅쿼리 콘솔로 돌아갑니다. 빅쿼리 편집기 창에 다음 SQL 문을 입력하여 선형 회귀 모델을 만듭니다.

```
CREATE OR REPLACE MODEL data_driven_ml.energy_production OPTIONS
  (model_type='linear_reg',
   input_label_cols=['Energy_Production']) AS
SELECT
  Temp,
  Ambient_Pressure,
  Relative_Humidity,
  Exhaust_Vacuum,
  Energy_Production
FROM
  `your-project-id.data_driven_ml.ccpp_cleaned`
```

쿼리를 실행하기 전에 몇 가지 주의해야 할 사항이 있습니다. CREATE OR REPLACE MODEL 문은 data_driven_ml 데이터셋에 대해 신규 ML 모델을 만들거나, energy_production이라는 같은 이름의 모델이 존재하는 경우 이를 대체합니다. 빅쿼리의 ML 모델은 테이블과 같은 데이터셋의 객체입니다. CREATE OR REPLACE MODEL 문에는 두 가지 파라미터를 함께 지정해야 합니다. 그중 첫 번째인 model_type은 모델의 유형(선형 회귀에는 linear_reg)을, 두 번째인 input_label_cols에는 레이블 역할을 하는 열(Energy_Production)을 지정해야 합니다.

이제 쿼리를 실행해 모델을 학습시킵니다. 오래 걸리지는 않으니, 학습이 끝날 때까지 기다렸다가 다음 내용으로 넘어가기 바랍니다.

학습된 모델의 평가 지표 확인하기

모델 지표는 콘솔에서 확인할 수 있습니다. 모델 테이블이 생성된 다음 '평가' 탭을 선택하여 평가 지표를 확인합니다(그림 6-23). 여러분의 화면에 표시되는 지표는 이 책의 그림과 약간 다를 수 있습니다.

energy_production

세부정보 | 학습 중 | 평가 | 스키마

평균 절대 오차	3.7481
평균 제곱 오차	22.3161
평균 제곱 로그 오차	0.0001
절대 오차 중앙값	3.2785
R 제곱	0.9255

그림 6-23 에너지 생산량을 예측하는 선형 회귀 모델의 평가 지표

평가 지표는 `ML.EVALUATE` 함수로도 확인할 수 있습니다. 다음 SQL 쿼리를 실행하여 모델에 대한 평가 지표가 반환되는 것을 확인합니다.

```
SELECT
  *
FROM
  ML.EVALUATE(MODEL data_driven_ml.energy_production)
```

그 결과를 JSON 형식으로 확인해 보면 [그림 6-24]와 같습니다.

작업 정보 | 결과 | 차트 | JSON | 실행 세부정보


```
[{
  "mean_absolute_error": "3.7481431886075423",
  "mean_squared_error": "22.316052553408152",
  "mean_squared_log_error": "0.00010834837010651457",
  "median_absolute_error": "3.2784974411570147",
  "r2_score": "0.92547607526840847",
  "explained_variance": "0.92547622468287494"
}]
```


그림 6-24 `ML.EVALUATE` 함수의 출력 결과. `explained_variance`는 콘솔에서는 포함되지 않은 출력입니다.

보다시피 콘솔의 출력과 `ML.EVALUATE` 함수의 출력은 한 가지를 제외하고는 같습니다. `ML.EVALUATE` 함수는 `explained_variance` 열에서 '설명된 분산'이라는 지표도 제공하는데, 이는 '모델이 레

이블의 분산 중 얼마나 많은 부분을 포착하는가?'를 보여줍니다. 정확한 세부 사항은 논외지만, 평균 레이블값과 평균 예측값이 동일하다면 설명된 분산과 R^2 점수도 동일하다고 기대할 수 있습니다. 이를 **불편 추정량**unbiased estimator이라고 하며, 그 한 예가 선형 회귀입니다.

여기서 점수가 다른 이유는 무엇인가요? 학습 데이터셋에서 모델을 평가하는 것이 아니기 때문입니다! 평가 데이터셋에서 평가 데이터셋과와 학습 데이터셋이가 통계적으로 유사하다면 이러한 지표가 서로 비슷할 것으로 예상할 수 있습니다. 빅쿼리 ML은 모델을 학습할 때 데이터셋을 학습 및 평가 데이터셋으로 자동으로 분할하지만, 데이터 분할을 더 자세히 제어하는 옵션이 있습니다(7장 참조).

ML.PREDICT 함수로 예측 서비스 제공하기

모델을 학습시키고 평가 지표를 탐색했습니다. 그러면 다음으로 해야 할 일은 무엇일까요? ML의 궁극적인 목표는 단순히 최상의 모델을 학습시키는 것이 아니라, 사용 사례에 대한 예측을 제공하는 것입니다. 빅쿼리 ML에서 만족스러운 성능의 모델을 구했다면, `ML.PREDICT` 함수로 해당 모델의 예측 능력을 쉽게 제공할 수 있습니다. `ML.PREDICT`는 빅쿼리에서 처리할 수 있는 데이터에서만 작동합니다.

온도가 평균 27.45℃, 주변 압력이 1,001.23 mbar, 상대 습도가 84%, 배기 진공 압력이 65.12 cmHg인 한 시간 동안의 전력 생산량을 알고 싶다고 가정해 보겠습니다. 다음 쿼리를 실행하여 이 예측을 계산할 수 있습니다.

```
SELECT
  *
FROM
  ML.PREDICT(MODEL `your-project-id.data_driven_ml.energy_production`,
    (
    SELECT
      27.45 AS Temp,
      1001.23 AS Ambient_Pressure,
      84 AS Relative_Humidity,
      65.12 AS Exhaust_Vacuum) )
```

두 번째 `SELECT` 문에는 예측된 에너지 생산량에 대한 특징값이 포함됩니다. `AS` 키워드로 열에 별칭을 지정하여 값이 모델에 적절하게 연결되도록 하면 좋습니다. 특징으로 쓰이지 않은 추가

열을 포함하면, 해당 열은 단순히 결과에 전달됩니다. 예측 레이블을 결과 테이블의 열로 포함하되 모델에 사용되지 않는 열도 포함하려는 경우에 유용할 수 있습니다.

[그림 6-25]와 결과를 비교합니다. 여러분의 결과는 약간 다를 수 있습니다. `predicted_Energy_Production` 열에는 예측된 에너지 생산량이 기록됩니다.

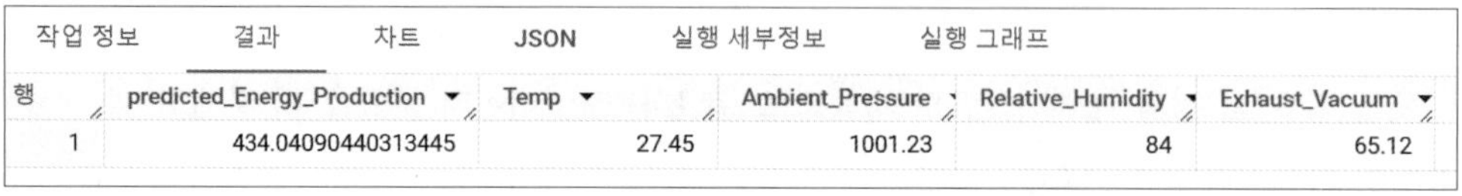

행	predicted_Energy_Production	Temp	Ambient_Pressure	Relative_Humidity	Exhaust_Vacuum
1	434.04090440313445	27.45	1001.23	84	65.12

그림 6-25 `ML.PREDICT` 함수의 결과. 주어진 특징값에 대한 예측 에너지 생산량은 433.35 MW입니다.

여기서 사용한 방법은 단일 예측에 적합하지만, 특징들의 여러 값이 기록된 테이블을 통째로 예측하려면 어떻게 해야 할까요? `ML.PREDICT` 함수로 테이블을 통째로 예측할 수 있습니다. 다음처럼 이전 쿼리의 두 번째 `SELECT` 문을 대체하여 단일 행이 아닌 테이블을 결과로 지정할 수 있습니다.

```
SELECT
  *
FROM
  ML.PREDICT(MODEL `your-project-id.data_driven_ml.energy_production`,
    (
    SELECT
      Temp,
      Ambient_Pressure,
      Relative_Humidity,
      Exhaust_Vacuum
    FROM
      `your-project-id.some_dataset.some_table`) )
```

이 방식은 여러 인스턴스를 예측해야 할 때 유용합니다.

6.4 설명 가능한 AI

지난 10년간 딥러닝처럼 복잡한 모델들이 등장함에 따라 **설명 가능한 AI**explainable AI(XAI)가 빠르게 성장하는 연구 분야로 떠올랐습니다. XAI의 목표는 모델의 행동을 사람이 이해할 수 있는 형태로 설명하는 것입니다. 이는 모델의 성능 개선, 모델의 문제 파악, 규정 준수, 그리고 윤리적 이유로 모델이 특정 편견을 피하도록 하는 등 다양한 방식으로 사용할 수 있습니다. 이 절은 빅쿼리 ML의 맥락에서 XAI를 간략히 소개합니다.

XAI에서는 로컬 설명local explanation과 글로벌 설명global explanation을 자주 이야기합니다. 로컬 설명은 단일 인스턴스나 소규모 인스턴스 그룹에 집중하며, '이 모델이 왜 특정 데이터에 대해 이런 예측을 했을까?'와 같은 질문을 해결하는 데 중점을 둡니다. 반면 글로벌 설명은 모델의 전체적인 동작을 이해하는 데 도움을 주며, '이 모델의 예측에 가장 큰 영향을 미치는 요소는 무엇일까?' 같은 질문에 답하는 데 사용합니다.

그렇다면 이러한 설명은 어떻게 계산할까요? 주로 모델이 학습된 후, 즉 사후post hoc에 계산됩니다. 일부는 특정 모델 유형에만 적용되거나, 일부는 모델 종류와는 무관하게 사용할 수 있는 경우도 있습니다. 일반적으로, 사후 방법은 특정 데이터셋(예: 평가 데이터셋)을 사용해 모델이 해당 데이터셋에서 어떻게 작동하는지 분석하고, 데이터를 살짝 바꿔가며 설명을 제공합니다.

선형 회귀 모델처럼 본질적으로 설명이 가능한 모델도 있습니다. 이 경우, 별도의 데이터셋 없이도 모델 자체로부터 직접 설명을 얻을 수 있습니다. 하지만 모델이 복잡해질수록 설명하기가 더욱 어려워지는 단점이 있습니다. 가령 이미지나 언어 모델에 주로 사용하는 심층 신경망 같은 복잡한 모델은 모델 자체로는 설명하기 어려워, 주로 사후에 추가 방법을 사용해 설명을 시도해야 합니다.

이 장과 다음 장에서 이 방법 중 일부를 살펴봅니다. 하지만 더 자세한 설명은 『실무자를 위한 설명 가능한 AI Explainable AI for Practitioners(오라일리, 2022)』[11]를 참고하기 바랍니다.

6.4.1 빅쿼리 ML의 설명 가능한 AI

`ML.EVALUATE` 함수는 평가 지표를 제공했습니다. 하지만 빅쿼리는 모델과 모델이 생성한 예측

11 *https://learning.oreilly.com/library/view/explainable-ai-for/9781098119126/*

을 설명하는 함수도 제공합니다. 빅쿼리의 글로벌 및 로컬 설명은 구글 클라우드의 설명 가능한 AI 서비스Explainable AI service에 기반합니다. 빅쿼리의 설명 가능한 AI는 모델 전체 및 특정 예측에 중요한 특징들을 보여주는 '특징 속성feature attribution'을 제공합니다. 글로벌 설명을 계산하려면 CREATE MODEL 쿼리에 글로벌 설명 기능을 활성화하는 다음의 파라미터를 추가해야 합니다.

```
enable_global_explanation = TRUE
```

글로벌 설명은 모델에 대한 특징의 전반적인 영향력을 반환하며, 흔히 전체 데이터셋에 대한 특징 속성을 집계하여 얻습니다. 절댓값이 높을수록 해당 특징이 모델의 예측에 더 큰 영향을 미쳤음을 의미하죠.

글로벌 설명을 활성화하지 않고도 로컬 설명을 계산할 수 있습니다. 이어지는 내용에서 두 가지 예시를 살펴보겠습니다.

CREATE MODEL 문 수정하기

이전에 쓴 CREATE OR REPLACE MODEL 쿼리를 복사하여 새로운 쿼리 창에 붙여 넣습니다. enable_global_explain=TRUE 문을 추가하여 다음처럼 쿼리를 수정합니다.

```
CREATE OR REPLACE MODEL data_driven_ml.energy_production
OPTIONS
  (model_type='linear_reg',
   input_label_cols=['Energy_Production'],
   enable_global_explain=TRUE) AS
SELECT
  Temp,
  Ambient_Pressure,
  Relative_Humidity,
  Exhaust_Vacuum,
  Energy_Production
FROM
  `your-project-id.data_driven_ml.ccpp_cleaned`
```

변경된 쿼리를 실행하여 전역 설명을 활성화한 신규 버전의 모델을 학습시킵니다. 이 작업은 몇 분 만에 완료됩니다. 모델의 학습이 완료될 때까지 기다렸다가 다음 단계로 이동합니다.

ML.GLOBAL_EXPLAIN 함수 사용하기

글로벌 설명은 기본적인 'SELECT * FROM' SQL 문을 작성하여 확인할 수 있습니다. 단지 프로젝트 ID, 데이터셋, 테이블을 참조하는 FROM 문 대신, 다음처럼 FROM 문에서 ML.GLOBAL_EXPLAIN 함수를 사용하도록 수정해야 합니다. ML.GLOBAL_EXPLAIN 함수는 모델 자체를 호출하여 결과를 가져옵니다. 빅쿼리 콘솔에서 다음 쿼리를 실행하여 이를 직접 살펴보세요.

```
SELECT
  *
FROM
  ML.GLOBAL_EXPLAIN(MODEL `data_driven_ml.energy_production`)
```

[그림 6-26]은 쿼리 결과를 보여줍니다. 전체적으로 모델에서 중요도가 가장 높은 특징을 보여줍니다. 앞서 상관계수로 특징을 분석한 결과에 따르면 Temp 특징의 중요도가 가장 높을 것으로 예상할 수 있으며, 실제로도 그렇다는 점을 확인할 수 있습니다.

feature	attribution
Temp	12.82749554257...
Exhaust_Vacuum	2.728499633452...
Relative_Humidity	1.837594091061...
Ambient_Pressure	0.300452447528...

그림 6-26 ML.GLOBAL_EXPLAIN은 평가 데이터셋의 모든 행에 대해 각 특징이 받은 절대적 기여도의 평균을 계산하여 글로벌 특징 기여도를 반환합니다.

ML.EXPLAIN_PREDICT 함수로 로컬 설명 계산하기

온도가 평균 27.45°C, 주변 압력이 1,001.23 mbar, 상대 습도가 84%, 배기 진공 압력이 65.12 cmHg일 때, 1시간 동안 생산되는 전력량을 알고 싶었던 이전 예시를 상기해 보죠. ML.PREDICT 함수를 사용하여 이 시간 동안 에너지 생산량이 433.35 MW가 될 것으로 예측했습니다. 모델의 글로벌 특징 중요도를 기반으로 온도가 가장 큰 영향을 미칠 것으로 예상할 수 있습니다. 일반적으로 글로벌 설명은 전체 데이터셋에 대해 집계되는데, 이 특정 예시에 대해서는 어떨까요?

ML.PREDICT 메서드를 ML.EXPLAIN_PREDICT 메서드로 대체하면 로컬 특징 중요도로 예측을 반환할 수 있습니다. 다음 쿼리를 실행해 상위 3개의 특징 중요도를 확인합니다. 여러분의 결과는 [그림 6-27]의 출력과 약간 차이가 있을 수 있습니다.

```
SELECT
  *
FROM
  ML.EXPLAIN_PREDICT(
    MODEL `your-project-id.data_driven_ml.energy_production`,
    (
    SELECT
      Temp,
      Ambient_Pressure,
      Relative_Humidity,
      Exhaust_Vacuum
    FROM
      `your-project-id.data_driven_ml.ccpp_cleaned`),
    STRUCT(3 AS top_k_features) )
```

행	predicted_Energy_Production	top_feature_attributions.feature	top_feature_attributions.attribution
1	450.04116448640553	Relative_Humidity	-2.5355236099069121
		Temp	-1.8798437125406369
		Ambient_Pressure	0.10863306946222842

그림 6-27 ML.EXPLAIN_PREDICT 함수의 출력. 온도가 출력에 가장 크게 기여했습니다(크기 기준).

약간의 구문과 몇 가지 처음 보는 열이 보입니다. ML.EXPLAIN_PREDICT, STRUCT(3 AS top_k_features)에 입력된 추가 파라미터는 특징을 중요도가 높은 상위 세 개만으로 제한합니다. top_k_features가 바로 그 역할을 하며, ML.EXPLAIN_PREDICT는 이 정보가 STRUCT에 전달될 것으로 예상합니다. SQL에서 STRUCT는 특정 이름을 가진 값들(또는 열들)의 목록이라고 생각할 수 있는데, 이 값들은 서로 다른 유형일 수도 있습니다.

이제는 새로 등장한 열을 살펴보겠습니다. top_feature_attributions는 그 자체로 feature와 attribution이라는 두 필드가 있는 STRUCT입니다. feature는 특징의 이름을, attribution은 해당하는 특징의 중요돗값을 제공합니다. 또 다른 새로운 열인 baseline_prediction_value는 로컬 특징 기여도를 산출하기 위해 현재 데이터 항목을 비교할 수 있는 기준값을 제공합니다. 선형 회귀 모델에서 이 기준선은 데이터셋 전체의 평균 레이블값(에너지 생산량)을 의미합니다.

어떻게 기여돗값을 해석할 수 있을까요? 예측된 레이블값이 기준 예측값보다 낮고, 모든 기여도의 값이 음수임에 주목해야 합니다. 온도는 기준값에서 평균적으로 약 1.98 MW의 감소를, 상대 습도는 평균적으로 약 2.54 MW 감소를, 외기 압력은 평균적으로 약 0.11 MW 증가를 일으켰습니다. 배기 진공 압력은 상위 세 가지 특징이 아니므로 여기에 포함되지 않았지만, 이 예에서 외기 압력보다도 더 작은 영향을 미쳤습니다. 이 예에서 보듯이, 대부분의 에너지 생산량 편차는 온도로 인한 것이며, 다른 특징들은 약간의 영향을 미쳤음을 알 수 있습니다.

구글 코랩과 같은 주피터 노트북에서 LIME 및 SHAP 같은 설명 가능성 라이브러리를 활용하는 것도 좋은 생각입니다. 이 둘은 다양한 사용 사례에서 일반적으로 사용할 수 있는 파이썬 라이브러리입니다. 다만, 이 책에서는 해당 두 라이브러리를 다루지 않으므로 이를 소개하는 블로그 게시글[12]과 설명 가능성에 관한 기타 AI 참고 자료에서 명시적인 예시를 확인해 보기 바랍니다.

NOTE 이전 단락의 '평균적으로'라는 말이 다소 이상하게 들릴지 모릅니다. 빅쿼리 ML은 내부적으로 섀플리값을 사용해 선형 모델에 대한 특징 중요도를 계산합니다. 섀플리값은 협력 게임 이론coalitional game theory에서 나온 도구로, 특정 특징값과 기준 특징값의 다양한 조합(즉, 서로 다른 협력)에서 특징값이 평균적으로 얼마나 기여하는지를 계산합니다. 더 기술적인 정의도 있지만,[13] 선형 모델에서는 섀플리값을 계산할 때 복잡한 수학적 방법을 쓰지 않고, 간단히 그 특징에 해당하는 가중치와 특징값만을 이용해서 계산할 수 있습니다. 즉, 해당 특징값이 모델 예측에 얼마나 기여했는지를 그 특성의 가중치와 값으로 간단히 알아낼 수 있습니다.

6.4.2 연습 문제

6.3.1절 '특징 선택 및 상관관계'를 읽고 특징을 선택하는 절차와 특징을 선택할 때 사용하는 몇 가지 기법에 관한 이해도가 많이 올라갔을 것입니다. 그런데 앞 절에서는 모든 특징을 사용

12 *https://oreil.ly/YdZ5x*

13 *https://christophm.github.io/interpretable-ml-book/*

해서 모델을 학습시켰습니다. 따라서 몇 가지 연습 문제를 제시하고자 합니다.

1. 전체 특징 중 일부분만으로 여러 신규 모델을 학습시킵니다. 여러 조합으로 여러 모델을 학습시켜 봅니다. 상관계수와 공선성에서 배운 내용을 상기하며 특징을 선택합니다.
2. 새로 학습된 모델들을 평가합니다. 어떤 특징 조합에서 모델의 성능이 가장 좋았나요?
3. 논의된 설명 가능성 함수로 어떤 특징이 모델의 글로벌 및 로컬 성능에 가장 크게 기여했는지 살펴봅니다. 예상을 벗어난 놀랄 만한 발견이 있었나요?

6.5 빅쿼리 ML에서의 신경망

이번에는 또 다른 인기 있는 ML 모델 유형인 신경망을 살펴볼 차례입니다. 신경망은 추가 계산 자원, 새로운 모델 구조, 한 문제에서 얻은 지식을 다른 문제에 적용하는 전이 학습의 유연성 덕분에 지난 10년간 많은 인기를 얻었습니다. 이 절은 신경망을 간략히 소개하고, 빅쿼리 ML로 신경망을 구축하는 방법을 다룹니다.

6.5.1 간략한 신경망 개요

선형 회귀 모델에서처럼, 신경망도 수치형 특징값을 입력받아 예측된 레이블을 출력하는 수학 함수입니다. 회귀 및 분류 문제에 모두 사용할 수 있지만, 이 절에서는 회귀 모델에 초점을 맞춥니다.

신경망을 설명하기 위해 선형 회귀에 관한 설명을 시각적 용어로 재구성해 보겠습니다. 에너지 생산량을 예측하는 문제에는 온도, 주변 압력, 상대 습도, 배기 진공 압력이라는 네 가지 특징을 사용했습니다. 이들에게 간단히 x_1, x_2, x_3, x_4라는 레이블을 붙인다면, 다음처럼 선형 회귀 모델을 표현할 수 있습니다.

$$f(\vec{x}) = y = w_0 + w_1x_1 + w_2x_2 + w_3x_3 + w_4x_4$$

이는 [그림 6-28]과 같이 시각적으로 표현할 수 있습니다. 네 특징 각각이 출력 y로 이어지는 식이며, 각 특징에서 출력으로 이어지는 선에 w_1, w_2, w_3, w_4라는 가중치를 부여합니다. 절편 정보도 포함할 수 있겠지만, 흔히 생략하곤 합니다.

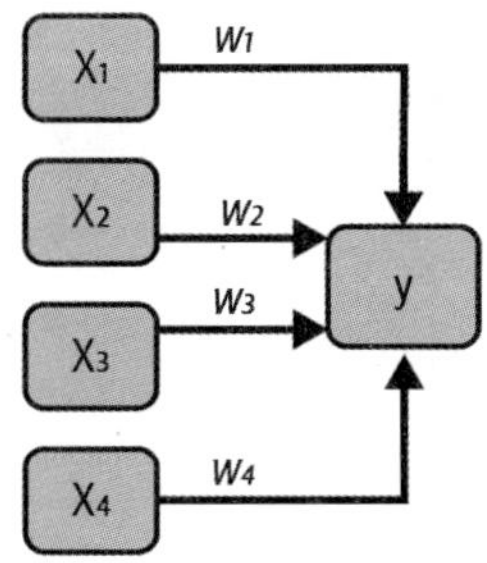

그림 6-28 선형 회귀 모델의 시각적 표현

선형 회귀 모델을 신경망으로 시각화하는 데 성공했습니다! 이번에는 선형 회귀 모델 대신, 일반화된 신경망을 시각적으로 표현해 보겠습니다. 이제 원본 특징을 새로운 은닉 특징인 z_1과 z_2에 결합하고 싶다고 가정해 보겠습니다. 각 은닉 특징은 원본 특징을 선형적으로 조합한 것 또는 원본 특징에 대한 가중치의 합입니다. 이를 기술적으로 표현하면 다음처럼 나타낼 수 있죠.

$$z_1 = c_0 + c_1x_1 + c_2x_2 + c_3x_3 + c_4x_4$$

여기서 c_i는 실수입니다. 은닉 특징 z_2는 다른 상수(예: c_i 대신 d_i)를 사용하여 비슷한 방식으로 정의할 수 있습니다. 엄밀히 말하자면, c_0 항이 포함되면서, 개별 특징의 선형적 결합과는 약간 다르지만, 1을 상수 특징으로 포함하면 기술적인 정의가 여기서 사용된 방법과 일치하게 됩니다.

이 은닉 특징들을 함께 묶어 **은닉 계층**hidden layer이라고 합니다. 모델의 입력이나 출력에는 보이지 않아서 은닉이라고 하지만, 출력을 계산하는 데 중요한 역할을 합니다. 전과 동일한 방식으로 시각화할 수 있지만, 이번에 특징은 새로 추가된 은닉 특징인 z_1과 z_2에 연결되고, 해당 은닉 특징들이 출력 y에 연결되는 모습이 됩니다(그림 6-29).

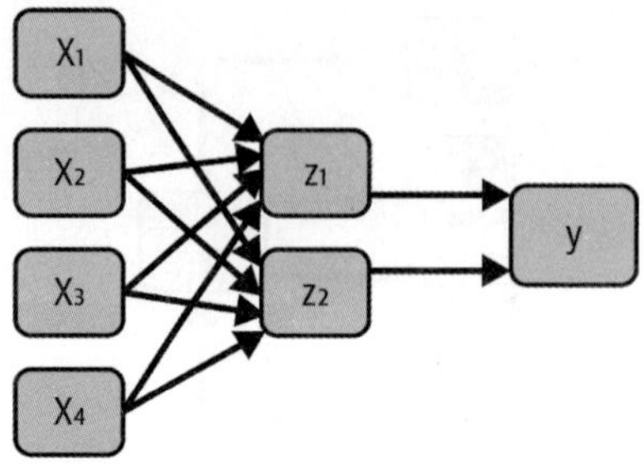

그림 6-29 단일 은닉 계층이 있는 신경망의 시각적 표현

이것은 단일 은닉 계층이 있는 신경망의 예입니다. 그렇다면 이러한 은닉 특징이 무엇인지 어떻게 결정할까요? 어떻게 c_i와 d_i의 최적값을 찾을 수 있을까요? 신경망에 대한 정규방정식은 없지만, 전과 같은 방식으로 경사하강법을 활용할 수 있습니다! 다양한 조합을 시도하는 대신 c_i와 d_i를 선형 회귀 모델의 다른 가중치와 마찬가지로 설정하고 최적의 가중치를 찾도록 모델을 학습시켜 볼 수 있습니다.

6.5.2 활성화 함수 및 비선형성

하지만 아직 한 조각이 퍼즐이 빠졌습니다. 간단한 수학 문제를 생각해 보죠. $f(x)=3+2x$와 $g(x)=1+5x$를 가정했을 때 $g(f(x))$는 무엇일까요? 두 함수의 결합을 계산하려면 안쪽 함수의 출력을 취한 다음, 이를 두 번째 함수에 연결합니다.

$$g(f(x)) = g(3 + 2x) = 1 + 5(3 + 2x) = 16 + 10x$$

갑자기 이 문제를 제시한 이유가 뭘까요? $f(x)$와 $g(x)$는 $mx+b$ 형식을 따르는 선형 함수입니다. 그리고 $g(f(x))$도 동일한 형태의 선형 함수입니다. 우연이 아닙니다! 일반적으로 선형 함수를 결합하면, 또 다른 선형 함수가 만들어집니다.

신경망과는 어떤 관련이 있을까요? 은닉 특징인 z_1과 z_2는 x_1, x_2, x_3, x_4에 대한 선형 함수이며, y는 z_1과 z_2에 대한 선형 함수입니다. 신경망을 두 선형 함수로 구성했다고 생각할 수 있습니다. (x_1, x_2, x_3, x_4)를 (z_1, z_2)에, (z_1, z_2)를 y에 집어넣는 식입니다. 그리고 두 함수 모두 선형이므로 이를 결합한 함수도 선형이죠. y라는 선형 함수를 불필요하게 복잡하게 만든 것처럼 보일지도 모릅니다.

그렇다면 신경망에 은닉 계층이 있다는 점에는 아무런 의미도 없을까요? 여기에 비선형 활성화 함수가 더해질 때 신경망은 매우 흥미로워집니다. **활성화 함수**activation function는 은닉 계층의 특징에 적용한 값을 다음 계층으로 전달하기 전에 적용하는 함수입니다. 특정 계층에서 다음 계층으로 이동할 때, 함수를 더는 선형적이지 않게 만들어 모델이 더 흥미로운 동작을 학습할 수 있도록 하는 수단입니다. 신경망에서 가장 많이 사용하는 활성화 함수이자 가장 간단한 함수는 **정류 선형 단위**Rectified Linear Unit(ReLU) 함수입니다. ReLU는 단일값을 받아 양수이면 해당 값을 그대로 반환하고 음수이면 0을 반환하는 매우 간단한 함수입니다(그림 6-30).

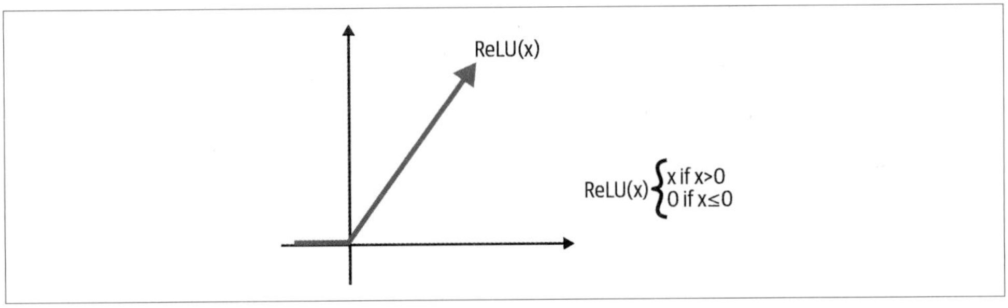

그림 6-30 ReLU 활성화 함수

은닉 계층에는 활성화 함수를 흔히 적용하지만, 최종 출력에는 적용하지 않는 경우가 많습니다. 이제 선형 회귀 모델 이상의 것을 제공하는 신경망의 정의를 얻었습니다. ReLU가 활성화된 결과 함수는 여전히 부분적으로 선형성을 띠지만, 선형이 아니라는 사실은 더 복잡한 함수를 모델링할 수 있다는 의미입니다. 이러한 활성화 함수들이 어떻게 추가되는지에 관한 시각적 표현은 [그림 6-31]에서 볼 수 있습니다.

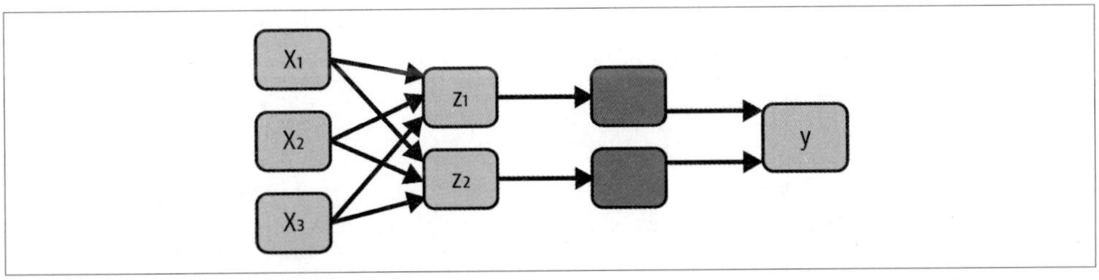

그림 6-31 단일 은닉 계층과 활성화 함수 ReLU가 있는 신경망의 시각적 표현. 진한 색의 네모 상자는 최종 결괏값을 계산하기 전에 은닉 특징에 적용되는 ReLU를 나타냅니다.

일반적으로 신경망은 원하는 만큼의 은닉 계층을 둘 수 있습니다. 가령 두 은닉 계층이 있는 경우, 개념적으로 학습이 끝난 신경망이 두 개의 서로 다른 은닉 계층에 대한 숨은 특징을 학습했다고 이해할 수 있습니다. 첫 번째 은닉 계층의 특징은 원래 입력 특징으로부터 학습되고, 두 번째 은닉 계층의 특징은 첫 번째 은닉 계층의 특징으로부터 학습된다고 볼 수 있죠. 물론 모델 입력과 출력으로 이를 직접 확인할 수는 없지만, 신경망이 한 계층에서 다른 계층으로 개념을 구축하고 궁극적으로 이를 최종 출력 계산에 적용하는 방법과 일치합니다. 이러한 신경망은 [그림 6-32]처럼 시각화할 수 있습니다.

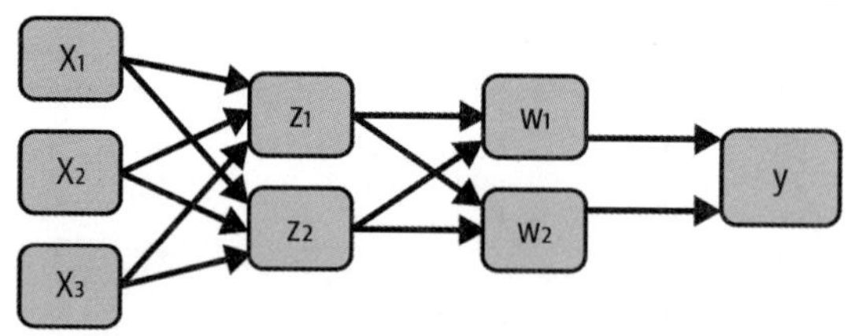

그림 6-32 두 은닉 계층이 있는 신경망의 시각적 표현. 활성화 함수 ReLU는 생략했습니다.

> **TIP_** 은닉 계층이 많을수록 모델은 더 강력해질 수 있지만, 그만큼 최적화해야 할 가중치가 많아지므로 학습에 더 많은 데이터를 투입해야 하고 시간도 많이 소요됩니다. 은닉 계층 수가 적은 더 작은 신경망에서는 더 큰 신경망보다 학습이 비교적 쉽게 이루어지지만, 복잡한 관계는 학습하지 못할 수 있습니다.

6.5.3 빅쿼리 ML에서 심층 신경망 학습시키기

신경망에 관해 조금 알았으니, 이제 빅쿼리 ML로 신경망을 학습시켜 볼 차례입니다. 심층 신경망을 학습시키면 입력 변수와 레이블, 전력 생산 사이의 중요한 비선형 관계를 학습할 수 있습니다. 개념은 조금 더 복잡해졌지만, 다행히 SQL 구문은 약간만 다를 뿐 이전처럼 간단합니다. 빅쿼리 콘솔에서 다음 쿼리를 작성하고 실행합니다.

```
CREATE OR REPLACE MODEL data_driven_ml.energy_production_nn
  OPTIONS
    (model_type='dnn_regressor',
```

```
      hidden_units=[32,16,8],
      input_label_cols=['Energy_Production']) AS
SELECT
  Temp,
  Ambient_Pressure,
  Relative_Humidity,
  Exhaust_Vacuum,
  Energy_Production
FROM
  `your-project-id.data_driven_ml.ccpp_cleaned`
```

모델이 더 복잡하고, 버텍스 AI 학습 서비스를 사용해 신경망을 학습시키려고 데이터를 버텍스 AI로 내보내므로 학습에 더 오랜 시간이 걸립니다.

모델이 학습되는 동안, 바뀐 SQL 문을 살펴보겠습니다. 첫 번째는 모델 유형(`model_type`)으로, `dnn_regressor`은 심층 신경망 회귀 모델deep neural network regression model을 의미합니다. 여기서 **심층**이라는 용어는 신경망에 은닉 계층이 얼마든지 있을 수 있음(즉, 여러 층으로 구성된 신경망이 될 수 있음)을 의미합니다. 그리고 `hidden_units`는 **은닉 단위**hidden unit 또는 **뉴런**neuron으로, **은닉 특징**이라는 말보다 기술적이고 일반적으로 사용하는 용어입니다. `hidden_units` 파라미터에는 정수형 배열을 입력해야 하며, 앞 예시에서는 `[32,16,8]` 배열을 지정했습니다. 즉, 신경망이 세 개의 은닉 계층으로 구성되며, 첫 번째 은닉 계층에는 32개, 두 번째에는 16개, 세 번째에는 8개의 뉴런이 있다는 사실을 말합니다. 시각적으로 표현하기는 다소 어렵지만, 앞에서 본 그림에 빗대어 어떤 모습일지 이해해 보길 바랍니다.

모델의 학습이 완료되면, 선형 모델을 학습시켰을 때와 마찬가지로 모델과 평가 탭으로 이동하여 모델에 대한 평가 지표를 확인합니다. 구체적인 지표 수치는 [그림 6-33]과 다를 수 있습니다.

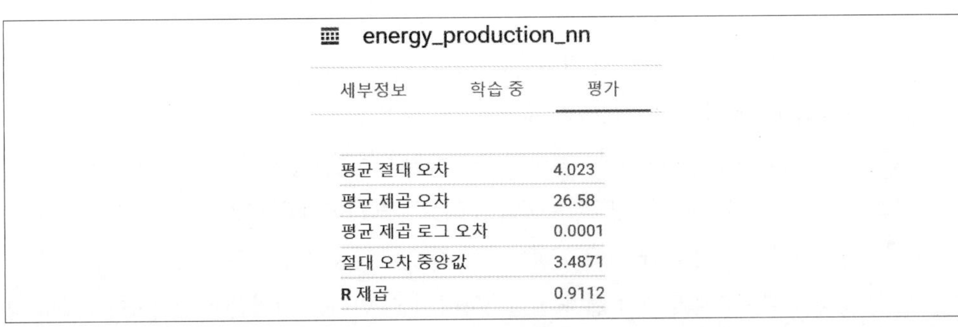

그림 6-33 학습된 신경망 평가 지표

새로운 신경망 모델은 평균 제곱 오차를 기준으로 한 선형 회귀 모델보다 약간 더 결과가 나쁩니다(RMSE는 평균 제곱 오차의 제곱근이므로 RMSE도 마찬가지입니다). [그림 6-34]에서 볼 수 있듯이, 이는 **과대적합**의 예시입니다. 과대적합된 모델은 학습 데이터의 레이블을 더 정확히 예측할 수 있지만, 데이터의 전반적인 추세를 놓치게 됩니다. 한편, 과소적합된 모델도 존재할 수 있습니다. 즉, 모델이 너무 단순하여 데이터의 추세를 아예 학습하지 못한 경우죠. [그림 6-34]는 선형 모델을 사용했기 때문에 모델이 데이터의 이차 추세를 학습할 수 없는 예를 보여줍니다.

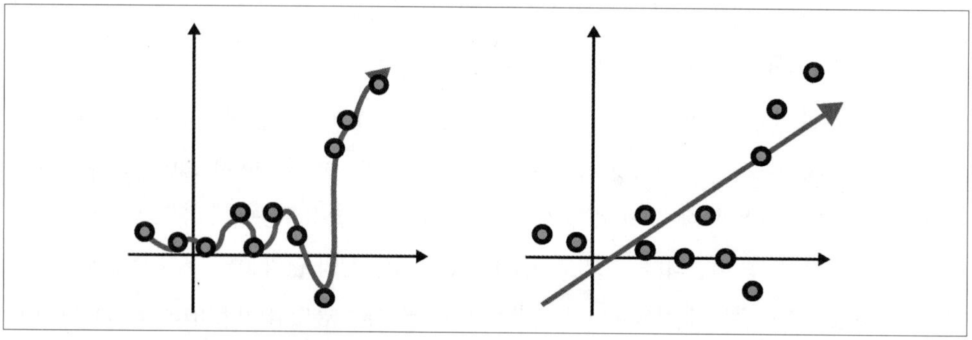

그림 6-34 데이터셋에 과대적합 및 과소적합된 모델의 예시

> **TIP_** ML 모델을 학습시킬 때는 학습 데이터셋과 평가 데이터셋의 성능을 비교해 모델의 과대적합 정도를 확인해야 합니다. 모델의 구조를 바꾸거나, 조기 종료나 기타 다양한 정규화 기법을 활용해 이 문제를 해결하려고 시도해 볼 수 있습니다. 여기서 **정규화**는 과대적합을 방지하는 기술을 포괄적으로 일컫는 용어입니다. 8장에서는 이 기술 중 일부를 빅쿼리 ML 및 다양한 프레임워크에서 적용하는 방법을 자세히 설명합니다.

당연히 그 과정에서 중요한 질문이 생길 수 있습니다. 은닉 계층과 뉴런의 수를 어떻게 최적화해야 할까요? `hidden_units` 파라미터의 값을 다양하게 바꿔보며 실험해 볼 수 있겠지만, 사실상 무한한 가능성이 존재합니다. 은닉 계층의 수, 계층당 뉴런 수, 사용되는 활성화 함수처럼, 모델 구조를 결정하지만 우리가 선택할 수 있는 모든 것을 **하이퍼파라미터**hyperparameter라고 합니다. 하이퍼파라미터는 모델 학습 전에 설정한다는 점에서 가중치와 같은 파라미터와는 다릅니다. 하이퍼파라미터는 모델의 학습 절차를 정의하며, 파라미터는 이러한 하이퍼파라미터로 정의된 최적의 모델을 찾는 학습 과정 속에서 최적화됩니다. 8장에서는 빅쿼리 ML과 버텍스 AI

를 비롯한 널리 사용되는 ML 프레임워크에서 모델에 가장 적합한 하이퍼파라미터를 찾는 다양한 방법을 살펴봅니다.

6.5.4 연습 문제

다음은 신경망 모델의 구조와 성능 간의 관계를 이해하는 데 도움이 되는 몇 가지 연습 문제입니다. 연습 문제를 풀면서 신경망의 크기와 구성 요소가 모델 성능에 어떻게 영향을 미치는지 실험해 보기 바랍니다.

1. 더 큰 신경망을 사용하여 다른 모델을 학습시킵니다. 각 계층에 뉴런을 추가하거나 계층을 추가할 수 있습니다. 이것이 모드 성능에 어떤 영향을 미쳤나요?
2. 더 작은 신경망을 사용하여 다른 모델을 학습시킵니다. 각 계층에서 뉴런을 제거하거나 계층을 제거할 수 있습니다. 이것이 모델 성능에 어떤 영향을 미쳤나요?
3. 논의된 설명 가능성 함수를 사용하여 어떤 특징이 모델의 글로벌 및 로컬 성능에 가장 크게 기여했는지 살펴보세요. 놀랄 만한 일이 있을까요?

6.6 심층 분석: 클라우드 셸로 클라우드 스토리지 파일 보기

클라우드 셸Cloud Shell[14]은 구글 클라우드 CLI 도구가 설치된 소규모 가상 머신을 제공하는 구글 클라우드의 무료 서비스입니다. 이를 활용해 CLI로 구글 클라우드의 자원과 상호작용을 할 수 있습니다. 이 책에서 모든 기능을 다룰 수는 없지만, 파일을 다운로드하지 않고도 구글 클라우드 스토리지에 저장된 텍스트 파일의 처음 몇 줄을 출력하는 간단한 예제를 살펴봅니다.

클라우드 셸에 접근하려면 구글 클라우드 콘솔 UI의 오른쪽 상단에 있는 클라우드 셸 활성화 버튼을 클릭합니다(그림 6-35). 가상 머신을 프로비저닝하는 데 약간의 시간이 걸릴 수 있습니다.

그림 6-35 클라우드 셸 활성화 버튼

14 https://cloud.google.com/shell

클라우드 셸(그림 6-36)을 열 때마다 기본 가상 머신은 달라지지만 연결된 디스크는 그대로 유지됩니다. 즉, 클라우드 셸의 데이터는 항상 그대로 보존되지만, 사용하며 설치한 모든 항목은 클라우드 셸을 다시 열 때마다 재설치해야 합니다. 여기서는 구글 클라우드 CLI만 사용하므로 큰 문제는 없습니다.

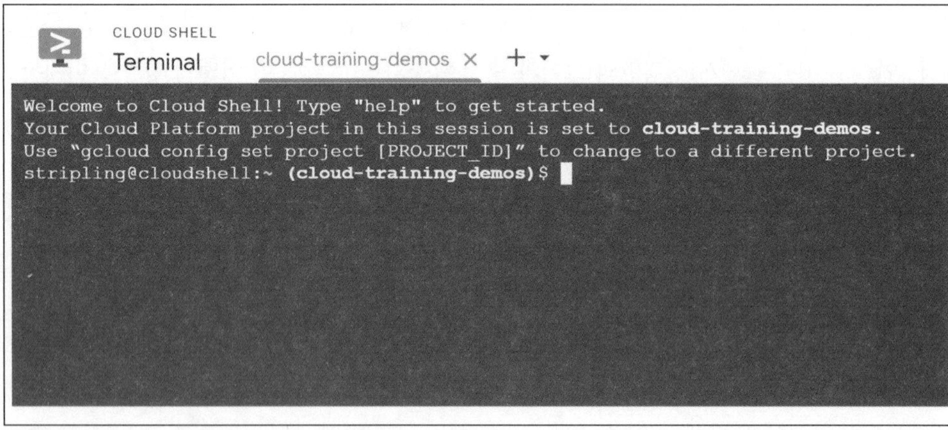

그림 6-36 클라우드 셸 터미널

먼저 클라우드 셸에서 프로젝트의 활성화 여부를 확인합니다. 그러면 '*your-login@cloud-shell:~ (your-project-id)$*'와 유사한 터미널 프롬프트가 표시됩니다. 만약 두 번째 부분에 여러분의 프로젝트 ID가 표시되지 않는다면, 이를 설정해야 합니다. 이 작업은 구글 클라우드 CLI로 매우 쉽게 수행할 수 있습니다. 다음 명령을 입력하고 엔터 키를 누릅니다.

```
gcloud config set project your-project-id
```

이제 터미널 프롬프트의 두 번째 부분에 프로젝트 ID가 표시될 것입니다. 다음 명령을 실행하면 프로젝트 ID가 성공적으로 설정되었는지 명시적으로 확인할 수도 있습니다.

```
gcloud config list project
```

프로젝트 ID로 CLI를 활성화했으므로, 이제 CSV 파일의 처음 몇 줄을 함께 살펴보겠습니다. 다음 명령을 실행하여 이 작업을 수행합니다.

```
gcloud storage cat -r 0-250 gs://low-code-ai-book/ccpp.csv
```

이 명령을 그대로 읽어보면 그 목적이 명확하게 보이지 않을 수 있습니다. gcloud storage 는 구글 클라우드 스토리지와 상호작용하기 위한 명령 모음이며, 그중 cat 명령을 실행합니다. cat은 'concatenate(연결하다)'의 줄임말로, 구글 클라우드 스토리지에서 파일을 읽고 표준 터미널에 출력하는 데 사용하는 명령입니다. -r 0-250 옵션은 전체 파일이 아니라 처음 250 바이트만 읽도록 지정하는 부분입니다. 이 CSV 파일은 처음 몇 행만 보고도 빠르게 파악할 수 있으므로 이 같은 옵션을 지정하였습니다. 그리고 마지막에는 조회할 파일의 위치를 통합 자원 식별자Uniform Resource Identifier(URI) 형식으로 지정하였습니다.

이 명령을 실행하면 다음과 같은 결과가 터미널에 출력됩니다.

```
Temp,Exhaust_Vacuum,Ambient_Pressure,Relative_Humidity,Energy_Production
14.96,41.76,1024.07,73.17,463.26
25.18,62.96,1020.04,59.08,444.37
5.11,39.4,1012.16,92.14,488.56
20.86,57.32,1010.24,76.64,446.48
10.82,37.5,1009.23,96.62,473.9
26.27,59.44
```

마지막 행이 중간에 잘렸지만, 상관없습니다! 단순히 파일이 어떤 식으로 구성되었는지를 확인해 보는 것이 목적이기 때문이죠. 이 CSV 파일은 5개의 열인 Temp, Exhaust_Vacuum, Ambient_Pressure, Relative_Humidity, Energy_Production으로 구성되며, 예상과 일치합니다. 그리고 조회된 처음 몇 행에서는 데이터에 문제가 없어 보입니다. 하지만, 훨씬 더 많은 데이터가 있을 것이므로 단정할 수는 없습니다. 한편, 얼마나 많은 데이터가 있는지는 어떻게 알아낼까요? 다음처럼 wc 명령을 사용하면 됩니다.

```
gcloud storage cat gs://low-code-ai-book/ccpp.csv | wc -l
```

첫 번째 부분은 구글 클라우드 스토리지에서 CSV 파일을 가져오는 부분으로, 이미 익숙할 것입니다. 다만, 읽을 바이트 수를 지정하지 않았으므로 전체 파일을 읽습니다. 명령의 마지막 부분은 파이프 연산자 |로 연결되어, 첫 번째 부분의 결과를 넘겨받아 wc -l 명령이 적용됩니다.

`wc`(단어 수[word count])라는 명령을 사용해 CSV 파일의 줄, 단어, 문자 수를 파악할 수 있습니다. `-l` 옵션은 그중 줄 수만 출력해 주죠. 앞 명령을 실행하면 파일에 9,590줄이 있음을 확인할 수 있습니다.

6.7 요약

이 장에서는 SQL과 파이썬으로 전력 생산 데이터를 분석했습니다. 빅쿼리 ML의 SQL을 사용하여 선형 회귀와 심층 신경망 회귀 모델을 모두 구축하고, 전력 생산량을 예측했습니다. 그 과정에서 설명 가능성 및 신경망의 이면에 있는 수학과 같은 주제에 관한 새로운 개념을 탐구했습니다.

지금까지의 내용은 노코드 및 로우코드 솔루션에 관한 것이었습니다. 그러나 좀 더 유연한 솔루션이 필요한 상황이 있을 수 있습니다. 다음 장에서는 사이킷런과 케라스를 사용해 사용자 맞춤형 코드로 솔루션을 구축하는 방법을 배웁니다. 두 라이브러리 모두 매우 접근성이 좋기 때문에, ML에 파이썬을 어떻게 사용하면 좋을지를 탐구하는 시작점으로 매우 좋습니다.

CHAPTER 7

파이썬으로 사용자 정의 ML 모델 학습시키기

이 장에서는 사이킷런과 케라스로 고객 이탈을 예측하는 분류 모델을 구축하는 방법을 배웁니다. 먼저, 판다스로 데이터를 탐색하고 정리합니다. 그리고 원핫 인코딩으로 범주형 데이터를 준비해서 사이킷런으로 로지스틱 회귀 모델을 학습시키고 평가합니다. 모델 성능을 개선하는 방법도 다룹니다. 이어서, 케라스를 사용해 신경망 분류 모델을 구축하고, 이를 평가하는 방법을 배웁니다. 이 과정에서 분류 모델의 성능 지표와 오차 행렬을 이해하고, 모델을 효과적으로 평가하는 방법을 학습하게 됩니다.

이 장에서 사용하는 데이터셋인 IBM 통신사 고객 이탈 데이터셋[1]은 고객 이탈을 모델링하는 방법을 학습하는 데 널리 사용됩니다. 이 장을 완료한 후에 이 데이터셋에 관한 다른 예제도 살펴보고 지식을 확장해 나가기 바랍니다.

7.1 비즈니스 사용 사례: 고객 이탈 예측

이 프로젝트의 목표는 통신 회사의 고객 이탈을 예측하는 것입니다. 고객 이탈률은 서비스 이용을 중단하는 고객의 비율로 정의되며, 고객이 다음 달에 구독이나 계약을 취소하는 경우를 의미합니다. 통신 회사는 주로 월별 요금제나 연간 계약으로 서비스를 제공하므로 이탈 예측은

1 *https://oreil.ly/Rz3r2*

고객 유지 전략을 세우는 데 중요합니다.

데이터는 CSV 파일로 제공되므로, 먼저 판다스를 사용해 데이터를 불러오고 탐색해야 합니다. 데이터셋에는 숫자형 변수와 범주형 변수가 모두 포함되며, 범주형 변수는 특정한 값들의 집합에서 선택됩니다. 이 데이터를 정리하고 분석한 후, 다양한 프레임워크를 사용해 머신러닝 모델을 구축하게 됩니다.

데이터셋은 21개의 열로 구성됩니다. [표 7-1]에는 열 이름, 데이터 유형 및 이러한 열의 사용 가능한 값에 관한 몇 가지 정보가 나와 있습니다.

표 7-1 스키마 및 고객 이탈 데이터셋의 필드 정보

열 이름	열 유형	필드값에 관한 참고 사항
customerID	문자열	모든 고객을 위한 고유한 가치
gender	문자열	'남성(male)' 또는 '여성(female)'
SeniorCitizen	정수	고객이 고령자라면 1, 그렇지 않으면 0
Partner	문자열	고객 가구의 파트너(배우자나 동거인) 존재 여부
Dependents	문자열	고객 가구의 부양가족 존재 여부
tenure	정수	고객이 통신사 서비스를 사용한 개월 수
PhoneService	문자열	고객의 전화 서비스 가입 여부
MultipleLines	문자열	고객의 여러 회선 전화 서비스 가입 여부
InternetService	문자열	고객이 가입한 인터넷 서비스 유형
OnlineSecurity	문자열	고객의 온라인 보안 서비스 가입 여부
OnlineBackup	문자열	고객의 온라인 백업 서비스 가입 여부
DeviceProtection	문자열	고객의 기기 보호 서비스 가입 여부
TechSupport	문자열	고객의 온라인 기술 지원 서비스 가입 여부
StreamingTV	문자열	고객의 스트리밍 TV 서비스 가입 여부
StreamingMovies	문자열	고객의 스트리밍 영화 서비스 가입 여부
Contract	문자열	고객의 가입 유형(일정 기간 또는 다달이 서비스 갱신)
PaperlessBilling	문자열	고객의 온라인 청구서 수령 여부
PaymentMethod	문자열	고객의 결제 수단
MonthlyCharges	부동소수점	고객이 가입한 서비스의 월별 요금
TotalCharges	부동소수점	고객이 평생 지불한 총금액
Churn	문자열	고객의 다음 달 통신 서비스 탈퇴 여부

ML 모델 학습 시 많은 특징을 통합하거나 생략할 수 있음을 배우게 될 것입니다. 그러나 모델 학습의 준비 과정으로 정리와 추가 변형이 필요한 특징도 많습니다.

7.2 노코드, 로우코드, 사용자 정의 코드 중 알맞은 ML 솔루션 선택하기

사이킷런, 케라스, 기타 사용자 맞춤형 학습 도구를 사용하는 방법을 살펴보기에 앞서, 사용자 맞춤형 솔루션을 언제 사용할 수 있고 언제 사용해야 하는지를 논의해 볼 필요가 있습니다.

노코드 솔루션

노코드 솔루션은 특히 두 가지 경우에 유용합니다. 첫 번째는 ML 모델을 구축해야 하지만 ML에 관한 전문 지식이 부족한 경우입니다. 이 책의 목표는 ML을 위해 데이터와 관련된 올바른 의사 결정을 내리는 방법을 이해하도록 돕는 것입니다. 그러나 때로는 복잡한 솔루션 없이도 의사 결정을 간소화할 수 있는 노코드 솔루션이 존재합니다. 두 번째로는 모델의 빠른 프로토타이핑이 필요한 경우입니다. AutoML과 같은 노코드 도구는 특징 공학이나 하이퍼파라미터 튜닝 같은 단계를 자동으로 처리해 주므로, 간단히 빠른 벤치마크 모델을 학습시킬 수 있습니다. 또한, 버텍스 AI를 사용해 모델을 손쉽게 배포할 수도 있습니다. 일반적으로 노코드 솔루션은 실제 상용 환경에서 바로 사용할 수 있을 정도로 강력합니다. 물론 충분한 시간과 노력을 들이면 노코드 솔루션보다 더 나은 성능을 내는 모델을 직접 만들 수도 있습니다. 하지만, 모델 성능을 약간 향상하는 것과 빠르게 상용화하는 시간 단축 사이에서, 어느 쪽에 더 무게를 둬야 할지 고려해 봐야 합니다.

로우코드 솔루션

로우코드 솔루션은 사용 중인 도구의 제약 조건에 맞춰 데이터를 다뤄야 하거나, 일부 사용자 정의가 필요한 경우에 유용합니다. 가령 정형 데이터를 다루며 해결하려는 문제가 빅쿼리 ML에서 지원하는 유형이라면, 빅쿼리 ML이 좋은 선택일 수 있습니다. 로우코드 솔루션의 큰 장점은 모델 구축에 드는 시간을 줄여준다는 점입니다. 이렇게 절약한 시간을 데이터를 실험하고 모델을 조정하는 데 더 많이 활용할 수 있습니다. 다양한 로우코드 솔루션이 존재하므로 제품 내에서 직접 모델을 만들거나, 모델을 내보내 버텍스 AI 같은 다른 도구를 사용해 모델을 제작할 수도 있습니다.

사용자 정의 코드 솔루션

이 방법은 유연성이 가장 뛰어나며, 자신만의 맞춤형 모델을 구축하려는 데이터 과학자나 AI 실무자들이 자주 활용합니다. 텐서플로, XGBoost, 파이토치, 사이킷런 같은 ML 프레임워크를 사용하면 모든 유형의 데이터와 목표에 맞춰 모델을 만들 수 있습니다. 한계는 거의 없습니다. 사용자 정의 변환이 필요하다면 직접 구현할 수 있고, 모델을 웹 애플리케이션에 통합하여 배포할 수도 있습니다. 올바른 데이터, 전문 지식, 충분한 시간이 주어지면 맞춤형 코드 솔루션을 통해 최상의 결과를 얻을 수 있습니다. 하지만 다양한 도구와 기술을 익히는 데 시간이 많이 필요하다는 단점이 있습니다.

어떤 방법을 선택할지는 상황에 따라 다릅니다. 모든 사용 사례에 하나의 정답만이 있는 것은 아닙니다. 모델을 학습, 튜닝, 배포하는 데 걸리는 시간뿐만 아니라, 데이터셋과 문제의 목표도 고려해야 합니다. 노코드나 로우코드 솔루션을 활용할 수 있나요? 그렇지 않다면 사용자 정의 코드가 유일한 옵션일 수 있습니다. 마지막으로, 자신의 기술 수준도 중요합니다. 만약 SQL에 익숙하지만 파이썬이 처음이라면, 빅쿼리 ML과 같은 도구가 더 나은 선택이 될 수 있습니다.

이 책의 목표는 다양한 사용자 정의 코드 ML 프레임워크를 사용하는 전문가가 되는 것이 아닙니다. 대신, 이러한 도구와 몇 가지 기본 개념에 익숙해지면 문제를 해결하고 데이터 과학자 및 ML 엔지니어와 협업하는 데 큰 도움이 된다는 접근 방식을 취합니다. 파이썬에 익숙하지 않다면 빌 루바노빅Bill Lubanovic이 쓴 『처음 시작하는 파이썬(2판)』(한빛미디어, 2020)[2]이 시작하기 좋은 자료입니다. 또한, 이 장에서 다룬 ML 프레임워크를 더 깊이 알고 싶다면, 데이터 과학자와 ML 엔지니어들이 실무에서 자주 참조하는 『핸즈온 머신러닝(3판)』(한빛미디어, 2023)[3]을 추천합니다.

7.3 판다스, 맷플롯립, 시본으로 데이터셋 탐색하기

앞 장에서 설명한 워크플로를 따라 ML용 데이터를 이해하고 준비합니다. 앞 장에서 구글 코랩을 사용하여 빅쿼리의 데이터를 데이터프레임으로 가져와서 기본적인 시각화를 수행했지만, 데이터를 준비하고 모델을 학습시키는 모든 과정을 다루지는 않았습니다.

이 절에서는 구글 코랩 노트북에서 데이터를 판다스로 불러오는 방법을 다시 살펴봅니다. 데이터를 데이터프레임으로 불러온 다음에는 데이터를 탐색, 정리, 변환한 다음에 ML 모델을 학습시키는 데 사용할 데이터셋을 만듭니다. 앞 장에서 살펴본 대로, 모델을 학습시키는 것보다는 데이터를 이해하고 준비하는 데 더 많은 작업이 필요합니다.

이 절의 모든 코드와 추가 예제는 low-code-ai 깃허브 저장소[4]의 주피터 노트북에 있습니다.

---

2 https://www.hanbit.co.kr/store/books/look.php?p_code=B4872223435

3 https://www.hanbit.co.kr/store/books/look.php?p_code=B1539397165

4 https://github.com/books-by-chansung/low-code-ai

7.3.1 구글 코랩 노트북에서 판다스 데이터프레임으로 데이터 불러오기

먼저, 구글 코랩[5]으로 이동해 2장에서 설명한 절차에 따라 신규 노트북을 엽니다. [그림 7-1]처럼 이름을 클릭해 `Customer_Churn_Model.ipynb`로 바꿔줍니다.

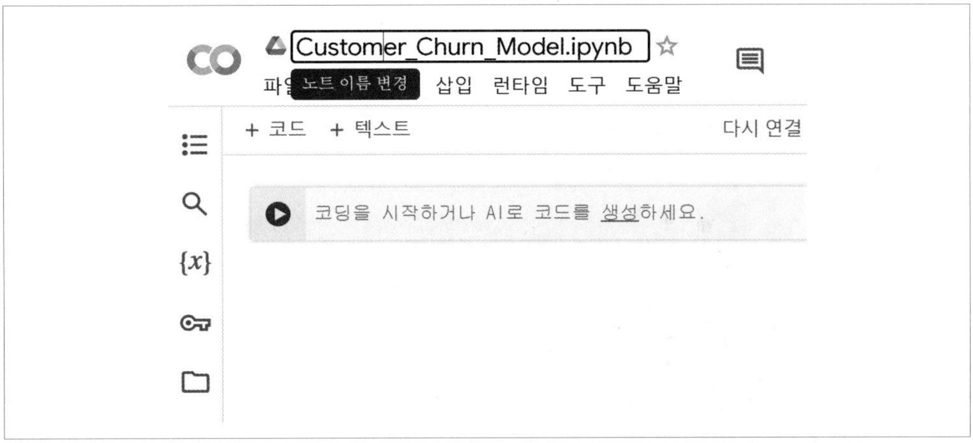

그림 7-1 구글 코랩 노트북의 이름 변경

이제 첫 번째 코드 셀에 다음 코드를 입력하여 고객 이탈 데이터셋을 분석하고 시각화하는 데 필요한 패키지를 불러옵니다.

```
import matplotlib.pyplot as plt
import numpy as np
import pandas as pd
import seaborn as sns
import sklearn
import tensorflow as tf
```

이 중 일부 패키지는 2장에서 코랩 노트북의 사용법을 처음 살펴볼 때 나왔지만, 일부는 여기서 처음 보는 것입니다. `import sklearn`은 널리 사용되는 ML 프레임워크인 사이킷런을 불러옵니다. 2007년에 출시된 사이킷런은 넘파이Numpy 및 사이파이SciPy와 같은 다른 파이썬 라이브러리에 기반하여 만들어졌습니다. 선형 모델, 트리 기반 모델, 서포트 벡터 머신 등 ML 모델을

5 *https://colab.research.google.com*

쉽게 구축할 수 있도록 해주는 프레임워크입니다. `import tensorflow as tf`는 텐서플로 프레임워크를 불러오는 코드입니다. 텐서플로는 심층 신경망을 학습시키고 배포하는 것에 중점을 둔 고성능 수치 계산용 프레임워크입니다. 텐서플로는 심층 신경망과 그에 따른 데이터 변환을 쉽게 개발하도록 해주는 케라스라는 라이브러리도 포함합니다. 이 장의 뒷부분에서는 케라스를 사용해 신경망 모델을 학습시킵니다.

이제 `import` 문이 포함된 셀을 실행하여 패키지를 불러옵니다. [그림 7-2]처럼 셀 왼쪽의 셀 실행 버튼을 클릭하거나 Shift + Enter 키를 눌러 셀을 실행합니다.

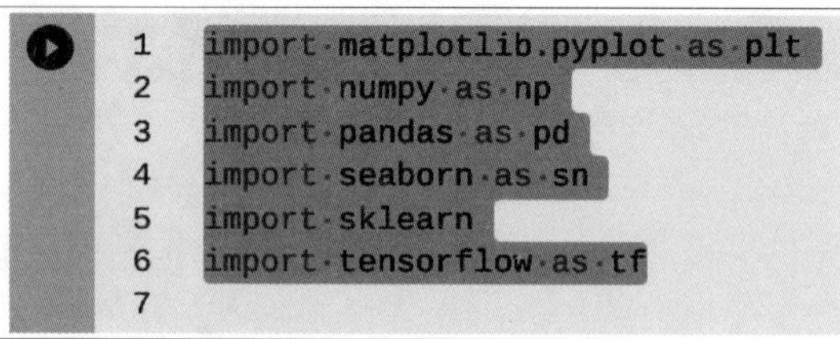

그림 7-2 셀 실행 버튼은 셀의 왼쪽 상단에 표시됩니다.

패키지 버전을 확인하면 `import` 문이 성공적으로 실행되었는지 확인할 수 있습니다. 거의 모든 패키지는 패키지의 버전을 반환하는 `__version__`이라는 특수 속성을 제공합니다. 신규 셀에 다음 코드를 입력하고 실행하면, 사이킷런과 텐서플로 패키지의 버전을 확인할 수 있습니다.

```
print("scikit-learn version:", sklearn.__version__)
print("TensorFlow version:", tf.__version__)
```

[그림 7-3]과 같은 형태로 버전이 출력됩니다. 정확한 버전 번호는 실제로 이 코드를 실행하는 시점에 따라 달라질 수 있습니다.

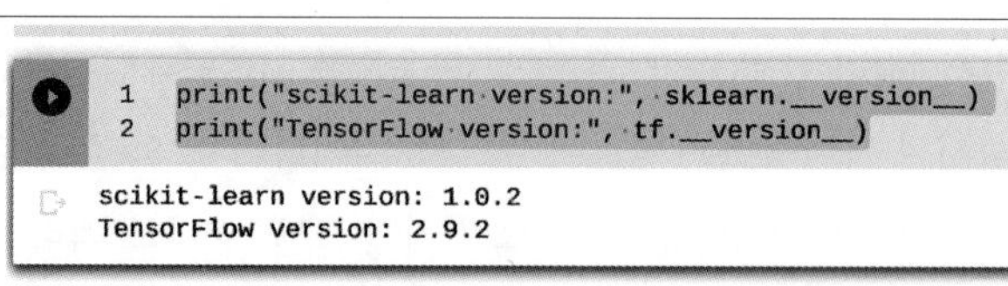

그림 7-3 사이킷런과 텐서플로 버전을 출력하여 패키지를 제대로 불러왔는지 확인합니다.

이제 데이터를 가져올 준비가 되었습니다. 데이터셋이 CSV 형식이므로 해당 데이터를 다운로드한 다음, 노트북에 업로드하고, 판다스의 데이터프레임으로 가져와야 한다고 했던 것을 기억하나요? 사실 꼭 그렇지는 않습니다. 판다스는 파일을 직접 다운로드하거나 업로드할 필요 없이, 인터넷의 데이터를 직접 데이터프레임으로 불러오는 멋진 기능을 제공합니다. 신규 셀에 다음 코드를 입력하고 실행합니다.

```
file_loc = 'https://storage.googleapis.com/low-code-ai-book/churn_dataset.csv'
df_raw = pd.read_csv(file_loc)
```

데이터프레임의 처음 몇 행을 먼저 살펴보면 좋습니다. `df_raw.head()` 메서드로 처음 몇 행을 탐색합니다. 각 열의 데이터 유형이 예상과 일치하는지 한눈에 확인할 수 있습니다(표 7-2). 물론 극히 일부만 확인했으니, 어딘가에 몇 가지 문제가 숨어 있을 수 있습니다.

표 7-2 head() 메서드로 출력한 df_raw의 처음 다섯 행 중 일부

StreamingTV	StreamingMovies	Contract	PaperlessBilling	PaymentMethod	MonthlyCharges	TotalCharges	Churn
No	No	Month-to-month	Yes	Electronic check	29.85	29.85	No
No	No	One Year	No	Mailed check	56.95	1889.5	No
No	No	Month-to-Month	Yes	Mailed check	53.85	108.15	Yes
No	No	One year	No	Bank transfer (automatic)	42.30	1840.75	No
No	No	Month-to-month	Yes	Electronic check	70.70	151.65	Yes

7.3.2 고객 이탈 데이터셋의 이해 및 정리

데이터를 불러왔으므로, 이제 데이터를 탐색하고 이해하는 과정을 시작해 볼 수 있습니다. 당장의 목표는 데이터에 문제가 있을 수 있는 부분을 파악하여, 다음 단계를 진행하기 전에 문제를 해결하는 것입니다. 또한, 나중에 데이터를 변환할 때 중요할 수 있는 열별 분포와 기타 속성도 주의 깊게 살펴봐야 합니다.

데이터 유형 확인 및 변환

먼저 판다스가 추론한 데이터 유형이 [표 7-1]의 예상과 일치하는지 확인합니다. 이는 데이터 자체의 문제로 종종 발생하는 잘못된 데이터를 확인하는 쉬운 방법이 될 수 있습니다. 가령 정수 열에 문자열값이 있다면 어떻게 해야 할까요? 대부분 정수는 문자열로 캐스팅할 수 있지만, 그 반대는 불가능하므로 판다스는 해당 열을 문자열 열로 가져옵니다. **df_raw.dtypes**를 사용해 데이터프레임에 포함된 모든 열의 데이터 유형을 확인할 수 있습니다.

dtypes 뒤에 괄호는 두지 않습니다. 즉, **dtypes**는 함수가 아니라 속성입니다. 부동 소수점 숫자나 정수가 아닌 것은 모두 **object** 유형으로 가져왔음을 알 수 있습니다. 이는 판다스가 데이터프레임을 만들 때 자동으로 데이터 유형을 유추하는 방식으로, 정상적인 동작입니다. 출력된 내용을 자세히 살펴보면 **TotalCharges** 열을 제외한 모든 열이 예상 유형과 일치함을 알 수 있습니다. [표 7-3]에서 마지막 몇 열의 유형을 확인하고, 노트북 환경에서도 동일한 내용이 표시되는지 확인할 수 있습니다.

표 7-3 df_raw의 마지막 6개 열의 데이터 유형(TotalCharges 열은 예상했던 float64이 아님)

Contract	object
PaperlessBilling	object
PaymentMethod	object
MonthlyCharges	float64
TotalCharges	object
Churn	object

TotalCharges 열이 예상과는 다를 수 있다는 좋은 신호입니다. 사전에 문제를 쉽게 포착하게 해주니 좋은 신호죠. 더 진행하기 전에 해당 열을 살펴보고 어떤 일이 일어나는지 이해할 필요가 있습니다. 데이터프레임을 df, 원하는 열 이름을 ColumnName이라고 할 때, df['ColumnName'] 구문으로 데이터프레임에 포함된 열들 중 원하는 열만 필터링하여 작업할 수 있습니다.

describe() 메서드로 TotalCharges 열의 통계 정보를 확인하는 것으로 시작해 보겠습니다. 제공된 코드를 보지 말고 직접 시도해 보세요. 하지만 코드가 필요하다면 다음을 참조하기 바랍니다.

```
df_raw['TotalCharges'].describe()
```

[그림 7-4]와 같은 내용이 출력됩니다. TotalCharges는 범주형 변수(여기서는 문자열)로 취급되므로 요소 수, 고윳값 수, 빈도 측면에서 최상윗값 및 해당 값이 나타나는 횟수만 표시됩니다.

```
1  df_raw['TotalCharges'].describe()

count      7043
unique     6531
top
freq         11
Name: TotalCharges, dtype: object
```

그림 7-4 TotalCharges 열의 요약 통계. 가장 빈번하게 나타나는 값은 단일 공백으로 구성된 문자열이라는 점에 유의하기 바랍니다.

문제가 무엇인지를 즉시 파악할 수 있습니다. 가장 빈번하게 등장한 값은 공백 문자열로, 11번 등장합니다. 이 때문에 판다스가 TotalCharges을 예상과는 다른 유형의 데이터로 취급했을 가능성이 높으며, 우리는 해당 열에 어떤 문제가 있을 것으로 생각하게 되었습니다.

누락된 데이터가 있다면 '누락된 자리에 무엇이 있어야 할까요?'라는 질문이 생길 수 있습니다. 데이터프레임에서 누락된 데이터가 포함된 행을 살펴보고, 누락된 어떤 패턴이 존재하는지를 확인해 보면 해당 질문의 답을 구할 수 있을지도 모릅니다. 이를 위해 마스크mask를 만들어 데이터프레임에 적용합니다. 마스크는 입력값에 따라 true나 false를 반환하는 간단한 구문입니다. == 연산자로 TotalCharges 열의 값이 단일 공백 문자열인지를 확인하는 마스크는 mask=(df.raw['TotalCharges']==' ')처럼 작성할 수 있습니다. 값이 단일 공백 문자열이라면 true를, 그렇지 않으면 false를 반환하는 식이죠. 신규 셀에 다음 코드를 입력하고 실행합니다.

```
mask = (df_raw['TotalCharges']==' ')
df_raw[mask].head()
```

셀을 실행하여 얻은 출력은 고객 정보가 담긴 [표 7-4]와 같습니다. 이 출력에서 TotalCharges 열의 값 중 빈 문자열이 존재하는 이유를 설명할 내용이 있을까요? 사용 기간을 뜻하는 tenure 열을 보면 각 고객에 대한 값이 0인 것을 확인할 수 있습니다.

표 7-4 TotalCharges 열의 값이 ' '인 df_raw의 처음 몇 개 행

customerID	gender	SeniorCitizen	Partner	Dependents	tenure	PhoneService
4472-LVYGI	Female	0	Yes	Yes	0	No
3115-CZMZD	Male	0	No	Yes	0	Yes
5709-LVOEQ	Female	0	Yes	Yes	0	Yes
4367-NUYAO	Male	0	Yes	Yes	0	Yes
1371-DWPAZ	Female	0	Yes	Yes	0	No

사용 기간이 0인 부분은 해당 고객이 통신사에 가입한 첫 번째 달이라서 아직 요금이 청구되지 않은 상태입니다. 해당 고객의 TotalCharges 값이 빈 이유가 되겠죠. 이제 다른 마스크를 사용해 사용 기간이 0인 다른 행들을 확인하여, 이 가설이 옳다는 것을 검증해 보겠습니다.

```
mask = (df_raw['tenure']==0)
df_raw[mask][['tenure','TotalCharges']]
```

앞의 코드는 ['tenure','TotalCharges']의 방식으로 리스트를 사용해 두 열을 지정합니다. tenure와 TotalCharges의 관계만 살펴보고 싶으므로 이처럼 범위를 좁히면 분석이 더욱 쉬워집니다. 출력 결과에서 TotalCharges가 ' ' 인 11개 행 모두 tenure 열의 값이 0임을 확인할 수 있습니다. 예상한 대로죠. 이제 이상해 보였던 빈 문자열 값이 사실은 0과 같음을 알게 되었으니, 이를 실수 0.0으로 바꿀 수 있습니다. 이를 수행하는 가장 쉬운 방법은 df.replace() 메서드를 사용하는 것입니다. 신규 셀에 다음 코드를 입력하고 실행하여 결과를 확인해 보죠.

```
df_1 = df_raw.replace({'TotalCharges': {' ': 0.0}})
mask = (df_raw['tenure']==0)
df_1[mask][['tenure','TotalCharges']]
```

결과는 [표 7-5]와 같아야 합니다. 이제 TotalCharges 열에서 빈 문자열이 들어있던 행의 값들이 부동 소수점 값 0.0으로 대체되었습니다.

표 7-5 tenure 값이 0인 열의 TotalCharges 행의 값을 0.0으로 대체

	tenure	TotalCharges
488	0	0.0
753	0	0.0
936	0	0.0
1082	0	0.0
1340	0	0.0
3331	0	0.0
3826	0	0.0
4380	0	0.0
5218	0	0.0
6670	0	0.0
6754	0	0.0

이 결과를 염두에 두면 첫 번째 줄의 코드인 `df_raw.replace({'TotalCharges': {' ': 0.0}})`를 쉽게 이해할 수 있습니다. 이 메서드는 파이썬의 딕셔너리라는 자료 구조를 입력으로 받습니다. **딕셔너리**는 키-값 쌍으로 이루어진 목록입니다. 여기서 첫 번째 요소인 `TotalCharges`는 값을 바꾸려는 열의 이름이고, 두 번째 요소인 `{' ': 0.0}`는 변경할 값을 지정합니다. 즉, 공백(' ')을 `0.0`으로 바꾼다는 의미입니다.

`TotalCharges` 열을 포함한 수치형 열의 요약 통계를 살펴보기에 앞서, 변한 `TotalCharges` 열의 데이터 유형이 `float`라는 사실을 판다스에게 알려줘야 합니다. 존재하는 열의 데이터 유형은 다음 코드로 변환할 수 있습니다.

```
df_2 = df_1.astype({'TotalCharges':'float64'})
df_2.dtypes
```

`astype()` 메서드는 `replace()` 메서드와 유사한 딕셔너리 유형의 파라미터를 입력받습니다. 딕셔너리 각 요소의 키에는 데이터 유형을 변경할 열을, 값에는 해당 열이 변경될 데이터 유형(여기서는 `float64`)을 지정합니다. `astype()` 메서드를 적용하면 [표 7-6]과 비슷한 결과가 출력됩니다.

표 7-6 df_2의 마지막 네 열의 데이터 유형

PaymentMethod	object
MonthlyCharges	float64
TotalCharges	float64
Churn	object

요약 통계 살펴보기

데이터 유형 문제를 해결했으니, 이제 수치형 열들의 요약 통계를 살펴볼 수 있습니다. 요약 통계를 살펴보는 방법은 2장에서 이미 살펴봤으므로 코드를 보기 전에 직접 해 보기 바랍니다. 기억이 잘 나지 않는다면, 다음 코드를 실행해 보세요. 코드 실행 결과는 [표 7-7]과 같습니다.

```
df_2.describe()
```

표 7-7 고객 이탈 데이터셋의 수치형 열에 관한 요약 통계

	SeniorCitizen	tenure	MonthlyCharges	TotalCharges
count	7043	7043	7043	7043
mean	0.162147	32.371149	64.761692	2279.734304
std	0.368612	24.559481	30.090047	2266.79447
min	0	0	18.25	0
25%	0	9	35.5	398.55
50%	0	29	70.35	1394.55
75%	0	55	89.85	3786.6
max	1	72	118.75	8684.8

[표 7-7]의 결과를 보면, SeniorCitizen을 빼면 이상한 점이 없어 보입니다. SeniorCitizen 열에는 0과 1이라는 값만 사용된 것으로 보이죠. 즉 SeniorCitizen 열의 평균(mean)값에서 고령자 고객 비율이 약 0.162임을 알 수 있습니다. 이 특징을 범주형 변수라고 생각하는 편이 더 나을지도 모르지만, 0이나 1인 이진값은 평균과 같은 요약 통계에서 유용한 정보를 제공할 수 있습니다.

한편, 범주형 특징에 관한 요약 통계는 어떻게 탐색할까요? describe() 메서드는 기본적으로 수치형 특징에 관한 요약 통계만을 보여줍니다. 선택적으로 설정 가능한 include='object'

파라미터를 사용하면, 요약 통계에 범주형 특징도 포함할 수 있습니다. 신규 셀에 다음처럼 describe() 메서드를 작성하고 실행합니다.

```
df_2.describe(include='object')
```

이제 범주형 특징에 관한 통계 정보가 함께 표시되는 모습을 확인할 수 있습니다. 수치형값이 아닌 불연속적인 값이므로 분석은 단순합니다. 널이 아닌 값이 있는 행의 개수, 고윳값의 개수, 가장 빈번한 값(여러 개면 그중 하나), 가장 빈번한 값의 빈도를 확인할 수 있습니다.

가령 customerID 열을 생각해 보죠. 이 열의 고윳값의 개수는 행의 개수와 동일합니다. 즉, 이 열의 모든 값이 고유하다는 의미입니다. 또한 가장 빈번히 나타나는 값의 빈도를 살펴보면 그 사실을 한 번 더 확인할 수 있습니다.

요약 통계를 살펴보고 눈에 띄는 다른 사항들도 확인합니다. 다음은 앞으로 도움이 될 관찰 결과 중 몇 가지를 정리한 것입니다.

- gender와 Partner 열은 두 가지 값의 균형이 잘 잡혀 있습니다.
- 대다수의 고객이 전화 서비스를 이용하며, 그중 거의 절반은 여러 회선을 보유하지 않습니다.
- 세 가지 값이 있는 열이 많습니다. 가장 빈번한 값에 관한 정보는 드러나지만, 현재로서는 그 밖의 값의 분포 정보는 알 수 없습니다.
- 데이터셋의 레이블(Churn)은 No 값과 Yes 값의 비율이 약 5:2로 다소 불균형합니다.
- 수치형 열을 포함한 모든 열은 7,043개의 요소로 구성됩니다. TotalCharges에서 발견한 것과 유사한 다른 누락된 값이 있을 수는 있지만, 널값은 없습니다.

범주형 열들의 조합 살펴보기

6장에서 봤듯이 여러 특징 사이의 상호작용을 살펴보면, 가장 중요한 특징은 무엇이며 특징들이 상호작용하는 방식을 이해하는 데 도움이 될 수 있습니다. 6장의 프로젝트에서는 모든 특징이 수치형이었지만, 이번 프로젝트의 특징은 대부분 범주형이라는 차이가 있습니다. 따라서 여러 열에 걸쳐 다양한 특징값 조합의 분포를 살펴봄으로써 특징 상호작용을 이해하는 방법을 살펴봅니다.

먼저 PhoneService와 MultipleLines 열을 살펴보겠습니다. 전화 서비스에 가입하지 않은 고객이 여러 개의 전화 회선을 사용한다는 것은 상식적으로 말이 안 됩니다. value_counts() 메서드로 이러한 비상식적인 데이터가 포함되었는지 확인해 볼 수 있습니다. value_counts() 메서드는 데이터프레임의 열 목록을 리스트로 입력받아 열들을 조합하여 고유한 값 조합 개수를 반환합니다. 신규 셀에 다음처럼 코드를 입력하고 실행하면 PhoneService와 MultipleLines 열의 고윳값 조합을 구할 수 있습니다.

```
df_2.value_counts(['PhoneService','MultipleLines'])
```

그러면 다음과 같은 결과가 출력됩니다. MultipleLines에는 No, Yes, No phone service라는 세 가지 값이 있으며, 당연히 No phone service는 PhoneService 특징값이 No일 때만 존재해야 합니다. 즉, MultipleLines 특징에는 PhoneService 특징의 모든 정보가 포함됩니다. PhoneService는 중복된 정보를 표시하므로, 이후 이 특징은 학습 대상에서 제외되도록 데이터셋에서 제거할 것입니다.

```
PhoneService MultipleLines
Yes          No               3390
             Yes              2971
No           No phone service 682
```

다른 특징에도 비슷한 방식의 '상관관계'가 있을까요? 연습 삼아 InternetService, OnlineSecurity, OnlineBackup, StreamingTV, StreamingMovies 특징 사이의 관계를 살펴보세요. 그리 놀랄 만한 일은 아니지만, 유사한 상관관계를 발견할 수 있을 것입니다.

특징의 값들 사이에는 약간의 중복이 존재하지만, 그 사실이 명확하지 않은 경우가 있습니다. InternetService의 값이 No일 때는 다른 모든 열의 값이 No internet service를 따라야 하므로 매우 명확합니다. 하지만, 인터넷 서비스가 Fiber optic이나 DSL일 때는 다른 관련 열들과의 관계에서 중복 여부가 덜 명확해서 판단하기가 어렵습니다. 비록 여기에 포함하지 않았지만, DeviceProtection과 TechSupport 열도 InternetService가 No일 때 No internet service로 설정되는 동일한 패턴을 따릅니다. 여러분은 이러한 관계를 스스로 탐구해야 합니다. 다음 절에서는 특징 변환 시, 이 같은 사실을 고려하는 방법을 살펴봅니다.

NOTE 특정 값 조합의 개수를 살펴보는 것 외에도, 범주형 특징 간 서로 다른 값들 사이의 상관관계를 이해하는 기법도 있습니다. 카이제곱 검정chi-square test과 크래머 V 계수Cramer's V coefficient가 대표적인 기법입니다. 카이제곱 검정은 종속 변수와 독립 범주형 변수 사이의 독립성을 확인하는 데 사용되며, 크래머 V 계수는 수치형 변수에 사용하는 피어슨 상관계수와 유사하게 변수 간 관계의 강도를 결정하는 데 사용합니다. 자세한 내용은 사라 보슬로Sarah Boslaugh가 쓴 『간단히 보는 통계Statistics in a Nutshell』(오라일리, 2012)를 포함한 대부분의 통계 서적에서 확인할 수 있습니다.

또한 범주형 특징과 레이블인 Churn 사이의 관계도 살펴봐야 합니다. 가령 계약 기간(Contract) 특징을 고려해 보겠습니다. 해당 특징은 Month-to-month, One year, Two year라는 세 값을 가집니다. 이 특징에 관해 직관적으로 무엇을 알 수 있을까요? 또 Churn과는 어떤 관련성이 있을까요? 계약 기간이 길면, 적어도 계약 기간 중에는 고객의 이탈 가능성이 낮을 것으로 예상하는 것이 합리적입니다. 이전처럼 value_counts() 메서드로 이 관계를 살펴볼 수도 있지만, 표 형태보다는 시각적으로 관계를 이해하는 편이 훨씬 더 명확한 경우가 많습니다. 다음 코드를 신규 셀에 입력하고 실행하여 관계를 시각화해 보겠습니다.

```
(df_2.groupby('Contract')['Churn'].value_counts(normalize=True)
  .unstack('Churn')
  .plot.bar(stacked=True))
```

한 줄의 코드지만, 구문 분석이 필요한 매우 긴 코드를 한 줄로 표현한 것입니다. 시작과 끝의 괄호는 파이썬이 이를 세 줄이 아닌 한 줄의 코드로 처리하도록 지시합니다. 먼저 groupby() 메서드로 Contract 값에 따라 그룹화합니다. 그리고 Churn 관련성을 확인하기 위해 Churn 열을 선택한 다음 value_counts 메서드를 적용합니다. 이때 normalize=True 파라미터를 지정하면 각 조합의 개수가 백분율로 변환됩니다. 균등하지 않은 그룹 간의 수를 비교하는 대신, Contract의 각 값 내에서 이탈한 고객과 그렇지 않은 고객의 비율을 확인할 수 있다는 장점이 있는 방식입니다. unstack() 메서드는 판다스에서 기본 제공되는 시각화 기능을 사용해 데이터를 시각화하기 전에 사람이 읽기 쉬운 형식의 서식을 지정하는 데 씁니다. 여기서는 누적된 막대형 그래프로 Contract의 여러 값을 시각적으로 빠르게 비교합니다(그림 7-5).

1년이나 2년 계약을 맺은 고객보다 월 단위로 계약한 고객의 이탈률이 더 높음을 알 수 있습니다. 월 단위 약정 고객의 40% 이상이 서비스를 해지했지만, 1년 약정은 약 15%, 2년 약정은 5% 미만만 해지했습니다. 즉, 계약 유형은 확실히 유용한 특징으로 사용할 수 있을 것입니다.

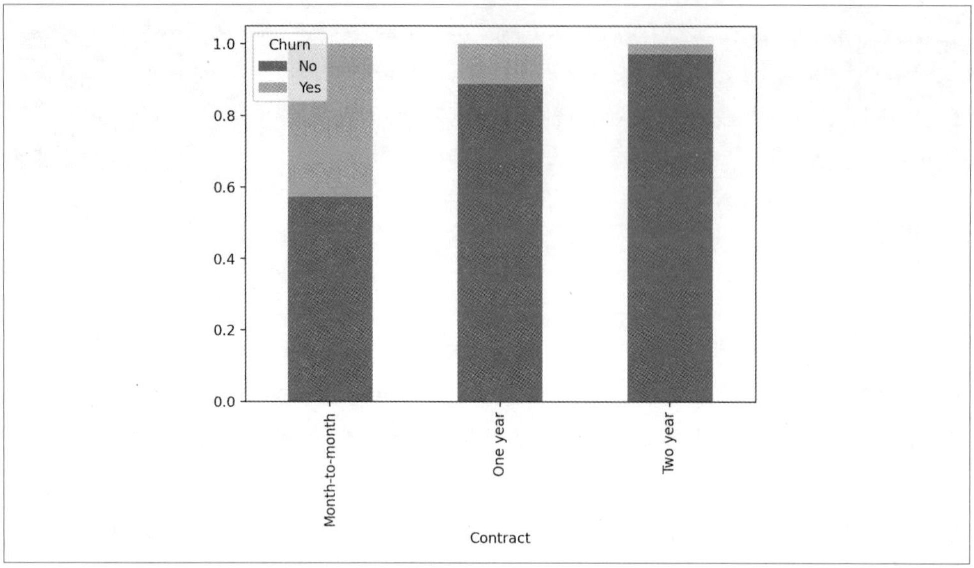

그림 7-5 계약 유형에 따라 통신사를 떠난 고객과 그렇지 않은 고객의 비율에 대한 시각화

연습 삼아 다른 특징에 대해서도 유사한 분석을 수행해 보기 바랍니다. 다양한 값에서 이탈률이 다른 특징과, 크게 다르지 않은 특징을 확인해 보면, 모델을 학습시킬 때 특징을 선택하는 데 큰 도움이 될 것입니다.

유사한 코드 블록을 여러 번 반복 실행할 때는, 이를 함수로 포장하면 더 효율적입니다. 가령 앞서 본 그래프를 생성하는 함수는 다음처럼 작성할 수 있습니다.

```
def plot_cat_feature_dist(feature_name):
  (df_2.groupby(feature_name)['Churn'].value_counts(normalize=True)
    .unstack('Churn')
    .plot.bar(stacked=True))
```

`def`는 파이썬에서 함수를 정의하는 키워드입니다. 함수 이름은 `plot_cat_feature_dist`이고 `feature_name`은 함수에 입력되는 변수입니다. 이제 `plot_cat_feature_dist('Contract')`처럼 함수를 호출하기만 하면, [그림 7-5]와 동일한 그래프가 생성됩니다. 즉, 다른 범주형 변수에도 이 함수를 사용하면 시각화를 쉽게 생성할 수 있습니다.

다음은 범주형 특징을 탐색하며 관찰해야 할 몇 가지 사항입니다.

- 노년층의 이탈률은 비노년층보다 약 2배 정도 높습니다.
- gender, StreamingTV, StreamingMovies 특징값에 따른 이탈률에는 차이가 없어 보입니다.
- 가구 수가 많을수록 이탈률은 낮아집니다. 즉, 동거인이나 부양가족이 있으면 이탈률이 낮아집니다.
- 전화 회선을 여러 개 보유한 경우, 이탈률은 높아집니다.
- InternetService 특징은 이탈률에 영향을 미칩니다. 광케이블 인터넷 서비스는 DSL보다 이탈률이 훨씬 높습니다. 그리고 인터넷 서비스에 가입하지 않은 회원의 이탈률이 가장 낮습니다.
- 인터넷 부가 서비스(예: OnlineSecurity, DeviceProtection)는 이탈률을 낮춥니다.
- PaperlessBilling 특징은 이탈률을 높이는 데 일조합니다. PaymentMethod의 대부분 값은 다른 값보다 훨씬 높은 이탈률을 보이는 Electronic Check을 제외하고는 동일합니다.

다른 점은 없나요? 뭔가 찾았다면 나중을 위해 관찰 사항을 기록해 두기 바랍니다.

수치형 열과 범주형 열 사이의 상호작용 살펴보기

특징을 어떻게 변환할지를 생각하기 전에 수치형 특징과 레이블 사이의 관계도 살펴봐야 합니다. SeniorCitizen 열에는 두 종류의 값이 나올 수 있는데, 이 둘은 사실 불연속적인 범주를 나타내므로 실제로는 범주형 열입니다. 그러면 남은 수치형 특징은 tenure, MonthlyCharges, TotalCharges 정도가 있습니다. 만약 고객이 매달 같은 금액을 결제했다면 이 세 열은 tenure × MonthlyCharges = TotalCharges라는 단순한 관계가 됩니다. 앞서 tenure의 값이 0이었던 경우에서 이를 명확하게 확인할 수 있었습니다.

그런데 이런 관계는 얼마나 흔할까요? 직관적으로, 그리고 경험상 월별 요금은 시간이 지남에 따라 달라지는 경향이 있습니다. 이는 프로모션 가격이 끝났기 때문일 수도 있고, 결제 중인 서비스 변경 등의 이유에 따른 변화일 수도 있습니다. 이 직관적이며 경험적인 사실은 판다스가 제공하는 함수로 확인할 수 있습니다. 신규 셀에 다음 코드를 입력한 뒤 실행하여 tenure × MonthlyCharges와 TotalCharges의 차이를 비교하는 새로운 열을 만든 뒤, 해당 열의 요약 통계를 확인합니다.

```
df_2['AvgMonthlyCharge'] = df_2['TotalCharges']/df_2['tenure']
df_2['DiffCharges'] = df_2['MonthlyCharges']-df_2['AvgMonthlyCharge']
df_2['DiffCharges'].describe()
```

데이터프레임 df_2에 두 개의 신규 열을 생생했습니다. AvgMonthlyCharge 열에는 고객의 계약 기간의 월평균 요금을 기록했고, DiffCharges 열에는 월평균 요금과 현재 월 요금의 차이를 기록했습니다. 결과는 다음과 같습니다.

```
count 7032.000000
mean -0.001215
std 2.616165
min -18.900000
25% -1.160179
50% 0.000000
75% 1.147775
max 19.125000
Name: DiffCharges, dtype: float64
```

이 요약 통계에서는 전체 데이터의 개수보다 11개의 데이터가 적음을 알 수 있습니다. 왜 그럴까요? 그러고 보니 tenure 값이 0인 행이 11개 있었습니다. 숫자를 0으로 나누면 오류를 발생시키지 않고 NaN 값을 반환하는 판다스의 특성 때문에 이 같은 요약 통계가 출력되었다고 이해할 수 있습니다. 그 외에도 분포가 상당히 대칭적이라는 점에 주목할 필요가 있습니다. 평균값은 거의 0에 가깝고 중앙값은 0이며 최솟값과 최댓값은 서로 정반대에 가깝습니다.

NaN 값을 제거하는 한 가지 방법은 다음처럼 replace() 메서드를 적용하는 것입니다.

```
df_2['AvgMonthlyCharge'] = (df_2['TotalCharges'].div(df_2['tenure'])
                                                 .replace(np.nan,0))
df_2['DiffCharges'] = df_2['MonthlyCharges']-df_2['AvgMonthlyCharge']
df_2['DiffCharges'].describe()
```

NaN을 0으로 대체하는 선택은 대치 전략imputation strategy 한 가지 예입니다. **대치**는 알 수 없는 값을 당면한 문제에 적합한 값으로 대체하는 과정을 말합니다. 월별 요금과 평균 월별 요금의 차이를 분석하는 것이 목표이므로, '차이가 없다'라고 가정하는 것은 합리적인 접근 방식입니다. 이렇게 하면 유용할 수 있는 데이터를 굳이 버릴 필요가 없기 때문입니다. 대치를 수행하지 않는다면, tenure 값이 0인 모든 행이 제거되므로 학습된 모델이 해당 경우를 정확하게 예측하지 못할 수 있습니다. 한편, 데이터셋이 충분히 커 누락된 데이터가 단일 그룹에 집중되지 않은 경우에는 해당 데이터를 생략하는 전략을 취할 때도 많습니다. 6장에서 이 접근법을 취했습니다.

DiffCharges 값은 Churn 열과 어떤 관련이 있을까요? DiffCharges는 수치형이므로 범주형 열 사이의 관계를 이해하는 데 사용한 방법이 여기서는 제대로 작동하지 않습니다. 하지만 DiffCharges 열의 값을 구간별로 나눈다면, 앞서 사용한 접근법을 사용할 수 있습니다. 구간별로 나누는 **버킷화**의 개념은 수치형 열을 **버킷**이라는 값 범위로 분할하는 것입니다. 이를 통해 수치형 특징은 '이 값은 어느 버킷에 속합니까?'라는 질문을 거쳐 범주형 특징으로 변환됩니다. 판다스가 제공하는 cut() 함수는 수치형 열의 버킷을 정의합니다. 버킷의 개수를 입력하거나, 나눌 지점 목록을 리스트로 지정할 수 있습니다. DiffCharges 열을 버킷화하여 Churn 특징과의 관계를 살펴보는 다음 코드를 신규 셀에 입력하여 실행합니다.

```
df_2['DiffBuckets'] = pd.cut(df_2['DiffCharges'], bins=5)
plot_cat_feature_dist('DiffBuckets')
```

결과 그래프(그림 7-6)는 MonthlyCharges와 AvgMonthlyCharge의 차이(양수든 음수든 상관없음)가 클수록 해당 값 범위에 대한 이탈률이 높음을 보여줍니다. 연습 삼아 다양한 수의 버킷으로 탐색해 보고 어떤 패턴이 발견되는지 살펴보세요.

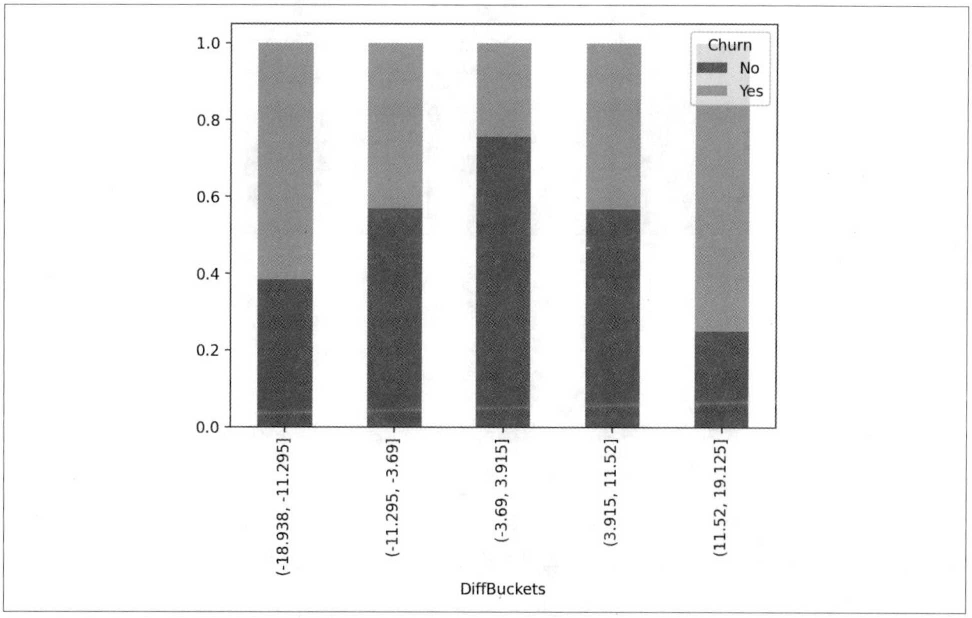

그림 7-6 DiffCharges 열의 버킷당 이탈률

각 버킷의 이탈률이 선형적 추세를 따르지 않습니다. 중앙을 기준으로 이탈률이 점점 내려가다

가 다시 올라가는 모양새를 볼 수 있죠. 이 같은 상황에서는 값들이 어느 버킷에 속하는지에 대한 범주형 특징을 사용하는 것이 단순히 수치형 특징만 사용하는 것보다 ML 모델을 학습시키는 데 유리할 수 있습니다.

또한 별도의 조작 없이 수치형 특징을 탐색해 볼 수도 있습니다. 가령 다음 코드로 MonthlyCharges와 Churn의 관계를 살펴볼 수 있습니다. 그러면 [그림 7-7]과 같은 시각화가 출력됩니다.

```
df_2['MonthlyBuckets'] = pd.cut(df_2['MonthlyCharges'], bins=3)
plot_cat_feature_dist('MonthlyBuckets')
```

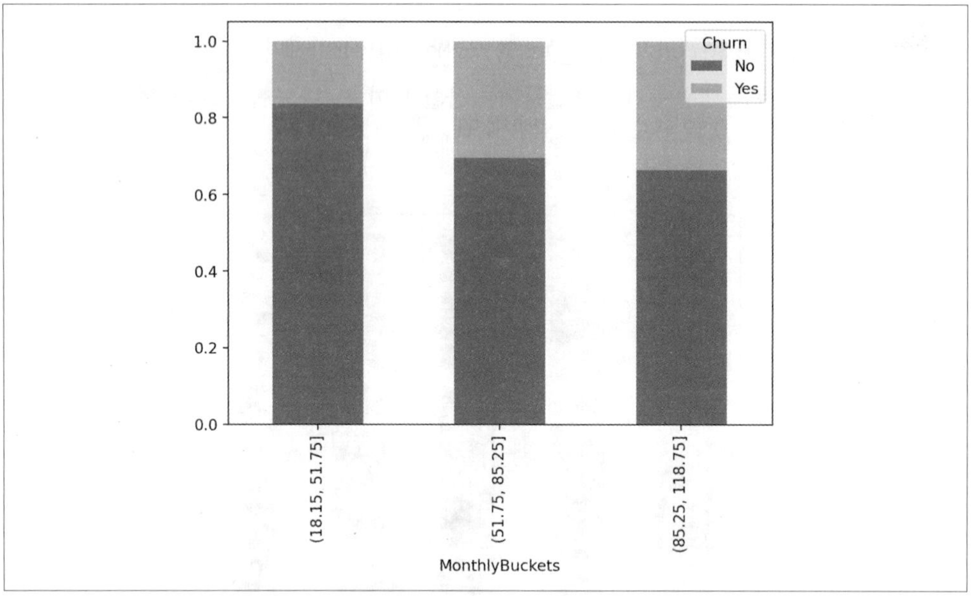

그림 7-7 MonthlyCharges의 버킷당 고객 이탈률. 이탈률은 월 요금이 증가할수록 증가하며, 85.25~118.75 사이의 요금이 가장 높은 이탈률을 보입니다.

[그림 7-7]에서 MonthlyCharges 값이 증가함에 따라 이탈률이 증가하는 경향이 보입니다. 이는 MonthlyCharges 열이 이탈을 예측하는 데 유용하다는 의미입니다.

CAUTION 수치형 열에 사용할 적절한 버킷 수를 찾는 일은 까다로울 수 있습니다. 버킷 수가 너무 적으면 중요한 패턴을 놓칠 수 있지만, 버킷 수가 너무 많으면 패턴이 매우 복잡해져 오해를 불러일으킬 수도 있습니다. [그림 7-8]은 버킷이 너무 많아서 통찰을 얻기 어려운 노이즈 패턴이 발생하는 예를 보여줍니다. 또한 각 버킷의 값 범위가 상당히 작으므로 버킷당 고객 수가 더 적다는 점에 유의하세요.

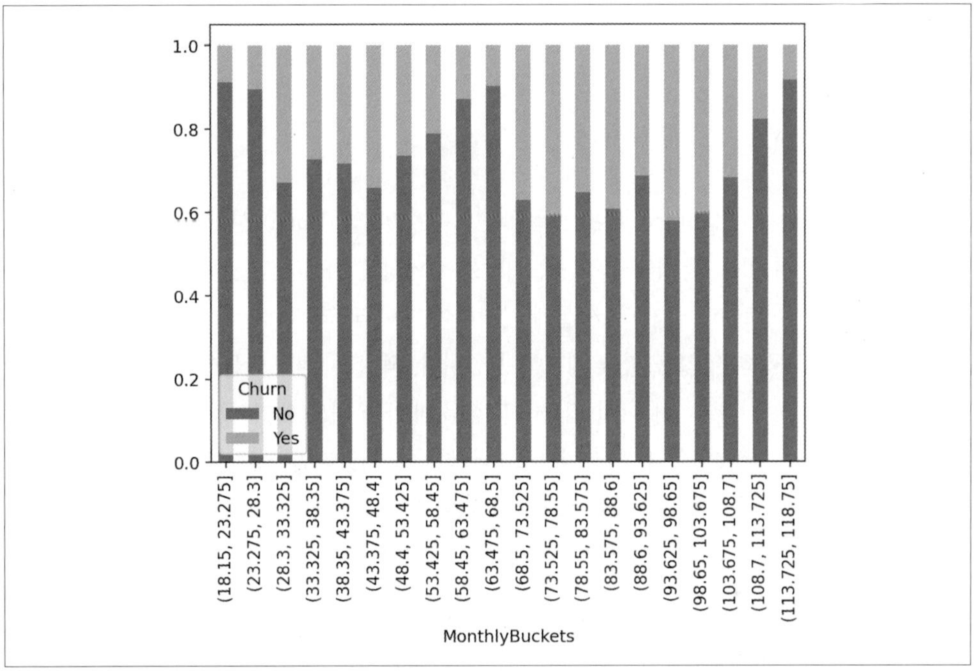

그림 7-8 버킷 수가 너무 많은 `MonthlyCharges`의 버킷당 고객 이탈률. 노이즈 때문에 패턴이 사라져 이 시각화에서는 관계를 이해하기 어렵습니다.

연습 삼아 `tenure`와 `TotalCharges` 열에도 이 분석을 수행해 보기 바랍니다. `tenure`와 `TotalCharges`가 증가함에 따라 이탈률이 감소하는 모습을 볼 수 있을 겁니다. 가입 기간이 길수록 가입 기간에 지불한 요금이 많아야 하므로 두 열이 이탈과 비슷한 관계를 갖는 것은 당연합니다. 앞 장의 코드를 사용해 이 두 특징 사이의 상관계수를 확인하면 약 0.82로, 실제로 상관관계가 높음을 알 수 있습니다.

7.3.3 판다스와 사이킷런으로 특징 변환하기

지금까지 데이터셋의 다양한 열과 열이 상호작용하는 방식, 특히 열과 레이블이 상호작용하는 방식을 살펴봤습니다. 이제 해당 데이터를 사용자 정의형 모델에서 사용할 수 있도록 준비할 차례입니다. 먼저 ML 모델 학습에 사용할 열을 선택합니다. 그리고 선택한 특징을 ML 모델을 학습시키는 데 더 적합한 형태로 변환합니다. 특징은 의미 있는 크기의 숫자여야만 한다는 점을 기억하세요. 특히 이 프로젝트에서는 특징을 선택할 때 다음과 같은 사항을 고려해야 합니다.

특징 선택

앞 절에서는 고객 이탈 데이터셋의 여러 특징과 고객 이탈 열(`Churn`) 사이의 상호작용을 살펴봤습니다. 예측력이 없는 몇 가지 특징(즉, 이탈률에 영향을 미치지 않는 특징)과 중복된 특징을 확인했습니다. 이로부터 알게 된 사실에 근거하여 데이터프레임(`df_2`)의 복사본을 만든 다음, 모델 학습에 사용하지 않을 열을 제거해야 합니다. 왜 복사본을 만들어야 할까요? 원본의 열을 제거하면 제거된 데이터에 다시 접근하고 싶을 때마다 원본 데이터프레임을 구축하는 코드를 다시 살펴봐야 할 것입니다. 명시적으로 언급하지는 않았지만, 이것이 원본 데이터프레임인 `df_raw`를 직접 변경하지 않고 `df_2`를 생성한 이유입니다. 복사된 데이터프레임에서 열을 제거하더라도 원본은 그대로 있으므로 필요시 원본 내용에 다시 접근할 수 있습니다.

앞 절에서는 `gender`, `StreamingTV`, `StreamingMovies` 열이 `Churn` 레이블을 예측하는 데 큰 도움이 되지 않는다는 사실을 발견했습니다. 또한 `PhoneLine` 특징은 `MultipleLines` 특징과 중복이므로, 다중공선성 문제를 피하려면 해당 특징을 삭제하는 편이 좋습니다. 6장에서는 다중공선성이 예측 변수 간의 높은 상관관계 때문에 발생하며, 이에 따라 회귀 계수의 추정치가 신뢰할 수 없고 불안정해짐을 배웠습니다. 이 문제는 더 복잡한 유형의 모델보다 선형 모델에서 더욱 두드러집니다. 이 문제를 해결하는 한 가지 방법은 다중공선성이 있는 열 중 하나만을 사용하는 것입니다.

판다스 데이터프레임의 열을 제거하는 가장 쉬운 방법은 `drop()` 메서드를 사용하는 것입니다. 신규 셀에 다음 코드를 입력하고 실행하여, 데이터프레임 복사본을 만들고 불필요한 열을 제거합니다.

```
df_3 = df_2.copy()
df_3 = df_3.drop(columns=['gender','StreamingTV',
                          'StreamingMovies','PhoneService'])
df_3.columns
```

df_3.columns를 맨 마지막에 출력하여 남은 열 목록을 확인할 수 있습니다. 정확한 출력은 이전 탐색 결과에 따라 다를 수 있지만, 다음과 비슷한 출력이 표시됩니다.

```
Index(['customerID', 'SeniorCitizen', 'Partner', 'Dependents',
       'tenure', 'MultipleLines', 'InternetService', 'OnlineSecurity',
       'OnlineBackup','DeviceProtection', 'TechSupport', 'Contract',
       'PaperlessBilling', 'PaymentMethod', 'MonthlyCharges',
       'TotalCharges', 'Churn', 'AvgMonthlyCharge', 'DiffCharges',
       'DiffBuckets', 'MonthlyBuckets', 'TenureBuckets,
       'TotalBuckets'], dtype='object')
```

AvgMonthlyCharge, DiffCharges, DiffBuckets, MonthlyBuckets, TotalBuckets, TenureBuckets 열이 추가되었습니다. 앞서 DiffBuckets가 유용한 특징이며, tenure가 TotalCharges 특징과 높은 연관성을 띤다는 사실을 알았습니다. 따라서 공선성 문제를 방지하고자 DiffBuckets 특징을 제외한 모든 추가된 특징은 제거합니다.

```
df_3 =df_3.drop(columns=['TotalCharges','AvgMonthlyCharge',
                         'DiffCharges','MonthlyBuckets',
                         'TenureBuckets', 'TotalBuckets'])
```

마지막으로 customerID 열은 어떻게 해야 할까요? 이 열은 너무 세분되어 예측 모델에 사용할 수 없습니다. customerID 열은 모든 행을 고유하게 식별하기 때문입니다. 모델이 이 특징값을 Churn의 값과 직접적인 관계로 연관시키는 것을 학습하는 것은 위험합니다. 즉 학습 데이터셋에 지나치게 결합될 뿐, 새로운 customerID 값을 본다면 해당 값에 대한 유의미한 해석을 내놓을 수는 없게 됩니다. 따라서 이 열을 삭제하여 모델이 학습하지 못하도록 하는 것이 가장 좋습니다. 다음 코드가 이를 수행하지만, 연습 삼아 직접 customerID 열을 제거하는 코드를 작성한 뒤 실행해 보기 바랍니다.

```
df_3 = df_3.drop(columns=['customerID'])
df_3.dtypes
```

마지막의 df_3.dtypes는 남은 특징 목록을 확인하는 참조용으로 넣었습니다.

```
SeniorCitizen          int64
Partner               object
Dependents            object
tenure                 int64
MultipleLines         object
InternetService       object
OnlineSecurity        object
OnlineBackup          object
DeviceProtection      object
TechSupport           object
Contract              object
PaperlessBilling      object
PaymentMethod         object
MonthlyCharges       float64
Churn                 object
DiffBuckets         category
```

DiffBuckets는 object가 아니라 범주형인 category 유형으로 표시되었습니다. 버킷화 과정에는 버킷을 나타내는 구간 정보가 함께 포함되기 때문입니다.

사이킷런으로 범주형 특징 인코딩하기

모델을 학습시키는 작업에 돌입하기 전에, 범주형 특징을 수치형 특징으로 인코딩해야 합니다. SeniorCitizen은 인코딩이 어떻게 이루어지는지를 알아볼 수 있는 좋은 예시입니다. Yes와 No라는 값 대신, 1과 0으로 인코딩되었죠. 궁극적으로 이것이 앞으로 사이킷런으로 특징에 수행하게 될 작업입니다.

먼저, 많은 범주형 특징이 이진 특징이라는 점을 알아두세요. Partner, Dependents, OnlineSecurity, OnlineBackup, DeviceProtection, TechSupport, PaperlessBilling은 모두 이진 특징입니다. OnlineSecurity, OnlineBackup, DeviceProtection, TechSupport는 엄격하게 이진 특징은 아니지만, No internet service 값이 이미 InternetService 특징에 의해

포착되므로 이진 특징으로 볼 수 있습니다. 따라서 인코딩하기에 앞서, InternetService 특징값이 No internet service인 모든 데이터의 다른 열들 값을 No로 바꿔줍니다.

```
df_prep = df_3.replace('No internet service', 'No')
df_prep[['OnlineSecurity', 'OnlineBackup',
         'DeviceProtection', 'TechSupport']].nunique()
```

nunique() 메서드는 열들의 고윳값 수를 반환합니다. 따라서 앞 코드 셀을 실행하면 Online-Security, OnlineBackup, DeviceProtection, TechSupport 열에는 Yes와 No라는 두 고윳값이 있으므로 각각 2가 표시되어야 합니다. 한편, df_prep은 나중에 추가 특징 공학을 수행하면서 다시 참조할 수 있도록 보관합니다.

이제 원핫 인코딩을 수행할 준비가 되었습니다. **원핫 인코딩**은 독립적인 값을 가진 범주형 특징을 숫자 표현으로 변환합니다. 이 표현은 가능한 각 특징값에 대해 하나의 정수가 있는 정수 목록입니다. 가령 InternetService 특징에는 No, DSL, Fiber Optic이라는 세 가지 가능한 값이 존재하므로, 이들을 원핫 인코딩하면 각각 [1,0,0] , [0,1,0], [0,0,1]를 얻을 수 있습니다. 이를 다르게 생각해 보면, 모든 특징값을 표현하는 새로운 개별 특징 열을 만든다고도 볼 수 있습니다. 즉, 첫 번째 열은 'InternetService 값은 No와 같습니까?'라고 묻습니다. 그렇다면 값은 1이고, 그렇지 않으면 0입니다. 다른 두 열도 이와 같은 질문을 각각 DSL과 Fiber Optic 값에 관해 묻습니다. 이렇게 원핫 인코딩을 생각하면 종종 두 개의 값만 있는 Partner 같은 특징은 No와 Yes가 [1,0]과 [0,1] 대신 각각 0과 1로 인코딩됩니다.

사이킷런은 특징과 레이블에 원핫 인코딩을 적용하기 위한 라이브러리를 제공합니다. 범주형 특징을 원핫 인코딩된 특징으로 변환하려면 다음처럼 사이킷런의 OneHotEncoder 클래스를 활용하면 되죠.

```
from sklearn.preprocessing import OneHotEncoder

numeric_columns = ['SeniorCitizen', 'tenure', 'MonthlyCharges']
categorical_columns = ['Partner', 'Dependents', 'MultipleLines',
                       'InternetService','OnlineSecurity',
                       'OnlineBackup','DeviceProtection',
                       'TechSupport','Contract','PaperlessBilling',
                       'PaymentMethod','DiffBuckets']
```

```
X_num = df_prep[numeric_columns]
X_cat = df_prep[categorical_columns]

ohe = OneHotEncoder(drop='if_binary')
X_cat_trans = ohe.fit_transform(X_cat)
```

더 진행하기 전에, 앞 코드 덩어리를 한 줄씩 이해하는 편이 좋습니다. 먼저 from sklearn.preprocessing import OneHotEncoder는 사이킷런의 OneHotEncoder 클래스를 불러옵니다. 다음으로는 열을 수치형과 범주형으로 구분합니다. SeniorCitizen은 이미 인코딩되었으므로, 단순히 수치형 열 리스트에 포함하기만 하면 됩니다. 그다음 두 줄의 코드(X_num과 X_cat 변수를 할당하는 부분)는 데이터프레임을 수치형과 범주형 열들로만 구성된 두 개의 개별 데이터프레임으로 분할합니다.

이제 사이킷런의 OneHotEncoder 클래스를 사용할 준비가 되었습니다. ohe = OneHotEncoder(drop='if_binary')으로 OneHotEncoder를 생성합니다. drop='if_binary' 파라미터는 모든 특징에 대해 원핫 인코딩을 적용하지 않고, 이진 특징에만 원핫 인코딩을 수행하여 값을 0이나 1로 대체합니다.

그리고 마지막 줄에서는 실제 원핫 인코딩을 수행합니다. fit_transform 메서드는 두 가지 작업을 수행합니다. fit_transform의 fit(적합) 부분은 다양한 특징에 대한 서로 다른 값을 학습하고, 특징별 원핫 인코딩을 적용할 규칙을 결정짓는 절차를 의미합니다. 이는 때때로 원핫 인코딩 결과를 원복하고 싶을 수 있기 때문에 중요합니다. 가령 예측을 수행한 후 고객이 사용한 결제 방법을 확인하고 싶다면, OneHotEncoder의 inverse_transform() 메서드로 인코딩된 값을 원래의 값으로 되돌릴 수 있습니다.

```
X_cat_trans.toarray()[0]
ohe.inverse_transform(X_cat_trans.toarray())[0]
```

앞 코드의 첫 번째 줄은 다음 결과를 출력합니다.

```
[1., 0., 0., 1., 0., 1., 0., 0., 0., 1., 0., 0., 1., 0., 0., 1., 0., 0., 1.,
0., 0., 0., 1., 0., 0., 0.]
```

그리고 두 번째 줄은 다음 결과를 출력합니다.

```
# 가독성을 높이고자 출력 결과를 조정했습니다.
Partner                           Yes
Dependents                         No
MultipleLines        No phone service
InternetService                   DSL
OnlineSecurity                     No
OnlineBackup                      Yes
DeviceProtection                   No
TechSupport                        No
Contract               Month-to-month
PaperlessBilling                  Yes
PaymentMethod        Electronic check
DiffBuckets            (-3.69, 3.915]
```

OneHotEncoder를 데이터에 적합시키고 나면, transform()과 inverse_transform() 메서드를 사용하여 원본값과 인코딩된 값 사이를 오갈 수 있습니다.

마지막으로 수치형 특징과 인코딩된 범주형 특징을 다시 하나의 개체로 결합해야 합니다. 원핫 인코딩된 범주형 특징은 넘파이 배열로 바뀌므로, 판다스 데이터프레임을 넘파이 배열로 변환한 다음에 해당 배열과 원핫 인코딩된 배열을 서로 이어 붙여줘야 합니다. 또한 레이블 Churn에 대한 넘파이 배열도 만들어야 합니다.

```
X = np.concatenate((X_num.values,X_cat_trans.toarray()), axis=1)
y = df_prep['Churn'].values
```

넘파이의 concatenate() 함수는 두 배열을 입력받아 단일 배열을 반환합니다. X_num은 판다스 데이터프레임이지만, 데이터프레임의 실젯값은 넘파이 배열로 저장됩니다. values 속성을 통해 해당 배열에 접근할 수 있습니다. X_cat_trans는 희소 배열이라는 특수 넘파이 배열입니다. 대부분의 요소가 0으로 채워진 **희소 배열**sparse array에는 데이터를 효율적으로 저장하는 많은 최적화 기법을 적용할 수 있으므로 유용할 수 있습니다. 이 희소 배열의 실젯값은 toarray() 메서드를 사용해 접근할 수 있습니다. 마지막으로 concatenate() 함수에 axis=1 파라미터를 지정하여 열들을 나란히 결합해 '수평으로' 연결할 수 있습니다. 이와 비슷하게 axis=0 파라미터를 지정하면 배열을 '수직으로' 쌓을 수 있습니다. 즉, 행 목록 하나를 다른 행 목록에 추가할 수 있습니다.

일반화 및 데이터 분할

모든 데이터셋 준비 작업을 마쳤다면, 이제 모델 학습을 시작할 준비가 끝났을까요? 그렇지 않습니다. 모델을 제대로 평가하려면 전체 데이터를 학습 및 테스트 데이터로 분할해야 합니다.

사이킷런의 model_selection 모듈은 train_test_split이라는 함수를 제공합니다. 학습과 검증에 사용할 데이터셋을 분할하는 일은 사이킷런 및 기타 사용자 정의 학습 프레임워크에서 직접 관리해야 하는 작업이지만, 대부분의(전부는 아님) 프레임워크에는 이 과정을 더 쉽게 수행하는 도구가 있습니다.

신규 셀에 다음 코드를 입력하고 실행해 데이터셋을 학습 및 테스트 데이터셋으로 분할합니다.

```
from sklearn.model_selection import train_test_split

X_train, X_test, y_train, y_test = train_test_split(X,y,test_size=0.20,
                                                    random_state=113)

X_train.shape
```

첫 번째 줄은 사이킷런의 model_selection 모듈로부터 train_test_split 함수를 가져오고, 두 번째 줄은 데이터셋을 분할합니다. train_test_split은 분할하려는 배열 목록(여기서는 X와 y)과 학습 데이터셋의 크기를 백분율로 지정하는 test_size를 파라미터로 입력받습니다. 선택적으로 random_state 파라미터를 제공해서 이 코드를 실행하는 다른 모든 사람이 동일한 학습 및 테스트 데이터셋을 얻도록 할 수도 있습니다. 마지막으로 X_train.shape으로 학습 데이터셋의 최종 크기를 확인할 수 있습니다. 확인해 보면, 배열의 형상인 (5634, 29)이 출력되는데, 이는 학습 데이터셋이 원핫 인코딩 후 29개의 특징이 있는 5,634개의 데이터로 구성됨을 의미합니다. 즉, 테스트 데이터셋에는 1,409개의 데이터가 포함되겠죠.

7.4 사이킷런으로 로지스틱 회귀 모델 구축하기

학습 및 테스트 데이터셋을 준비했다면, 드디어 ML 모델 학습을 시작할 준비가 되었습니다. 이 절에서는 학습시킬 모델 유형인 로지스틱 회귀logistic regression의 기본 사항과 사이킷런으로 모델을 학습시키는 방법을 설명합니다. 그 후에는 분류 모델을 평가하고 개선하는 다양한 방법을 다룹니다. 마지막으로, 데이터셋에 다양한 변환과 학습 알고리즘을 통합하는 사이킷런의 **파이프라인**도 소개합니다.

7.4.1 로지스틱 회귀

로지스틱 회귀 모델의 목표는 데이터가 두 개의 불연속적인 범주 중 어느 쪽에 속하는지를 예측하는 것입니다. 이를 간단히 표현하기 위해, 두 범주를 각각 $y = 1$과 $y = 0$이라고 표현합니다. 두 범주 중 하나는 '양성', 다른 하나는 '음성' 범주라고도 생각할 수 있습니다. 선형 회귀와 마찬가지로 입력은 숫잣값들의 목록이지만, 출력은 특징 목록이 주어졌을 때 양수 클래스를 예측할 확률 $\vec{x}$ 입니다. 이 확률은 $P(y = 1 \mid \vec{x})$ 처럼 표현할 수 있습니다. $y = 1$이면 이 확률이 가능한 한 1에, $y = 0$ 이면 확률이 가능한 한 0에 가까워지면 좋습니다.

그렇다면 이 확률은 어떻게 계산할까요? 선형 회귀에서는 $f(x)=w_0+w_1x_1+...+w_nx_n$와 같은 모델을 사용했고, 여기서 $w_0,...,w_n$는 가중치를 의미했습니다. 로지스틱 회귀도 비슷한 방정식을 따릅니다.

$$g(\vec{x}) = \frac{1}{1 + \exp(-f(\vec{x}))}$$

언뜻 보기에, 이 공식이 어려워 보일지 모르지만, 하나씩 뜯어보면 그렇지 않습니다. $g(x)$는 로짓이라고 불리는 $f(x)$와 **시그모이드**sigmoid(또는 **로지스틱**logistic) **함수**가 결합한 함수입니다.

$$\sigma(t) = \frac{1}{1 + \exp(-t)}$$

시그모이드 함수와 그 변형은 ML은 물론이고 생태학, 화학, 경제학, 통계학 등 다양한 분야에서 사용합니다. 특히 분류 모델에 매력적인 몇 가지 좋은 속성이 있는데, 그중 첫 번째는 값의 범위가 0~1 사이라서 출력을 확률로 해석할 수 있다는 점입니다. 기술적으로는 독립 변수가 증가함에 따라 값이 항상 증가하므로 누적 분포 함수cumulative distribution function의 예로 볼 수 있습니다. 둘째, 함수의 **미분**derivative(특정 시점의 변화율)을 쉽게 계산할 수 있습니다. 이는 경사하강법에 중요한 속성으로, 이러한 모델을 학습시키는 과정은 매우 합리적일 수 있습니다. 로지스틱 함수는 [그림 7-9]처럼 그래프로 표현할 수 있습니다.

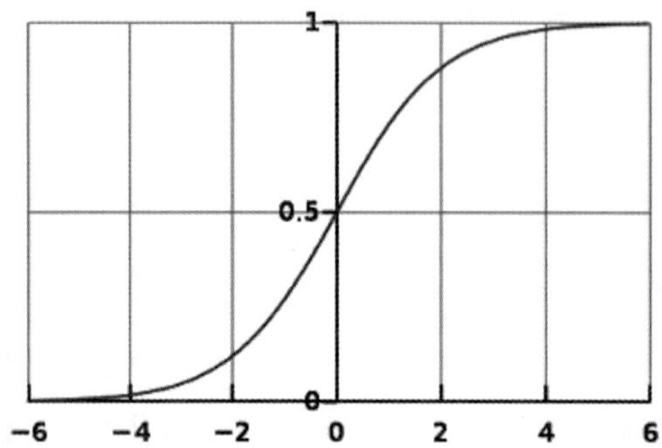

그림 7-9 값의 범위가 0~1 사이인 로지스틱 함수 그래프

선형 회귀 모델을 학습시킬 때 사용한 목표는 평균 제곱 오차를 최소화하는 것이었습니다. 로지스틱 회귀에서는 **교차 엔트로피**cross entropy라는 다른 손실 함수를 사용합니다. 교차 엔트로피는 다음처럼 정의됩니다.

$$L(g, D) = -\frac{1}{N}\Sigma(\log(g(\vec{x}))y + \log(1 - g(\vec{x}))(1 - y))$$

여기서 합산은 데이터셋 D에 속한 모든 데이터에 대해 수행됩니다. D는 교차 엔트로피가 모델만큼이나 데이터셋에 따라 달라진다는 점을 상기하려고 포함했습니다. y나 $1-y$ 둘 중 하나는 0이 될 것이므로 합산에 사용하는 두 항 중 하나만이 0이 아니게 됩니다. 즉, $log(g(\vec{x}))$ 나 $log(1 - g(\vec{x}))$ 중 하나만이 손실 함수에 기여하게 됩니다. 모델이 정답이라고 생각하는 결과에 대해 100% 확신을 한다면 둘 중 한 항이 0이 되며, 그렇지 않으면 손실 함수에 기여한 값은 신뢰도가 감소함에 따라 기하급수적으로 증가합니다.

구체적인 예를 들어보겠습니다. $g(\vec{x}) = 0.6$ 이고 $y = 1$이라고 가정해 봅시다. 다시 말해 모델이 레이블이 1일 확률을 60%로 예측합니다. 이 값이 손실 함수에 어떻게 기여할까요? 이 경우, 손실 함수에 대한 유일한 기여는 $log(g(\vec{x}))$ 에서 옵니다. $log(0.6)$은 약 -0.222입니다. 손실 함수를 계산할 때, 앞의 마이너스 기호 때문에 부호는 양수로 바뀌게 됩니다. 그러나 $g(\vec{x}) = 0.4$ 라면, $log(0.4)$는 약 -0.398이며, 이 경우 예측 확률 $g(\vec{x})$ 가 1에서 멀어질수록 손실 함수에 대한 기여도는 커집니다.

NOTE 교차 엔트로피는 **정보 이론**이라는 학문 분야에서 처음 등장한 개념으로, 하나의 확률 분포를 가정했을 때 특정 사건을 표현하는 데 필요한 정보의 양을 측정하지만, 실제 확률 분포는 다릅니다. 로지스틱 회귀는 가정된 확률 분포는 모델의 출력에서 나왔으며, 실제 분포는 레이블을 통해 제공됩니다.

7.4.2 사이킷런을 사용한 모델 학습 및 평가

데이터를 준비하고 고객 이탈을 예측하기 위해 학습시킬 모델 유형으로 로지스틱 회귀를 선택했습니다. 이제 사이킷런으로 첫 번째 모델을 학습시킬 준비가 되었습니다. 사이킷런에서 모델을 생성하고 학습시키는 과정은 매우 간단합니다. 먼저 원하는 유형의 모델을 만든 다음에 모델을 학습시키면 됩니다. 다음 코드는 로지스틱 회귀 모델을 구축하고 학습시키는 방법을 보여줍니다.

```
from sklearn.linear_model import LogisticRegression

cls = LogisticRegression()

cls.fit(X_train, y_train)
```

코드를 실행하면, 다음과 같거나 비슷한 메시지가 표시됩니다.

```
/usr/local/lib/python3.10/dist-packages/sklearn/linear_model/_logistic.py:814:
ConvergenceWarning: lbfgs failed to converge (status=1):
STOP: TOTAL NO. of ITERATIONS REACHED LIMIT.

Increase the number of iterations (max_iter) or scale the data as shown in:
    https://scikit-learn.org/stable/modules/preprocessing.html
Please also refer to the documentation for alternative solver options:
    https://scikit-learn.org/stable/modules/linear_model.html#logistic-regression
  n_iter_i = _check_optimize_result(
LogisticRegression()
```

뭐가 잘못되었을까요? 사이킷런은 기본적으로 특정 반복 횟수 동안 모델에 가장 적합한 가중치를 찾기 위한 경사하강법을 수행합니다. 여기서 한 번의 **반복**iteration마다 전체 데이터셋에 대한 경사하강, 즉 기울기가 계산됩니다. 손실 함수인 교차 엔트로피의 개선이 미미해지는 지점(기본 10^{-4})에서 학습 과정은 종료됩니다. 앞의 메시지는 해당 지점에 도달하지 못했음을 의미하며, 학습 반복 횟수를 더 늘려서 모델을 개선할 여지가 남아 있다는 뜻입니다.

그렇다면 이 문제의 원인은 무엇일까요? 여기에는 몇 가지 이유가 있습니다. 하지만, 기본적인 문제 중 하나는 특징의 값 범위와 관련이 있습니다. 특징들의 값 범위가 서로 크게 다르면 경사하강이 최적의 지점으로 수렴하는 데 더 많은 반복이 필요한 경향이 있습니다.

그릇 가장자리에서 공을 굴리는 상황에 비유해 이를 이해해 보죠. 먼저, 그릇이 완벽하게 둥글다고 가정하겠습니다. 즉, 그릇의 가장자리가 완벽한 원형이라는 뜻입니다. 이때 공을 그릇의 가장자리에 놓고 살짝 밀면, 공은 즉시 그릇의 바닥으로 굴러갑니다. 그렇다면 그릇이 타원형이거나 길쭉한 모양이라면 어떻게 될까요? 공을 살짝 밀면, 공이 중심을 향해 곧장 굴러가지 않고 이리저리 흔들리며 이동할 수 있습니다. 본질적으로, 이것이 바로 경사하강법에서 일어나는 일입니다. 그릇의 **곡률**curvature, 즉 그릇이 완벽하게 평평한 상태와 얼마나 거리가 있는지가 경사하강법의 동작에 영향을 미칩니다. 완벽하게 둥근 그릇처럼 곡률이 일정하다면 이전에 논의했듯이 안정적인 동작을 보입니다. 그러나 특징값들의 범위가 다른 상황처럼 곡률이 일정하지 않다면 앞서 설명한 불안정한 동작, 즉 흔들리는 현상이 발생할 수 있습니다.

이 문제를 어떻게 해결할까요? 한 가지 방법은 단순히 모델을 더 많은 반복 동안 학습시키는 것입니다. 사이킷런에서는 선택적인 `max_iter` 파라미터값을 제공하여 쉽게 이를 수행할 수 있습니다. 이 방법은 작은 데이터셋에서는 괜찮지만, 데이터셋이 커질수록 학습에 필요한 시간과 자원이 기하급수적으로 증가해서 실현할 수 없습니다. 이 문제에 접근하는 더 나은 방법은 특징의 값들을 표준 범위(예: 0~1 사이)로 재조정하는 것입니다. 사이킷런에서는 `MinMaxScaler` 변환기로 이를 수행할 수 있습니다. 다음 코드를 새 셀에 입력하고 실행하여 학습 데이터셋을 재조정한 후 새로운 로지스틱 회귀 모델을 학습시켜 보죠.

```
from sklearn.preprocessing import MinMaxScaler

scaler = MinMaxScaler()
X_train_scaled = scaler.fit_transform(X_train)
```

```
cls = LogisticRegression()
cls.fit(X_train_scaled, y_train)
```

이번에는 성공적으로 수렴되었을 것입니다. 더 많은 계산에 시간을 소비하는 대신, 간단히 데이터를 조정하여 학습 절차를 더 효율적으로 만들었습니다. 이는 사이킷런을 사용하거나 로지스틱 회귀 모델을 학습시킬 때뿐만 아니라, ML 모델을 학습시킬 때 공통으로 적용되는 모범 사례입니다.

다음 단계는 모델을 평가하는 것입니다. 사이킷런은 학습된 모델의 score 메서드에 테스트 데이터셋을 입력하여 해당 모델을 평가할 수 있습니다. score 메서드는 테스트 데이터셋에 대한 모델의 평균 정확도를 부동 소수로 반환합니다. cls.score(X_test, y_test)[6] 코드로 테스트 데이터셋에 대한 모델의 정확도를 계산합니다.

모델의 정확도는 약 48%로 나타날 것입니다. 다만, 무작위 상태에 따라 약간의 차이는 있을 수 있습니다. 어쨌든 좋은 모델이라고 보기는 어려우며, 동전을 던져서 얻는 결과보다 약간 나은 정도에 불과합니다. 여기서 사용한 접근법에는 문제가 있다는 점을 눈치챘을지도 모릅니다. 모델을 학습시키기 전에 학습 데이터의 특징값들을 0~1 사이로 조정했지만, 테스트 데이터셋에는 동일한 변환을 적용하지 않았습니다. 평가 시 입력한 데이터와 학습 시 입력한 데이터의 값이 달라서 성능이 저조하게 나왔다고 생각해 볼 수 있습니다. 이 같은 문제를 **학습-서빙 왜곡**이라고 합니다.

학습 데이터셋에 적용한 크기 변환을 그대로 테스트 데이터셋에도 적용해 보죠. 학습 시 fit_transform() 메서드로 적합시킨 MinMaxScaler를 재활용하여 테스트 데이터셋을 변환합니다.

```
X_test_scaled = scaler.transform(X_test)
cls.score(X_test_scaled, y_test)
```

이제 정확도가 약 80%까지 향상되었음을 확인할 수 있을 것입니다. 이는 학습 데이터셋에 적용된 크기 변환을 평가 데이터셋에 적용하지 않았을 때와 비교하면 훨씬 더 나은 결과입니다.

6 옮긴이_ cls는 해당 클래스 객체를 의미합니다.

더 정확한 결과를 얻으려면 학습 및 평가 시 동일한 변환을 수행해야 한다는 중요한 점을 배웠습니다. 이는 평가뿐만 아니라, 예측 시에도 마찬가지입니다. 한편, 이 변환이 어떻게 수행되는지에 관한 명확한 문서화가 되지 않는다면, 학습 시 보고된 성능과는 전혀 다른 결과가 나오더라도 그 이유를 파악하는 데 어려움이 있을 것입니다. 따라서 일관된 변환이 적용될 수 있도록 문서화를 해 두어야 합니다. 또한, 이러한 변환이 학습, 평가, 예측 시 일관된 방식으로 적용되도록 사이킷런의 파이프라인과 같은 도구를 활용하는 것도 중요합니다.

7.4.3 분류 평가 지표

정확도는 간단하고 이해하기 쉬운 지표로, 분류 모델에 흔히 사용합니다. 그러나 정확도만을 지표로 사용하는 데는 몇 가지 문제가 있을 수 있습니다. 가령 모델의 정확도가 약 80%라면 상당히 괜찮아 보일 수 있지만, 단순히 고객 이탈이 없다고만 예측하는 모델도 약 73.5%의 정확도를 보일 수 있습니다. 물론 80%의 정확도가 73.5%보다는 높기는 하지만, '고객 이탈이 없다'라고만 예측하는 모델은 실제로 비즈니스에 큰 도움이 되지 않습니다. 예를 들어, 고객 이탈을 예측하고 이를 방지하는 것이 목표라면, 단순히 '모든 고객이 이탈하지 않는다'라고 예측하는 모델은 고객 이탈을 막을 구체적인 대응 전략을 세우는 데 아무런 도움을 주지 못합니다. 즉, 이러한 모델은 고객이 이탈할 가능성이 있는지를 전혀 파악하지 못하므로 결과적으로 실질적인 통찰을 제공하지 않으며, 비즈니스 측면에서도 가치가 거의 없습니다.

5장에서 배운 대로 정확도와 함께 재현율 및 정밀도와 같은 지표로 모델의 성능을 더 명확하게 파악해 보겠습니다. 상기 차원에서, **재현율**은 실제 양성률이라고 생각하면 됩니다. 즉, 고객 이탈의 예시에서의 재현율은 실제로 고객이 탈퇴했는데 모델이 그 사실을 정확히 예측한 비율을 의미합니다. 반면, **정밀도**는 모델의 양성 예측 능력이라고 생각할 수 있습니다. 즉, 계정을 탈퇴할 것으로 예측된 고객 중 실제로 계정을 탈퇴한 고객의 비율을 나타냅니다. 계정을 탈퇴할 가능성이 있는 고객에게 적극적으로 연락하는 것이 목표라면, 재현율을 매우 중요하게 고려해야 할 것이며, 재현율을 높이고자 정확도나 정밀도를 약간 희생하는 일도 감수해야 할 수 있습니다. 물론 탈퇴할 계획이 없던 고객에게 연락하는 데는 추가 비용이 발생하므로 균형을 맞추는 것이 좋습니다.

단순히 고객이 이탈하지 않았다고만 예측하는 모델을 예로 들어보죠. 이 모델은 계정을 취소한 고객을 전혀 식별하지 못하므로 재현율은 0일 것입니다. 그러나 우리가 학습시킨 모델의 재현율은 이보다는 훨씬 높을 것으로 예상할 수 있습니다.

오차 행렬은 예측된 범주와 실제 범주를 기준으로 예측 결과를 표로 분류하여 보여줍니다(표 7-8).

표 7-8 일반적인 문제에 대한 오차 행렬

	예측 양성	예측 음성
실제 양성	참 양성(TP)	거짓 음성(FN)
실제 음성	거짓 양성(FP)	참 음성(TN)

학습된 모델의 오차 행렬은 사이킷런으로 쉽게 구할 수 있습니다. `sklearn.metrics` 모듈이 제공하는 `confusion_matrix` 함수를 사용하기만 하면 됩니다. 신규 셀에 다음 코드를 입력하고 실행하여 학습된 모델의 오차 행렬을 구해 봅니다.

```
from sklearn.metrics import confusion_matrix

y_pred = cls.predict(X_test_scaled)

confusion_matrix(y_test, y_pred, labels=['Yes','No'])
```

`confusion_matrix` 함수는 세 개의 파라미터를 입력받습니다. 그중 첫 번째는 테스트 데이터셋의 실제 레이블(`y_test`)이며, 두 번째는 모델이 예측한 레이블입니다. 이 모델이 예측한 레이블은 변환된 테스트 데이터인 `X_test_scaled`를 모델의 `predict` 메서드에 입력하며 호출하여 얻을 수 있습니다. 마지막 파라미터는 꼭 명시해야 하는 것은 아니지만, 유용하게 사용할 수 있습니다. 이 `labels` 파라미터에 레이블값 리스트(여기서는 `'Yes'`와 `'No'`)를 입력받으면 오차 행렬은 이에 기반하여 레이블의 순서를 결정합니다. 출력된 오차 행렬은 다음과 비슷하게 출력되어야 합니다.

```
array([[187, 185],
       [ 98, 939]])
```

이 출력은 무엇을 의미할까요? 테스트 데이터셋의 데이터 중 187 + 185 = 372명의 고객이 서비스를 해지했고, 98 + 939 = 1,037명의 고객이 서비스를 유지했음을 알 수 있습니다. 그리고 모델은 187명의 고객이 취소할 것으로 정확히 예측(참 양성)하고, 취소한 185명의 고객을 놓쳤습니다(거짓 음성). 또한 이 모델은 939명의 고객이 서비스를 유지할 것이라고 정확히 예측했지만(참 음성), 서비스를 유지한 고객 98명이 해지할 것으로 예측했습니다(거짓 양성).

이를 통해 두 가지 방법으로 정밀도와 재현율을 계산할 수 있습니다. 오차 행렬의 정보를 토대로 직접 계산하거나, 사이킷런이 제공하는 `precision_score`와 `recall_score` 함수를 사용하는 방법입니다. 다음 코드는 그중 사이킷런을 활용하는 방법을 보여줍니다.

```
from sklearn.metrics import precision_score, recall_score

print("Precision:", precision_score(y_test, y_pred,
                                    labels=['Yes','No'], pos_label='Yes'))

print("Recall:", recall_score(y_test, y_pred,
                              labels=['Yes','No'], pos_label='Yes'))
```

결과를 살펴보기 전에 코드를 잠시 살펴보겠습니다. 각 함수에 입력된 처음 세 개의 파라미터는 `confusion_matrix` 함수에 입력한 것과 동일합니다. 인덱싱된 레이블(예: `0`과 `1`)을 사용하지 않는다면 `precision_score`와 `recall_score`에 `labels` 인수가 필요하다는 점에 유의하세요. 또한 '양성 범주'를 정의하는 `pos_label`이라는 추가 파라미터를 포함했습니다. 정밀도와 재현율은 '양성 범주'와 관련된 지표이므로, 어떤 범주를 양성이라고 취급할지 정의해야 하는데, `pos_label` 파라미터가 그 역할을 합니다. 결과는 다음과 비슷할 것입니다.

```
Precision:0.656140350877193
Recall:0.5026881720430108
```

모델이 계정을 취소할 것으로 예측한 고객 중 약 65.6%가 실제로 취소했으며, 이는 실제로 취소한 고객 중 약 50.3%만을 포착했음을 의미합니다. 모델은 여전히 개선될 여지가 있지만, 현재로서도 이탈을 감지하지 못하는 모델보다 더 많은 비즈니스 가치를 충분히 제공함을 분명히 알 수 있습니다.

7.4.4 사이킷런에서 학습된 모델로 예측 서비스 제공

앞 절에서는 `predict` 메서드로 예측을 제공하는 방법을 살펴보고, 다양한 지표로 모델을 평가했습니다. 그리고 이 과정에서 예측 시점의 데이터가 아직 변환되지 않아 부정확한 결과로 이어지는 학습-서빙 왜곡이라는 문제가 자연스럽게 드러났습니다.

또 다른 일반적인 문제는 예측을 위해 입력된 데이터 형식이 학습에 사용된 데이터와는 다를 수 있다는 점입니다. 가령 학습 데이터는 CSV 형식을 따르지만, 예측 서비스에 입력된 데이터는 웹 애플리케이션에서 일반적으로 사용하는 JSON 형식일 수 있습니다.

모델로 예측 서비스를 제공하려고 할 때는 지금껏 수행한 모든 변환을 되돌아보는 것이 중요합니다. 모든 변환 작업을 하나의 함수에 포함해서 예측 시점에도 해당 함수를 포함해 모델의 예측이 호출되기 전에 데이터가 적절히 변환되도록 하면 편리할 수 있습니다.

데이터를 변환할 때는 다음과 같은 단계를 수행했습니다.

1. `TotalCharges`의 데이터 유형이 `float`인지를 확인하고자 데이터를 정리했습니다.
2. `DiffBuckets`라는 신규 특징을 만들었습니다.
3. `CustomerID`, `gender`, `StreamingTV`, `StreamingMovies`, `PhoneService` 및 기타 중간 열을 삭제했습니다.
4. 범주형 특징을 원핫 인코딩했습니다.
5. 수치형 특징의 크기를 0~1 범위로 조정했습니다.

예측 서비스를 제공할 때도 이와 동일한 단계를 수행해야 합니다. 이제 모든 전처리 코드를 하나의 함수로 만들어 새로 들어오는 데이터에 쉽게 적용하도록 합니다. 특정 고객이 월말에 계정을 해지할지를 예측하고 싶다고 가정해 보죠. 데이터는 다음처럼 JSON 형식으로 제공되었습니다.

```
{"customerID": "7520-HQWJU", "gender": "Female", "SeniorCitizen": 0,
"Partner": "Yes", "Dependents": "Yes", "tenure": 66, "PhoneService": "Yes",
"MultipleLines": "Yes", "InternetService": "DSL", "OnlineSecurity": "Yes",
"OnlineBackup": "Yes", "DeviceProtection": "Yes", "TechSupport": "No",
"StreamingTV": "No", "StreamingMovies": "No", "Contract": "Month-to-month",
"PaperlessBilling": "Yes", "PaymentMethod": "Bank transfer (automatic)",
"MonthlyCharges": 67.45, "TotalCharges": "4508.65"}
```

이 데이터를 구문 분석하고, 앞서 나열한 변환을 수행한 다음에 학습된 모델로 예측을 제공해야 합니다. 데이터 구문 분석은 파이썬의 json 내장 패키지로 할 수 있습니다. 이 패키지에는

`json.loads()`라는 유용한 함수가 제공되는데, 이를 활용하면 JSON 데이터를 파이썬의 딕셔너리로 쉽게 불러올 수 있습니다. 그다음에는 데이터를 쉽게 변환할 수 있습니다. 다음 코드를 입력하거나, 제공된 노트북[7]의 코드를 복사하고 붙여 넣은 뒤 셀을 실행합니다.

```
import json

example = json.loads("""{"customerID": "7090-HPOJU", "gender": "Female",
"SeniorCitizen": 0, "Partner": "Yes", "Dependents": "Yes", "tenure": 66,
"PhoneService": "Yes", "MultipleLines": "Yes", "InternetService": "DSL",
"OnlineSecurity": "Yes", "OnlineBackup": "Yes", "DeviceProtection": "Yes",
"TechSupport": "No", "StreamingTV": "No", "StreamingMovies": "No",
"Contract": "Month-to-month", "PaperlessBilling": "Yes",
"PaymentMethod": "Bank transfer (automatic)", "MonthlyCharges": 67.45,
"TotalCharges": "4508.65"}""")

ex_df = pd.DataFrame([example])
ex_df['TotalCharges'] = ex_df['TotalCharges'].astype('float64')
ex_df = ex_df.drop(columns=['customerID','gender',
                            'StreamingTV','StreamingMovies',
                            'PhoneService'])

ex_df['AvgMonthlyCharge'] = ex_df['TotalCharges']/ex_df['tenure']
ex_df['DiffCharges'] = ex_df['MonthlyCharges']-ex_df['AvgMonthlyCharge']
ex_df['DiffBuckets'] = pd.cut(ex_df['DiffCharges'],
                          bins=[-18.938,-11.295,-3.69,3.915,11.52,19.125])
ex_df.pop('DiffCharges')

numeric_columns = ['SeniorCitizen', 'tenure', 'MonthlyCharges']
categorical_columns = ['Partner', 'Dependents', 'MultipleLines',
                       'InternetService','OnlineSecurity','OnlineBackup',
                       'DeviceProtection','TechSupport','Contract',
                       'PaperlessBilling','PaymentMethod','DiffBuckets']

X_num = df_prep[numeric_columns]
X_cat = df_prep[categorical_columns]

X_cat_trans = ohe.transform(X_cat)

X = np.concatenate((X_num.values,X_cat_trans.toarray()), axis=1)
X_scaled = scaler.transform(X)
```

7 *https://github.com/books-by-chansung/low-code-ai/tree/main/chapter7*

```
cls.predict(X)
```

언뜻 보기에는 코드가 많지만, 거의 모두 이미 해 본 적이 있는 내용입니다. 아마도 첫 번째 부분이 이전과 가장 달라진 부분일 것입니다. json.loads()를 사용하여 JSON 데이터를 딕셔너리로 불러오는 부분입니다. 판다스 데이터프레임에 대해 여러 변환 작업이 수행되었으므로, 유입되는 데이터도 데이터프레임으로 다루는 편이 좋습니다. 그리고 TotalCharges의 데이터 유형이 float64인지를 확인하고, 모델에 불필요한 열은 삭제합니다. 다음으로 DiffBuckets 특징을 만듭니다. pd.cut() 함수는 구간의 개수 대신 구간의 끝점을 지정합니다. 구간이 나뉘는 지점은 데이터에 따라 달라질 수 있으므로 모델을 학습시킬 때 사용한 것과 동일한 버킷을 사용하는지를 확인해야 합니다. 마지막으로, 예측 서비스를 제공하기 전에 범주형 열을 분리하여 원핫 인코딩 및 최소-최대 크기 조정을 수행합니다.

예측 서비스용 코드를 준비된 데이터에 대해 실행해 보면, 이 고객은 계정을 취소하지 않을 것으로 예측되었음을 확인할 수 있습니다. 이 코드를 더 쉽게 실행하고 싶다면, 다음처럼 함수로 만들 수도 있습니다.

```
def custom_predict_routine(example):
    # Insert the code from above, indented once
    return cls.predict(X)
```

CAUTION 모델을 학습시킬 때는 OneHotEncoder와 MinMaxScaler 같은 변환기의 fit_transform 메서드만을 사용해야 합니다. 반면, 예측 서비스를 제공하는 시점에는 변환기의 transform 메서드를 대신 사용하여, 학습 시점에 적합된 변형 방식이 일관되게 적용되도록 합니다.

모델을 학습시킨 환경과 다른 환경에서 예측 서비스를 제공해야 하는 경우가 흔합니다. 이 경우 학습된 모델의 바이너리 파일뿐만 아니라, 모든 전처리 코드 및 변환기에 접근할 수 있어야 합니다. joblib 같은 패키지를 사용하면 학습된 모델과 같은 객체(예: cls)를 저장할 수 있습니다. joblib의 dump 메서드는 파이썬 객체를 직렬화하고 객체를 디스크에 저장한 다음, load 메서드로 다시 불러오는 방법을 제공합니다. 다음은 간단한 예시를 보여줍니다.

```
import joblib

joblib.dump(cls, 'filename.joblib')

cls = joblib.load('filename.joblib')
```

이는 모델뿐만 아니라 사용 중인 변환기 및 기타 객체에도 적용될 수 있습니다.

7.4.5 사이킷런의 파이프라인

이 절은 사이킷런의 파이프라인이라는 고급 주제를 자세히 다룹니다. 처음 읽을 때는 그냥 넘어가도 좋지만, 나중에 다시 읽어서 사이킷런으로 변환기를 관리하는 방법을 배워보기 바랍니다.

다양한 변환을 단일 함수로 결합하는 과정은 다소 지루할 수 있습니다. 그러나 이는 학습-서빙 왜곡이라는 문제를 방지하는 데 매우 중요한 과정입니다. 한편, 사이킷런은 파이프라인(`Pipeline`)이라는 자료 구조를 제공하여, 이 과정을 간소화합니다. 파이프라인은 최종 객체인 모델(예: `LinearRegression`)을 제외한 `OneHotEncoder`와 같은 모든 변환용 객체와 이들의 순서 정보를 포함합니다.

그런데 사이킷런의 변환기를 사용하지 않고 판다스의 데이터프레임을 직접 조작하는 작업이 존재합니다. 이 작업을 어떻게 사이킷런의 파이프라인에 포함할까요? 사이킷런의 `FunctionTransformer`를 사용하면 됩니다. `FunctionTransformer`는 파이썬 함수를 파라미터로 입력받아 변환기를 정의하는 수단을 제공합니다. 해당 변환기의 `fit_transform()`이나 `transform()`을 호출하면, 입력되는 데이터를 지정된 함수로 처리한 뒤에 해당 함수의 반환값을 그대로 반환합니다. 이는 넘파이나 판다스의 처리 로직을 사이킷런의 파이프라인에 포함하는 좋은 방법입니다.

구체적으로, 우리의 예시에서 파이프라인은 어떤 형태를 띨까요? 기본적으로 다음 단계를 수행해야 합니다.

1. 판다스 데이터프레임으로 데이터를 불러옵니다.
2. 판다스 함수로 데이터를 정리하고 준비합니다.
3. 변환할 범주형 열과 수치형 열을 개별적으로 분할합니다.

4. 범주형 특징을 원핫 인코딩하고 특징을 재조합합니다.
5. 모델을 학습시키기 전에 데이터셋의 최소-최대 크기 조정을 수행합니다.

이 단계는 앞 절에서 본 단계를 약간 재구성하여, 파이프라인으로의 전환이 좀 더 원활하게 이루어지도록 했습니다. 첫 번째 단계(데이터프레임 불러오기)는 앞에서와 동일해서 여기서 다루지 않습니다. 두 번째와 세 번째 단계에서는 FunctionTransformer가 필요합니다. 네 번째 단계에서는 변환기가 두 개 필요한데, 바로 익숙한 OneHotEncoder와 새로운 ColumnTransformer입니다. ColumnTransformer를 사용하면 열마다 다른 변환을 적용할 수 있습니다. 우리의 사용 사례에 필요한 변환입니다. OneHotEncoder는 범주형 열에 적용하고 MinMaxScaler는 수치형 열에 적용합니다.

먼저, 판다스의 전처리 로직을 하나의 함수로 결합합니다.

```
def transform_fn(df):

    df = df.replace({'TotalCharges': {' ': 0.0}})
    df = df.astype({'TotalCharges':'float64'})

    df['AvgMonthlyCharge']= df['TotalCharges'].div(df['tenure'],
                                                  fill_values=0.0)

    df['DiffCharges'] = df['MonthlyCharges']-df['AvgMonthlyCharge']

    df['DiffBuckets'] = pd.cut(df['DiffCharges'], bins=5)

    df = df.drop(columns=['AvgMonthlyCharge', 'gender','StreamingTV',
                          'StreamingMovies','PhoneService',
                          'customerID', 'DiffCharges'])
    return df
```

다음으로 수치형 및 범주형 열을 지정하는 코드를 입력합니다.

```
numeric_columns = ['SeniorCitizen', 'tenure', 'MonthlyCharges']
categorical_columns = ['Partner', 'Dependents', 'MultipleLines',
                      'InternetService','OnlineSecurity',
                      'OnlineBackup', 'DeviceProtection',
                      'TechSupport','Contract',
```

```
                    'PaperlessBilling','PaymentMethod',
                    'DiffBuckets']
```

이제 파이프라인에서 사용할 변환기와 모델을 정의합니다.

```
from sklearn.compose import ColumnTransformer
from sklearn.preprocessing import FunctionTransformer


fn_transformer = FunctionTransformer(transform_fn)
col_transformer = ColumnTransformer(
  [('ohe', OneHotEncoder(drop='if_binary'), categorical_columns),
  ('sca', MinMaxScaler(), numeric_columns)])
model = LogisticRegression()
```

처음 두 줄은 FunctionTransformer와 ColumnTransformer를 불러오는 코드입니다. FunctionTransformer는 변환 로직이 포함된 파이썬 함수를 파라미터로 입력받습니다. 함수를 **호출**하는 것이 아니라 **포함**하려 하므로 transform_fn(df) 대신 transform_fn을 전달합니다. 파이썬에서 함수는 객체이므로, 여기에서 볼 수 있듯이 다른 함수에 입력으로 사용할 수 있습니다. ColumnTransformer에는 세 개의 **순서형** 요소를 포함한 트리플 리스트가 입력되는데, 각 목록의 요소는 순서대로 변환기 이름, 변환기 객체 그 자체, 변환이 적용될 열에 해당합니다.

이제 다음 코드로 Pipeline을 정의합니다.

```
from sklearn.pipeline import Pipeline

pipe = Pipeline([('preproc', fn_transformer),
                 ('col_trans', col_transformer),
                 ('model', model)])
```

Pipeline은 순서형 쌍 리스트를 입력받습니다. 각 쌍의 첫 번째 요소는 객체(변환기나 모델)의 이름이고 두 번째 요소는 변환기 모델 객체 자체에 해당합니다. 최종적으로 만들어진 Pipeline은 모든 코드를 패키징하는 좋은 방법입니다. 그런데, 코드를 깔끔하게 만들어준다는 것 말고도 또 다른 장점이 있을까요?

Pipeline의 fit 메서드는 모든 변환기의 fit_transform 메서드를 호출한 다음, 모델의 fit

메서드를 호출합니다. 그리고 `predict` 메서드는 모델의 `predict` 메서드를 호출하기 전에 각 변환기의 `transform` 메서드를 순서대로 적용합니다. 본질적으로 모든 변환 기능이 내장된 모델이라고 볼 수 있습니다.

`Pipeline`의 또 다른 장점은 휴대성입니다. `Pipeline`은 `fit` 메서드를 실행한 후 **피클**pickle이나 `joblib` 라이브러리를 사용하여 저장할 수 있습니다. 이렇게 저장한 **파이프라인**에는 학습된 모델뿐만 아니라 적합된 변환기의 정보도 함께 포함됩니다. 이는 예측 서비스를 제공할 때, 변환과 모델을 모두 함께 패키징하여 원하는 환경에서 그대로 활용해 일관성 유지하는 좋은 방법입니다.

연습 삼아 모델 코드를 `Pipeline`을 사용하도록 다시 작성하고 `fit` 메서드로 모델을 학습시킨 다음, 모델을 평가하여 정확도, 정밀도, 재현율을 계산해 보기 바랍니다.

7.5 케라스로 신경망 구축하기

사용자 정의 코드와 사이킷런을 사용하여 로지스틱 회귀 모델을 구축하고 첫 번째 ML 모델을 학습시킬 수 있었습니다. 이 절에서는 텐서플로라는 소프트웨어 개발 키트(SDK)의 일부로 제공되며 사용자 정의 신경망을 쉽게 구축할 수 있는 케라스라는 라이브러리로 다른 유형의 모델을 구축해 봅니다.

신경망은 여러 계층으로 구성되며, 각 계층에는 일정 수의 뉴런이 있고 각 뉴런에는 활성화 함수가 적용됩니다. 회귀 모델에서는 은닉 계층의 활성화 함수로 ReLU를 흔히 사용하며, 최종 출력에는 활성화 함수를 사용하지 않습니다. 분류 모델도 아이디어는 매우 유사하지만, 최종 결과를 양수 범주에 대한 확률로 변환해야 합니다. 로지스틱 회귀에서는 시그모이드 함수를 사용했으며, 이는 분류용 신경망에서도 동일한 역할을 수행합니다.

7.5.1 케라스 소개

텐서플로는 ML 모델 개발을 위한 무료 오픈 소스 SDK로, 2015년 말에 공개되었습니다. 텐서플로라는 이름은 텐서Tensor와 흐름Flow 또는 계산 그래프computation graph라는 개념을 모두 의미합니다. **텐서**는 단순히 다차원 배열을 의미하며, 여기서 차원 수를 텐서의 **랭크**rank라고 합니다. 가령 텍스트 한 줄은 랭크가 1인 텐서라고 생각할 수 있습니다. 한 페이지의 텍스트는 여러 줄의 텍스트를 포함하므로, 랭크가 2인 텐서가 됩니다. 또한, 책은 랭크가 3인 텐서일 수 있으며, 계속해서 이 비유를 확장해 볼 수 있습니다. 텐서는 과학적 계산 작업에서 흔히 사용하는 자료구조로, 다양한 상황에서 사용합니다. **계산 그래프**는 텐서플로가 CPU(또는 GPU/TPU)에서 필요한 계산을 수행할 때 구축하는 연산 집합입니다. 그래프 기반 접근법의 장점으로는 내부적으로 자동으로 최적화가 이루어질 수 있고, 여러 장치에 계산 작업을 쉽게 나눠서 처리할 수 있다는 점이 있습니다.

텐서플로는 이 모든 장점을 갖췄지만, 초기 버전의 텐서플로는 특이한 접근법 때문에 배우기가 어렵다고 알려졌습니다. 시간이 지나며 프레임워크를 처음 접하는 사람들이 더 쉽게 사용하고 접근할 수 있도록 신규 라이브러리와 기능이 추가되었습니다. 2019년에는 텐서플로 2.0이 출시되며 인공 신경망 모델을 구축, 학습, 서빙하는 고수준 인터페이스 라이브러리인 케라스를 도입했습니다. 케라스는 원래 다차원 배열 연산을 처리하는 Theano 라이브러리를 위한 파이썬 인터페이스로 개발되었습니다. 이후 케라스는 텐서플로에 대한 지원을 포함하도록 확장되었고, 텐서플로 2.0부터는 공식적으로 텐서플로 프레임워크의 일부가 되었습니다. 케라스는 사용이 간편하여 몇 줄의 코드만으로도 신경망을 생성할 수 있습니다.

7.5.2 케라스로 분류용 신경망 학습시키기

데이터는 이미 사이킷런과 판다스를 이용해 준비했으므로, 새로운 ML 모델 학습에 빠르게 뛰어들 수 있습니다. 학습 및 테스트 데이터셋에 데이터셋 API를 사용하여 텐서플로 데이터셋을 생성한 다음, 신경망 모델을 정의하고 마지막으로 신경망을 학습시키고 평가합니다. 이전에 사이킷런 모델용으로 작성한 사용자 정의 함수를 수정하면, 케라스 모델로도 예측 서비스를 제공하는 데도 사용할 수 있을 것입니다.

이 모든 과정을 시작하기 전에, 약간의 추가 전처리가 필요합니다. 사이킷런의 `LogisticRegression` 모델로 `Yes`와 `No`라는 두 범주를 예측하는 이진 분류 모델을 구축할 수 있었지만, 케라스를 사용할 때는 문자열 레이블 대신 숫자 레이블인 `1`과 `0`을 사용해야 합니다. 다행히 사이킷런은 이 작업을 수행하는 `LabelEncoder` 변환기를 제공합니다. 다음 코드로 `Yes`와 `No` 레이블을 각각 `1`과 `0`으로 인코딩합니다.

```
from sklearn.preprocessing import LabelEncoder

le = LabelEncoder()
y_train_enc = le.fit_transform(y_train)
y_test_enc = le.transform(y_test)

le.inverse_transform([1])
```

출력에서 Yes가 양성 범주(즉, 1)로 처리되는 것을 볼 수 있습니다. 또한, 레이블의 순서를 보장하려면 변환기를 ["No","Yes"] 집합에 적합시킨 뒤, y_train과 y_test를 간단히 변환할 수 있습니다.

레이블이 올바르게 인코딩되있으니, 이제 텐서플로 데이터셋을 생성할 차례입니다. tf.data.Dataset API를 사용하면 데이터 수집 파이프라인을 만들어 모델이 학습되는 도중에 데이터를 스트리밍할 수 있습니다. 데이터는 한 번에 한 배치 단위로 스트리밍되므로, 여러 컴퓨터로 분산될 수 있습니다. 따라서 여러 머신에 걸쳐 대규모 데이터셋으로 대규모 모델을 학습시킬 수 있습니다. 비록 여기서 다루는 예제 데이터는 단일 머신의 메모리로 처리할 수 있는 양이지만, 이 API를 사용하면 학습 코드를 변경하지 않고도 규모를 쉽게 변경할 수 있습니다. 데이터셋 API는 사용이 쉬우며, 텐서플로와 케라스를 사용할 때의 모범 사례로 간주됩니다.

tf.data.Dataset API에 사용되는 패턴은 먼저 입력 데이터에서 소스 데이터셋을 만드는 것입니다. 우리 예제의 소스는 판다스 데이터프레임으로 생성한 넘파이 배열이 됩니다. 그다음에 map()이나 filter()와 같은 함수로 원하는 변환을 수행할 수 있습니다. 다만, 여기서 다루는 예시에서는 이러한 변환을 이미 완료한 상태입니다. tf.data.Dataset API는 학습 루프에서 데이터의 일괄 전송을 처리하여 학습 과정을 원활하게 실행해 줍니다.

이미 넘파이 배열을 사용하므로, 간단히 from_tensor_slices 메서드를 사용해 Dataset을 생성할 수 있습니다. 이 메서드는 넘파이 배열을 입력받아 배열의 각 항목을 학습 데이터셋의 단일 데이터로 취급합니다. 가령 X_train은 랭크가 2인 배열, 또는 행렬입니다. from_tensor_slices는 해당 행렬의 각 행을 개별 데이터로 취급합니다. 또한 한 쌍의 배열을 입력할 수도 있는데, 이때는 첫 번째 배열을 학습 데이터로, 두 번째 배열을 레이블로 처리합니다. 다음처럼 Dataset 객체를 만들어 보죠.

```
import tensorflow as tf
import tensorflow.keras as keras

train_dataset=(tf.data.Dataset.from_tensor_slices((X_train_scaled, y_train_enc))
                 .batch(128))

test_dataset=(tf.data.Dataset.from_tensor_slices((X_test_scaled, y_test_enc))
                .batch(1))
```

코드에서 설명이 필요한 유일한 부분은 batch() 메서드입니다. Dataset 객체는 데이터셋의 데이터 배치를 학습 루프로 전달한다는 사실을 기억하세요. batch() 메서드는 이 배치 크기를 정의합니다. 정확한 배치 크기는 작업 중인 데이터셋과 모델 유형에 따라 달라질 수 있으며, 약간씩 조정해 가장 적합한 크기를 찾는 경우가 많습니다. 일반적으로 모델이나 데이터의 크기가 클수록 배치 크기는 작아져야 합니다. 그러나 배치 크기가 작을수록 학습 과정에서 노이즈가 커질 수 있습니다. 즉, 경사하강법은 최적의 가중치 집합을 향해 더 직선적이지 않은 경로를 택할 수 있으며, 따라서 최적의 모델로 수렴하는 데 더 긴 시간이 걸릴 수 있습니다. 배치 크기는 모델 및 모델 학습 프로세스를 정의하는 하이퍼파라미터의 좋은 예입니다.

모델 학습에 사용할 데이터를 준비했으니, 이제 모델을 만들 차례입니다. 빅쿼리 ML에서 정수 리스트를 지정했던 것을 상기해 보세요. 리스트의 크기가 은닉 계층 수를 의미하며, 각 정숫값은 해당 은닉 계층을 구성하는 뉴런 수를 의미했죠. 케라스에서도 동일한 정보를 사용하지만, 약간은 다른 방식으로 정의합니다. keras.Sequential API를 사용하면 모델에 원하는 계층 목록을 제공한 다음, 해당 정보로 모델을 구축할 수 있습니다. 앞 장에서 설명한 계층은 케라스에서 Dense라고 부르는 계층입니다. Dense 계층은 이전 계층의 모든 뉴런이 다음 계층의 모든 뉴런에 연결되어, 6장에서 본 가중치합을 형성하는 계층입니다. 다음은 Dense 계층의 예시입니다.

```
keras.layers.Dense(
            units=64, input_shape=(28,), activation="relu",
            name="input_layer"
        )
```

네 개의 파라미터를 입력했습니다. 그중 첫 번째는 뉴런의 개수를 의미하는 units이며, 두 번째인 input_shape은 이 계층이 모델의 첫 번째 계층인 경우 입력되는 데이터의 형상을 정의하는 데 사용합니다. 모델의 첫 번째 계층이 아니라면, 케라스가 이전 계층으로부터 이 정보를 전달하므로 생략할 수 있습니다. 원핫 인코딩 이후에는 28개의 특징이 있었습니다. X_train.shape의 출력을 확인하여 이를 다시 확인할 수 있습니다. X_train의 모양은 (5634, 28)입니다. 5,634개의 예가 있으며 각 예에는 28개의 기능값이 있습니다. (28,)이라는 표기가 이상하게 보일 수 있지만, 파이썬이 한 요소의 목록을 나타내는 방식입니다. 들어오는 예제가 이미지 데이터와 같이 고차원적이라면 input_shape은 많은 요소의 목록이 됩니다. 세 번째 인수는 활성화 함수를 정의하는 activation입니다. 이진 분류 모델에서 최종 계층에는 1 출력과 sigmoid 활성화 함수가 필요합니다. 6장에서 설명했듯이, 숨겨진 계층에 가장 일반적으로 사용되는 활성화 함수는 ReLU(정류 선형 단위) 함수입니다. 마지막으로 name 인수를 사용하여 계층에 고유한 사용자 정의 이름을 지정할 수 있습니다.

다음 코드로 케라스를 이용한 신경망을 정의합니다. 각각 64개, 32개, 16개의 뉴런으로 구성된 세 개의 은닉 계층으로 구성된 신경망입니다.

```
model = keras.Sequential(
    [
        keras.layers.Dense(
            units=64, input_shape=(28,), activation="relu",
            name="input_layer"
        ),
        keras.layers.Dense(units=32, activation="relu",
                           name="hidden_1"),
        keras.layers.Dense(units=16, activation="relu",
                           name="hidden_2"),
        keras.layers.Dense(units=1, activation="sigmoid",
                           name="output"),
    ]
)
```

모델을 정의했으니, 다음으로 해야 할 일은 모델을 컴파일하는 것입니다. 모델 컴파일은 모델을 텐서플로 연산으로 변환하고, 학습을 위해 모델을 구성하는 과정입니다. 다행히 케라스는 몇 가지 입력만으로 이를 모두 처리합니다.

다음은 모델을 컴파일하는 코드입니다.

```
loss_fn = keras.losses.BinaryCrossentropy()
```

```
metrics = [tf.keras.metrics.BinaryAccuracy(),
           tf.keras.metrics.Precision(),
           tf.keras.metrics.Recall()]

model.compile(optimizer="adam", loss=loss_fn, metrics=metrics)
```

keras.losses.BinaryCrossentropy()는 이 장의 앞부분에서 설명한 교차 엔트로피 손실 함수를 케라스에서 구현해 둔 것입니다. 또한 모델 성능 평가에 사용할 지표 세 개도 포함했습니다. BinaryAccuracy(), Precision(), Recall()은 각각 사이킷런으로 만든 모델에서도 사용한 정확도, 정밀도, 재현율 지표를 케라스에서 구현해 둔 것입니다. compile() 메서드로 모델을 컴파일할 때는 손실 함수, 사용하려는 지표, 최적화 도구를 포함해야 합니다. 이 책에서 최적화 도구를 자세히 다루지는 않지만, Adam은 신경망 모델을 학습시킬 때 대부분의 상황에서 잘 작동하여 많은 사람이 기본으로 선택하는 최적화 도구입니다. Adam은 기본적인 경사하강법 알고리즘에서 발생하는 함정을 해결하고자 몇 가지를 변경한 최적화 도구입니다. 최적화 도구를 자세히 알고 싶다면, 『핸즈온 머신러닝(3판)』(한빛미디어, 2023)을 참조하기 바랍니다.

모델을 정의하고 컴파일까지 했으니, 그다음으로 할 일은 모델을 실제 학습시키는 것입니다. 케라스에서는 fit() 메서드로 컴파일된 모델을 학습시킵니다. 해당 메서드를 호출할 때는 다음 코드처럼 학습 및 평가에 사용할 데이터셋을 지정하고 모델을 얼마나 오랫동안 학습시킬지를 지정해야 합니다.

```
history = model.fit(
    x=train_dataset,
    epochs=20,
    validation_data=test_dataset
)
```

x 파라미터는 학습 데이터셋을 지정하는 데 사용됩니다. tf.data.Dataset을 사용하지 않는다면 y 파라미터에 레이블을 별도로 지정해 줘야 하지만, tf.data.Dataset의 유형인 train_dataset에는 특징과 레이블이 모두 포함됩니다. validation_data는 첫 번째 파라미터인 x와 유사하지만, 검증 데이터셋을 지정하는 점에서 다릅니다. 이 파라미터를 지정하는 것이 필수는 아니지만, 학습 및 검증 데이터셋에서 지표가 어떻게 변하는지를 모니터링하는 편이 좋습니다. 마지막으로 중간 파라미터인 epochs는 학습을 얼마나 지속할지를 지정하는 데 사용합니다. **에포크**epoch는 전체 데이터셋을 한 번 학습시켰음을 의미합니다. 데이터셋이 데이터를 128개씩

일괄적으로 학습 루프에 보내고, 학습 데이터셋이 5,634개의 데이터로 구성되었다고 가정해 보죠. 44번의 배치(흔히 **단계**step라고 부르는 작업)가 끝나면 전체 데이터셋, 즉 한 에포크가 처리됩니다. 그러면 다시 한번 전체 데이터셋을 학습하는 또 다른 에포크가 시작됩니다.

모델은 얼마나 오래 학습시켜야 할까요? 신뢰할 만한 좋은 법칙은 없습니다. 하지만 주의를 기울이면 좋을 징후가 몇 가지 있습니다. 첫째, 한 에포크에서 다른 에포크로 넘어갔음에도 모델이 더는 개선되지 않는다면, 이는 학습 과정이 수렴되었다는 신호로 볼 수 있습니다. 두 번째 징후는 평가 데이터셋에서의 모델 성능이 저하하기 시작하는 현상입니다. 이는 모델이 과대적합되기 시작했다는 신호이며, 학습 데이터셋에서는 성능이 계속 향상되더라도 학습을 중단해야 합니다.

`fit()` 메서드에는 **콜백**을 지정하는 파라미터도 선택적으로 입력할 수 있습니다. 콜백은 학습 단계의 다양한 지점에서 작업을 수행할 수 있는 기능입니다. 가령 에포크마다 모델의 체크포인트를 저장하거나, 평가 데이터셋에서 모델 성능이 정체되거나 악화될 때 학습을 중지하는 **조기 종료** 등의 작업을 수행할 수 있습니다. 다음 코드로 `keras.callbacks.EarlyStopping()` 콜백 함수를 지정하여 사용해, 조기 종료 기능을 활성화합니다.

```
early_stopping = keras.callbacks.EarlyStopping(patience=5,
                                 restore_best_weights=True)

history = model.fit(
    x=train_dataset,
    epochs=100,
    validation_data=test_dataset,
    callbacks = [early_stopping]
)
```

`keras.callbacks.EarlyStopping()`의 `patience` 파라미터는 학습 과정을 중지하기 전, 성능이 5회 정체되거나 악화할 때까지 기다리도록 지정하는 데 사용했습니다. 임의성이 작용하는 학습 과정에서는 여러 가지 요인으로 노이즈가 발생할 수 있으며, 노이즈 때문에 학습을 조기에 중단하지 않으려면 `patience` 파라미터를 활용해 이를 방지할 수 있습니다. 그러나 이 기다림의 시간 동안 모델의 성능이 악화할 수 있습니다. 이럴 때 `restore_best_weights` 파라미터를 `True`로 설정하면, 학습 과정을 종료하기 전에 모델을 최상의 성능으로 되돌릴 수 있습니다. 앞의 코드를 실행하여 모델을 학습시켜 봅시다. 코랩 사용 시, 몇 분 정도 소요됩니다.

모델을 학습시키는 동안 학습의 모든 단계에 대한 지표를 볼 수 있습니다. 처음 몇 개의 지표는 학습 데이터셋과 관련이 있고, 후반부는 테스트 데이터셋과 관련이 있습니다. `model.evaluate(x=test_dataset)` 메서드로 모델을 평가할 수도 있습니다. 이는 학습 및 평가 데이터셋을 분할하는 방법에 따라 테스트 데이터셋이나 다른 데이터셋에 사용할 수 있습니다. `model.evaluate()`의 출력은 다음과 비슷합니다.

```
12/12 [==============================] - 0s 6ms/step - loss: 0.4390
- binary_accuracy: 0.7928 - precision: 0.6418 - recall: 0.4866
```

케라스를 사용해 성공적으로 ML 모델을 학습시켰습니다. 안타깝게도 이 신경망 모델은 정확도, 정밀도, 재현율이 약간 낮습니다. 신경망이어서 성능이 더 나빴다는 의미는 아닙니다. 추가 튜닝과 특징 공학으로 모델의 성능을 개선할 수 있다는 의미입니다.

7.6 버텍스 AI로 맞춤형 ML 모델 구축하기

여러 ML 모델을 성공적으로 구축, 학습, 평가했습니다. 로지스틱 회귀 모델을 학습시키는 데 사이킷런을 사용하고, 신경망 분류 모델을 학습시키는 데 케라스를 사용했습니다. 여기서 사용한 데이터셋은 규모가 상당히 작았습니다. 하지만, 실제로는 대규모 데이터셋으로 사용자 정의 모델을 학습시키고 싶을 수 있습니다. 5장에서는 버텍스 AI AutoML로 분류 모델을 학습시키는 방법을 살펴봤습니다. 이 절에서는 버텍스 AI를 사용해 사용자 정의 코드로 정의되는 모델을 학습시키는 방법을 간략히 살펴봅니다. 패키지 만들기와 같은 더 복잡한 파이썬의 주제도 함께 다룹니다. 자세한 내용을 모두 다루지는 않지만, 이 주제를 더 파고들기에 좋은 시작점이 될 것입니다.

버텍스 AI를 사용하면 원하는 머신 클러스터의 컨테이너화된 환경에서 모델을 학습시킬 수 있습니다. **컨테이너**container는 개발자가 실행하는 소프트웨어에만 집중할 수 있도록, 하드웨어와 운영 체제를 추상화한 컴퓨터라고 생각할 수 있습니다. 표준 ML 프레임워크를 사용한다면 미리 구축된 컨테이너를 곧바로 사용할 수 있습니다. 미리 구축된 컨테이너에는 사이킷런, 텐서플로, XGBoost, 파이토치 등 유명한 프레임워크 대부분이 포함됩니다. 클라우드 콘솔에서 버텍스 AI 학습 서비스를 사용하려면 다음 단계를 따릅니다.

1. 구글 클라우드 스토리지, 빅쿼리, 또는 버텍스 AI의 관리형 데이터셋에서 데이터셋을 사용할 수 있는지 확인합니다.
2. 모든 파이썬 코드를 하나의 스크립트로 만듭니다.
3. 구글 클라우드 스토리지 버킷에 결과를 저장하도록 코드를 수정합니다.
4. 소스 코드 배포를 생성합니다.

다행히도 첫 번째 단계는 이미 완료했습니다. 데이터셋은 이미 공용 구글 클라우드 스토리지 버킷에 저장되었습니다. 다음 단계는 파이썬 코드를 하나의 스크립트로 만드는 것입니다. 이 코드에는 판다스 데이터프레임으로 데이터를 불러오고, 학습에 사용할 데이터를 준비하고, ML 모델을 구축하고 학습시키는 데 사용한 모든 코드가 포함됩니다. 또한, 모델 학습에 사용하는 버텍스 AI의 자원에서 벗어나 모델이 어딘가에 저장되도록 하는 코드도 추가해야 합니다.

CAUTION 버텍스 AI는 학습 작업에 필요한 자원을 작업이 이루어지는 기간에만 제공하고, 작업이 끝나면 해당 자원을 해제합니다. 즉, 잃어버리고 싶지 않은 자료는 반드시 로컬에 저장해야 하며, 필요한 만큼의 자원만을 사용해야 한다는 의미이기도 합니다.

계속 진행하기 전에 파이썬 패키지를 위해 파일이 저장될 디렉터리를 만들어야 합니다. 코랩에서 신규 셀에 다음 코드를 입력하고 실행합니다.

```
!mkdir trainer
```

코드 앞의 느낌표는 코랩이 이 코드를 리눅스 터미널 명령으로 실행하도록 지시합니다. `mkdir`은 신규 디렉터리를 생성하는 명령어로, 여기서는 `trainer`라는 이름의 신규 디렉터리를 생성합니다.

이 장의 파이썬 코드는 단일 파일로 통합되었으며, low-code-ai 깃허브 저장소[8]에서 확인할 수 있습니다. 이 파일도 직접 빌드해 보기 바랍니다. 노트북에서는 `%%writefile`이라는 특수 문법을 사용해 이 작업을 수행할 수 있습니다. `%%writefile` 특수 구문을 적용한 셀의 내용은 지정 파일에 저장됩니다.

8 *https://github.com/books-by-chansung/low-code-ai*

```
%%writefile trainer/trainer.py
<여기에 입력한 파이썬 코드는 trainer.py에 저장됩니다.>
```

더 진행하기 전에 노트북의 코드를 하나의 셀로 결합하여 **%%writefile** 셀 매직을 사용해 **trainer/trainer.py** 에 작성하거나 깃허브 저장소에서 제공하는 코드 파일을 복사해야 합니다. 시각화용 코드나 출력을 확인하는 위치는 포함할 필요가 없습니다. 파이썬 코드를 직접 하나의 파일로 결합하는 경우 이 솔루션을 사용하여 작업을 확인해야 합니다.

trainer.py 파일[9]을 살펴보면 가장 먼저 눈에 띄는 것은 모든 **import** 문을 스크립트 상단으로 이동했다는 점입니다. 이는 파이썬 모범 사례로 간주되지만, 임포트할 모듈을 사용하기 전에 임포트가 완료되면 문제가 되지는 않습니다. 파일 끝에 모델에서 다양한 지표를 출력하도록 **print** 문을 추가했습니다. 결과를 인쇄하지 않으면 손실됩니다. **print** 문을 사용하면 나중에 학습 로그에서 이러한 지표를 찾을 수 있습니다.

마지막으로 파이썬 스크립트의 마지막 줄에 **joblib.dump()**을 사용하여 모델을 구글 클라우드 스토리지에 쓰는 것을 볼 수 있습니다. 여기서는 클라우드 스토리지에 대한 참조가 다르다는 점에 유의하세요('gcs/<*YOUR-BUCKET-NAME*>/*sklearn_model/*'). 구글 클라우드 스토리지 버킷은 클라우드 스토리지 퓨즈Cloud Storage FUSE를 사용하여 버텍스 AI 학습에 탑재되며 파일 시스템처럼 효과적으로 처리됩니다. 4장에서 만든 버킷에 클라우드 스토리지 버킷 이름을 포함하거나 새 버킷을 만들어야 합니다.

trainer\trainer.py에 스크립트를 작성했으므로 다음 단계는 패키지에 다른 파일을 만드는 것입니다. **%%writefile** 셀 매직을 사용하면 이를 쉽게 수행할 수 있습니다. 파이썬이 폴더를 패키지로 인식하려면 **trainer** 디렉터리에 **__init__.py**가 있어야 합니다. 이 파일에는 패키지의 초기화 코드가 포함되지만, 해당 코드가 필요하지 않으면 빈 파일일 수도 있습니다. **setup.py** 파일도 필요합니다. **setup.py** 파일의 목적은 학습 작업을 실행하는 머신에 패키지가 올바르게 설치되었는지 확인하는 것이며, 파이썬 패키지의 표준 부분입니다. 즉, 버텍스 AI에서 사이킷런 학습을 위해 미리 빌드된 표준 컨테이너를 사용할 때 이 프로세스의 대부분은 간단하며 대부분 상용구 코드가 포함됩니다. **trainer** 디렉터리에 **__init__.py** 파일을 생성하려면 새 셀에서 다음 코드를 실행합니다.

9 옮긴이_ 아래 파일을 참고해주세요(파일명은 상관없습니다).
https://github.com/books-by-chansung/low-code-ai/blob/main/chapter7/sklearn_vertex_ai.py

```
%%writefile trainer/__init__.py
# 초기화 할 필요 없음
```

#No initialization needed 줄은 파이썬 주석의 예입니다. # 기호는 파이썬이 줄을 구문 분석해서는 안 되지만, 사람이 읽을 때 가독성을 높여주는 부분임을 나타냅니다. 패키지에 초기화가 필요하지 않으므로 파이썬은 이 `__init__.py` 파일을 빈 파일로 취급합니다. `setup.py` 파일을 만들려면 새 셀에서 다음 코드를 실행합니다.

```
%%writefile setup.py
"""Using `setuptools` to create a source distribution."""

from setuptools import find_packages, setup

setup(
    name="churn_sklearn",
    version="0.1",
    packages=find_packages(),
    include_package_data=True,
    install_requires=['gcsfs'],
    description="Training package for customer churn.",
)
```

이 코드는 대부분 상용구 코드입니다. `setup` 함수 내에서 패키지 이름, 버전 번호, 배포의 일부로 설치해야 하는 패키지와 패키지에 관한 설명을 정의합니다. `find_packages()` 함수는 디렉터리에 있는 패키지를 자동으로 감지합니다. `install_requires=['gcsfs']` 인수는 클라우드 스토리지 퓨즈 사용에 필요한 `gcsfs` 패키지가 설치되었는지 확인합니다.

모든 파일이 준비되었으므로 새 셀에서 다음 코드를 실행하여 패키지를 생성할 수 있습니다.

```
!python ./setup.py sdist --formats=gztar
```

이 명령은 `sdist` 옵션과 함께 파이썬 스크립트 `./setup.py`를 실행합니다. 이렇게 하면 압축 형식이 `tar.gz`인 파이썬 소스 배포가 생성됩니다. 관련 폴더가 확장된 파일은 [그림 7-10]과 같은 모양이어야 합니다.

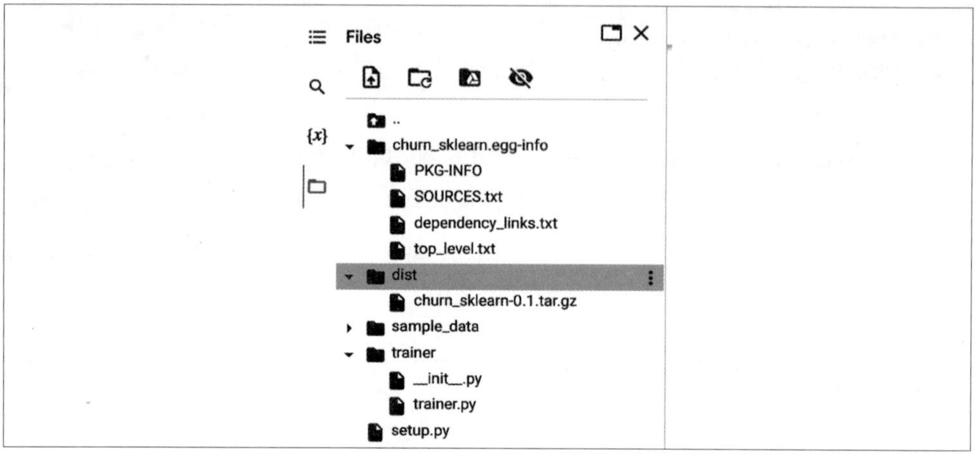

그림 7-10 trainer 패키지의 소스 코드 배포를 생성한 후의 파일 구조

프로세스의 어려운 부분을 완료했습니다. 이제 패키지를 구글 클라우드 스토리지의 위치로 이동하여 버텍스 AI에서 사용할 수 있도록 해야 합니다. 가장 쉬운 방법은 코랩에 구글 클라우드 계정에 액세스할 수 있는 권한을 부여한 다음에 `gcloud storage` 도구를 사용하는 것입니다. 코랩이 구글 클라우드 리소스에 액세스하는 권한을 부여하려면 새 셀에서 다음 코드를 실행하고 지시를 따릅니다.

```
import sys
if "google.colab" in sys.modules:
    from google.colab import auth
    auth.authenticate_user()
```

안내에 따라 파일을 원하는 클라우드 스토리지 버킷으로 옮기면 됩니다. 새 셀에서 다음 코드를 실행하여 *your-project-id*를 프로젝트 ID로, *your-bucket-name*을 버킷 이름으로 바꿉니다.

```
!gcloud config set project your-project-name
!gcloud storage cp ./dist/churn_sklearn-0.1.tar.gz gs://your-bucket-name/
```

이제 모델을 학습시킬 준비를 모두 마쳤습니다. 클라우드 콘솔을 통해 학습 작업을 제출하게 됩니다. 새 브라우저 창이나 탭을 열고 `console.cloud.google.com`으로 이동합니다. 그리고 왼쪽 메뉴에서 'Vertex AI'를 선택한 다음, '학습'을 선택합니다. 학습 옵션을 찾는 데 문제가 있으면 [그림 7-11]을 참조하세요.

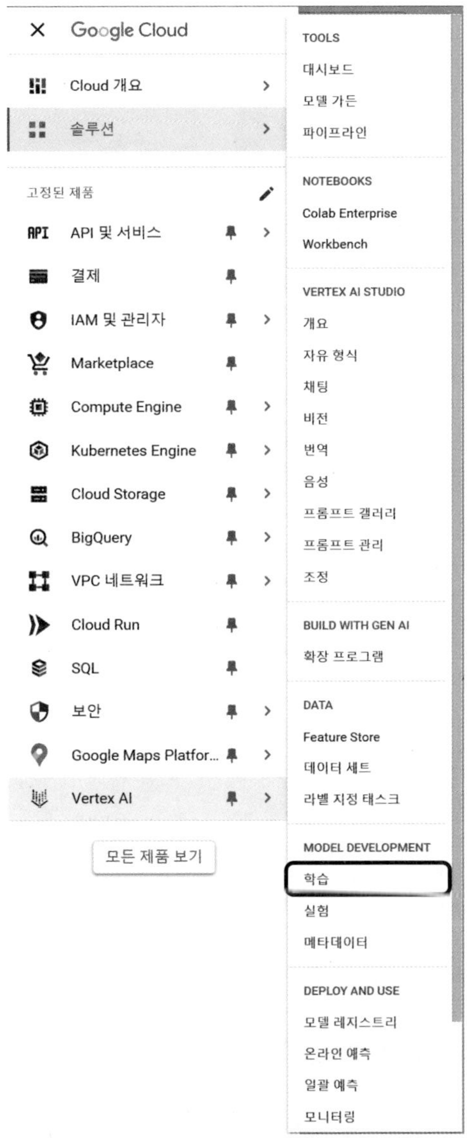

그림 7-11 버텍스 AI의 학습 옵션 위치

학습 옵션을 선택한 후 [새 모델 학습] 버튼을 클릭하여 새 학습 작업을 만듭니다([그림 7-12] 참조). 학습 과정을 시작하기 전에 설정해야 할 몇 가지 옵션이 있습니다. 다른 페이지의 입력은 [그림 7-13]부터 [그림 7-16]까지 표시했으며, 입력값은 [표 7-9]에 있습니다. 여기에서 언급하지 않은 옵션은 기본값으로 남겨둬야 합니다. 각 페이지의 모든 옵션을 입력한 후 [학습 시작] 버튼을 누를 수 있을 때까지 [계속]을 클릭합니다.

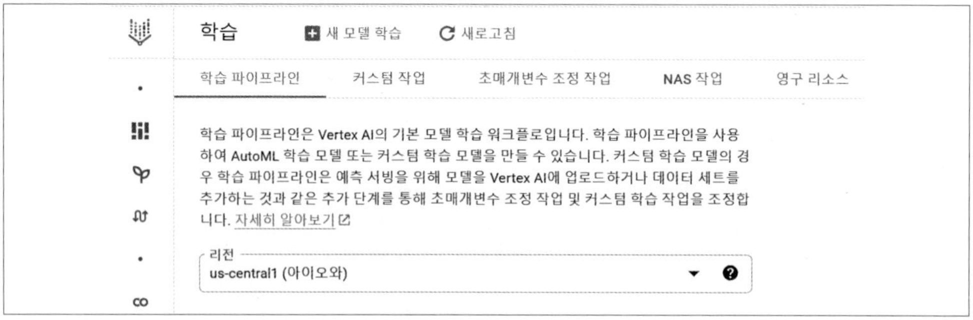

그림 7-12 버텍스 AI 학습 콘솔에서 [새 모델 학습] 생성 버튼의 위치

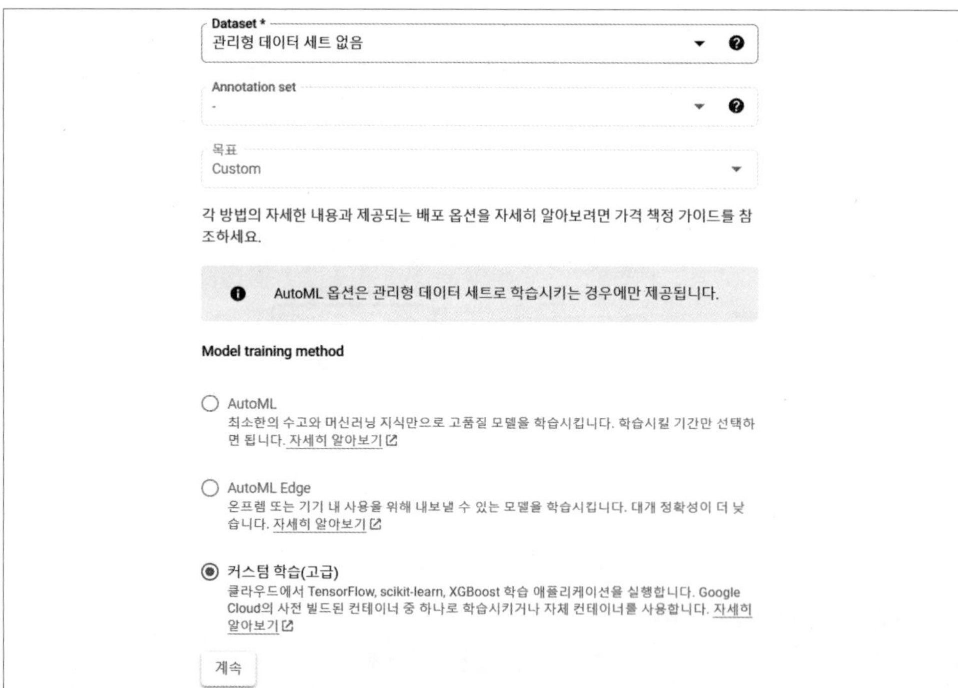

그림 7-13 학습 작업의 학습 방법 페이지 입력

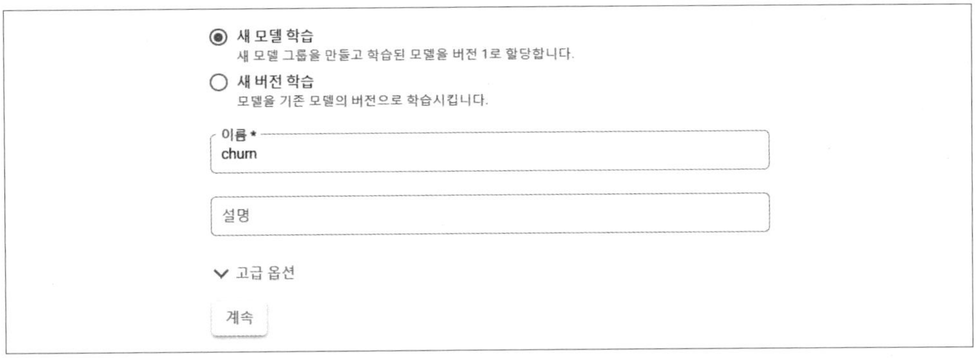

그림 7-14 학습 작업의 모델 세부 정보 페이지 입력

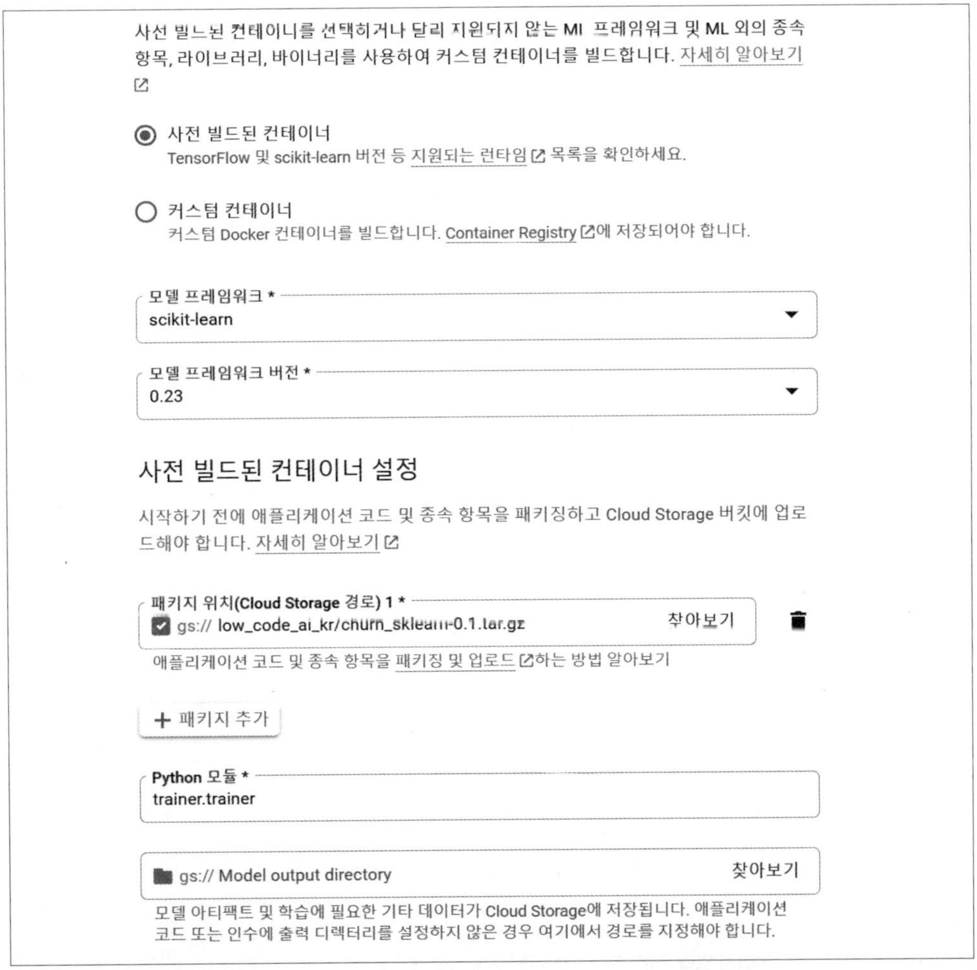

그림 7-15 학습 작업의 학습 컨테이너 페이지 입력. 버킷을 사용 중인 버킷으로 교체해야 합니다.

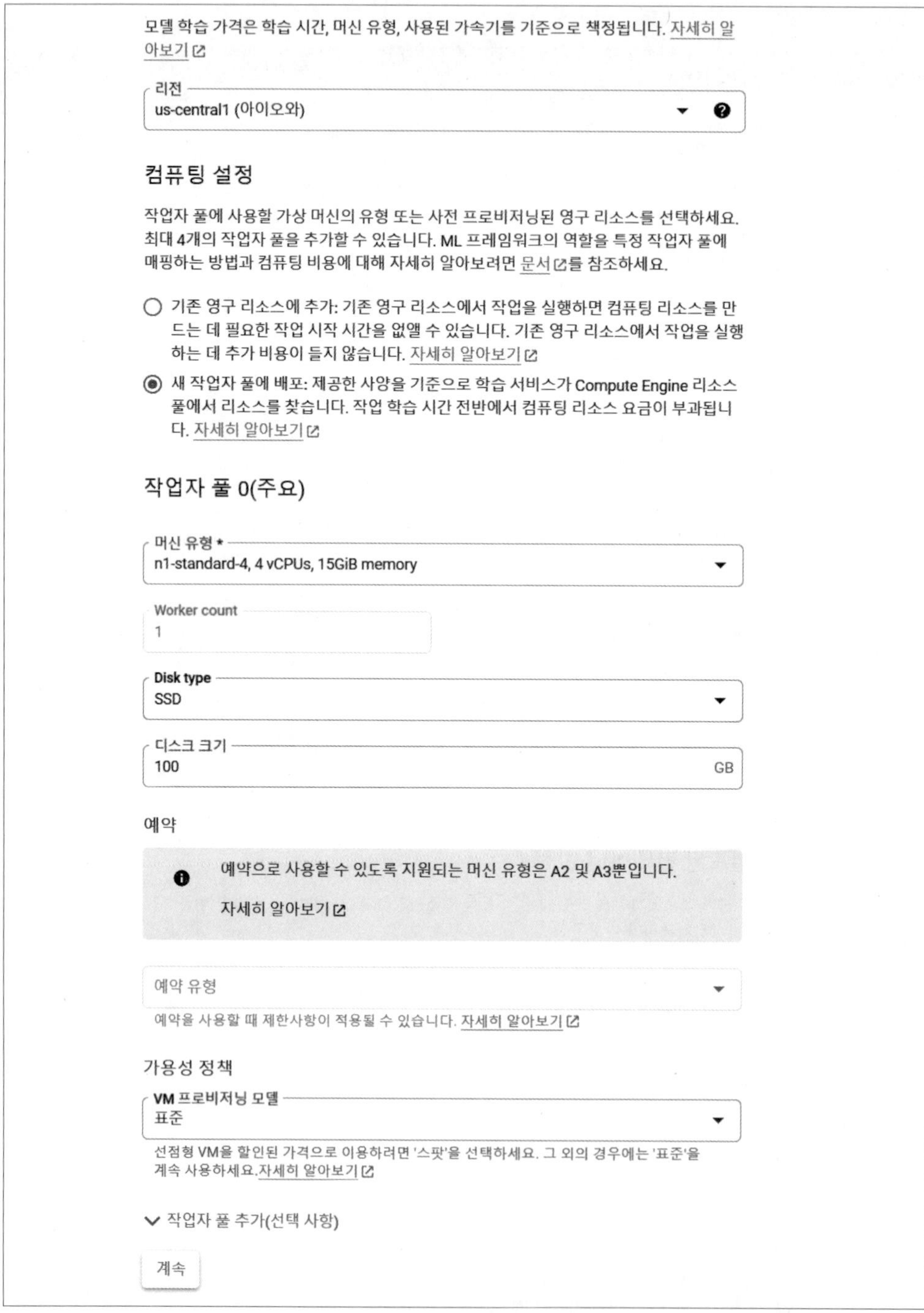

그림 7-16 계산 및 가격 페이지 입력. 버킷에서 가까운 위치를 선택하면 좋습니다.

표 7-9 버텍스 AI 학습의 작업 입력값

학습 방법	
Dataset	관리형 데이터 세트 없음
Model training method	커스텀 학습(고급)
모델 세부 정보	
라디오 버튼	새 모델 학습
모델 이름	churn
학습 컨테이너 페이지	
라디오 버튼	사전 빌드된 컨테이너
모델 프레임워크	scikit-learn
모델 프레임워크 버전	0.23
패키지 위치	`gs://low_code_ai_kr/churn_sklearn-0.1.tar.gz`
Python 모듈	`trainer.trainer`
컴퓨팅 및 가격 책정	
리전	버킷 위치에 가까운 지역 선택
머신 유형	n1-standard-4

버텍스 AI가 생성하는 학습 파이프라인은 실행하는 데 약 3분이 소요됩니다. 완료되면 버텍스 AI 링크로 돌아가서 '학습'으로 이동하여 로그를 확인할 수 있습니다. 해당 페이지에서 '커스텀 작업'을 클릭하고 'churn-custom-job'을 클릭합니다([그림 7-17] 참조). 사용자 정의 작업 페이지에 들어가면 정보 표가 표시됩니다. 해당 표 하단에서 '로그 보기' 링크를 클릭합니다. 아래로 스크롤하면 학습 작업의 지표가 출력된 모습을 볼 수 있습니다. 로그에 표시되는 지표의 예는 [그림 7-18]에 있습니다.

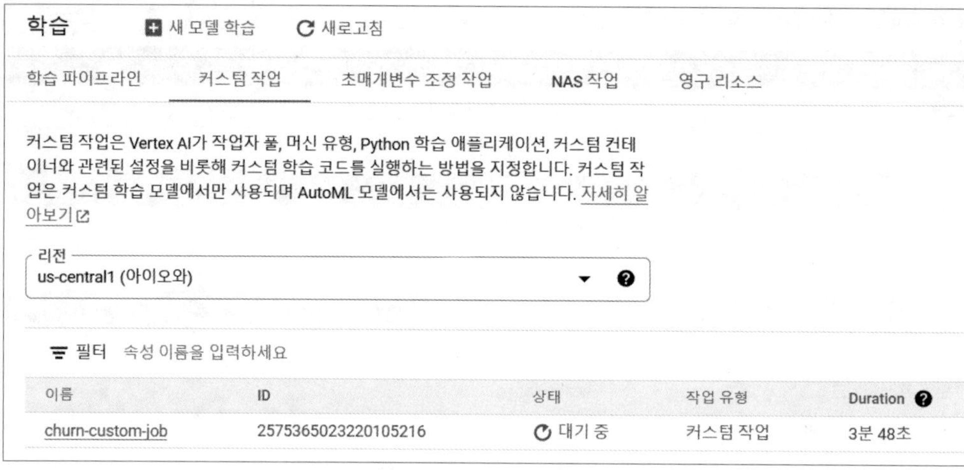

그림 7-17 완성된 사용자 정의 작업이 있는 사용자 정의 작업 페이지 `churn-custom-job`

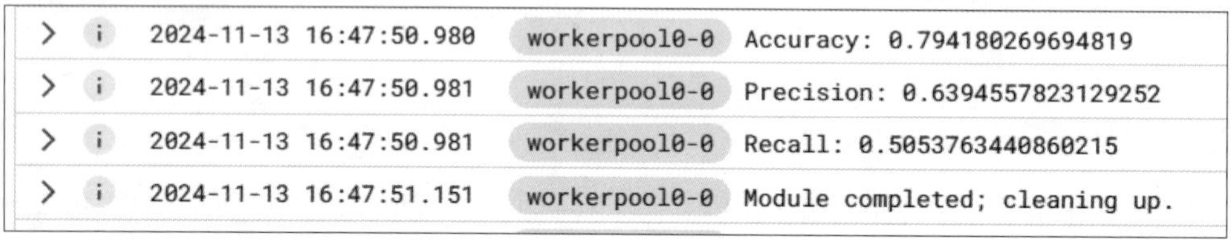

그림 7-18 사용자 정의 학습 작업의 지표

버텍스 AI에서 사이킷런 학습을 사용하여 모델을 성공적으로 학습했습니다. 물론 설정하는 데 걸린 시간과 작업하는 데이터의 양을 고려할 때 이 프로세스가 과하다고 느껴질 수도 있습니다. 소규모 데이터셋으로 작업할 때는 로컬이나 코랩 노트북에서 작업하는 편이 합리적입니다. 하지만 데이터셋이 점점 더 커짐에 따라 결국에는 더 큰 리소스 풀을 활용하는 것이 더 유리해집니다. 버텍스 AI에서는 계속 늘어나는 데이터셋으로 작업할 때도 동일한 기본 프로세스가 적용됩니다. 이제 모델이 `.joblib` 파일로 저장되어 예측을 제공하는 데 필요한 곳에서 로드할 준비가 되었습니다.

연습 삼아 케라스 모델로 동일한 프로세스를 수행해 보세요. 몇 가지 힌트를 알려드립니다.

- 텐서플로용으로 미리 빌드된 컨테이너를 사용해야 합니다. `tf.__version__` 명령을 실행하여 코랩 노트북에서 사용 중인 버전을 확인할 수 있습니다.
- 텐서플로 사전 빌드 이미지에는 `sklearn` 패키지가 포함되어 전처리 코드를 쉽게 재사용할 수 있습니다.

- 텐서플로 모델에는 기본 제공 메서드인 `save()`가 있습니다. `joblib.dump()` 대신 `model.save()`를 사용하여 모델을 구글 클라우드 스토리지에 저장합니다.

마지막으로, 사이킷런에서 파이프라인에 관한 옵션 섹션을 살펴봤다면 모델 코드의 `Pipeline` 버전에 대한 코드를 패키징하여 버텍스 AI 학습 작업에 학습용으로 제출하세요.

자세한 내용은 공식 버텍스 AI 커스텀 학습(*https://oreil.ly/A127h*) 문서를 참조하세요.

7.7 요약

이 장에서는 통신 회사의 고객 이탈을 예측하는 사용자 정의 코드 모델을 구축하는 방법을 배웠습니다. 가장 널리 사용하는 두 가지 ML 프레임워크인 사이킷런과 텐서플로를 살펴보고, 각각에서 간단한 분류 모델을 구축했습니다. 그리고 구글 클라우드의 버텍스 AI 학습 서비스를 사용하여 모델을 학습시키는 방법을 배웠습니다. 이 장에서 다룬 모든 주제는 빙산의 일각에 불과하지만, ML에 관한 더 깊은 지식으로 나아가는 디딤돌이 되기를 바랍니다. 다음 장에서는 빅쿼리 ML의 하이퍼파라미터 튜닝과 버텍스 AI의 사용자 정의 코드 사용과 같은 기술로 모델을 개선하는 방법을 살펴봅니다.

CHAPTER 8

사용자 정의 모델의 성능 개선하기

6장과 7장에서는 SQL, 빅쿼리 ML, 파이썬을 사용하여 데이터를 준비하고, 사이킷런과 케라스를 활용해 사용자 정의 모델을 구축하는 방법을 배웠습니다. 이 장에서는 추가로 특징 공학과 하이퍼파라미터 튜닝을 염두에 두고 이 도구들을 다시 살펴봅니다. 앞 장과는 달리, 준비된 데이터와 이미 학습된 모델을 시작점으로 두고 거기서부터 개선 작업을 진행합니다. 앞서 구축한 모델 코드나 빅쿼리의 사용자 인터페이스가 친숙하지 않다면, 6장과 7장을 다시 살펴보기 바랍니다.

8.1 비즈니스 사용 사례: 중고차 경매 가격

이 장에서 다루는 프로젝트의 목표는 중고차 경매 가격을 예측하도록 학습된 ML 모델의 성능을 개선하는 것입니다. 초기 모델은 사이킷런이 제공하는 선형 회귀 모델로 구축했으나, 비즈니스 목표에 부합하지 않다는 설정입니다. 특징 공학과 하이퍼파라미터 튜닝으로 모델의 성능을 개선하는 입장에서 사이킷런, 케라스, 빅쿼리 ML과 같은 도구의 사용법을 살펴봅니다.

선형 회귀 모델은 CSV 파일 형식의 데이터셋으로 학습시켰습니다. 이 데이터셋은 이미 정리되었으며(누락된 값과 잘못된 값이 적절히 수정됨), 사이킷런의 선형 회귀 모델을 구축하는 데 사용한 코드도 제공됩니다. 또한 선형 회귀 모델을 학습시킨 팀원이 모델 성능에 관한 몇 가지 기록과 케라스를 사용한 ML 학습의 초기 실험 결과, 모델을 학습시키고 평가하는 데 사용한 분할된 데이터를 공유해 주었습니다. 아직 사용되지 않은 별도의 테스트 데이터셋은 최종 모델 성능을 검증하는 데 사용할 수 있습니다. 여러분의 임무는 특징 공학을 적용해 특징 집합을 개선하고, 하이퍼파라미터 튜닝으로 가장 좋은 모델 구조가 선택되도록 하는 것입니다. 이 작업들은 사이킷런, 케라스, 빅쿼리 ML에서 수행할 수 있습니다.

자동차 도매 업계에서 도매가격의 주요 지표 중 하나는 만하임 시장 보고서manheim market report(MMR)[1]입니다. MMR 가격은 지난 13개월 동안 발생한 1천만 건 이상의 판매 거래를 분석해서 계산됩니다. 데이터셋에서 데이터를 처음 가져올 때는 공유된 자동차 판매에 관한 가격 정보를 사용할 수 있습니다. 그러나 앞으로도 이 정보를 계속 사용할 수 있을지는 확실하지 않습니다. 따라서 탐색 과정에서 해당 정보를 사용하지 않기를 요청받았습니다. 비즈니스 목표는 MMR 특징 없이도 판매 가격의 RMSE를 2,000 이하로 유지하는 것입니다. 먼저 동료가 공유한 노트북을 사용해 데이터를 불러오고, 모델 학습 과정을 그대로 답습합니다.

데이터셋은 13개의 열로 구성됩니다. [표 8-1]에서 열 이름, 데이터 유형, 각 열에 할당 가능한 값들에 관한 몇 가지 정보를 확인해 보겠습니다.

표 8-1 스키마 및 자동차 판매 데이터셋의 필드값 정보

열 이름	열 유형	필드값 참고 사항
`year`	정수	차량 제조 연도
`make`	문자열	차량 브랜드
`model`	문자열	차량의 모델명(예: K5)
`trim`	문자열	차량의 트림(예: K5 프레스티지)
`body`	문자열	차량의 차체 스타일(예: 세단)
`transmission`	문자열	자동 또는 수동 변속기
`state`	문자열	자동차가 판매될 주state
`condition`	부동소수점	0~5등급으로 평가한 차량 상태
`odometer`	정수	판매 시점의 주행 거리계 수치
`color`	문자열	차량 색상
`interior`	문자열	인테리어 색상
`mmr`	부동소수점	만하임 시장 보고서 가격
`sellingprice`	부동소수점	차량의 실제 판매 가격(레이블)

1 *https://www.manheim.com*

8.2 사이킷런 모델 개선하기

이 절에서는 팀원이 공유한 사이킷런 선형 회귀 모델을 개선해 봅니다. 먼저 데이터, 데이터 전처리 파이프라인, 모델을 빠르게 살펴봅니다. 그다음으로는 각 특징을 자세히 살펴보고, 이미 익숙한 특징 공학과 새롭게 배울 특징 공학 기술을 사용해 모델의 성능을 개선할 방법을 살펴봅니다. 마지막으로, 하이퍼파라미터 튜닝을 사용해 특정 문제에 맞게 모델 성능을 최적화합니다.

8.2.1 노트북에서 기존 모델 불러오기

구글 코랩[2]으로 이동합니다. 이번에는 신규 노트북을 생성하지 말고, low-code-ai 깃허브 저장소[3]에 저장된 노트북을 불러옵니다. '파일'의 '노트 열기' 메뉴를 선택한 뒤, 'GitHub'를 클릭한 다음, low-code-ai 깃허브 저장소의 URL을 입력합니다. 그러면 [그림 8-1]과 같은 화면을 확인할 수 있습니다.

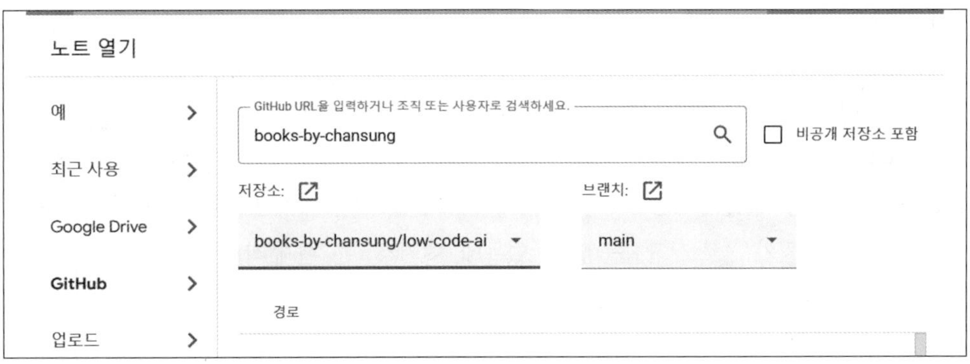

그림 8-1 구글 코랩에서 깃허브에 연결하여 노트북을 불러오는 창

URL을 입력한 다음에는 엔터 키를 누르거나, 돋보기 아이콘을 클릭하여 저장소 내 노트북을 탐색할 수 있습니다. `chapter_8/sklearn_model.ipynb`이 보일 때까지 아래로 스크롤한 다음, 맨 오른쪽의 [새 탭에서 노트북 열기] 버튼을 클릭합니다. 그러면 신규 브라우저 탭에 `sklearn_model.ipynb` 노트북이 열립니다.

---

2 *https://colab.research.google.com*

3 *https://github.com/books-by-chansung/low-code-ai*

차량 경매 판매 데이터를 불러오고, 학습 데이터를 준비하고, ML 모델을 학습시키고, ML 모델을 평가하는 코드는 이미 노트북에 있습니다. 이 장에서는 7장과 같은 수준으로 코드를 세부적으로 살펴보지는 않지만, 모델을 개선하는 과정을 시작하기에 앞서 시간을 약간 할애하여 코드를 검토합니다.

8.2.2 데이터셋 불러오기 및 학습-검증-테스트 데이터셋 분할하기

먼저 셀을 실행하여 학습, 검증, 테스트 데이터셋을 불러와 데이터프레임으로 만듭니다.

```
!wget -q https://storage.googleapis.com/low-code-ai-book/car_prices_train.csv
!wget -q https://storage.googleapis.com/low-code-ai-book/car_prices_valid.csv
!wget -q https://storage.googleapis.com/low-code-ai-book/car_prices_test.csv

import pandas as pd
train_df = pd.read_csv('./car_prices_train.csv')
valid_df = pd.read_csv('./car_prices_valid.csv')
test_df = pd.read_csv('./car_prices_test.csv')
```

앞 장을 읽어봤다면 대부분 익숙한 코드입니다. 다만 wget라는 리눅스 명령어는 처음 등장했습니다. wget는 지정된 URL의 파일을 로컬 파일 디렉터리에 다운로드하는 명령이며, -q 옵션은 wget 명령어 실행 시 출력되는 로그가 기록되지 않게 합니다. 데이터를 데이터프레임으로 불러올 때, 파일 위치가 ./로 시작함을 알 수 있는데, 여기서 .은 '현재 작업 디렉터리'이며, wget 명령어가 다운로드한 세 개의 파일이 저장된 위치이기도 합니다.

데이터셋을 각각의 데이터프레임으로 불러온 뒤, 각 데이터프레임에 대해 head() 메서드를 호출하여 데이터가 예상과 일치하는지를 빠르게 확인합니다. train_df.head() 메서드를 호출해 보면, 처음 다섯 개의 데이터 열이 다음과 같이 출력됩니다.

```
   Unnamed: 0  year        make       model         trim       body
0           0  2012    Infiniti     G Sedan  G37 Journey    g sedan
1           1  2012   Chevrolet       Cruze           LS      Sedan
2           2  2005        Jeep    Wrangler            X        SUV
3           3  2011         Kia     Sorento           SX        SUV
4           4  2002  Volkswagen  New Beetle          GLS  Hatchback
```

첫 번째 열이 데이터프레임의 인덱스인 것은 알겠지만, 두 번째 열인 `Unnamed:0`은 무엇일까요? 이 열은 데이터프레임을 만들기 위해 불러오는 CSV 파일 내 이름 없는 열이며, [표 8-1]에서는 언급되지 않았습니다. 중요한 특징이 아니라, 실수로 이전 데이터프레임의 인덱스가 복사되어 온 것일 가능성이 높습니다. 다음 절에서 동료가 데이터 전처리의 일부로 이 열을 삭제한 것을 볼 수 있습니다.

NOTE 7장의 설명처럼 판다스로 구글 클라우드 스토리지의 파일을 직접 읽을 수도 있습니다. `wget` 명령을 사용하면 데이터를 로컬에 복사본을 만든다는 장점이 있습니다. 가장 유리한 접근법은 워크플로와 데이터를 조작하는 방식에 따라 다릅니다.

계속 진행하기 전에, 앞 장에서 학습 후에 모델을 평가하고자 학습 데이터셋과 테스트 데이터셋을 사용한 점을 기억하세요. 이제 학습, 검증, 테스트 데이터셋이라는 세 가지 데이터셋이 있습니다. 데이터셋이 세 개나 필요한 이유는 무엇일까요? 학습 데이터셋은 당연히 모델 학습에 사용하며, 검증 데이터셋은 모델의 성능을 평가하는 데 사용합니다. 이 프로젝트에서는 다양한 모델을 서로 비교합니다. 학습 데이터셋으로 각 모델을 학습시킨 다음, 검증 데이터셋으로 모델을 평가할 것입니다. 그리고 검증 데이터셋에서 가장 우수한 성능을 보인 모델을 '최종 모델'로 선정합니다. 그러나 검증 데이터셋에서 가장 성능이 좋은 모델을 선택하므로, 최종 선택한 모델이 검증 데이터셋에 편향될 가능성이 존재합니다.

테스트 데이터셋을 따로 빼 두는 이유는 최종 모델의 성능을 검증할 독립적인 최종 데이터셋을 확보하기 위해서입니다. 최종 모델이 테스트 데이터셋에서 검증 데이터셋에서의 성능과 유사한 경향성을 보인다면, 해당 모델을 최종적으로 선택할 수 있다고 판단하는 것이죠. 검증 데이터셋에서는 성능이 좋았지만, 테스트 데이터셋에서 성능이 현저히 떨어진다면 모델에 뭔가 문제가 있다는 신호로 받아들여야 합니다.

이 문제를 방지하는 한 가지 방법은 학습, 검증, 테스트 데이터셋의 분포가 유사한지 확인하는 것입니다. 연습 삼아 `describe(include='all')` 메서드로 데이터셋을 탐색하고, 세 개의 데이터셋에 몇 개의 이상치가 포함되는지, 분포는 비슷한지와 같은 사항을 확인합니다.

8.2.3 사이킷런의 선형 회귀 모델 살펴보기

이제 노트북의 다음 셀로 이동합니다. 이 셀에는 데이터 준비, ML 모델 학습, 모델 평가용 코드가 모두 포함됩니다. 사이킷런의 학습 파이프라인의 개념은 7장에서 다뤘으므로, 이 절은 모든 코드를 자세히 설명하지 않습니다. 하지만 몇 가지 추가적인 참고 사항과 함께 간략한 개요를 설명합니다. 먼저 `import` 문 다음의 데이터 처리를 담당하는 코드를 살펴보겠습니다.

```
y_train = train_df['sellingprice']
X_train = train_df.drop('sellingprice', axis=1)

def drop_columns(df, columns):
    return df.drop(columns, axis=1)

preproc_cols = FunctionTransformer(drop_columns,
    kw_args={"columns":['Unnamed: 0', 'mmr']})

numeric_columns = ['year', 'condition', 'odometer']
categorical_columns = ['make', 'model', 'trim', 'body',
                       'transmission', 'state', 'color', 'interior']

col_transformer = ColumnTransformer(
  [
    ('ohe', OneHotEncoder(drop='if_binary',
                          handle_unknown='infrequent_if_exist'),
                          categorical_columns),
    ('minmax', MinMaxScaler(), numeric_columns)
  ]
)
```

먼저, 데이터프레임을 별도의 레이블 열(`sellingprice`)과 나머지 특징 열들을 별도의 데이터프레임으로 나눕니다. 그리고 학습, 검증, 테스트 데이터셋에 포함된 `Unnamed: 0`과 `mmr` 열을 제거합니다. 이 작업은 `drop_columns` 함수를 정의하고, `FunctionTransformer` 변환기에 해당 함수를 지정하여 수행할 수 있습니다. `FunctionTransformer` 객체 생성 시 이전에는 보지 못한 `kw_args`라는 새로운 파라미터가 지정되었습니다. `kw_args` 파라미터는 지정된 함수의 첫 번째 파라미터 이외의 추가 파라미터값을 받는 데 사용합니다. 즉, 첫 번째 파라미터는 열을 제거하고자 하는 대상 데이터프레임이며, 이 파라미터는 명시하지 않아도 파이프라인이 자동으로 주입하며, 그밖에 `drop_columns` 함수에 입력해야 하는 두 번째 파라미터인 `columns`에 대한 값이 kw_args를 통해 전달됩니다.

Unnamed: 0 열이 이상해 보일 수 있지만, 앞서 설명했듯이 원래 부여되었던 인덱스를 새로운 열에 유지하여 발생한 문제일 가능성이 큽니다. 이 열은 우리가 해결해야 하는 문제와 직접 연관이 없어서 제거했습니다. mmr 열은 당연히 sellingprice 레이블과 높은 상관관계를 갖겠지만, 해당 특징은 사용하지 말라는 요청에 따라 이 열도 제거했습니다.

이제 나머지 코드는 7.4.5절 '사이킷런의 파이프라인'에서 배운 내용과 유사해 보일 것입니다. 열들을 수치형과 범주형으로 분할한 다음, ColumnTransformer를 사용해 서로 다른 유형의 열 집합에 서로 다른 변환을 적용합니다. 범주형 열에는 OneHotEncoder를, 수치형 열에는 MinMaxScaler를 사용했습니다.

이제 모델과 파이프라인을 정의하는 나머지 코드를 살펴봅니다.

```
model = LinearRegression()

pipeline = Pipeline(steps=[('preproc_cols' , preproc_cols),
                           ('col_transformer', col_transformer),
                           ('model', model)])

pipeline.fit(X_train, y_train)
```

여기서 사용한 모델은 선형 회귀 모델입니다. 또한 Pipeline 객체로 전처리와 모델을 일련의 단계로 통합하여 정의합니다. 먼저 preproc_cols를 데이터프레임에 적용한 다음, col_transformer를 사용해 열 유형에 따른 적절한 변환을 적용합니다. 마지막으로 pipeline.fit 메서드를 호출하면 파이프라인의 마지막 부분에서 선형 회귀 모델의 학습이 시작됩니다. 구체적으로 마지막 줄은 입력 데이터를 일련의 변환기에 통과시켜 데이터를 변환한 뒤, 마지막에 모델을 학습시키게 됩니다. 모델 학습이 완료되면, [그림 8-2]와 같이 파이프라인의 시각적인 표현이 출력됩니다. 원한다면 시각화된 각 요소를 확장하여 자세한 내용을 확인하여 기대한 대로 작동했는지를 확인할 수도 있습니다.

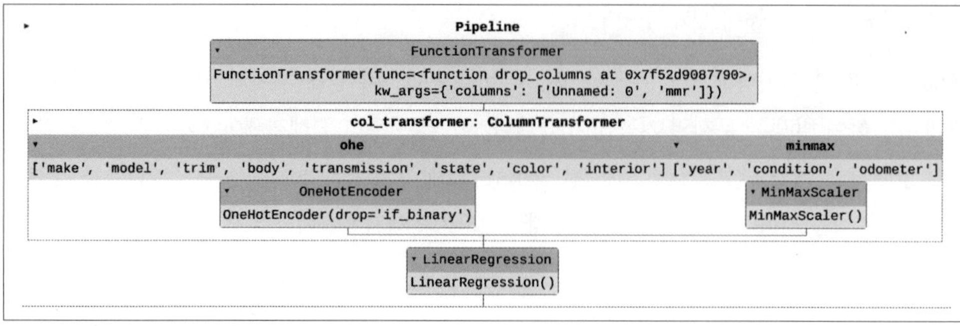

그림 8-2 모델 학습에 사용한 사이킷런의 Pipeline의 시각적 표현

모델 학습이 완료되었으므로, 이제 모델을 평가할 수 있습니다. 사이킷런의 Pipeline은 모델 객체와 동일한 score() 메서드를 제공합니다. RMSE와 MAE 같은 다른 지표를 적용할 수도 있습니다. 그다음 셀에 다음 코드를 실행하여 모델에 대한 평가 지표를 살펴봅니다.

```
import math
from sklearn.metrics import mean_squared_error, mean_absolute_error

y_valid = valid_df['sellingprice']
X_valid = valid_df.drop('sellingprice', axis=1)

print('R2:', pipeline.score(X_valid, y_valid))
print('RMSE:',math.sqrt(mean_squared_error(y_valid, pipeline.predict(X_valid))))
print('MAE:', mean_absolute_error(y_valid, pipeline.predict(X_valid)))
```

R2 점수가 약 0.876으로 출력됩니다. 이는 대략 말하면, 이 모델이 레이블의 변동성 중 87.6%를 설명할 수 있다는 뜻입니다. 즉, 모델이 예측에 사용된 특징들로부터 레이블의 대부분을 잘 설명한다는 의미입니다. 또한 RMSE는 약 3,384.60, MAE는 약 2,044.26입니다. 비즈니스 목표가 2,000 미만의 RMSE라는 점을 상기해 보죠. 예상대로 모델이 요구 사항을 충족하지 못했지만, 모델을 개선하기 위한 모든 준비가 완료되었습니다.

NOTE 일반적으로 팀 단위의 공동 작업을 할 때는 데이터가 분할되는 방식, 모델이 학습되는 방식에 내재한 임의성을 피하는 편이 좋습니다. 그렇지 않으면, 서로 다른 환경에서 학습된 서로 다른 모델 결과를 비교하게 되어 오해가 생길 수 있습니다. 이 예시에서는 코드 대신 실제로 분할된 데이터 자체를 공유해서 그러한 문제를 방지했습니다. 임의로 데이터를 뒤섞고, 임의의 순서로 데이터를 분할하는 방법을 흔히 사용하므로, 아예 분할된 데이터를 공유하는 방법이 선호되는 경우가 많습니다. 그 밖에도 랜덤 시드를 설정하여 임의성 제거하는 방법도 사용하곤 합니다. 또한 모델을 초기화하고 학습시킬 때도 임의성이 관여하는 부분이 많기 때문에, 랜덤 시드를 고정해 이를 제어하는 방법을 고려해야 합니다.

8.2.4 특징 공학 및 전처리 파이프라인 개선하기

모델의 구조가 단순하더라도, 잘 선택되고 신중하게 만들어진 특징에 따라 결과가 매우 좋은 경우가 많습니다. 단순히 모델을 더 복잡하게 만드는 것이 올바른 접근법은 아닙니다. 더 복잡한 모델을 성공적으로 학습시키려면 더 많은 데이터가 필요하며, 여러 하이퍼파라미터를 조정하며 다양한 경우를 독립적으로 학습시키고 결과를 비교하는 데 많은 계산 자원이 투입될 수밖에 없습니다. 이상한 값을 찾아내고, 관련 없는 특징을 제거하는 등 간단한 수정만으로도 모델을 크게 개선할 수 있을지도 모르죠.

쉽게 개선할 방법 찾기

동료가 원본 데이터셋을 면밀히 분석한 결과, 레이블과 일대일 관계에 있는 모든 널값과 열(예: VIN)을 제거했다고 알려주었습니다. 이제 데이터셋을 탐색하여 개선할 부분을 살펴보면 좋습니다. 이를 위해, 노트북 환경에서 신규 셀에 `train_df.describe()` 메서드를 실행합니다. 그러면 [표 8-2]와 유사한 결과가 출력됩니다.

표 8-2 train_df.describe() 출력의 일부

	year	condition	odometer	mmr	sellingprice
count	385000.000000	385000.000000	385000.000000	385000.000000	385000.000000
mean	2010.120177	3.339402	67732.957974	13695.356558	13544.324018
std	3.879672	1.117698	52521.619238	9525.243974	9599.953488
min	1990.000000	-1.000000	1.000000	25.000000	1.000000
25%	2008.000000	2.700000	28494.000000	7200.000000	7000.000000
50%	2012.000000	3.600000	52122.000000	12200.000000	12100.000000
75%	2013.000000	4.200000	98188.000000	18150.000000	18000.000000
max	2015.000000	5.000000	999999.000000	182000.000000	183000.000000

전처리 파이프라인에서 `Unnamed: 0`과 `mmr` 열을 삭제했으므로 해당 열은 완전히 신경 쓰지 않아도 좋습니다. `year` 열에서는 1990~2015년까지 자동차 모델 연도가 다양하지만, 최신 자동차에 데이터 분포가 치우쳤음을 알 수 있습니다. 또한, `condition` 열에서 최솟값이 −1.0이라는 이상한 점을 발견할 수 있습니다. 이는 동료가 매직 넘버를 잘못 입력한 것일 가능성이 높습니다. 데이터셋에서 많은 열을 분석할 때 가끔 이와 같은 간단한 부분을 놓치기 쉽습니다. 이것이 바로 데이터를 한 번이라도 더 보는 작업이 항상 가치 있는 이유입니다.

`condition`은 부동 소수형 데이터이므로, 변환 없이는 `-1.0`을 별도의 값으로 취급할 수 없습니다. 여기에는 몇 가지 옵션이 있습니다. 판매 가격이 `condition` 값과 선형 관계가 있을 것으로 예상된다면, `0`이나 `1` 값을 가지는 새로운 이진 특징인 `condition_recorded`를 만들고, `-1.0`을 `0.0`으로 대체하여 해당 값이 다른 `condition`의 값들과는 다르게 처리되도록 할 수 있습니다. 하지만 다른 평점 시스템에서 경험했듯이, 평점의 영향이 항상 비례적으로 나타나지는 않습니다. 이 문제를 해결하는 한 가지 쉬운 방법은 값을 구간별로 나누는 버킷화를 수행한 다음, 해당 구간에 속하는지를 원핫 인코딩하는 것입니다. 그러면 등급이 없을 때 다른 등급(예: 2와 3 사이)과 완전히 다르게 취급되며, 모델의 성능을 최적화하기 위해 버킷 수를 조정해 볼 수도 있습니다.

두 번째 방법에 필요한 신규 셀을 만들고 다음 코드를 추가합니다. 다만, 아직 코드를 실행하지는 마세요.

```
import pandas as pd

from sklearn.preprocessing import (OneHotEncoder, MinMaxScaler,
                                   FunctionTransformer,
                                   KBinsDiscretizer)
from sklearn.compose import ColumnTransformer
from sklearn.linear_model import LinearRegression
from sklearn.pipeline import Pipeline

y_train = train_df['sellingprice']
X_train = train_df.drop('sellingprice', axis=1)

def preproc_cols(df, drop_cols):
    return df.drop(drop_cols, axis=1)

drop_cols = FunctionTransformer(preproc_cols,
                kw_args={"drop_cols":['Unnamed: 0', 'mmr']})
```

```
ohe = OneHotEncoder(drop='if_binary', handle_unknown='infrequent_if_exist')
minmax = MinMaxScaler()
bucket_cond = KBinsDiscretizer(n_bins=10, encode='onehot', strategy='uniform')
```

이 코드는 앞서 공유한 코드와 대부분 동일하며, 몇 가지 달라진 부분을 살펴봅시다. KBinsDiscretizer 변환기가 추가되었는데, 이 변환기는 데이터를 버킷화하는 데 사용합니다. 그리고 이전처럼 ColumnTransformer에 정의하지 않고, 별도의 줄에 정의했습니다. 이는 가독성을 높여주기도 하지만, 모델을 계속 개선하면서 코드를 더 쉽게 분할할 수 있도록 **모듈성**modularity을 높여주기도 합니다.

마지막 줄에 KBinsDiscretizer 변환기 객체를 생성합니다. n_bins 파라미터는 10개의 서로 다른 버킷을 의미하는 10으로 설정했으며, encode 파라미터는 변환기에 원핫 인코딩을 수행하도록 지시하는 onehot으로 설정했습니다. strategy 파라미터의 uniform 값은 버킷을 균등하게 분할하도록 지시합니다. 그러면 -1.0 이 다른 범위와 분리된 자체 버킷에 저장됩니다. 다음 코드로 파이프라인 정의를 완료하고, 셀을 실행하여 모델을 학습시킵니다.

```
numeric_columns = ['year', 'odometer']
categorical_columns = ['make', 'model', 'trim', 'body',
                       'transmission', 'state', 'color', 'interior']

col_transformer = ColumnTransformer(
  [('ohe', ohe, categorical_columns),
   ('minmax', minmax, numeric_columns),
   ('bucket_cond', bucket_cond, ['condition'])])

pipeline = Pipeline(steps=[('drop_cols' , drop_cols),
                           ('col_transformer', col_transformer),
                           ('model', model)])

pipeline.fit(X_train, y_train)
```

신규 셀에서 앞서 사용한 코드를 실행하여 모델을 평가할 수 있습니다.

```
print('R2:', pipeline.score(X_valid, y_valid))
print('RMSE:',math.sqrt(mean_squared_error(y_valid, pipeline.predict(X_valid))))
print('MAE:', mean_absolute_error(y_valid, pipeline.predict(X_valid)))
```

이 변환은 모델의 성능을 약간 개선합니다. RMSE는 약 3,384.60에서 약 3,313.63으로 떨어졌죠. 개선 정도는 미미하지만, 이 같은 문제를 파악하는 것만으로도 모델의 성능이 크게 향상할 때도 많습니다.

모델을 평가하는 동안 결과에서 다음과 같은 경고 메시지를 보셨을 것입니다.

```
UserWarning: Found unknown categories in columns [2, 3] during transform.
These unknown categories will be encoded as all zeros
```

이 경고가 말하려는 것은 무엇일까요? 여기서 열 2와 3은 `trim`과 `body`에 해당합니다. 이 경고는 해당 열이 학습 데이터셋에는 없지만, 검증 데이터셋에는 존재함을 알려줍니다. 학습 데이터셋과 검증 데이터셋에 서로 다른 값이 나타나는 등 데이터셋 간의 왜곡을 확인하는 작업은 데이터를 이해하는 단계에서 매우 중요합니다. 그러나 모델을 학습시키고 평가하는 동안 예상치 못한 문제가 나타날 가능성이 매우 높으므로 주의해야 할 사항을 알아두면 좋습니다.

다음 코드로 `trim` 열에 정확히 몇 종류의 값이 존재하는지 빠르게 확인합니다.

```
(train_df.trim.value_counts()==1).sum()
```

학습 데이터셋의 `trim` 열에 124개의 고유한 값이 존재함을 확인할 수 있습니다. 마찬가지로 검증 데이터셋에서도 동일한 코드를 실행해 보면, 273개의 고유한 값이 있음을 알 수 있습니다. 동료가 이 사실을 파악하고 `OneHotEncoder`에 `handle_unknown='infrequent_if_exist'` 파라미터값을 설정하여 문제를 해결한 것으로 보입니다. `handle_unknown` 파라미터는 예측 시점에 모르는 값이 나타나는 경우 취할 조치를 정의하는 데 사용하며, 해당 파라미터의 `'infrequent_if_exist'` 값은 알 수 없는 값을 가장 낮은 빈도의 범주에 이를 할당하는 데 쓰입니다. `min_frequency` 파라미터를 설정하면 '낮은 빈도[infrequent]' 범주를 만들 수도 있습니다. 이 역시 조정할 수 있는 부분입니다.

`min_frequency`를 너무 높게 설정하면, 많은 범주가 모델 출력에 동일한 기여를 하게 되어 특징의 유용성이 떨어집니다. 반대로 `min_frequency`를 너무 낮게 설정하면, 한 번만 나타나는 특징이 많아지거나 데이터셋 간에 특징값의 적절한 분포를 얻기 어려운 문제가 발생할 수 있습니다.

min_frequency를 1로 설정한 다음, 학습 코드를 다시 실행하여 성능에 어떤 차이가 있는지 확인합니다. 이번에는 성능이 아주 약간만 변함을 알 수 있을 것입니다. 본질적으로 학습 데이터셋에서 한 번도 등장하지 않는 모든 범주를 동일하게 취급하겠다고 설정한 것입니다. 드물게 등장하는 변수들을 동일한 범주, 즉 '낮은 빈도'로 처리하기 위해 min_frequency를 높이는 것이 합리적일 수 있습니다. 나중에 하이퍼파라미터 튜닝을 수행할 때 이 부분을 살펴보겠습니다.

교차 특징

model과 trim[4] 특징에 관해 잠시 생각해 보겠습니다. 보통 이 두 특징을 독립적으로 생각하기보다는 함께 고려하지 않을까요? 가령 '혼다 CR-V를 샀다'라고 문장만으로는 해당 차량을 완전히 설명할 수 없습니다. 같은 모델에도 여러 가지 트림이나 패키지가 있을 수 있기 때문입니다. 가령 2023년형 혼다 CR-V에는 'LX', 'EX', 'EX-L'이라는 세 가지 트림이 존재하지만, 동일한 트림 이름을 다른 차량에서도 사용할 수 있습니다. 2023년형 혼다 파일럿에도 'LX'와 'EX-L' 트림이 있죠. 따라서 trim 변숫값만으로는 차량 정보를 모두 설명할 수 없습니다. 차량을 식별하려면 두 특징값을 모두 알아야 합니다.

그러나 모델은 model과 trim을 완전히 별개의 변수로 취급합니다. 원핫 인코딩을 사용할 때 각 특징값에 대해 이진 특징을 생성하고, 선형 회귀 모델이 이러한 각 이진 특징에 가중치를 할당한다는 점을 기억하나요? 원핫 인코딩을 사용하므로 model 변수의 값과 무관하게 'LX'의 trim 값에 자체 가중치가 부여됩니다. 즉, 'LX'라는 trim 특징값은 model 특징값이 'Pilot'이든 'CR-V'이든 상관없이 동일하게 취급됩니다. 또한, 특정 브랜드가 다른 브랜드보다 더 비싼 경향을 띨 수 있으므로 make 특징도 별도로 고려하면 좋습니다.

두 특징값을 한 쌍으로 다루려면 어떻게 해야 할까요? 한 가지 접근법은 **교차 특징**feature cross을 사용하는 것입니다. 교차 특징은 두 개 이상의 특징을 연결하여 형성된 합성 특징입니다. 두 변숫값을 개별적이 아니라 동시에 고려한다는 것이죠.

범주형 특징에 교차 특징을 어떻게 적용할까요? 원핫 인코딩된 특징값이 0이나 1이라는 점을 기억하세요. 이때 교차 특징은 두 특징의 값이 모두 1일 때 교차된 특징값이 1이 되고, 하나라도 0이면 교차된 특징값은 0이 되는 방식입니다. 예를 들어, model과 trim이라는 두 특징으

4 옮긴이_ 기본 모델에 추가되는 다양한 옵션 패키지나 사양

로 'CR-V LX'를 설명한다고 해보죠. 'CR-V' 특징의 값이 1이고, 'LX' 특징의 값도 1이라면, model과 trim의 교차된 특징에서 'CR-V LX'의 값은 1이 됩니다. 반면, 'Pilot' 특징의 값이 0이라면 'Pilot LX'의 교차된 특징값은 0이 됩니다.

이 같은 특징을 생성하고 사용하는 것이 간단해 보이지만, 4장과 5장에서 다룬 AutoML은 데이터셋에 가장 적합한 모델을 찾는 과정에서 이러한 종류의 복잡한 특징(그리고 그 이상의 특징)이 자동으로 생성됩니다. 그러나 교차 특징은 단순한 선형 회귀 모델에서도 매우 강력한 특징이 될 수 있습니다. 그러면, 우리도 교차 특징을 활용하여 이점을 얻을 수 있는 다른 특징 쌍을 생각해 볼 수 있을까요?

이를 실제로 확인하려면 먼저 preproc_cols 함수 코드를 다음처럼 바꿔야 합니다.

```
def preproc_cols(df, drop_cols):

    df['model_trim'] = df['model'] + df['trim']
    df['model_trim'] = df['model_trim'].str.lower()

    df['color_interior'] = df['color'] + df['interior']
    df['color_interior'] = df['color_interior'].str.lower()

    return df.drop(drop_cols, axis=1)
```

처음 두 줄에서는 데이터프레임에 model_trim이라는 신규 열을 만듭니다. 이 열은 model 열과 trim 열의 값을 이어 붙여서 만들어집니다. 따라서 model_trim 열의 값은 차량의 모델과 트림에 따라 달라집니다. 두 번째 줄은 해당 문자열을 모두 소문자로 변환합니다. 임의적인 대소문자의 차이 때문에 특징값의 영향이 달라지지 않도록 하는 편이 좋습니다. color와 interior는 교차 특징으로 잘 표현할 수 있는 관계가 있는 또 다른 좋은 예이므로, 세 번째 줄과 네 번째 줄은 동일한 방식을 적용합니다.

마지막으로 새로 추가된 교차 특징이 다른 범주형 변수와 마찬가지로 원핫 인코딩되었는지 확인합니다. 그러려면 categorical_columns 리스트에 해당 교차 특징을 추가합니다.

```
categorical_columns = ['make', 'model', 'trim', 'model_trim', 'body',
                       'transmission', 'state', 'color', 'interior',
                       'color_interior']
```

이제 앞서 변경한 모델 코드를 실행하고 모델의 성능을 재평가합니다. 막히는 부분이 있으면 제공되는 노트북에서 전체 코드를 확인할 수 있습니다. 이제 RMSE가 약 3,122.14임을 확인할 수 있습니다. 교차 특징의 추가로 RMSE를 약 2% 감소시키고 최종 목표에 더욱 가까워질 수 있었습니다.

다음 절로 넘어가기 전에 연습 삼아 버킷화를 적용하거나, 다른 특징과 교차될 수 있는 특징들을 살펴보기 바랍니다. RMSE를 3,000 미만으로 얻을 수 있었나요?

8.2.5 하이퍼파라미터 튜닝하기

앞 절에서는 모델의 RMSE를 낮추는 새롭고 유용한 특징을 발굴했습니다. 아직 목표인 2,000의 RMSE에 도달하지 못했지만, 상당한 진전을 이루었습니다. 다음으로 살펴볼 과정은 **하이퍼파라미터 튜닝**hyperparameter tuning입니다. **하이퍼파라미터**는 학습 중에는 갱신되지 않지만, 모델의 구조(예: 신경망의 은닉 계층, 은닉 계층당 뉴런 수), 특징 공학이 이루어지는 방식(예: 버킷 수), 학습이 실행되는 방식(예: 학습률 또는 배치 크기) 등을 정의하는 변수입니다. `condition` 특징을 버킷화할 때 여러 개의 버킷을 선택했습니다. 하지만, 선택한 버킷 수가 최적인지 어떻게 알 수 있을까요? 하이퍼파라미터 튜닝은 이러한 질문에 답하는 것을 목표로 합니다.

하이퍼파라미터 튜닝 전략

하이퍼파라미터 튜닝에 일반적으로 사용하는 세 가지 주요 전략으로는 격자 탐색grid search, 임의 탐색random search, 베이지안 최적화bayesian optimization(베이지안 탐색Bayesian search)가 있습니다. 세 가지 모두 첫 번째 단계에서는 동일합니다. 조정하려는 하이퍼파라미터들의 후봇값의 범위를 선택하죠. 조정하려는 하이퍼파라미터에 따라 값의 범위나 불연속적인 값 집합을 선택할 수 있습니다. 가령 최적화 프로그램의 학습률을 조정하는 경우에는 `[0,1]`를 후보 범위로 설정할 수 있습니다. 이 장에서 다루는 예시에서는 `condition` 특징을 버킷 수 6으로 버킷화하였습니다. 이는 임의로 선택한 값이며, 분명 이보다 더 나은 값이 있을 것입니다. 예를 들어 후보 범위를 5~15 사이로 설정할 수 있겠죠.

버킷 수를 너무 적게 설정하면 모델에서 큰 범위의 값들을 모두 동일하게 취급합니다. 가령 버킷 수가 2라면, `3.0`과 `5.0` 사이의 모든 값이 같은 버킷에 속해버립니다. 반면 버킷이 너무 많으면, 버킷당 극소수의 데이터만이 할당되므로 모델이 과대적합될 위험이 있습니다. 이를 모두 염두에 두면 5~15개가 합리적인 후보 범위일 것입니다.

튜닝하려는 하이퍼파라미터의 후보 범위를 설정한 다음에 할 일은 튜닝 방법을 선택하는 것입니다. **격자 탐색**은 '모든 것을 시도해 보고 무엇이 가장 효과적인지 확인'하는 매우 간단한 접근법입니다. 예를 들어서 두 개의 하이퍼파라미터를 튜닝한다고 가정해 보겠습니다. 후봇값이 첫 번째는 4개이고 두 번째는 3개일 때, 확인이 필요한 하이퍼파라미터 조합은 12개가 있습니다. 이를 시각적으로 표현하면 [그림 8-3]과 같습니다.

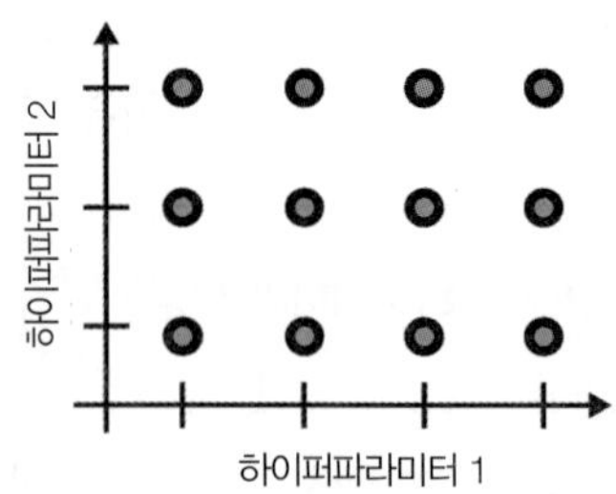

그림 8-3 두 하이퍼파라미터를 조정하기 위한 격자 탐색 방법의 시각적 표현

최적의 하이퍼파라미터를 선택하려면, 각 하이퍼파라미터 조합에 대해 모델을 학습시키고 검증 데이터셋으로 모델을 평가해야 합니다. 이 경우 후보 범위에서 가능한 모든 값을 시도했으므로, 그 범위로 정의되는 모델 중 최상의 하이퍼파라미터를 확실히 찾을 수 있습니다.

격자 탐색 방법의 단점은 이쯤 되면 분명해집니다. 각 후봇값의 범위가 작은 하이퍼파라미터 몇 개로 작업한다면, 학습시켜야 할 모델의 수가 적당합니다. 그러나 많은 수의 하이퍼파라미터를 조정해야 한다면, 이 방법은 실현 불가능하다는 사실을 금세 깨닫게 됩니다. 예를 들어, 각각 10개의 후봇값으로 조정할 수 있는 하이퍼파라미터가 4개인 경우만 보더라도, 학습시켜야 할 모델이 10,000개나 됩니다.

자주 사용하는 두 가지 대체 접근법이 있습니다. **임의 탐색**은 미리 설정된 수의 후보 모델을 무작위로 선택하는 부분 검색 전략입니다. 이 접근법은 후보 모델 집합을 검색하는 데 소요되는 시간과 노력을 줄일 수 있다는 장점이 있지만, 임의 선택 과정에서 운이 나빠 최적의 모델을 놓칠 가능성이 있다는 단점도 있습니다.

세 번째 접근법은 부분 검색을 더 지능적으로 수행하는 **베이지안 최적화**입니다. 이 책에서 자세히 다루지는 않지만, 핵심 아이디어는 매우 간단합니다. 우선, 소수의 후보 모델을 무작위로 학습시키는 것으로 시작합니다. 베이지안 최적화 알고리즘은 이러한 초기 모델의 평가 지표를 기반으로 검색 공간에서 다음 모델 후보군을 선택합니다. 이들은 이전 모델을 기반으로 평가 지표가 가장 우수할 것으로 예상되는 후보입니다. 이 과정은 미리 설정한 몇 가지 단계에 걸쳐 계속 진행됩니다. 다음 모델 후보군은 이전 후보의 성능에 기반해 선택됩니다. 검색 공간을 소진하지 않는다는 점에서 임의 탐색과 유사하지만, 그보다는 '더 지능적인' 탐색이라는 장점이 있습니다.

사이킷런을 이용한 하이퍼파라미터 튜닝

사이킷런에서는 격자 탐색과 임의 탐색 전략을 모두 쉽게 구현할 수 있습니다. 이 절에서는 격자 탐색 전략을 약간 변형하여 모델에 더 적합한 하이퍼파라미터를 발견합니다. 먼저 몇 가지 신규 변환기를 추가하여, `odometer`와 `year` 열을 버킷화합니다. 그러면 수치형 열이 사라지므로, 수치형 열 목록을 관리하던 리스트는 제거합니다. 또한 `ColumnTransformer`에 새로운 `KBinsDiscretizer` 변환기를 포함합니다.

```
bucket_cond = KBinsDiscretizer(n_bins=10, encode='onehot',
    strategy='uniform')
bucket_odo = KBinsDiscretizer(n_bins=10, encode='onehot',
    strategy='quantile')
bucket_year = KBinsDiscretizer(n_bins=10, encode='onehot',
    strategy='uniform')

categorical_columns = ['make', 'model', 'trim', 'model_trim', 'body',
                       'transmission', 'state', 'color', 'interior',
                       'color_interior']

col_transformer = ColumnTransformer(
  [('ohe', ohe, categorical_columns),
   ('minmax', minmax, numeric_columns),
   ('bucket_cond', bucket_cond, ['condition']),
   ('bucket_odo', bucket_odo, ['odometer']),
   ('bucket_year', bucket_year, ['year'])]
   )
```

odometer, condition, year 열에 대한 버킷 수, 그리고 OneHotEncoder 변환기에서 특정 특징 내 값이 '드물다'고 간주되지 않고 정상적으로 인코딩되도록 하는 최소 빈도(min_frequency)까지 네 가지 하이퍼파라미터를 조정합니다. 사이킷런에서는 각 하이퍼파라미터에 대한 값의 후보 범위를 딕셔너리로 정의해야 합니다. 데이터 변환과 모델을 학습시키는 데 Pipeline을 사용하므로, 문법이 처음에는 약간 낯설어 보일 수 있습니다.

```
grid_params = {'col_transformer__bucket_cond__n_bins': range(8,13),
               'col_transformer__bucket_odo__n_bins': range(8,13),
               'col_transformer__bucket_year__n_bins': range(8,13),
               'col_transformer__ohe__min_frequency': range(1,6)
              }
```

딕셔너리에는 '하이퍼파라미터_이름: 후봇값_범위 형식을 따르는 쌍들이 담겨있습니다. 가령 첫 번째 하이퍼파라미터의 이름은 col_transformer__bucket_cond__n_bins입니다. 이는 col_transformer의 일부인 bucket_cond 변환기의 n_bins 값에 해당합니다. 그리고 해당 하이퍼파라미터의 후봇값 범위는 bucket_cond의 n_bins 매개변수에 대해 가능한 값의 리스트로 정의됩니다. range(8,13)으로 간편하게 [8,9,10,11,12] 리스트를 구합니다. range의 두 번째 파라미터인 엔드포인트 13은 리스트에 포함되지 않는다는 점에 유의하세요. min_frequency 하이퍼파라미터의 후보 범위는 range(1,6)입니다.

이제 후봇값 범위를 정의했으므로, 각 조합으로 정의되는 모델(여기서는 625개의 후보 모델)을 학습시켜야 합니다. 학습시킬 모델 수가 지나치게 많지는 않지만, 모든 모델을 완전히 학습시키는 데는 최소 1시간 정도 소요될 것입니다. 사이킷런은 **축소형(절반) 격자 탐색**halving grid search이라는 격자 탐색 전략의 변형을 제공합니다.

축소형 격자 탐색을 수행하려면 먼저 모든 후보 모델을 학습시키되, 학습 데이터의 일부만으로 학습을 진행합니다. 그리고 이 모델들의 평가 결과를 바탕으로 후보 모델 중 일부만 남깁니다. 이름에서 알 수 있듯이 절반만 남기는 것이 일반적이지만, 더 과감하게 줄일 수도 있습니다. 후보 모델을 제거한 후에는 남은 모델을 더 많은 학습 데이터로 재학습시킵니다. 이 과정을 반복하여 최종적으로 최고의 후보 모델을 선택하게 됩니다.

데이터의 하위 집합에서 잘 작동하더라도, 전체 데이터셋에서는 잘 작동하지 않는 모델은 최종적으로 제거할 수 있습니다. 또한, 데이터셋의 작은 하위 집합에서 성능이 좋지 않은 모델이 실제로는 전체 학습 데이터셋에서 매우 우수한 성능을 보일 수도 있습니다. 다만, 다량의 데이터를 모두 투입하기 전에 해당 후보 모델의 폐기 여부를 결정할 수 있습니다. 일반적으로 격자 탐색 외에 사용하는 모든 방법에는 이러한 위험 요소가 있지만, 축소형 격자 탐색이 임의 탐색보다 최적의 후보 모델을 찾는 데 더 효과적인 경향이 있습니다.

사이킷런에서 축소형 격자 탐색을 사용하는 방법은 단 몇 줄의 코드로 구현할 수 있습니다.

```
from sklearn.experimental import enable_halving_search_cv
from sklearn.model_selection import HalvingGridSearchCV

grid_search = HalvingGridSearchCV(pipeline, grid_params,
                                  cv=3, verbose=1,
                                  scoring='neg_root_mean_squared_error')
```

이 책을 쓰는 시점에서의 축소형 격자 탐색은 실험적인 기능으로 제공되므로, 활성화해 줘야만 합니다. 두 번째 줄은 축소형 격자 탐색을 위해 `HalvingGridSearchCV` 클래스를 불러오며, 세 번째 줄은 축소형 격자 탐색을 수행할 객체를 만듭니다. 첫 번째 파라미터에는 사용하려는 모델이나 파이프라인을 지정하고, 두 번째 파라미터에는 앞서 정의한 `grid_params` 딕셔너리를 지정합니다. 키워드 파라미터인 `cv`는 교차 검증을 수행하는 방법을 지정하는 데 사용합니다. 간단히 말해, `cv`는 각 후보 모델에 대해 학습 데이터셋을 작은 학습 세트와 평가 데이터셋으로 나누어 여러 번 실험하는 횟수를 의미합니다. `cv` 값이 높을수록 평가 지표가 더 정밀해지지만 처리 시간이 더 오래 걸립니다. `verbose` 파라미터는 0~3 사이의 정숫값이 될 수 있으며, 숫자가 클수록 더 많은 정보가 출력됩니다. 마지막으로, 튜닝 과정에서 최적화하려는 평가 지표를 설정해야 합니다. RMSE를 최적화하는 것이 목표이므로 `neg_root_mean_squared_error` 점수를 사용합니다.

> **NOTE** 왜 `scoring` 파라미터로 음의 평균 제곱근 오차negative RMSE를 사용하는지 궁금할 수 있습니다. 통계 모델링에서 모델이 개선될 때 점수 함수는 증가해야 하고, 반대로 손실 함수는 감소해야 합니다. 사이킷런의 하이퍼파라미터 튜닝은 점수 함수를 사용하도록 설정되었습니다. 다행히도 RMSE에 음수를 취해 점수 함수로 사용할 수 있습니다.

이제 하이퍼파라미터를 튜닝할 준비가 되었습니다. `grid_search` 객체를 정의한 코드 뒤에 다음 코드를 추가하고 실행하여 하이퍼파라미터 튜닝을 수행하고, 최적의 후보 모델을 찾습니다.

```
grid_search.fit(X_train, y_train)
print(grid_search.best_params_)
```

추가된 두 번째 줄은 최적의 후보 모델에 대한 하이퍼파라미터를 출력합니다. 하이퍼파라미터 튜닝 과정은 구글 코랩에서 35~40분 정도 소요됩니다. 샘플링 과정의 임의성에 따라 정확한 결과는 다를 수 있지만, 다음과 비슷한 결과를 볼 수 있습니다.

```
{'col_transformer__bucket_cond__n_bins': 11,
 'col_transformer__bucket_odo__n_bins': 12,
 'col_transformer__bucket_year__n_bins': 11,
 'col_transformer__ohe__min_frequency': 1}
```

검증 데이터셋에 대해 가장 좋은 모델의 성능을 확인할 수 있으므로 이전 모델과 성능을 비교할 수 있습니다. 신규 셀에 다음 코드를 실행하여 격자 탐색에서 최적의 모델에 대한 RMSE를 출력합니다.

```
# 검증용 데이터셋을 불러옵니다(이미 불러왔더라도 확인차 다시 불러옵니다).
y_valid = valid_df['sellingprice']
X_valid = valid_df.drop('sellingprice', axis=1)

print('RMSE:', math.sqrt(mean_squared_error(y_valid,
                        grid_search.predict(X_valid))))
```

grid_search에서 predict() 메서드를 호출하면 격자 탐색에서 가장 적합한 모델의 predict() 메서드가 호출됩니다. 가장 좋은 모델의 RMSE는 2,915.02였습니다. 3,300이 넘는 RMSE로 시작했을 때와 비교하면 특징 공학과 하이퍼파라미터 튜닝으로 크게 개선되었죠. 연습 삼아 새로운 특징을 찾을 수 있는지 계속 실험하고 새로운 하이퍼파라미터를 조정하여 모델을 더 개선할 수 있는지 살펴보세요.

마지막으로, 얻을 수 있는 최상의 모델을 확보했다고 판단되면 테스트 데이터셋에서도 모델을 평가해야 합니다. 그러나 이 장에서는 케라스로 새로운 모델 구조도 살펴볼 예정이므로 이 단계는 당분간 보류합니다.

8.3 케라스로 모델 개선하기

이 절에서는 케라스를 사용하여 자동차 경매 판매 가격 문제에 대한 다양한 신경망 모델 구조를 살펴봅니다. 앞서 살펴본 특징 선택 및 특징 공학을 그대로 재사용하지 않고, 사이킷런에서 사용한 변환기와 유사한 케라스 전처리 계층을 소개합니다. 사이킷런 파이프라인의 특징 공학 부분을 케라스로 재현한 다음에는 케라스 튜너[Keras Tuner] 패키지와 앞 절에서 설명한 베이지안 최적화 방법을 사용하여 하이퍼파라미터 튜닝을 수행하는 방법을 배우게 됩니다.

8.3.1 케라스의 전처리 계층

케라스의 전처리 계층을 사용하면 사이킷런에서 파이프라인을 만든 것과 같은 방식으로 데이터 전처리 함수를 모델에 쉽게 포함할 수 있습니다. 7장과 앞 절에서 전처리 로직을 모델 자체에 포함하면 얼마나 편리한지 살펴보았습니다. 앞 절에서는 모델을 저장하지는 않았지만, 7장에서처럼 `joblib` 라이브러리를 활용하면 학습된 파이프라인 전체를 쉽게 저장할 수 있습니다.

앞 절에서 데이터셋에 수행한 변환을 다시 생각해 보겠습니다. 범주형 특징을 원핫 인코딩하고, 수치형 특징을 버킷화하고, 교차 특징을 만들었습니다. 케라스로 모델을 구축하기에 앞서, 필요한 전처리 계층을 먼저 이해하면 좋습니다.

`Discretization` 계층은 사이킷런의 `KBinsDiscretizer` 변환기와 마찬가지로 수치형 특징을 버킷화하는 데 사용합니다. 버킷의 시작과 끝점을 제공하거나, `adapt()` 메서드를 통해 지정된 버킷(구간) 수에 따라 케라스가 알아서 구간을 선택하도록 할 수 있습니다. `adapt()` 메서드를 사용할 때는 사용하려는 데이터셋을 지정해야 합니다. 이 데이터셋의 값 범위는 버킷의 경계를 결정하는 데 사용합니다. 일반적으로 `adapt()` 메서드에는 학습 데이터셋이나 학습 데이터셋을 대표하는 샘플을 사용해야 합니다.

> **NOTE** `adapt()` 메서드의 결과는 선택한 버킷 수에 해당하는 경계점들의 리스트입니다. 가장 왼쪽 경계점은 실제로 한 버킷의 오른쪽 끝점이고, 가장 오른쪽 경계점은 다른 버킷의 왼쪽 끝점입니다.
>
> 예를 들어 버킷 수를 4로 설정하고, 경계 지점으로 `[0.0, 1.0, 2.0]`을 입력받았다면, 실제 버킷은 `(-inf, 0.0)`, `[0.0, 1.0)`, `[1.0, 2.0)`, `[2.0, +inf)`이 됩니다. 즉, 0보다 작은 값은 모두 첫 번째 구간 차원에 속하고 2.0보다 큰 값은 모두 마지막 구간 차원에 속하게 됩니다.

또 다른 전처리 계층으로 StringLookup이 있습니다. StringLookup 계층은 문자열값으로 범주형 열을 인코딩하는 데 사용됩니다. 다양한 방식으로 값을 인코딩할 수 있지만 원핫 인코딩을 사용합니다. 열을 정수로 인코딩한 다음, 그다음 계층에서 원핫 인코딩이나 기타 가능한 변환을 수행하는 방법도 있습니다.

마지막으로, 사이킷런에서 특징을 전처리할 때 특징 교차도 수행했습니다. 사이킷런에서는 각 특징의 값에 해당하는 문자열을 연결한 다음, 연결한 값을 원핫 인코딩하는 다소 수작업적인 과정이었죠. 케라스에는 HashedCrossing이라고 하는 특징 교차를 처리하는 전처리 계층이 존재합니다. HashedCrossing 계층은 두 범주형 특징을 가져와서 교차 특징을 생성합니다.

더욱 다양한 전처리 계층은 텐서플로 공식 사이트의 '전처리 레이어 처리' 가이드[5]를 참조하세요.

8.3.2 모델을 위한 데이터셋과 전처리 계층 만들기

이제 전처리 파이프라인을 케라스로 재구성하여 새로운 모델 구조를 탐색합니다.

구글 코랩에서 신규 노트북을 열고 이름을 keras_model.ipynb로 지정합니다. 진행하며 막히는 부분이 있다면, chapter8 디렉터리[6]의 keras_model.ipynb에 수록된 내용을 참조하기 바랍니다.

먼저, 이전에 사이킷런을 사용했을 때와 마찬가지로 학습 및 검증 데이터셋을 데이터프레임으로 가져옵니다. 또한 데이터셋을 특징 및 레이블로 구성된 두 데이터프레임으로 분할합니다.

```
import pandas as pd

!wget -q https://storage.googleapis.com/low-code-ai-book/car_prices_train.csv
!wget -q https://storage.googleapis.com/low-code-ai-book/car_prices_valid.csv
!wget -q https://storage.googleapis.com/low-code-ai-book/car_prices_test.csv

train_df = pd.read_csv('./car_prices_train.csv')
y_train = train_df['sellingprice']
X_train = train_df.drop('sellingprice', axis=1)
```

5 *https://oreil.ly/K6TLx*

6 *https://github.com/books-by-chansung/low-code-ai/tree/main/chapter8*

```
valid_df = pd.read_csv('./car_prices_valid.csv')
y_valid = valid_df['sellingprice']
X_valid = valid_df.drop('sellingprice', axis=1)
```

케라스에서 입력 특징을 준비할 때 서로 다른 특징에 서로 다른 전처리 계층을 적용하려면, 7장에서 사용한 순서형 API는 사용할 수 없습니다. 그 대신 함수형 API라는 대안을 사용할 수 있는데, 이는 순서형 API와 매우 비슷하지만 약간 다른 문법을 사용합니다. 함수형 API를 사용하려면 각 입력 특징을 수용하는 Input을 먼저 만들어야 합니다. 아래 코드를 신규 셀에 복사해서 실행하세요.

```
Import tensorflow as tf
from tensorflow.keras.layers import (StringLookup, HashedCrossing,
                     Discretization, Concatenate)

cat_cols = ['make', 'model', 'trim', 'body', 'transmission', 'state',
            'color', 'interior']
num_cols = ['odometer', 'year', 'condition']

inputs = {}

for col in cat_cols:
  inputs[col] = tf.keras.Input(shape=(1,), name=col,
                               dtype = tf.string)

for col in num_cols:
  inputs[col] = tf.keras.Input(shape=(1,), name=col, dtype = tf.int64)
```

다음 단계로 진행하기 전에 이 코드를 잠시 분석해 봅시다. 먼저, 나중 단계에서 사용할 전처리 계층들을 가져옵니다. 그 후, 열 목록을 수치형과 범주형으로 나누는데, 이는 사이킷런으로 했던 것과 동일합니다. 그다음에는 Input 계층을 위한 빈 딕셔너리를 만듭니다. 그리고 각 특징에 대한 Input 계층을 만듭니다. for col in cat_cols 문은 cat_cols 목록의 각 열에 대해 해당 코드를 실행한다는 의미입니다. tf.keras.Input은 Input 계층으로, 첫 번째 파라미터인 shape이 (1,)으로 설정되었다는 것은 Input 계층이 단일값으로 구성된 특징을 수용한다는 의미입니다. 각 Input의 이름은 cat_cols의 해당 열 이름으로 설정됩니다. 마지막으로, 데이터 유형(dtype)을 tf.string으로 설정하는데, 이는 텐서플로에서 문자열 데이터 유형을 구현한 것입니다. 수치형 열의 경우 개념은 동일하지만, 데이터 유형이 텐서플로의 64비트 정수를 구현한 tf.int64로 설정됩니다.

이제 Input 계층이 생성되었으므로 전처리 계층을 만들 준비가 되었습니다. 먼저 다음 코드로 각 범주형 열을 원핫 인코딩합니다.

```
preproc_layers = {}
for col in cat_cols:
  layer = StringLookup(output_mode='one_hot')
  layer.adapt(X_train[col])
  preproc_layers[col] = layer(inputs[col])
```

먼저 전처리에 사용할 계층을 저장할 빈 딕셔너리를 만듭니다. 그다음으로는 모든 범주형 열에 대해 StringLookup 계층을 만든 다음, output_mode를 'one_hot'으로 설정하여 출력이 원핫 인코딩되도록 합니다. 그리고 학습 데이터셋의 해당 열에 대해 adapt() 메서드를 사용하여 원핫 인코딩을 위한 딕셔너리를 학습합니다. 모델에서 데이터를 변환할 때 알 수 없는 값이 나타나면 알 수 없는 값('[UNK]')이 할당되는데, 알 수 없는 값이 처리되는 방식을 설정할 수 있습니다. 마지막으로, 학습 및 예측 시 열에 대한 입력을 지정하고 이를 preproc_layers라는 딕셔너리에 저장합니다.

다음으로는 수치형 열을 버킷화하는 Discretization 계층을 살펴봅니다. 다음 코드를 사용하여 Discretization 전처리 계층을 생성합니다.

```
for col in num_cols:
  layer = Discretization(num_bins=10,
                         output_mode='one_hot')
  layer.adapt(X_train[col])
  preproc_layers[col] = layer(inputs[col])
```

이전과 비슷하게 각 수치형 열에 대해 Discretization 계층을 만듭니다. 각 계층은 (현재로서는) 데이터를 10개의 버킷으로 분할한 다음, 각 데이터가 속할 버킷을 찾아 원핫 인코딩합니다. 마지막으로 adapt() 메서드를 사용하여 개별 열에 버킷화를 적용합니다.

마지막으로 사이킷런에서 수행한 특징 공학은 특징 교차였습니다. 다음 코드를 사용하여 HashedCrossing 계층을 사용하여 해당 기능을 재현합니다.

```
model_trim=tf.keras.layers.HashedCrossing(num_bins=1000, output_mode='one_hot')(
    (inputs['model'], inputs['trim']))
color_int=tf.keras.layers.HashedCrossing(num_bins=400, output_mode='one_hot')(
    (inputs['color'], inputs['interior']))

preproc_layers['model_trim'] = model_trim
preproc_layers['color_int'] = color_int
```

HashedCrossing은 사이킷런에서 수행한 특징 교차를 수행한 것과는 약간 다릅니다. **해싱**hashing 함수는 문자열을 입력받아 정수를 반환하는 특수 함수입니다. 결정적으로 작동하여 같은 문자열을 넣으면 항상 같은 정수를 출력하지만, 각기 다른 문자열의 결과들은 일정한 패턴을 찾기 어려울 정도로 불규칙하게 분포됩니다. HashedCrossing은 해싱 함수의 출력을 사용해 해당 요소를 배치할 버킷을 선택하는 데 사용합니다. model_trim에는 1,000개, color_interior에는 400개의 버킷이 있습니다.

이 버킷 수는 어떻게 정했을까요? 데이터셋에 나타난 값에서 가능한 모델 및 트림 조합은 백만 가지가 넘습니다. 마찬가지로 약 300가지의 color와 interior 값 조합이 가능합니다. 값의 분포는 사실상 무작위이므로 여러 값이 같은 버킷에 포함될 수 있습니다. 버킷 수를 과대 추정하면 이러한 시나리오가 발생할 가능성을 낮추는 데 도움이 됩니다. 그러나 여기에는 하나의 트레이드오프가 있습니다. 각 버킷은 모델 내에서 하나의 특징에 해당하며, 이는 첫 번째 은닉 계층에 있는 뉴런 수에 따라 여러 가중치에 대응됩니다. 이러한 트레이드오프 때문에 model_trim에 백만 개 이상의 버킷을 포함하기보다는 1,000개의 버킷을 선택한 것입니다. 또한, 이 트레이드오프는 버킷 개수를 하이퍼파라미터 튜닝의 훌륭한 후보로 만듭니다.

8.3.3 신경망 모델 구축

전처리 계층을 만들었으니, 이제 모든 것을 조합할 차례입니다. 가장 먼저 할 일은 모든 전처리 계층을 하나로 연결하여 신경망에 입력하는 것입니다. 이 작업은 다음 코드로 수행할 수 있습니다.

```
prepared_layer = Concatenate()(preproc_layers.values())
prepared_layer = tf.reshape(prepared_layer, [-1,3903])
```

Concatenate 계층을 만든 다음, Input 계층 리스트를 입력합니다. 딕셔너리에 모든 전처리 계층을 담아뒀으니, 딕셔너리에서 계층을 추출하기만 하면 됩니다. prepared_layer는 길이가 3903인 텐서이며, 원핫 인코딩 및 버킷화된 특징에 대해 가능한 모든 특징값을 고려합니다. 두 번째 줄은 prepared_layer를 다음 계층의 함수형 API가 예상하는 랭크 2 텐서로 재구성합니다.

모든 입력을 단일 계층으로 엮었으므로, 모델을 구축하는 나머지 과정은 7장의 설명과 거의 동일합니다. 케라스의 함수형 API와 약간 차이가 있지만, 코드를 보면 쉽게 이해할 수 있을 것입니다.

```
hid_1 = tf.keras.layers.Dense(16, activation='relu')(prepared_layer)
hid_2 = tf.keras.layers.Dense(16, activation='relu')(hid_1)
output = tf.keras.layers.Dense(1)(hid_2)

model = tf.keras.Model(inputs=inputs, outputs=output)
```

첫 번째 줄은 16개의 뉴런이 있고 ReLU가 활성화 함수인 밀집 계층인 hid_1이라는 신규 계층을 생성합니다. 함수형 API에서는 마치 함수를 사용할 때처럼 각 계층에 입력을 제공해야 합니다. 여기서는 이전 계층(prepared_layer)이 입력됩니다. 다음으로 첫 번째 은닉 계층과 동일한 파라미터를 사용하지만 입력 계층(input)으로 hid_1을 사용하는 두 번째 계층(hid_2)을 정의합니다. 마지막으로 출력 계층(output)을 단일 출력 뉴런과 활성화 함수가 없는 밀집 계층으로 정의합니다. 회귀 모델의 출력은 하나의 숫자, 즉 예측값이어야 합니다.

이제 Model 객체를 만듭니다. tf.keras.Model을 사용해 모델의 입력(inputs)과 출력(output)을 지정하면 됩니다. 여기서부터는 7장의 설명과 거의 동일하지만, 몇 가지 차이가 있습니다. 다음 코드로 모델을 컴파일하고 학습시킵니다.

```
model.compile(optimizer='adam', loss='mse')

train_ds = tf.data.Dataset.from_tensor_slices(
    (dict(X_train), y_train)).batch(100)
valid_ds = tf.data.Dataset.from_tensor_slices(
    (dict(X_valid), y_valid)).batch(1000)

history = model.fit(
```

```
    x=train_ds,
    epochs=25,
    verbose=1,
    validation_data=valid_ds
)
```

먼저 최적화 도구를 adam으로 설정하고 손실 함수를 mse로 설정하여 모델을 컴파일합니다. 그리고 학습 및 검증 데이터프레임으로 각각의 tf.Datasets 객체를 생성합니다. 학습용은 100, 검증용은 1000으로 배치 크기를 설정합니다. 모델을 학습시키려면 이전처럼 fit() 메서드를 사용합니다.

모델 성능은 신경망을 초기화하고 학습시키는 데 연관된 임의성에 따라 약간 다를 수 있지만, 학습이 완료된 모델은 약 10,719,103 수준의 MSE 값을 달성함을 알 수 있습니다. 이를 RMSE로 변환하면 약 3,274가 됩니다. 성능은 하이퍼파라미터를 튜닝하기 이전의 사이킷런 모델과 유사합니다. 신경망 초기화 방법에 연관된 임의성에 따라 MSE가 다를 수 있다는 점에 유의하세요. 하지만 신경망 구조를 임의로 선택했으므로 개선의 여지는 여전히 있습니다.

8.3.4 케라스에서 하이퍼파라미터 튜닝하기

케라스로 작동하는 모델을 만들었으니, 이제 이를 개선하는 노력을 기울여야 할 때입니다. 케라스 튜너 패키지를 사용하면 쉽게 하이퍼파라미터 튜닝을 수행할 수 있습니다.

구글 코랩은 케라스 튜너 패키지를 기본적으로 포함하지는 않지만, 쉽게 설치할 수 있습니다. pip는 파이썬에서 패키지를 설치하고 관리하는 패키지 관리 도구입니다. pip install 명령을 사용하면 파이썬 패키지 인덱스나 PyPI에서 패키지를 다운로드하여 설치할 수 있습니다. 신규 셀에서 다음 명령을 실행하여 KerasTuer 패키지를 설치합니다.

```
!pip install -q keras-tuner
```

pip는 명령줄 도구이므로 !를 사용해 bash 명령으로 실행해야 합니다. -q 플래그는 노트북에 출력되는 내용을 억제하는 역할을 합니다. 케라스 튜너를 설치했으므로 이제 모델 코드를 변경하여 하이퍼파라미터를 튜닝할 준비가 되었습니다.

케라스 튜너를 사용할 때는 하이퍼파라미터를 입력받아 컴파일된 모델을 반환하는 build_model이라는 이름의 함수를 만들어야 합니다. 모든 후보 모델에 대해 이 함수는 다른 하이퍼파라미터 조합으로 실행되어 모델을 생성합니다. 앞서 살펴본 대로 모든 전처리 계층에 대해 adapt() 메서드를 수행하는 데는 수 분이 소요되므로, build_model 함수 밖에 해당 코드를 두는 것이 이상적입니다. 다음 코드로 케라스 튜너를 위한 build_model 함수를 정의합니다.

```
import keras_tuner as kt
from functools import partial

def _build_model_fn(hp, prepared_layer):

  units_1 = hp.Int('units_1', min_value=8, max_value=64, step=4)
  units_2 = hp.Int('units_2', min_value=4, max_value=64, step=4)
  units_3 = hp.Int('units_3', min_value=4, max_value=32, step=2)

  hid_1 = tf.keras.layers.Dense(units_1,
                              activation='relu')(prepared_layer)
  hid_2 = tf.keras.layers.Dense(units_2, activation='relu')(hid_1)
  hid_3 = tf.keras.layers.Dense(units_3, activation='relu')(hid_2)
  output = tf.keras.layers.Dense(1, activation='linear')(hid_3)

  model = tf.keras.Model(inputs=inputs, outputs=output)

  model.compile(optimizer='adam', loss='mse')

  return model

build_model = partial(_build_model_fn, prepared_layer=prepared_layer)
```

먼저 keras_tuner 패키지와 partial 함수를 가져옵니다. 이 둘은 나중에 사용합니다. 다음으로 '중간' 함수인 _build_model_fn을 정의합니다. 함수 이름 앞의 밑줄은 직접 사용하지 않는 함수라는 의미로, 파이썬에서 흔히 사용하는 관행입니다. 이 함수는 hp와 prepared_layer라는 두 파라미터를 입력받습니다. hp 파라미터는 케라스 튜너가 제공하고 prepared_layer 파라미터는 앞서 생성한 것과 같은 이름의 계층에 해당합니다.

units_1 = hp.Int('units_1', min_value=8, max_value=64, step=4)는 케라스 튜너로 하이퍼파라미터를 정의하는 방법을 보여줍니다. hp.Int는 정숫값 하이퍼파라미터를, hp.Float

는 부동 소수점값 하이퍼파라미터를, hp.Boolean은 불리언값 하이퍼파라미터를 정의합니다. hp.Choice로 하이퍼파라미터값의 범위를 지정할 수도 있습니다. 자세한 내용은 케라스 튜너의 공식 문서[7]를 참조하기 바랍니다.

정수 하이퍼파라미터는 최솟값, 최댓값, 단계 크기로 설정합니다. 따라서 이 경우 가능한 값은 8, 12, 16, 20, ..., 64가 됩니다. 앞 코드에서는 units_1, units_2, units_3이라는 세 개의 하이퍼파라미터를 생성했습니다. 다음으로 모델에 대한 세 개의 은닉 계층을 정의합니다. 다만, 각 은닉 계층을 구성하는 뉴런 수는 hp.Int 객체로 대체합니다. 이를 제외하면 모델을 구축하고 컴파일할 때 사용한 코드와 매우 유사합니다. _build_model_fn 함수는 컴파일된 모델을 반환합니다.

build_model 함수를 케라스 튜너와 함께 사용하려면, 파라미터로 hp만 입력받으면 됩니다. 여기서 partial 함수를 활용합니다. partial 함수는 이미 존재하는 함수로부터 일부 파라미터값을 고정한 파생 함수를 만드는 방법을 제공합니다. 즉, partial(_build_model_fn, prepared_layer=prepared_layer)는 _build_model_fn 함수를 가져와서 prepared_layer 파라미터로 항상 prepared_layer 계층이 입력된 파생 함수를 생성합니다.

build_model 함수를 생성했으니, 이제 하이퍼파라미터 튜닝 과정을 관리할 튜너를 생성합니다. 다음 코드로 tuner 객체를 생성하고 하이퍼파라미터 탐색을 수행합니다.

```
tuner = kt.BayesianOptimization(
    build_model,
    objective=kt.Objective("val_loss", direction="min"),
    max_trials=20)

tuner.search(
    x=train_ds,
    epochs=5,
    verbose=1,
    validation_data=valid_ds)
```

tuner는 케라스 튜너가 제공하는 Tuner의 여러 방법 중 베이지안 최적화를 사용하여 하이퍼파라미터를 최적화하는 객체입니다. 튜닝 과정의 목표는 Objective를 생성하여 정의할 수 있습

7 *https://oreil.ly/ZnCKe*

니다. 여기서는 검증 데이터셋에 대한 손실(MSE)을 최소화하는 것이 목표이므로, `val_loss`를 목표로 설정하고 `direction`을 `min`으로 설정하여 `val_loss`가 최소화되도록 지정합니다. 또한 학습시킬 최대 후보 모델 수도 설정할 수 있습니다.

`tuner`의 `search()` 메서드를 실행하면 튜닝 과정이 시작됩니다. 학습 데이터셋, 후보 모델들이 학습될 에포크 횟수, 로그 출력의 상세 수준(0~3까지 원하는 세부 수준), 검증 데이터셋으로 사용할 데이터셋을 지정합니다. 여기서는 많은 모델을 학습시키므로 에포크 수를 상당히 적게 설정하였습니다. 종종 몇 번의 학습만으로 어떤 모델이 더 나은 성능을 발휘할지 파악할 수 있습니다. 출력과 결과는 [그림 8-4]와 비슷해야 합니다.

```
[12]
tuner = kt.BayesianOptimization(
    build_model,
    objective=kt.Objective("val_loss", direction="min"),
    max_trials=20)

tuner.search(
    x=train_ds,
    epochs=5,
    verbose=1,
    validation_data=valid_ds)

Trial 20 Complete [00h 03m 04s]
val_loss: 6105608.5
```

그림 8-4 케라스 튜너로 수행한 하이퍼파라미터 튜닝의 출력 예시

정확한 결과는 튜닝 과정에 연관된 임의성에 따라 달라지지만, 가장 좋은 모델의 결과(`val_loss`)는 약 6,000,000에 근접할 것입니다. 이는 2,470의 RMSE에 해당합니다. 이는 불과 다섯 번의 에포크 만에 이전 모델보다 개선된 결과입니다. 이제 이 최적의 후보 모델을 좀 더 오래 학습시켜서 더 나은 결과를 얻을 수 있는지 확인합니다. 그러려면 최상의 하이퍼파라미터 조합을 파악할 수 있어야 합니다. 신규 셀에 다음 코드를 실행하여 최상의 후보 모델에 대한 하이퍼파라미터에 접근합니다.

```
best_hps=tuner.get_best_hyperparameters(num_trials=1)[0]
print('units_1:', best_hps.get('units_1'))
print('units_2:', best_hps.get('units_2'))
print('units_3:', best_hps.get('units_3'))
```

다시 말하지만, 발견된 하이퍼파라미터 조합은 임의성 때문에 실행마다 달라질 수 있습니다. 필자가 실행한 결과로 얻은 units_1, units_2, units_3의 최적값은 각각 52, 64, 32입니다.

케라스 튜너는 작업을 쉽게 만들어 주는 tuner.hypermodel.build() 메서드를 제공합니다. 해당 메서드에 발견된 최적 하이퍼파라미터값 조합을 입력하여, 가장 좋은 것으로 발견된 모델을 다시 생성합니다. 그리고 다음 코드로 조기 종료 콜백을 생성하고 val_loss 개선이 중단될 때까지 모델을 길게 학습시킵니다.

```
best_model = tuner.hypermodel.build(best_hps)

early_stopping = tf.keras.callbacks.EarlyStopping(monitor='val_loss',
                          patience=5)

history = best_model.fit(
    x=train_ds,
    epochs=1000,
    verbose=1,
    callbacks = [early_stopping],
    validation_data=valid_ds
)
```

모델을 학습시킨 후 검증 데이터셋에 대한 RMSE는 2,000 미만으로 훨씬 더 감소했습니다. 드디어 초기 목표에 부합하는 모델이 생겼습니다! 연습 삼아 HashedCrossing 계층의 버킷 수와 같은 다른 하이퍼파라미터를 튜닝하는 코드를 구현해 보세요.

하지만 검증 데이터셋에 대한 성능을 기준으로 모델을 선택했으므로, 해당 데이터셋에 편향된 모델을 얻은 것일 수 있습니다. 테스트 데이터셋은 바로 이 순간에 필요합니다. 테스트 데이터셋은 모델 학습 과정 중 어떤 시점에도 사용하지 않았으므로, 실제 데이터에 가장 가깝기니 모델이 상용 환경에서 접할 수 있는 데이터에 가장 가깝습니다.

최종 모델을 선택했으므로 테스트 데이터셋으로 성능을 최종 검증합니다.

```
test_df = pd.read_csv('./car_prices_test.csv')
y_test = test_df['sellingprice']
X_test = test_df.drop('sellingprice', axis=1)
test_ds = tf.data.Dataset.from_tensor_slices(
                        (dict(X_test), y_test)).batch(1000)
```

```
best_model.evaluate(test_ds)
```

테스트 데이터셋에 대한 모델의 성능은 어땠나요? 성능이 비슷하다면 모델을 배포할 준비가 완료된 것입니다. 그렇지 않으면 데이터셋을 다시 결합하고, 새로운 학습-검증-테스트 데이터 분할을 수행한 후, 전체 과정을 처음부터 다시 시작해야 할 수 있습니다. 이 과정에서 학습, 검증, 테스트 데이터셋의 분포가 유사한지 확인해야 합니다. 실제로 테스트 데이터셋으로 모델을 평가할 때, 이 세 개의 분포가 서로 다른 것이 성능을 크게 떨어뜨리는 흔한 이유입니다.

처음부터 다시 시작해야 하는 것은 실망스러울 수 있지만, 테스트 데이터셋을 통해 의사 결정을 내리는 과정에서 모델의 독립성이 손상된다면, 지속적으로 개선해서 성능을 높이는 것이 최선의 방법입니다.

8.4 빅쿼리 ML에서 하이퍼파라미터 튜닝하기

이 절에서는 사이킷런과 케라스에서 만든 모델을 빅쿼리 ML에서 다시 살펴봅니다. 이전에 사용한 자동차 경매 가격 데이터셋을 빅쿼리로 불러오고, 빅쿼리 ML로 특징 공학을 수행하고, 신경망 모델을 학습시킵니다. 마지막으로, 빅쿼리 ML에서 하이퍼파라미터를 조정하는 방법을 배웁니다.

이 장에서는 빅쿼리 및 빅쿼리 ML의 기본 개념을 재검토하지는 않으므로, 기억이 나지 않는다면 6장을 참조해야 할 수 있습니다.

8.4.1 자동차 경매 데이터 불러오고 변환하기

먼저 구글 클라우드의 콘솔[8]로 이동하여 사이드 메뉴나 검색창을 통해 빅쿼리로 이동합니다. 탐색기의 프로젝트 ID 오른쪽에 있는 점 3개로 표시된 '작업 보기' 버튼을 클릭합니다. 그리고 '데이터셋 만들기'를 클릭합니다(그림 8-5).

8 http://console.cloud.google.com

그림 8-5 빅쿼리 UI의 '작업 보기' 버튼과 '데이터셋 만들기' 작업의 위치

미국 지역에 `car_sales_prices`라는 이름의 신규 데이터셋을 만듭니다. 데이터셋이 만들어지면 데이터셋 옆에 있는 '작업 보기' 버튼을 사용하여 빅쿼리 테이블을 만들 수 있습니다. 데이터셋을 선택하고 '작업 보기'를 클릭한 다음 '테이블 만들기'을 선택합니다. [표 8-3]의 정보로 세 개의 테이블을 만듭니다. 'GCS 버킷에서 파일을 선택하거나 URI 패턴을 사용'과 '테이블' 필드에서 `<dataset>` 부분을 세 개의 다른 데이터셋인 `train`, `valid`, `test`로 각각 교체해야 한다는 점을 유의하세요.

표 8-3 생성할 세 테이블의 옵션

필드	값
테이블을 만들 소스	Google Cloud Storage
GCS 버킷에서 파일을 선택하거나 URI 패턴을 사용	`low-code-ai-book/car_prices_<dataset>.csv`
파일 형식	CSV
테이블	`car_prices_<dataset>`
스키마	자동 감지

모델 구축을 시작하기 전에 사이킷런과 케라스에서 수행한 변환을 빅쿼리 ML에서 재현해야 합니다. 먼저 범주형 열에 원핫 인코딩을 수행했다는 점을 기억하세요. 빅쿼리 ML에서는 모든 문자열값 열이 자동으로 원핫 인코딩되므로, 이에 관한 별도의 작업은 필요 없습니다.

버킷화한 수치형 열은 어떻게 해야 할까요? 빅쿼리 ML은 수치형 특징을 버킷화하는 두 가지 함수를 제공합니다. 첫 번째는 ML.BUCKETIZE 함수로, 두 개의 파라미터를 입력받습니다. 그중 첫 번째는 버킷화하려는 열이고, 두 번째는 버킷(구간) 목록에 대한 것입니다. 어떻게 구간을 나눌지 미리 알아야 한다는 점에 유의하세요.

ML.QUANTILE_BUCKETIZE 함수도 있습니다. 이 함수도 두 개의 파라미터를 입력받습니다. 첫 번째 파라미터는 버킷화하려는 열이고, 두 번째는 데이터를 분할할 때 사용할 버킷의 개수에 해당합니다. ML.QUANTILE_BUCKETIZE는 지정한 버킷 수에 따라 데이터를 사분위수quantile 기반의 버킷으로 분할합니다. 가령 네 개의 버킷을 지정하면, 첫 번째 사분위수(데이터의 25%)는 첫 번째 버킷에, 두 번째 사분위수는 두 번째 버킷에 배치되는 식입니다. 이 함수의 실제 출력은 버킷 n에 배치된 데이터에서 bin_n 형식이 되며, 빅쿼리 ML은 다른 문자열 열과 마찬가지로 이 열을 원핫 인코딩합니다.

마지막으로 수행한 변환은 특징 교차입니다. 빅쿼리 ML은 특징 교차를 위해 ML.FEATURE_CROSS 함수를 제공합니다. 이 함수는 STRUCT 특징 열을 입력받아, 해당 열의 교차 특징을 반환합니다. 한 쌍의 열만 제공하면 해당 두 열의 교차 특징을 반환합니다. 세 개의 열을 제공하면 가능한 각 쌍에 하나씩, 총 세 개의 교차 특징을 반환합니다.

ML.FEATURE_CROSS 구문은 처음에는 약간 이상하게 보일 수 있습니다.

```
ML.FEATURE_CROSS(STRUCT(column1,column2))
```

STRUCT 키워드는 서로 다른 유형일 수 있는 열의 정렬된 목록인 STRUCT를 생성하는 데 필요합니다. 이 키워드가 없으면 이 코드 줄에서 오류가 발생합니다.

이제 데이터를 전처리할 준비가 되었습니다. 빅쿼리 콘솔에서 다음 SQL 쿼리를 작성하고 실행하여 변환을 수행합니다.

```
SELECT
  * EXCEPT (int64_field_0, mmr, odometer, year, condition),
  ML.QUANTILE_BUCKETIZE(odometer, 10) OVER() AS odo_bucket,
  ML.QUANTILE_BUCKETIZE(year, 10) OVER() AS year_bucket,
  ML.QUANTILE_BUCKETIZE(condition, 10) OVER() AS cond_bucket,
  ML.FEATURE_CROSS(STRUCT(make,model)) AS make_model,
  ML.FEATURE_CROSS(STRUCT(color,interior)) AS color_interior
```

```
FROM
  `car_sales_prices.car_prices_train`
LIMIT 10
```

SELECT * EXCEPT(...) 문은 나열된 열을 제외한 테이블의 모든 열을 반환합니다. 여기서 int64_field_0은 이전에 본 Unnamed: 0 열의 이름입니다. 또한 학습에 사용할 수 없는 mmr 열은 제외합니다. 마지막으로 odometer, year, condition에 대한 수치형값은 이전에 버킷화했으므로 결과에 포함하지 않을 것입니다.

다음으로 ML.QUANTILE_BUCKETIZE와 10개의 버킷을 사용하여 odometer, year, condition 열을 버킷화합니다. 마지막에 OVER() 절을 사용하면 데이터를 여러 집합으로 분할한 다음에 사분위수로 버킷화할 수 있습니다. 여기서는 추가 분할 없이 간단하게 버킷을 백분위수로 분할합니다.

마지막으로 ML.FEATURE_CROSS를 사용하여 교차 특징을 구현합니다. 이 예제에는 LIMIT 10 문이 있으므로 처음 몇 행의 데이터만 확인할 수 있습니다. 출력 결과의 예시는 [표 8-4]에 있습니다.

표 8-4 ML.QUANTILE_BUCKETIZE와 ML.FEATURE_CROSS 변환을 적용하는 쿼리의 출력

odo_bucket	year_bucket	cond_bucket	make_model	color_interior
bin_10	bin_1	bin_1	Nissan_300ZX	red_red
bin_7	bin_1	bin_1	Chevrolet_Corvette	red_-
bin_10	bin_1	bin_2	Lexus_LS 400	silver_silver
bin_10	bin_1	bin_4	Jeep_Cherokee	white_gray
bin_9	bin_1	bin_2	Mazda_MX-5 Miata	red_blue
bin_10	bin_1	bin_2	Honda_Accord	blue_-

버킷화된 열의 출력은 예상대로 bin_n입니다. 또한 교차 특징 열의 출력은 value1_value2 형식을 따릅니다. 이러한 연결된 값은 이 장의 앞부분에서 사이킷런으로 수행한 것과 매우 유사한 접근법을 사용해 빅쿼리 ML로 원핫 인코딩됩니다.

8.4.2 선형 회귀 모델 학습시키기 및 TRANSFORM 절 사용하기

이제 데이터 전처리용으로 작성한 이전의 쿼리를 사용하여 선형 회귀 모델을 학습시킬 준비가 되었습니다. 해당 쿼리로 데이터를 변환하고 결과를 저장한 후, 새로운 테이블을 사용하여 모델을 학습시키면 모든 것이 문제없이 작동합니다. 그러나 예측 시에도 동일한 변환을 수행해야 한다는 점에 유의해야 합니다. 특히 원핫 인코딩이 어떻게 이루어졌는지 정확히 알지 못하거나 버킷화에 사용할 버킷 경곗값이 없다면, 이 과정은 매우 까다로워집니다.

빅쿼리 ML은 TRANSFORM 절을 제공하여 이러한 변환을 모델에 포함하도록 해줍니다. CREATE MODEL 문의 전체 구조는 다음과 같습니다.

```
CREATE OR REPLACE MODEL `dataset.model_name`
TRANSFORM (<transformation_sql>)
OPTIONS (<model_options>)
AS SELECT …
```

<transformation_sql>은 이전 쿼리에서 사용하려는 열과 해당 열에 대한 변환을 지정한 SELECT 부분을 의미합니다. 다음 SQL 문을 작성하고 실행하여 TRANSFORM 절을 사용해 변환을 적용한 선형 회귀 모델을 학습시킵니다.

```
CREATE OR REPLACE MODEL
  `car_sales_prices.linear_car_model`
  TRANSFORM (
    * EXCEPT (int64_field_0, mmr, odometer, year, condition),
    ML.QUANTILE_BUCKETIZE(odometer, 10) OVER() AS odo_bucket,
    ML.QUANTILE_BUCKETIZE(year, 10) OVER() AS year_bucket,
    ML.QUANTILE_BUCKETIZE(condition, 10) OVER() AS cond_bucket,
    ML.FEATURE_CROSS(STRUCT(make,model)) AS make_model,
    ML.FEATURE_CROSS(STRUCT(color,interior)) AS color_interior)
  OPTIONS (
    model_type='linear_reg',
    input_label_cols=['sellingprice'],
    data_split_method='NO_SPLIT') AS
SELECT
  *
FROM
  `car_sales_prices.car_prices_train`;
```

이 쿼리는 몇 가지 변경 사항을 제외하고는 6장에서 다룬 내용과 비슷합니다. 첫째, 모델에 변환 로직을 포함하는 데 TRANSFORM 절을 사용했습니다. ML.PREDICT를 사용해 예측을 제공하면 TRANSFORM 절이 입력 테이블에 대해 실행된 후, 모델에 전달됩니다. 즉, 버킷의 구성 정보와 같은 것들이 모델 자체에 포함된다는 뜻입니다. 사이킷런과 케라스에서는 이 과정을 관리하기 위해 각각 파이프라인과 전처리 계층을 사용했습니다.

또 한 가지 눈에 띄는 점은 data_split_method 옵션을 사용해 학습 및 검증 데이터셋을 분할하는 방법을 지정한다는 것입니다. 별도의 검증 데이터셋이 있으므로 NO_SPLIT 값을 지정하여 학습 데이터셋 전체를 학습에만 사용하도록 합니다. 다음 SQL 문은 검증 데이터셋으로 학습된 모델을 평가하는 방법을 보여줍니다.

```
SELECT SQRT(mean_squared_error)
FROM ML.EVALUATE(MODEL `car_sales_prices.linear_car_model`,
    (SELECT * FROM `car_sales_prices.car_prices_valid`))
```

이전 평가에 RMSE를 사용했으므로, 일관성 있게 여기에서도 같은 것을 사용합니다. 여기서 RMSE는 상당히 높을 수 있으며, 8,000이 넘을 수도 있습니다. 다음 쿼리를 실행하여 학습 데이터셋에 대한 RMSE도 확인할 수 있습니다.

```
SELECT SQRT(mean_squared_error)
FROM ML.EVALUATE(MODEL `car_sales_prices.linear_car_model`,
    (SELECT * FROM `car_sales_prices.car_prices_train`))
```

학습 데이터셋의 RMSE는 이전에 사이킷런 학습 모델에서 예상했던 3,000에 가까워질 것입니다. 이는 과대적합의 전형적인 예입니다. 이런 일은 왜 발생할까요? 특정 교차는 매우 많은 수의 가능한 값을 포함할 수 있으므로, 매우 많은 수의 특징을 생성해 냅니다. 다음 쿼리를 사용해 교차 특징으로 생성되는 특징 수를 계산할 수 있습니다.

```
SELECT
    COUNT(ML.FEATURE_CROSS(STRUCT(color,interior))) +
    COUNT(ML.FEATURE_CROSS(STRUCT(make,model)))
FROM
    `car_sales_prices.car_prices_train`
```

교차 특징을 거쳐 770,000개의 서로 다른 특징값이 존재할 수 있음을 확인할 수 있습니다. 데이터 수보다 특징이 지나치게 많으면 과대적합이 매우 쉽게 발생합니다. 다음 절에서는 정규화 기법을 사용해 많은 수의 특징으로 유발되는 과대적합 문제를 해결하는 방법을 알아봅니다.

마지막으로 6장에서와 같은 방법으로 모델을 사용하여 예측을 수행합니다.

```
SELECT *
FROM ML.PREDICT(MODEL `car_sales_prices.linear_car_model`,
    (SELECT * FROM `car_sales_prices.car_prices_valid`))
```

다음 SQL 문에서 볼 수 있듯이, 옵션을 변경하기만 해도 매우 유사한 방식으로 심층 신경망 회귀 모델을 학습시킬 수 있습니다.

```
CREATE OR REPLACE MODEL
  `car_sales_prices.dnn_car_model`
  TRANSFORM (
    * EXCEPT (int64_field_0, mmr, odometer, year, condition),
    ML.QUANTILE_BUCKETIZE(odometer, 10) OVER() AS odo_bucket,
    ML.QUANTILE_BUCKETIZE(year, 10) OVER() AS year_bucket,
    ML.QUANTILE_BUCKETIZE(condition, 10) OVER() AS cond_bucket,
    ML.FEATURE_CROSS(STRUCT(make,model)) AS make_model,
    ML.FEATURE_CROSS(STRUCT(color,interior)) AS color_interior)
  OPTIONS (
    model_type='dnn_regressor',
    hidden_units=[64, 32, 16],
    input_label_cols=['sellingprice'],
    data_split_method='NO_SPLIT') AS
SELECT
  *
FROM
  `car_sales_prices.car_prices_train`;
```

8.4.3 빅쿼리 ML에서 하이퍼파라미터 튜닝 작업 구성하기

모델 학습을 위한 코드를 작성했다면, 몇 가지 소소한 변경 사항만 적용하여 하이퍼파라미터 튜닝을 시작할 수 있습니다. 먼저 새로운 옵션인 `num_trials`를 포함해야 합니다. 이는 하이퍼파라미터 튜닝 과정에서 학습될 다양한 모델의 수를 지정합니다. 선택적으로 num_parallel_trials 옵션값도 지정할 수 있는데, 이는 여러 개의 모델을 병렬로 학습시키겠다는 의미입니다. 모든 모델을 학습시키는 데 사용하는 총자원은 동일하지만, 여러 모델을 동시에 실행할 수 있으므로 전체적으로 시간이 덜 걸립니다. 그러나 일반적으로 빅쿼리 ML과 버텍스 AI에 구현된 베이지안 최적화를 사용할 때는 트레이드오프가 있습니다. 더 많은 병렬 실험을 실행할수록 최대 실험 횟수에 도달할 때까지 거치는 반복 횟수가 줄어들며, 일반적으로 베이지안 최적화는 각 반복을 통해 학습합니다.

num_trials 옵션을 설정한 후 다음 단계는 하이퍼파라미터를 설정하는 것입니다. 빅쿼리 ML에서 조정할 수 있는 하이퍼파라미터는 한정적입니다. 심층 신경망 모델에서는 batch_size(배치 크기), dropout(드롭아웃 비율), hidden_units(은닉 계층의 뉴런 수), learn_rate(학습률), optimizer(최적화 알고리즘), l1_reg(l1 정규화), l2_reg(l2 정규화), activation_fn(활성화 함수)을 조정할 수 있습니다. 여기서는 dropout, l1_reg, hidden_units를 중점적으로 살펴보지만, 다른 하이퍼파라미터도 연습 삼아 살펴보기 바랍니다.

정규화

앞 예제에서 다룬 hidden_units는 이미 익숙할 것입니다. 하지만 dropout과 l1_reg는 어떨까요? **드롭아웃**은 일종의 정규화 기법입니다. 일반적으로 정규화 기법은 모델에 대한 과대적합의 위험을 줄이는 데 사용합니다. **과대적합**은 모델이 학습 데이터셋에서 검증 데이터셋보다 성능이 훨씬 높을 때 발생합니다. 이는 모델이 데이터셋을 '암기'하고 다른 데이터셋에서 잘 작동하는 데 필요한 일반적인 패턴을 놓치기 시작해서 발생합니다. 이러한 과대적합의 위험을 줄이는 주요 방법 중 하나는 모델의 복잡성을 낮추는 것입니다.

L1 및 L2 정규화는 일반적으로 ML 실무자가 가장 먼저 배우는 정규화 기법입니다. $L(x,D)$라는 손실 함수가 있다고 가정해 보겠습니다. 학습 과정의 목표는 이 손실 함수를 최소화하는 것임을 기억하세요. L1/L2 정규화의 개념은 손실 함수에 추가로 항을 두어 학습 알고리즘이 원래 손실 함수와 새로운 '페널티 항'을 최소화하는 균형을 맞추도록 강제하는 것입니다. W_2가 모델의 모든 가중치 제곱의 합을 나타낸다고 했을 때, L2 정규화가 적용된 손실 함수는 다음처럼 정의할 수 있습니다.

$$L_{reg}(x,D) = L(x,D) + \lambda * W_2$$

대략적인 개념은 더 복잡해지려는 모델에 대해 가중칫값이 커져야 결과에 더 많은 영향을 미칠 수 있다는 것입니다. 이 손실 함수는 원래 손실 함수와 측정된 모델의 '복잡성'인 W_2 사이의 균형을 맞춥니다. λ를 **정규화 비율**regularization rate이라고 하며, 모델의 복잡성에 대해 원래 손실 함수에 가중치를 부여하는 정도를 제어합니다. λ 값이 클수록 설정할수록 학습 과정에서 복잡함에 대한 페널티는 더욱 커집니다. L1 정규화에서는 W_2 대신 모든 가중치 W_1의 절댓값 합으로 대체됩니다. 이 정규화 유형은 결합하여 엘라스틱 넷elastic net 정규화라는 방식으로 사용할 수 있습니다. 엘라스틱 넷 정규화의 손실 함수는 다음과 같습니다.

$$L_{en}(x, D) = L(x, D) + \lambda_1 \times W_1 + \lambda_2 \times W_2$$

λ_1와 λ_2는 L1 및 L2 정규화의 영향을 개별적으로 제어하는 서로 다른 상수입니다.

이제 L1 및 L2 정규화의 정의가 무엇인지 알았을 것입니다. 그렇다면 실제로 모델에 어떤 영향을 미칠까요? 그 이면의 수학을 다루는 일은 이 책의 범위를 벗어나지만, 엄청 복잡하지는 않습니다. 그리고 궁극적으로 보게 될 효과는 쉽게 설명할 수 있습니다. L2 정규화는 가중치를 더 작은 값으로 밀어붙이려는 경향이 있으며, L1 정규화는 모델 성능에 영향을 미치지 않는 가중치를 0으로 밀어붙이려는 경향이 있습니다. 이는 희소성이 높은 특징이 많을 때 매우 유용합니다. 여기서 다루는 예시에서는 값이 많은 두 특징으로 교차 특징을 만드는 경우를 예로 들 수 있습니다. 그리고 이것이 바로 빅쿼리 ML에서 학습된 선형 회귀 모델에서 발생하는 상황이기도 합니다. 일반적으로 교차 특징을 사용할 때는 L1 정규화를 포함하는 편이 좋습니다. 정규화는 모델이 학습되는 과정에서 가중칫값을 얼마나 공격적으로 조정할지를 제어합니다.

드롭아웃은 손실 함수가 아닌 학습 과정에서 모델 자체에 적용된다는 점에서 다른 종류의 정규화입니다. 드롭아웃의 개념은 각 데이터 배치에 대해 일정 비율의 뉴런의 스위치를 '끄는' 것입니다. 여기서 '끈다'는 말은 은닉 계층의 특정 뉴런에 대한 가중치 합계가 특정 데이터 배치에 대해 0으로 설정된다는 의미입니다. 드롭아웃과 같은 기법은 학습 시 모델의 복잡성에 방해를 주기 위해서 사용합니다. 이렇게 하면 모델이 너무 복잡해지는 일을 방지하는 동시에, 모델이 데이터에 대해 더 많은 것을 학습할 수 있습니다. 그러나 예측 시에는 드롭아웃이 사용되지 않으므로 모델의 성능을 최대한 활용할 수 있습니다.

> **NOTE** 지난 10년간, 연구자들은 예측 시에도 드롭아웃이 유용하다는 사실을 발견했습니다.[9] 이는 분류 및 회귀 작업 모두에서 모델의 불확실성을 표현하고 모델의 예측을 비결정론적으로 만드는 방법으로 사용할 수 있습니다.

CREATE MODEL 문에서 하이퍼파라미터 조정 사용하기

정규화를 조금 이해했으니, 이제 빅쿼리 ML에서 하이퍼파라미터 튜닝을 설정할 차례입니다.

```
CREATE OR REPLACE MODEL
  `car_sales_prices.dnn_hp_car_model`
  TRANSFORM (
    * EXCEPT (int64_field_0, mmr, odometer, year, condition),
    ML.QUANTILE_BUCKETIZE(odometer, 10) OVER() AS odo_bucket,
    ML.QUANTILE_BUCKETIZE(year, 10) OVER() AS year_bucket,
    ML.QUANTILE_BUCKETIZE(condition, 10) OVER() AS cond_bucket,
    ML.FEATURE_CROSS(STRUCT(make,model)) AS make_model,
    ML.FEATURE_CROSS(STRUCT(color,interior)) AS color_interior)
  OPTIONS (
    model_type='dnn_regressor',
    optimizer='adagrad',
    hidden_units=hparam_candidates([STRUCT([64,32,16]),
                                    STRUCT([32,16]),
                                    STRUCT([32])]),
    l1_reg=hparam_range(0,1),
    dropout=hparam_range(0,0.8),
    input_label_cols=['sellingprice'],
    num_trials = 10,
    hparam_tuning_objectives=['mean_squared_error'])
AS SELECT
  *
FROM
  `car_sales_prices.car_prices_train`;
```

하이퍼파라미터 튜닝 작업을 생성하는 문법은 이전에 사용한 것과 유사하지만, 하이퍼파라미터 튜닝을 위한 몇 가지 차이점이 존재합니다. 먼저 hidden_units 옵션을 확인해 보죠. 은닉

9 Y. 갈(Y. Gal)과 Z. 가하라마니(Z. Ghahramani)가 발표한 「Dropout as a Bayesian Approximation: Representing Model Uncertainty in Deep Learning」(제33회 국제 기계 학습 학술대회, 2016)을 참고하기 바랍니다.

계층의 뉴런 수를 제어하는 리스트를 사용하지 않고, hparam_candidates 함수를 사용했습니다. 이 함수는 해당 하이퍼파라미터 튜닝값이 포함된 구조체 목록을 가져와서 튜닝 과정 중 모델에 전달합니다. 여기서는 세 가지 가능성 중에서 최적의 모델 구조가 결정되도록 합니다. 첫 번째 옵션은 뉴런이 첫 번째 은닉 계층에 64개, 두 번째 계층에 32개, 세 번째 계층에 16개가 있는 신경망입니다. 두 번째 옵션은 각각 32개와 16개의 뉴런이 있는 두 개의 은닉 계층을 포함하며, 마지막 옵션은 32개의 뉴런이 있는 단일 은닉 계층만을 포함합니다. 또한, hparam_range를 사용하여 최적의 l1_reg와 드롭아웃값을 찾습니다. hparam_range는 실수 범위에서 최적의 값을 찾는 데 사용합니다. 예를 들어, 여기서 드롭아웃의 범위는 0에서 0.8 사이이며, 이는 학습 중 은닉 계층에서 드롭아웃의 영향을 받는 뉴런의 비율을 나타냅니다.

마지막으로, 학습을 시작하기 전에 몇 가지 새로운 옵션을 설정해야 합니다. 먼저, 앞서 언급한 num_trials와 hparam_tuning_objectives를 설정합니다. RMSE 최적화를 위해 hparam_tuning_objectives를 mean_squared_error로 설정합니다. 그리고 하이퍼파라미터 조정 과정을 시작합니다. 이 과정은 완료하는 데 약 1시간 정도 소요됩니다.

> **NOTE** 하이퍼파라미터 튜닝 작업에 대한 쿼리에서 optimizer='adagrad' 옵션으로 최적화 알고리즘을 지정할 수 있습니다. 기본값인 adam은 L1 정규화를 지원하지 않습니다. 자세한 내용은 DNN 모델 생성을 위한 빅쿼리 ML 설명서[10]를 참조하세요.

학습이 완료되면 다음 쿼리를 실행하여 시험 결과와 선택한 하이퍼파라미터를 탐색할 수 있습니다.

```
SELECT
  *
FROM
  ML.TRIAL_INFO(MODEL `car_sales_prices.dnn_hp_car_model`)
ORDER BY
  hparam_tuning_evaluation_metrics.mean_squared_error ASC
```

출력 예시는 [표 8-5]에 있습니다.

10 *https://oreil.ly/6hZQN*

표 8-5 다섯 개의 우수한 모델에 대한 쿼리 결과. 발견된 하이퍼파라미터와 평가 지표를 확인합니다(정확한 값은 이 표와 다를 수 있으며, 일부 열 이름은 가독성을 높이고자 축약했습니다).

trial_id	l1_reg	hidden_units	dropout	mean_squared_error
10	1.0	64 32 16	0.0	194784591.6
8	0.00031591034078693391	64 32 16	0.0	213445602.34905455
9	1.0	64 32 16	0.25599690406708309	218611976.60226983

ML.PREDICT를 car_sales_prices.dnn_hp_car_model과 함께 사용하면, 빅쿼리는 자동으로 최상의 평가 모델을 기본으로 사용합니다.

```
SELECT *
FROM ML.PREDICT(MODEL `car_sales_prices.dnn_hp_car_model`,
    (SELECT * FROM `car_sales_prices.car_prices_valid`))
```

8.5 대규모 모델의 하이퍼파라미터 튜닝

이 장에서 설명하는 프레임워크와 기법은 크지 않은 데이터셋과 모델에 적합합니다. 대규모 데이터셋과 모델에 대해 로컬 머신이나 코랩 노트북에서 사이킷런과 케라스를 사용하면 메모리 등의 제약 때문에 오랜 시간이 소요되거나 실행 자체가 불가능할 수도 있습니다. 대규모 모델을 학습시키고 튜닝하는 일은 그 자체로 하나의 예술이라고도 볼 수 있습니다. 클라우드 제공업체는 이를 비교적 쉽게 수행하는 도구를 제공합니다. 이 책에서는 이러한 제품을 자세히 다루지는 않지만, 관심 있는 분들을 위해 몇 가지 옵션과 참고 자료를 나열해 두겠습니다.

8.5.1 버텍스 AI의 학습 및 튜닝

7장에서 사이킷런 모델을 학습시키면서 파이썬 모듈로 코드를 패키징하고, 이를 버텍스 AI 학습에 제출하는 방법을 살펴봤습니다. 이 장의 하이퍼파라미터 튜닝을 위한 사이킷런이나 케라스 코드에서도 동일한 작업을 적용할 수 있습니다.

또한 버텍스 AI 학습의 일부로 하이퍼파라미터 튜닝 서비스도 제공됩니다. 이는 `cloudml-hypertune`이라는 파이썬 패키지를 사용하여 다양한 실험에서 얻은 지표를 버텍스 AI에 보고하고, 버텍스 AI 학습을 사용하여 여러 클러스터에서 실행되도록 합니다. 케라스 튜너와 마찬가지로 버텍스 AI는 베이지안 최적화를 사용하여 모델에 가장 적합한 하이퍼파라미터를 찾습니다.

이 서비스 사용 방법에 관한 자세한 내용은 '버텍스 AI 설명서'[11]를 참조하기 바랍니다.

8.5.2 아마존 세이지메이커를 사용한 자동 모델 튜닝

아마존 세이지메이커는 하이퍼파라미터 튜닝을 수행하는 자동 모델 튜닝 서비스(AMT)[12]를 제공합니다. 기본 제공 알고리즘, 사용자 정의 알고리즘, 사이킷런/텐서플로/파이토치와 같은 ML 프레임워크를 위해 사전 빌드된 컨테이너를 통해 세이지메이커 AMT를 사용할 수 있습니다.

자세한 내용은 '세이지메이커 AMT 문서'[13]를 참조하기 바랍니다.

8.5.3 애저 머신러닝

애저 머신러닝은 파이썬 클라이언트 라이브러리와 명령줄 인터페이스를 통해 하이퍼파라미터를 튜닝하게 해줍니다. 다른 옵션과 마찬가지로, 원하는 프레임워크로 작성된 사용자 정의 모델을 제공하고, 모델을 만드는 함수에 하이퍼파라미터와 하이퍼파라미터의 검색 공간을 지정하고, 애저 머신러닝에서 하이퍼파라미터 최적화 작업을 실행할 작업 구성을 지정하여 제출할 수 있습니다. 자세한 내용은 '애저 머신러닝 설명서'[14]를 참조하기 바랍니다.

---

11 *https://oreil.ly/qcLDL*

12 *https://oreil.ly/boB_A*

13 *https://oreil.ly/boB_A*

14 *https://oreil.ly/vrKRr*

8.6 요약

이 장에서는 동료가 구축한 사용자 정의 코드 모델을 특징 공학 및 하이퍼파라미터 튜닝으로 개선했습니다. 사이킷런에서 새로운 변환기를 활용하고 격자 탐색을 수행하여, 기존의 선형 회귀 모델에 대한 하이퍼파라미터를 조정했습니다. 또한, 전처리 계층을 사용하여 케라스에서 동일한 특징 공학을 수행하고 신경망 모델에 케라스 튜너를 사용하여 하이퍼파라미터 튜닝을 수행하는 방법을 배웠습니다. 그리고 마지막에는 SQL을 사용하여 빅쿼리 ML에서 이와 동일한 작업을 수행하는 방법을 배웠습니다.

이 장과 앞 장의 사용자 정의 코드 모델에 관한 내용을 살펴보며 ML 모델을 구축하는 데 사용할 수 있는 기능들을 파악했기를 바랍니다. 최소한 노코드와 로우코드 솔루션은 훌륭한 출발점이 될 수 있으며, 사용자 정의 코드를 작성하지 않고도 목표에 도달할 기회를 제공합니다. 하지만 데이터 과학자가 아닌 사람도 약간의 사용자 정의 코드를 작성해 맞춤형 모델을 직접 구축할 수 있습니다.

마지막 장에서는 ML을 더 자세히 알아보고 싶을 때 무엇을 하면 좋을지에 관한 내용을 알아봅니다. 이 책에서 이미 매우 강력한 도구를 경험했지만, 이 분야는 계속 성장하므로 연구자뿐만 아니라 많은 사람이 활용할 수 있는 도구가 계속해서 새롭게 등장합니다.

CHAPTER 9

AI 여정의 다음 단계

이 책을 읽는 동안 엔터프라이즈 ML 워크플로를 통해 데이터를 비즈니스 의사 결정에 활용하는 방법, ML 모델을 구축할 데이터를 이해하는 방법, 모델 구축에 사용하는 다양한 도구를 알아보았습니다. AutoML을 사용해 회귀 및 분류 모델을 학습하는 방법, 빅쿼리 ML에서 SQL을 활용해 로우코드로 사용자 정의 모델을 만드는 방법, 사이킷런과 텐서플로 프레임워크로 사용자 정의 코드 모델을 만드는 방법도 다뤘습니다. 마지막으로, 추가로 특징 공학과 하이퍼파라미터 조정을 통해 사용자 정의 모델의 성능을 개선하는 방법도 살펴봤습니다. 이 여정이 여러분에게도 유익하고 즐거웠기를 바랍니다. 이 정도면 대부분의 문제 해결 과정에 ML을 도입하기에 충분할 것입니다.

사실 이것은 ML과 AI를 향한 긴 여정의 시작에 불과합니다. 이 장에서는 다음 단계로 나아갈 방향을 살펴봅니다. 데이터 과학과 ML 운영(MLOps)의 다른 중요한 주제를 간단히 엿봅니다. 또한 이 책 외에도 지식을 넓힐 수 있는 많은 훌륭한 자료를 소개합니다.

9.1 데이터 과학 더 깊이 알아보기

데이터 과학이나 데이터 과학자에 대해 보편적으로 합의된 정의는 없습니다. **데이터 과학**은 데이터셋에서 통찰을 추출하는 데 다른 분야의 다양한 도구를 사용하는 학문이라고 정의하면 적절할 것입니다. 이러한 다양한 도구는 수학, 통계, 컴퓨터 과학과 같은 다른 영역에서 왔으며,

때로는 당면한 문제에 따라 다른 영역에서 사용되기도 합니다.

이 책에서 다루는 모든 데이터셋은 스키마가 잘 정의된 **정형** 데이터셋입니다. 대부분의 비즈니스 문제는 정형 데이터와 관련이 있으며, 여러분은 정형 데이터를 탐색하는 훌륭한 기술을 습득했습니다. 그러나 **비정형** 데이터셋도 ML의 학문적 성숙도가 높아짐에 따라 점점 더 중요해지고 있습니다. 2장에서 비정형 데이터에는 이미지, 동영상, 사운드 파일, 텍스트가 포함된다고 언급했습니다. 지난 10년간 비정형 데이터에 대한 ML의 다양한 측면에 관해 많은 연구가 진행되었습니다.

최근 중요성이 커지고 있는 AI의 한 유형은 이미지, 동영상 등 다양한 유형의 데이터를 생성하는 모델을 지칭하는 **생성형 AI**generative AI입니다. 미드저니Midjourney[1], 크레용Craiyon[2]과 같은 이미지 생성 모델과 챗GPTChatGPT[3], 제미나이Gemini[4] 같은 챗봇(문맥에 알맞은 텍스트를 생성함)으로 매우 인기 있고 빠르게 성장하는 분야죠. 또한 빙Bing(챗GPT)[5], 구글 검색[6], 아마존 코드위스퍼러CodeWhisperer[7] 등 많은 상용 제품에 생성 AI 기능이 포함되었습니다.

모델이 복잡해질수록 쉽게 이해하기는 어렵습니다. 가령 6장의 선형 회귀를 배울 때는 모델의 가중치에서 개별 특징의 중요성을 명확히 이해할 수 있었습니다. 그러나 은닉 계층이 하나뿐인 신경망만 보더라도 모델의 가중치와 사용 중인 특징 중요도 사이에는 쉽게 설명 가능한 연결고리가 없습니다. 이는 비정형 데이터 및 생성 모델 문제에 사용되는 초대형 모델에서는 더욱 어려운 문제입니다.

이 절에서는 다양한 자료를 더 지세히 살펴보고, 이 주제를 탐색할 수 있는 추가 자료를 제공합니다.

9.1.1 비정형 데이터로 작업하기

구조화되지 않은 데이터는 스키마가 없는 데이터라고 정의할 수 있습니다. 앞서 이미지와 텍스트와 같은 몇 가지 대표적인 예를 언급했습니다. ML 모델은 궁극적으로 숫자 입력을 받아 숫

1 http://www.midjourney.com
2 http://craiyon.com
3 https://openai.com/blog/chatgpt
4 https://gemini.google.com/app
5 https://www.bing.com
6 http://google.com
7 https://aws.amazon.com/codewhisperer

자 출력으로 해석하는 수학 함수라는 점을 기억하세요. 이미지나 문장을 어떻게 숫자 입력으로 해석할까요?

이미지 데이터로 작업하기

이미지로는 생각보다 간단하게 작업할 수 있습니다. 모든 이미지는 픽셀값으로 채워진 배열로 표현됩니다. 가령 [그림 9-1]은 손글씨 숫자 이미지가 어떻게 픽셀로 표현되는지를 보여줍니다. 왼쪽 이미지는 손글씨 숫자 2를 보여주는데, 이는 픽셀이라고 하는 12×12 블록의 격자로 구성됩니다. 이 회색조 이미지의 **픽셀값** 범위는 0~255 사이이며, 0과 255는 각각 검은색과 흰색을 의미합니다. 그 사이의 값들은 약간씩 다른 회색조의 색을 표현하죠. 두 번째 이미지는 이미지의 실제 픽셀값을 배열로 표현한 것입니다.

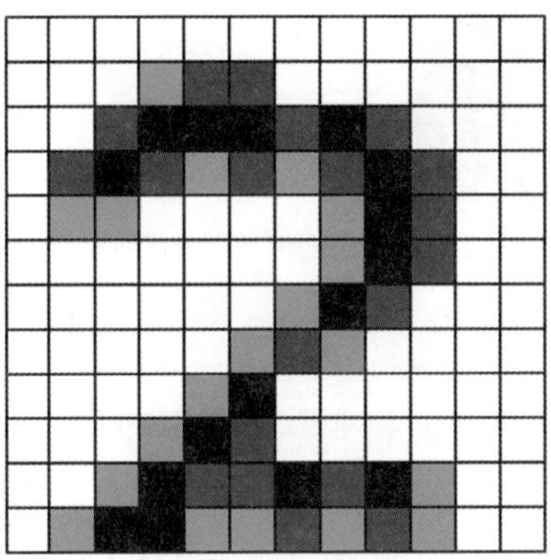

255	255	255	255	255	255	255	255	255	255	255	255
255	255	255	183	102	102	255	255	255	255	255	255
255	255	102	0	0	0	102	0	102	255	255	255
255	102	0	102	183	102	183	102	0	102	255	255
255	183	183	255	255	255	255	183	0	102	255	255
255	255	255	255	255	255	255	183	0	102	255	255
255	255	255	255	255	255	183	0	102	255	255	255
255	255	255	255	255	183	102	183	255	255	255	255
255	255	255	255	183	0	255	255	255	255	255	255
255	255	255	183	0	102	255	255	255	255	255	255
255	255	183	0	102	102	0	102	0	183	255	255
255	183	0	0	183	183	102	183	102	183	255	255

그림 9-1 회색조 손글씨 2와 해당 픽셀값을 표현한 배열

컬러 이미지도 매우 유사한 아이디어를 따릅니다. 컬러 이미지는 빨강, 초록, 파랑이라는 세 채널로 구성됩니다. 그리고 채널별 픽셀값의 범위는 0~255입니다. 이 채널값들을 합쳐서 보통 RGB 값이라고 합니다. 예를 들어서 흰색은 `[255,255,255]`, 노란색은 `[255,255,0]`으로 표시합니다. RapidTables[8]처럼 다양한 색상을 탐색하고 RGB 값을 확인할 수 있는 간단한 도구가 많습니다.

8 https://oreil.ly/gby4M

이미지를 숫자로 채워진 2차원(회색조 이미지)이나 3차원 배열(컬러 이미지)로 이해했으니, 이제 ML에서 이러한 값을 어떻게 사용할지 감이 올 것입니다. 결국 이미지 자체가 모델에 입력 가능한 숫잣값들인 셈입니다.

이미지 분류의 매우 간단한 예제로는 MNIST 데이터셋을 사용한 손글씨 숫자 인식 문제를 많이 사용합니다. MNIST는 60,000개의 학습용 이미지와 10,000개의 테스트용 이미지로 구성된 데이터셋으로, 10가지 손글씨 숫자(0~9)의 개수가 잘 균형 잡혀 있습니다. 그리고 각 이미지의 크기는 28 × 28이며, 회색조입니다. [그림 9-2]는 이러한 이미지의 예시입니다.

그림 9-2 MNIST 데이터셋에 있는 손글씨 숫자 7의 예시

각 이미지를 이미지 속 숫자로 분류하는 것은 다중 범주 분류 문제입니다. 이 책에서는 범주가 둘 이상인 문제를 살펴보지는 않았지만, 대략적인 개념은 비슷합니다. 모델은 각 숫자에 대한 확률을 예측하고 가장 가능성이 높은 숫자를 예측 레이블로 사용합니다. 7장에서 사용한 것과 비슷한 방식으로 선형 분류와 신경망 분류기를 사용할 수 있지만, 이미지 작업에 매우 유용한 합성곱 계층convolution layer과 같은 추가 도구를 활용할 수도 있습니다. 이러한 추가 도구를 이 책에서 다루지는 않지만, 자세한 내용을 알고 싶은 분들께 유용한 몇 가지 자료를 소개합니다.

- 캐글Kaggle 경진 대회 및 MNIST 데이터셋에 관한 튜토리얼(*https://oreil.ly/Vvp1d*)
- 이미지 분류에 관한 구글의 단기 ML 강좌(*https://oreil.ly/_ea_0*)

텍스트 데이터로 작업하기

흔히 접할 수 있는 또 다른 비정형 데이터로는 텍스트 데이터가 있습니다. 가령 댓글에 기록된 고객의 평가가 긍정 또는 부정인 이유를 파악하려면 어떻게 해야 할까요? 텍스트 데이터를 숫자 데이터로 변환할 수단이 있어야만 합니다.

가장 간단한 방법은 이전 문제에서 범주형 데이터에 이미 수행한 원핫 인코딩을 활용하는 것입니다. 가령 ['red', 'blue', 'green']이라는 어휘가 있을 때, 'blue'라는 단어를 [0,1,0]이라고 표현하는 것이죠.

하지만 이는 매우 까다로워질 수 있습니다. 각기 다른 단어마다 해당 값이 다르면 매우 고차원적인 특징을 갖게 될 수 있습니다. 특정 단어는 학습 데이터셋에 거의 나타나지 않거나 전혀 나타나지 않을 수 있는데, 그렇다면 모델이 해당 단어의 의미를 학습하는 데 어려움을 겪을 수 있죠.

한 가지 전략은 개별 단어 대신 **n-그램**n-gram을 사용하는 것입니다. n-그램은 n개의 단어로 이루어진 연속 시퀀스를 말합니다. 예를 들어서 'The cow jumped over the moon'이라는 문장에 대한 2그램(또는 바이그램bi-gram)은 ['The cow','cow jumped', 'jumped over', 'over the', 'the moon']을 의미합니다. 스팸 탐지에는 개별 단어보다 3그램과 4그램이 더 유용한 특징인 경향이 있습니다. 명시적인 예시를 들어 직관적으로 이해해 보죠. 스팸 이메일에는 'You have won the lottery and are now rich!' 같은 문장이 본문의 일부로 포함될 수 있습니다. 1그램과 2그램은 너무 세분되어 문맥을 파악하기 어려운 문장의 조각을 살펴봅니다(단, 'now rich!'로는 사람이나 모델에 이메일이 스팸임을 알릴 수 있습니다). 가령 'won', 'the', 'lottery'에는 이메일이 스팸인지 확인하는 데 필요한 맥락이 담기지 않았지만, 3그램짜리 'won the lottery'는 스팸 이메일을 조심하는 대부분의 사람에게 즉각적인 적신호입니다.

또 다른 전략은 단어 임베딩word embedding을 사용하는 것입니다. **단어 임베딩**은 단어의 의미와 다른 단어와의 관계를 파악하기 위해 단어를 고차원적으로 표현하는 기법입니다. 가령 king이라는 단어를 [0.5, 0.7]로 표현할 수 있습니다. 이상적인 단어 임베딩은 비슷한 단어를 서로 가깝게 배치하게 됩니다. 예를 들어서 [그림 9-3]에서처럼 dog(개)와 puppy(강아지)에 대한 임베딩은 cat(고양이)과 kitten(새끼 고양이)과 마찬가지로 서로 가깝게 배치되는 것이죠.

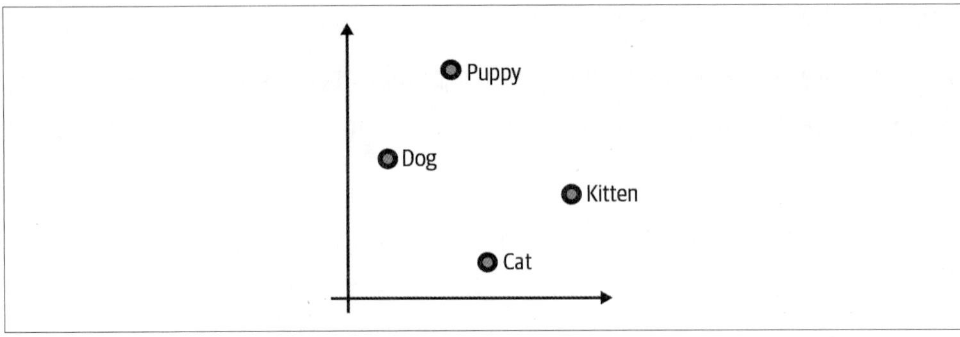

그림 9-3 dog, puppy, cat, kitten의 2차원 단어 임베딩 예시

또한 dog와 puppy 쌍, cat과 kitten 쌍의 거리와 방향이 매우 유사하다는 점이 중요합니다. 단어 임베딩을 사용하면 모든 동물과 새끼(예: sheep과 lamb)의 관계가 비슷하다는 예상을 할 수 있습니다.

단어 임베딩은 그 자체로 모델이며 특정 문제의 맥락에 따라 학습되는 경우가 많습니다. 일반적으로 단어와 문장 조각을 숫자 입력으로 변환하는 다양한 전처리 모델과 도구가 존재합니다. 트랜스포머 구조에 기반한 양방향 인코더Bidirectional Encoder Representations from Transformers(BERT)의 전처리는 텍스트 입력을 모델에 입력할 숫자 입력으로 변환하는 데 널리 사용하는 방법입니다.

텍스트 작업을 자세히 알아볼 수 있는 몇 가지 유용한 자료를 소개합니다.

- 케라스/텐서플로의 단어 임베딩(*https://oreil.ly/WQesS*)
- 텐서플로에서 BERT로 데이터 전처리하기(*https://oreil.ly/Sqn-7*)
- 사이킷런에서 텍스트 데이터로 작업하기(*https://scikit-learn.org/1.4/tutorial/text_analytics/working_with_text_data.html*)
- 옐프Yelp 리뷰 데이터셋(*https://oreil.ly/-NlFC*): 텍스트 리뷰 점수를 예측하기 위한 훌륭한 데이터셋

9.1.2 생성형 AI

지금까지 설명한 모델들은 뭔가를 분류하는 것이었습니다. **판별** 모델은 데이터가 속한 범주를 예측하는 것을 목표로 합니다. 가령 거래가 사기인지 합법적인지 예측하는 것이죠. **생성형** 모델은 어떤 의미로 그 반대의 문제를 다룹니다. 모델이 레이블로부터 데이터를 생성하는 것입니다. 예를 들어서 '밴조를 연주하는 고양이'라는 레이블을 입력하면, 밴조를 연주하는 고양이 이

미지를 생성합니다.

이러한 모델을 가지고 재미있게 놀 수 있는 크레용[9]과 같은 무료 도구도 있습니다(그림 9-4).

그림 9-4 크레용 서비스에서 '밴조를 연주하는 고양이'라는 프롬프트로 생성한 이미지

생성형 AI는 최근 챗봇에 사용되면서 주요 화두가 되었습니다. 챗봇에 사용하는 생성형 AI의 두 가지 예로 챗GPT와 제미나이를 들 수 있습니다. 근본적으로 이 제품들은 대형 언어 모델 large language model(LLM)에 기반합니다. **LLM**이라는 용어는 대규모 데이터셋으로 학습된 방대한 양의 파라미터를 포함하는 모델을 말합니다. 가령 챗GPT의 기본 모델인 GPT-3.5는 1,750억 개 이상의 파라미터로 구성되었으며, 5조 개 이상의 토큰으로 구성된 말뭉치로 학습되었습니다.

생성형 AI의 역할과 우리 사회가 AI와 어떻게 상호작용해야 하는지에 관한 흥미로운 논의가 많이 이루어지고 있습니다. 생성형 AI를 책임 있게 사용하는 것에 관한 윤리적인 깊은 논의는 이 책의 범위와 목적을 넘어서지만, 인류가 앞으로 나아가려면 필요합니다.

생성형 AI를 자세히 알아보고 싶다면, 코세라의 '챗GPT 101 강의'[10]에서 이 새로운 기술의 사용과 의미를 살펴보기 바랍니다.

---

9 *https://www.craiyon.com/*

10 *https://oreil.ly/KrRFm*

9.1.3 설명 가능한 AI

4장과 5장에서는 모델에 대한 특징 중요도를 다뤘습니다. 그리고 6장에서는 정형 데이터에 일반적으로 적용 가능한 **설명 가능한 AI**(XAI) 분야를 소개했습니다. 이미지 및 텍스트 데이터와 같은 비정형 데이터에 관한 XAI 기법도 많이 존재합니다.

XAI 기법은 내재적intrinsic 기법과 사후 기법으로 나눌 수 있습니다. **내재적 기법**은 모델의 구조를 활용하여 예측에 대한 설명을 제공합니다. 선형 모델 및 의사 결정 트리와 같은 특정 유형의 모델은 내재적 기법으로 설명이 가능합니다. 6장과 7장에서 자세히 살펴본 선형 모델에서 가중치는 특정의 상대적 중요성을 나타냅니다.

반면, **사후 기법**은 예측 결과를 사용해 모델의 동작을 이해합니다. 모델이 학습된 사후에 적용되며, 때로는 검증 데이터셋의 일부를 학습하기도 합니다. 사후 기법은 로컬 기법과 전역 기법으로 나눌 수 있는데, **로컬 기법**은 단일 데이터 인스턴스에 중점을 두고 특정 예측이 이루어진 이유를 설명하려고 시도합니다. 반면, **전역 기법**은 전체 데이터셋에 대한 모델의 동작을 이해하는 데 중점을 둡니다. 일반적으로 로컬 기법은 데이터셋의 모든 데이터에 대한 결과를 집계하는 것으로 전역 기법으로 전환될 수 있습니다.

로컬 및 전역 기법은 모두 모델 유형에 구애받지 않는 기법과 모델 유형에 특화된 기법으로 더 세분할 수 있습니다. **모델 유형에 구애받지 않는 기법**은 데이터를 변경하며 예측을 수행하여, 데이터 변경이 예측에 어떤 영향을 미치는지 이해하려고 합니다. 4장과 5장에서 AutoML을 사용할 때 살펴본 특징 중요도가 좋은 예시입니다. 이러한 특징 중요도는 어떻게 계산할까요? **순열 특징 중요도**permutation feature importance(PFI)라는 기법으로 계산합니다. PFI가 계산되는 방식은 다음과 같습니다. 먼저 데이터셋에 대한 모델의 손실을 계산합니다. 그리고 첫 번째 열의 데이터를 무작위로 섞어 다시 손실을 계산합니다. 즉, 다른 열은 그대로 두고 첫 번째 열만 순열하는 것입니다(표 9-1). 원본 데이터셋과 첫 번째 열이 순열된 데이터셋의 손실 차이에 따라 첫 번째 특징의 중요도의 '점수'가 부여됩니다.

표 9-1 제자리에서 열을 순열하기. 이 예에서는 열 A가 순열되는 열입니다.

열 A	열 B	열 C
1	4	7
2	5	8
3	6	9

열 A	열 B	열 C
3	4	7
1	5	8
2	6	9

모든 열에 이 과정이 반복됩니다. 각 열의 PFI는 이 과정에서 얻은 점수를 정규화한 값입니다. 여기서 **정규화**란, 모든 정규화된 점수의 합이 1이 되도록 점수를 다시 조정하는 것을 의미합니다. PFI는 해석하기 쉽고 실제로 계산하기도 간단하지만, 순열 과정에서 발생하는 일부 무작위성에 의존하게 됩니다. 따라서 PFI를 사용할 때는 보통 여러 번 다른 순열로 열의 점수를 계산한 후 평균을 내어 무작위성의 영향을 최소화하려고 합니다.

모델 유형에 특화된 기법도 살펴보죠. 가령 **특징 중요도/기여도**는 의사 결정 트리, 랜덤 포레스트random forest, 그레이디언트 부스팅 트리gradient-boosted tree와 같은 트리 기반 모델에 특화됩니다. 반면, 신경망에서는 **통합 그레이디언트**integrated gradient 기법을 많이 사용합니다. 통합 그레이디언트는 신경망이 미분 가능한 모델이라는 사실을 활용합니다. **미분 가능성**differentiability은 경사하강법으로 손실 함수를 최소화할 때도 활용되는 중요한 수학적 특성입니다. 정확한 수학적 설명은 이 책의 범위를 넘어서지만, 기본 개념은 비교적 간단합니다.

이미지 분류 모델을 예로 들어보죠. 특정 주제에 따라 이미지를 분류하는 모델을 학습시켰다고 가정해 보겠습니다. 이 모델이 소방선fireboat을 찍은 사진을 입력받아 해당 이미지가 소방선임을 정확히 예측했다고 가정합니다. 하지만 왜 이런 예측을 했을까요? 대략 말하자면, 통합 그레이디언트 기법은 각 특징을 변경하면서 예측이 어떻게 변하는지를 확인하고, 개별 특징의 이러한 변화를 누적하여 평가합니다. 이미지 모델에서 이러한 특징은 개별 픽셀값입니다. 통합 그레이디언트를 사용하려면 시작점이나 **기준선**을 정해야 합니다. 이미지 모델에서는 이 기준선이 완전히 검은 이미지일 때가 많으며, 상황에 따라 완전히 흰 이미지나 랜덤 노이즈 같은 다른 이미지를 기준선으로 사용할 수도 있습니다. 먼저, 완전히 검은 이미지에 대한 소방선 레이블의 예측 확률을 계산하고, 픽셀을 점차 밝게 하여 단계적으로 원래 이미지에 도달할 때까지 진행합니다. 각 단계에서 픽셀값에 따라 소방선 예측 확률이 얼마나 변했는지를 계산합니다. 이는 많은 입력값에 따른 출력값의 변화율을 이해하는 수학적 도구인 **그레이디언트**gradient(기울기)를 계산함으로써 가능합니다. 마지막으로, 각 픽셀의 이러한 변화율을 모두 누적(**통합**)합니다. 누적 변화율이 높은 픽셀들이 예측에 중요한 픽셀들입니다. [그림 9-5]와 [그림 9-6]에서 이 이미지 간의 보간interpolation과 통합 그레이디언트를 사용한 픽셀 중요도를 확인할 수 있습니다.

그림 9-5 왼쪽은 기준선 이미지이고, 오른쪽은 소방선의 원본 이미지입니다. 가운데는 두 이미지를 보간한 이미지입니다.

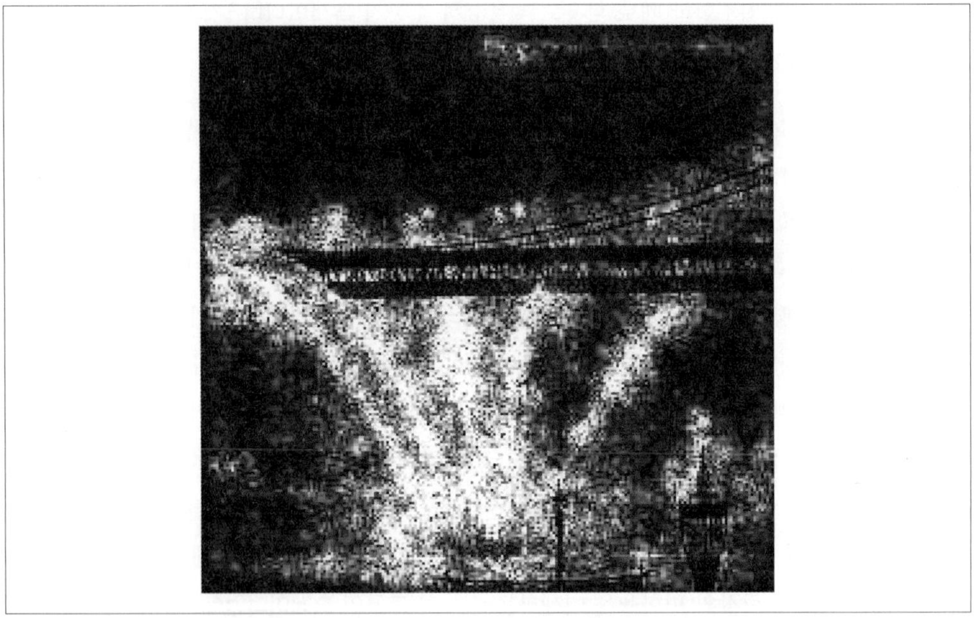

그림 9-6 소방선 이미지에서 통합 그레이디언트로 식별된 가장 중요한 픽셀이 밝게 표시된 이미지. 통합 그레이디언트는 소방선의 물줄기를 강조하여 해당 이미지가 왜 소방선 이미지인지를 설명합니다.

XAI를 자세히 알아보고 싶다면, '해석 가능한 머신러닝: 블랙박스 모델을 설명하는 가이드Interpretable Machine Learning: A Guide for Making Black Box Models Explainable'[11]라는 훌륭한 자료를 읽어보기 바랍니다.

11 *https://oreil.ly/4CyIF*

9.2 ML 운영

7장에서 고객 이탈을 예측하는 머신러닝 모델을 학습시키고, 노트북 환경에서 예측을 제공했습니다. 그러나 이는 머신러닝 모델을 실제로 상용 환경에 배포하는 과정의 한 단계에 불과합니다. 이미 보셨듯이, 데이터를 학습할 준비가 되도록 작업해야 했습니다. 하지만 여기에는 모델 학습과 제공에 필요한 기본 컴퓨팅 인프라, 사용 중인 자원의 소비를 관리하고 최적화하는 방법, 모델을 사용자에게 제공하는 방법, 그리고 시간이 지나면서 모델을 모니터링하는 방법에 대한 고려는 포함되지 않았습니다. [그림 9-7]은 머신러닝 코드를 작성하는 데 필요한 노력과, 머신러닝 모델을 상용 환경에 배포하는 데 필요한 다른 측면들을 비교하여 보여줍니다.

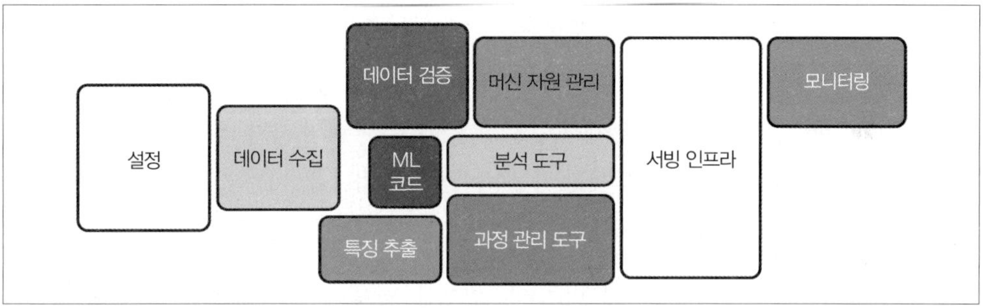

그림 9-7 ML 모델을 사용 가능하게 하는 숨겨진 복잡성

ML 운영(MLOps)은 모델을 넘어 다양한 작업을 모두 관리하는 분야입니다. 여기에는 인프라 관리, 모델 배포 및 접근 방법 결정, 적절한 모델 모니터링 및 갱신이 포함됩니다.

MLOps는 일반적으로 ML 엔지니어, 데이터 엔지니어, 데이터 과학자가 관리해야 합니다. 그러나 해당 역할의 종사자가 아니더라도 상용 환경으로 ML 모델을 배포할 때 무엇을 고려해야 하는지에 관한 큰 그림을 이해해 두면 매우 유용합니다. 모델 개발자가 어떤 도구와 데이터를 사용하는지, 어떤 데이터 전처리를 수행해야 하는지, 예측 시 모델이 어떤 특징값들을 입력받는지와 같은 것 말이죠. 모델 자체에 전처리 로직을 포함하거나, 사이킷런의 변환기나 케라스의 전처리 계층을 사용하는 등의 작업으로 모델이 상용 환경에 배포될 때 엔지니어가 학습 및 예측 파이프라인을 더 쉽게 배포할 수 있습니다. 대부분의 회사에서는 한 사람이 모든 일을 처리할 수 없으므로 원활한 커뮤니케이션이 중요합니다.

MLOps 관련 주제에 대한 자세한 내용은 다음 자료를 참조하세요.

- MLOps 소개(*https://oreil.ly/E1K_3*)
- MLOps: 머신러닝의 지속적 배포 및 자동화 파이프라인(*https://oreil.ly/X6jv0*)
- 『머신러닝 시스템 설계』(한빛미디어, 2023)

9.3 지속적인 학습 및 평가

5장에서는 AutoML로 사기 거래와 정상 거래를 분류하는 모델을 학습했습니다. 제공된 데이터셋에서는 모델이 잘 작동했지만, 모델을 몇 달 동안 프로덕션에서 사용한 후, 회사 지원팀은 고객으로부터 사후 사기 거래 신고가 더 많이 접수되고 있다고 공유했습니다. 하지만 모델은 이러한 사기 거래 중 상당수를 신고하지 않았습니다. 무슨 일이 일어났을까요?

시간이 지남에 따라 다양한 유형의 **드리프트**drift가 발생하여 모델 성능에 영향을 미칠 수 있습니다. 가령 원래 학습 데이터셋에는 존재하지 않았던 새로운 유형의 사기 거래가 등장할 수 있습니다. 그러면 모델이 이를 알아채지 못할 가능성이 높을 것입니다. 이는 기본 데이터 분포에 변화가 발생한 **데이터 드리프트**data drift의 예시입니다.

개념 드리프트concept drift라는 유형의 드리프트도 발생할 수 있습니다. 개념 드리프트는 시간이 지남에 따라 특징과 레이블 사이의 관계가 변하는 것을 말합니다. 소매업의 수요 예측이 좋은 예입니다. 쇼핑 트렌드는 시간이 지남에 따라 변하며, 똑같은 제품이라도 현재 트렌드에 따라 판매량이 달라질 수 있습니다. 제품은 변경되지 않았지만, 제품과 판매 간의 관계가 변경되었습니다.

지속적인 학습continuous training은 몇 가지 기준에 따라 모델을 자동으로 재학습시키는 과정을 말합니다. 이 기준은 대부분 시간이나 모델 성능입니다. 예를 들어서 매주 모델을 재학습시키거나, 특정 비율의 사기 거래를 감지하지 못해서 고객이 신고할 때 모델을 재학습시키는 식이죠. 이는 상용 환경에 적용된 대부분의 모델에서 매우 일반적이고 중요한 관행입니다.

지속적인 평가continuous evaluation는 모델을 재학습시킬 시기를 결정하는 중요한 요소이며, 모델의 성능을 모니터링하는 데도 중요한 부분입니다. 모델이 새로운 데이터에서 예측을 수행할 때, 그 데이터의 일부에 실제 레이블을 추가합니다. 이 레이블은 흔히 도메인 전문가들이 결정합니다. 그런 다음 모델은 이 새로운 레이블과 비교하여 평가됩니다. 시간이 지남에 따라 모델 성능이 저하된다면, 이는 어떤 형태의 데이터 드리프트가 발생했음을 의미할 수 있으며, 모델을 재학습해야 할 시점일 수 있습니다.

이 책의 대상 독자라면, 이러한 문제를 이미 다른 사람들과 함께 고민해 봤을 가능성이 높습니다. 그러나 자신의 책임이 아니더라도, 다른 사람들이 무엇을 우려하는지와 어떤 도구를 사용하는지를 파악하는 일은 중요합니다. 이를 통해 더 많은 정보에 입각한 결정을 내릴 수 있어 업무가 더 쉬워지고 더 나은 공동 작업자가 될 수 있습니다.

9.4 요약

이 책과 함께 여러분은 꽤 멋진 ML 여정을 보냈습니다! 이제 질문을 ML 프로젝트로 전환하는 방법을 생각하는 데 익숙해지고, 이 책에서 사용한 도구로 모델을 구축할 준비가 되었기를 바랍니다. 이 책에 수록한 여러 자료를 활용하여 다양한 방향으로 뻗어나갈 수 있으며, 관심 있는 주제에 관한 더 깊은 정보를 얻을 수 있습니다. ML과 AI는 지난 10년간 수요가 기하급수적으로 증가했으며, 앞으로도 계속 증가할 것으로 예상되는 빠르게 성장하는 분야입니다.

INDEX

INDEX